中國考古學論文集

張光直著

前　記

這本書所收的十七篇論文，是我從1950年加入考古行列四十多年以來用中文所寫的文章裡面，除去已經收入《中國青銅時代》（第一、二集）的以外，愼重選擇出來的。最早的一篇發表於1957，此後有1959，1960各一篇，1977年的兩篇，其餘的便都是近幾年所寫的。我所寫的考古學的專書，都是用英文寫的。我自1955年就一直住在美國，自然要用英文寫書，在期刊中發表的學術論文也是一樣。但在這四十年中，我一直沒有與中國的考古學、人類學界失去聯繫。在七十年代以前，我在臺灣的中央研究院歷史語言研究所和民族學研究所的集刊上發表了不少中文寫的論文。自八十年代大陸上的幾個學術刊物登載我的考古文字。我用中文寫的論文，是我和國內的同工學者交流學習的媒介。通過這個媒介，我也可以說是國內學術界的參與者，我的著作在國內考古學的發展上，也可能起過作用。所以這本論文集在中國考古學史上也可以算是一段紀錄。另外我還用中文寫過許多綜合性的考古論文，因爲新材料和新研究，已經完全過時了，就沒有收入本書。

不過，我還是收進來一篇過時的文章，它已經完全不能代表我今日的看法了。這就是第四篇，發表於1959年的〈中國新石器時代文化斷代〉。在這以前，中國考古學者相信在新石器時代有兩個平行的文化，仰韶在西，龍山在東。在五十年代，有河南陝縣廟底溝的發掘，在遺址上層發現了一個新的文化，就叫做廟底溝二期文化，似乎是從仰韶到龍山的轉變期的一種文化。在1959年，安志敏和石興邦兩位先生在北京出版的《文物參考資料》十月號上面，我在臺北出版的《中央研究院歷史語言研究所集刊》第三十本上，共發表了三篇文章，不約而同地提出來一個內容很是相似的對中國新石器時代

文化發展關係的新解釋，即華北的新石器時代文化最早起源於豫西、晉南，和陝西關中地區，然後發展成爲龍山文化，向東擴展到山東和沿海地帶。這是中國考古學史上頭一個新石器文化發展史的理論。那時大陸和臺灣之間還沒有接觸，所以這三篇文章不謀而合地達到同樣的結論，可說是中國考古學史上的一件巧事。不久大陸上發生大躍進、四清，和文化大革命等一連串的運動，考古工作中斷，這個所謂「核心地區起源說」的理論，在國內外便一直是嗣後十餘年內的主流理論。到了七十年代的中期，由於碳素十四數據逐漸發布，使我們知道核心地區的新石器時代的文化並不比「邊緣」地區爲早，同時大汶口文化的地位在山東確定了下來，證明雖然河南的龍山文化可能是從仰韶文化發展出來的，山東龍山文化的祖先卻可以在大汶口文化裡找到。這樣一來，核心地區起源說很快地便結束了它的歷史任務，被「區域文化多元說」所取代。這篇文章今天雖然已經不再適用，我考慮再三還是決定收入本書，使讀者看看在三十多年以前，考古學者在當時所知道的材料的基礎之上，考慮了甚麼問題，用了些甚麼方法，怎樣得到這個在考古界稱雄一時的結論。本書裡沒有收入有關區域文化多元說新理論的文章，因爲我對這新說還沒有用中文寫過，但從第七篇論文〈中國相互作用圈與文明的形成〉，讀者可以看到我較近的看法。

其他的十幾篇論文當然也有時代的限制。例如第十二篇〈「濁大計畫」第一期考古工作總結〉裡面所討論的臺灣中部史前文化的序列，今天不用說已有更新的材料，必須加以補充。但這篇文章的意義是跟著濁大計畫的歷史性而來的。關於濁大計畫的歷史意義，還沒有人詳細地討論過。我有一篇叫作〈追記臺灣「濁大計畫」〉，收入也是聯經新出版的《考古人類學隨筆》一書中，讀者可以參閱。

因爲有關三代考古的文章，都已收入《中國青銅時代》（第一、二集），所以這裡只收了兩篇。第十五篇，〈商城與商王朝的起源及其早期文化〉，說明我現在正在從事的一個考古發掘調查的計畫的背景。這篇文章裡面討論了我爲甚麼對商代故都的地點就在今日商邱地區這個傳統說法有很大的信心。我代表哈佛大學與北京的中國社會科學院考古研究所的商周考古的同人合作設定了一個長期的研究調查計畫，希望在商邱地區能夠至少找到早商或先商時代的一個城址。這項工作如有豐富的收穫，可能對中國古代史上

有些重要的貢獻。這個計畫的報告，只好有待來日了。

　　最後一篇文章，是我給李濟之先生身後在大陸上第一次出版的學術著作所寫的〈編者後記〉，也是我對李先生對中國考古學的貢獻的討論的一個嘗試。李先生是中國考古學之父，對他的學術成就和建樹詳細討論的文章，還很少見。我希望這篇跋語在這裡發表，能夠起一點拋磚引玉的作用。因爲李先生在中國考古學上所作的事太多了，還需要有人作進一步的研究。

目　次

前　記

1.考古學與「如何建設具有中國特色的人類學」（1992）⋯⋯⋯⋯⋯ 1

2.考古學和中國歷史學（1981）（陳星燦譯）⋯⋯⋯⋯⋯⋯⋯⋯ 9

3.對中國先秦史新結構的一個建議（1994）⋯⋯⋯⋯⋯⋯⋯⋯ 25

4.中國新石器時代文化斷代（1959）⋯⋯⋯⋯⋯⋯⋯⋯⋯⋯⋯ 37

5.中國遠古時代儀式生活的若干資料（1960）⋯⋯⋯⋯⋯⋯⋯ 93

6.仰韶文化的巫覡資料（1994）⋯⋯⋯⋯⋯⋯⋯⋯⋯⋯⋯⋯ 111

7.中國相互作用圈與文明的形成（1989）⋯⋯⋯⋯⋯⋯⋯⋯⋯ 125

8.中國東南海岸的「富裕的食物採集文化」（1987）⋯⋯⋯⋯⋯ 157

9.中國東南海岸考古與南島民族起源問題（1987）⋯⋯⋯⋯⋯⋯ 171

10.新石器時代的臺灣海峽（1989）⋯⋯⋯⋯⋯⋯⋯⋯⋯⋯⋯ 189

11.「濁大計畫」與民國六一至六三年度濁大流域考古調查（1977）⋯⋯ 207

12.濁水溪大肚溪考古──「濁大計畫」第一期考古工作總結（1977）⋯ 233

13.圓山出土的一顆人齒（1957）⋯⋯⋯⋯⋯⋯⋯⋯⋯⋯⋯⋯ 265

14.中國古代文明的環太平洋的底層（1989）⋯⋯⋯⋯⋯⋯⋯⋯ 273

15.商城與商王朝的起源及其早期文化（1994）⋯⋯⋯⋯⋯⋯⋯ 285

16.殷墟五號墓與殷墟考古上的盤庚、小辛、小乙時代問題（1989）⋯ 297

17.《李濟考古學論文集》編者後記（1990）⋯⋯⋯⋯⋯⋯⋯⋯ 311

1.考古學與「如何建設具有中國特色的人類學」*

在「如何建設具有中國特色的人類學」這一個大題目的下面來討論考古學，我們至少要牽涉到三個小題目：(1)在「具有中國特色的人類學」的建設上有沒有考古學的地位？(2)如果考古學在人類學這門學科裡占有一席之地的話，有沒有「具有中國特色」的考古學？(3)考古學的建設是不是在「具有中國特色的人類學」之所以「具有中國特色」上面能夠作出重要的或甚至是獨特的貢獻？這篇文章裡我就這三個小問題直抒己見。

一、人類學與考古學之間的關係

把考古學放在人類學裡面去的這種作法，是美國的習慣。美國考古學上有句名言，說「美洲的考古學便是人類學，不然它便什麼都不是。」這種看法是適合美洲考古學的現實的。美洲的人類雖然至少有一萬多年的歷史，但除了中美的馬雅文明以外都沒有文字記錄，而且即使馬雅的文字記錄所包括的範圍也只限於曆法的記錄與片段的王朝歷史。西方文明自1492年哥倫布「發現」新大陸以後便逐漸進入美洲，美洲的土著文化逐漸縮減，但直到今天美洲土著文化還是活的文化，是人類學者研究的對象，所以研究美洲考古的學者便不能不從人類學者研究的結果與資料出發。

＊原載陳國強主編，《建設中國人類學》（北京：三聯書店出版，1992。）

舊世界文明史研究的情況與美洲大不相同，所以人類學、考古學這些學科在學術分類系統中的地位也就大不一樣。首先，舊大陸的考古學是在歷史科學的溫床裡生產出來的。愛琴海古典文明的考古，是十九世紀後期德國人謝里曼根據荷馬的史詩在特洛伊奠基的，而中北歐的最初的舊石器時代考古是十九世紀後期的地質學家在地質層位裡辨認出來的。在中國，考古學的傳統基礎是建立在金石學上的，而金石學一向是史學的一個分枝。

舊世界人類學的產生，不論是體質人類學還是文化人類學（或稱民族學）與社會人類學，都是與西方文明的工業革命（十八世紀中葉），與繼之而產生的全世界的殖民活動分不開的。當西方工業文明伸展到亞、非及大洋洲與拉丁美洲時便與土著民族接觸，當即強烈意識到其人種上與文化社會上的分歧性，而人種學與民族學又成了學術上與行政上的需要，因而促成了這些學科在十九世紀的發展。這些學科傳入中國也是在歐洲通過翻譯開始的。據芮逸夫的記述[1]：「最早的一部書是德國人寫的《民族學》，其書出版於1898年，兩年後，英國人洛伊將其譯成英文，稱爲《文化人類學》。我國的林紓和魏易二人又將其從英文譯成漢文，稱爲《民種學》，並於1903年（清光緒29年）由北京京師大學堂（今北京大學）官書局出版發行。但同年滿清政府學部訂頒的大學學制及其學科，在文學科大學各門學科『中外地理門』主課中，則將其稱爲『人種及人類學』。」

既然舊世界學科系統中考古學與人類學來自不同的淵源，那是不是就說在人類學的討論當中應當沒有考古學的地位呢？學科的區分只不過代表我們對學術界內一種分類系統的認識，它是有時代性的，因爲學科的分類系統是經常變化著的。二十世紀初期在中國屬於歷史學範疇的考古學並不是不可以在二十世紀的末期獨立起來或與人類學結合起來的，這主要得看從事考古學的人對自己學科的新了解、新認識與新的分類。但是在這些問題上，從業者必須作一番細心的檢討。討論的焦點應當是這樣的一個問題：考古學與人類學（在這裡當指文化人類學或社會人類學）密切結合起來對考古學有什麼益處？對人類學又有什麼益處？

---

[1]芮逸夫，〈民族學在中國〉，《大陸雜誌》，3卷7期，頁203-206，及3卷8期，頁251-255，1951年。

　　因為人類學家能夠觀察和分析現代的活的社會，它能夠把社會當做一個系統性的有機體來研究，能夠了解這個有機體各組成部分間的聯繫，甚至因果關係。另一方面，人類學研究的對象是世界性的，它包括人類社會的各種不同的類型，所以人類學所分析出來的人類社會的有機系統性的構架也有種種不同的類型。換言之，人類學供給我們人類社會活動與社會結構的各種不同的藍圖。受過人類學訓練的考古學者在這兩點上要比沒有受過人類學訓練的考古學者占有優勢的地位：第一，他很自然的把考古資料當做「人」的活動遺跡來看而不僅只當做器物本身來看。第二，他知道要把考古遺物拼合起來從而復原古代文化社會，而其中哪些藍圖是可供參考的。後面這點有時會有人誤以為用考古的資料去湊合人類學的理論，其實這是一種根本的誤解。用考古資料來復原古史，我們最終的依據還是資料本身，而絕不能把某種人類學的理論奉為教條，拿資料去湊合。但我們對人類社會各種藍圖的了解，可以在我們復原歷史時從已知的各種模式中得到啟發。近年來甚至有考古學者專門研究現代民族中器物的形態和行為，並把其作為考古復原的參考，我們稱這種研究為「民族考古學」。

　　反過來看，人類學者所觀察研究的現代文化與社會，是歷史的產物，對它們的了解需要相當的時間深度。十九世紀與二十世紀初期研究現代原始社會的學者，在這方面有無所適從的苦惱，因為從一方面來說，作為他們研究對象的原始社會都是沒有文字記載的歷史資料的，所以他們只好使用各種擬測的方式，根據神話傳說來將他們的歷史加以復原。可是從另一方面來說，他們又意識到這樣復原、擬測出來的歷史是缺乏客觀基礎的。迄今為止，社會人類學者對歷史的態度，對研究原始民族的歷史的方法，還一直處於猶豫不定的狀態中。但是不論從理論上說這個問題應當如何解決，在實踐上社會人類學者在對過去的社會的研究上，在絕大多數情形之下是有歷史資料的，這就包括有文字記載的社會（如中國社會）中的歷史資料與沒有文字記載的社會（如大部分的美洲土著社會、大洋洲社會、非洲大部分社會）的考古資料。即使在有文字記載的社會中，他們的歷史也可以因考古資料而加強和延伸。換言之，考古學是供給人類學從事歷史研究的重要工具，甚至是主要工具。

　　根據上面簡短的討論，我們可以對文首提出來的第一個問題作一個初步

的回答，那就是說在「具有中國特色（或任何特色）的人類學」的建設上，是可以有考古學一席之地的。固然在中國傳統學科的分類上，考古學與人類學有不同的來源，在當代建設中國人類學的設想之中，依我們的拙見，是應當把考古學放在一起來討論的。

二、中國考古學的特點

如上面所說，現代中國考古學的主要淵源是中國傳統上的史學以及作爲傳統史學附庸的金石學。要了解現代中國考古學的特點便不能不自傳統史學的特徵說起。中國傳統史學史是一門博大的學問，我自己不是學它的，在短短的幾段文字裡更不能將其精髓摘要說明，因此只能列舉下面這幾條公認的特徵。第一，中國傳統的史學所治的材料限於歷史上的中國範圍之內。第二，傳統史學資料的採取是個案式的，以歷史人物的傳記爲主。第三，傳統的史學重視人物的褒貶，所謂「春秋大義」。（《史記·太史公自序》說：「夫春秋，上明三王之道，下辨人事之紀，別嫌疑，明是非，定猶豫，善善惡惡，賢賢賤不肖，存亡國，繼絕世，補敝起廢，王道之大者也。……春秋之中，殺君三十六、亡國五十二，諸侯奔走不得保其社稷者不可勝數，察其所以，皆失其本也。……故有國者不可以不知春秋，前有讒而弗見，後有賊而不知，爲人臣者不可以不知春秋。」）第四，傳統的史學因爲有春秋大義，所以是供今人治世參考的，可謂「古爲今用」。（《史記》卷六〈始皇本紀〉：「野諺曰：前事之不忘，後事之師也。是以君子爲國，觀之上古，驗之當世，參以人事，察盛衰之理，審權勢之宜，去就有序，變化有時，故曠日長久而社稷安矣。」）[2]

從傳統史學到當代中國考古學中間相接的橋樑是宋代以來的金石學與民國17年到26年的殷墟發掘。宋代呂大臨自述他作《考古圖》（1092）的目的，是「探制作之原始，補經傳之闕亡，正諸儒之謬誤」。劉敞《先秦古器記》中也說，「禮家明其制度，小學正其文字，譜牒次其世諡，乃能盡

---

②杜維運，〈比較史學與世界史學〉，載《史學評論》，第1期，1979年，頁25-39。

之。」這兩位北宋金石器的大師筆下，金石學便是史學的附庸，而王國維認為宋代學者對中國考古學實有開創之功，蔡元培在《安陽發掘報告》的序中也說：「我們現在做考古學的同志，不可忽略這個光榮的歷史。」③安陽發掘是中國現代考古學之肇始，它在把考古學維持在中國史學傳統之內上發揮了很大的作用。現代科學考古學固然是由西方的科學家輸入的，而中國本部最早發掘的考古遺址是周口店和仰韶村，但中國考古學家自己主持和作大規模、長期發掘的遺址卻是殷墟（1928年）。如果中國考古學家在周口店或仰韶或其他史前遺址最早進行大規模、長期的發掘的話，以後考古學在中國的發展很可能會走相當不同的道路，它可能會從歷史學的範圍中走出來，而與自然科學作比較密切的結合。但殷墟是歷史時代的遺址，殷墟最初的發掘是由對甲骨文的尋求而促成的，而甲骨文的研究更是文獻史學的延伸。李濟在他總結殷墟發掘成果的一篇文章④裡說，殷墟發掘造成中國史學界革命性的變化，但他所指的變化主要指「地下材料」的增加，而殷墟發掘的主要收穫在「累集的史料」。李濟列舉殷墟發掘的價值如下：(1)肯定了甲骨文的真實性及其在中國文字學上的地位；(2)將史前史的資料與中國古史的資料連結起來；(3)對於殷商時代中國文化的發展階段作了一個豐富而具體的說明；(4)把中國文化與同時的其他文化中心作了初步的連結，證明中國最早的歷史文化不是一種孤獨的發展，而實在是承襲了若干來自不同方向的不同傳統，表現了一種綜合性的創造能力。這幾點都很富見地，但他忘了說明殷墟發掘在中國建立了一個新的考古學的傳統。這是李濟偶然的忽略，還是殷墟發掘在方法體系上仍然脫不開傳統史學的窠臼，這是值得我們深思的問題。

上面的討論令人想到中國當代考古學界中所討論的「中國學派」的問題。這個說法是1981年蘇秉琦最先提出來的，據俞偉超和張忠培的綜合，考古學的「中國學派」包括下面這三個特點：(1)「以馬克思列寧主義、毛澤東思想為指導，從考古材料出發，運用考古學的手段，仔細觀察與分析考古現

---

③李濟，〈中國古器物學的新基礎〉，臺灣大學《文史哲學報》，1950年，頁63-79頁。

④李濟，〈安陽發掘與中國古史問題〉，載《中央研究院歷史語言研究所集刊》第40期，1969年，頁913-944。

象所呈現的矛盾，具體的研究中國境內各種考古學文化所反映的包括生產力和生產關係，經濟基礎和上層建築這些內容的社會面貌及其發展階段性」；(2)「在科學發掘的基礎上，運用……考古類型學方法，分區、分系、分類型地研究各種考古學文化發展過程，……研究……中國……國家的形成和發展過程」；(3)「這種研究是以揭示歷史本身面貌作為自己的唯一目的，對促進人民群眾形成唯物主義歷史觀，激發他們的愛國主義、國際主義和民族團結思想情感有著重要的作用」⑤。仔細咀嚼這幾點的涵義，我們可以看出現代中國考古學的精髓是沿著中國傳統史學的精神一貫下來的：以中國為對象，以新的春秋大義為目標，以文化個案為基本資料，以對現代群眾的教育為目的。

三、考古學對「具有中國特色的人類學」的可能貢獻

從上面的討論來看，考古學在中國是歷史科學的一支，它的主要功能是重建史前史並且輔助文獻史料重建古代史。根據考古學與文獻史學的資料，我們可以研究中國文明起源的程序與動力，並且可以研究中國古代文化與社會的內容，也就是近代中國社會的歷史底層。由於中國文明的古老與連續性，這些中國史前史與歷史發展的資料是極其豐富的，在世界史學界裡占很大的分量。

文化人類學與社會人類學是產生在對現代社會文化研究的基礎上的。西方人類學家最初研究的對象是沒有文字歷史或罕有文獻資料的亞、非、大洋洲與拉丁美洲的原始社會，所以西方人類學（與社會科學一樣）的理論和方法論，一般來說，是有點忽略了歷史深度的。這一點我上面已經提到過，去年我在為陳其南所著的《臺灣的傳統中國社會》一書所作的一篇小序中，曾對這一點作過下列的論述：

> 社會人類學自從在西方誕生以來，所研究的對象，主要是沒有文字
> 和歷史記載的社會，因此它所發展出來的一些有關社會文化變遷的

---

⑤俞偉超、張忠培，〈探索與追求〉，載《文物》，1984年（1），頁1-9。

理論系統和研究方法，都基於所研究的對象沒有信史這一前提。數十年來，社會人類學者把西方這一套方法和理論介紹到中國來，但一直都還沒有機會處理如何將這些理論和方法與一個有悠長文字記載的歷史社會相結合問題。向來研究漢人社會（尤其是臺灣漢人社會）的中外人類學家都以當代的社會現狀為研究對象，而很少想到如何將臺灣漢人的社會人類學研究與臺灣史研究結合起來，以及結合起來以後這種研究對社會人類學這門學科在理論和方法上可能有的新的貢獻。實際上有不少人已逐漸意識到，目前在整個社會人類學的領域之內要作嶄新的、有創造性的貢獻，唯一的機會，是如何針對像中國這樣有歷史時間深度的社會，利用其文獻資料來研究文化社會變遷的問題。把社會人類學與歷史研究結合起來，則對彼此都會有所啟發的⑥。

這裡所說的「歷史研究」當然包括考古學的研究在內。事實上，從考古學研究上所看到的中國文明起源的程序與動力已經在社會科學上對文明國家起源的一般理論有很鮮明的啟示了⑦。把包括考古學在內的中國史學研究作為驗證與創造一般理論的一個基礎是建設有中國特色的人類學的一條大路。

⑥陳其南，《臺灣的傳統中國社會》（臺北：允晨公司，1987年），頁4-5。

⑦張光直，〈連續與破裂：一個文明起源新說的草稿〉，載《九州》，1986年，頁1-8。

2.考古學和中國歷史學*

　　作爲一種通過物質遺存對過去所做的系統調查，中國的考古學和它所研究的文明一樣古老。不過，傳統上它僅僅是中國歷史學的附庸。近代以來，田野考古學作爲一門科學始從西方傳入中國。最近這些年，新的考古發掘給我們帶來大量的新材料，它們正迅速地改變著中國的歷史面貌。但是，儘管有著這樣新的科學的背景而且聲譽日隆，考古學在中國卻依然是歷史學的一種工具，縱使作爲工具，它比過去任何時候都更強大。

　　中國的歷史學似乎是獨立於中國歷史之外的一個實體：它不因改朝換代而稍有終止。正如余英時所說的那樣，「中國文學史具有兩個最大的特點：一是源遠流長，一是史學傳統一脈相承，不因政治社會的變遷而中斷。」①不過，歷史學不斷地從新的技術，新的理論和方法中取得營養。其中的一些技術和方法便是通過考古學的途徑而來。以考古學研究中國歷史，有兩個十分重要的標誌：一個是完成於公元1092年的呂大臨的《考古圖》，它標示著中國傳統的古器物學的開始；再一個是1920年中國石器時代遺址的首次確認，它揭開了中國科學考古研究的序幕。

　　在我們進一步討論中國考古學的三個階段：古器物學（1092－）、科學考古學（1920－）和社會主義中國的考古學（1949－）之前，讓我們簡單回顧一下傳統的中國歷史學的一些主要目的和特徵，這是因爲中國考古學的目

---

　　*譯自：*World Archaeology*, Volume 13, No. 2（October 1981）.（陳星燦譯）

　　①余英時，《歷史與思想》（臺北：聯經出版公司，1976年），頁172。

的和特徵與其大同小異，可以相互觀照。

　　首先，傳統的中國歷史學有顯明的道德價值取向。已故的瑞德（Authur F. Wright）曾這樣問道：「爲什麼歷史研究（在中國）受到如此的尊崇？它的價值取向何在？」他認爲，「其一，歷史上的成功與失敗，給研究者的時代提供了明確的指導……因爲儒家文化傳統，視歷史研究爲吸取相關經驗的法寶。其二，如果說體現傳統智慧的儒家經典，爲人們提供了行爲的準則，那麼，歷史研究就給這些準則在人事上提供了具體的事例和證明。增補歷史的記錄，便是參與了一項由聖賢們開創的偉大工程，研究歷史，便是試圖通過大量的具體事例，理解古人遵循或者背離儒家道德說教的因果報應。」[2]因爲歷史記錄了以往的經驗教訓，所以爲後人指出了方向。正如公元前二世紀後期中國偉大的歷史學家司馬遷所說，「前事不忘，後事之師。」歷史學家希望以此喚起人們尤其是統治者的榮辱感和對其身後名譽的關心。據說孔子編纂《春秋》的時候，「亂臣賊子」非常害怕他們的罪行和醜事被記錄下來，留給後人。

　　由於中國歷史學的道德價值取向，最好的歷史著作，不會任意地隨政治和意識形態的變化，而更改自己的立場。在儒教成爲不變的正統之後，歷史學也形成了與其相應的一套規則，並且變成爲一個獨立的存在。其實，不受短暫的外部干預的歷史學的獨立性，在官方的儒教形成以前很久旣已存在。這可以《左傳》記載的發生在公元前548年的著名故事爲證。該年五月，崔杼殺死了他的主人齊莊公。主事的史官因此記道：「崔杼弑其君」。崔杼生氣，把這個史官殺掉了。史官的弟弟秉承其兄做了同樣的記述，因而也被崔杼殺害。他的第二個弟弟也落了個同樣的下場。最後，史官的另一個弟弟又秉筆直書，崔杼無奈不得不聽之任之。這個故事的下一部分更有意思。據說住在齊國另外一個地方的史官，聽說主史官們全被殺害，他抱著竹簡來到主史官受害的地方，準備再把崔杼弑君的故事如實記載。只是當他知道此事已經記錄在案，他才心安返家。

---

②Wright, Authur F., "On the Uses of Generalization in the Study of Chinese History," in *Generalizations in the Writing of History*, ed. Louis Goeeschalk(University of Chicago Press, 1963), pp.37-38.

　　與其獨立性可能密切相關的中國歷史學的另一個主要特徵，是個案的歷史記載，而非抽象的歷史概括，起了主導作用。所謂正史，一般來說，都是一個朝代的宮廷爲前一個朝代編寫。這種歷史的主要內容，除了各種各樣的圖表和清單之外，就是重要人物包括從皇帝、大臣到商人、學者的傳記。人們顯然以爲，祇要忠實地記述歷史，道德的教化就不揭自明。不過，歷史家們的個人意見明顯地與事實相分離。司馬遷就說他編寫《史記》的目的，是「通天人之際，究古今之變，成一家之言。」

　　說到歷史的概括，傳統的中國歷史學有其獨特之處。瑞德歸納如下：(1)因果的概括：改朝換代，比如說一般把一個富強的時代與某人的統治時期聯繫起來，把婦女對朝廷的影響，視爲王朝行將滅亡的徵兆和原因，把「官逼民反」當成王朝覆滅的綜合症。(2)貼標籤式的概括：比如「中國」一詞，意味著中心和優越；「封建」一詞，是表示一個制度的叢體或者它的片段遵循一個已知的模式；相對立或者相補充的一對概念；一些簡明扼要的聲明，即意味著規律和兩個不同序列的事件之間的固定聯繫[3]。毫無疑問，這些總結並沒把傳統中國歷史家的種種概括包羅殆盡，不過，它們確實點到了那種歷史範式，那種受到傳統訓練的中國學者慣於思考和討論的歷史範式。

　　傳統學者還往往把歷史探討，局限在中國的地理空間之內。瑞德曾指出，中國學者所以專注於他們的國家，主要是中國中心思想在作怪[4]。不過，我們應該進一步指出——就像錢穆所做的那樣[5]——中國歷史上演的地理舞台是又巨大又孤立的。二十五部正史的地理範圍，與其記載的政治王朝的統治區域，互相交合；但是，人們關注的焦點，卻總是所謂中國文明（漢文明）的中心區域。恐怕不能說傳統的中國歷史學家，對他們境外的事情沒有興趣；因爲，對邊遠地區的記述，從先秦的《山海經》，到元朝的《眞臘風土記》，都是傳統文獻的一個重要組成部分。很明顯，中國的地理如此遼闊多變，歷史又如此悠久，對它本身的歷史記載，似乎就包括了一切可能從

---

[3]Wright, Authur F., "On the Uses of Generalization in the Study of Chinese History," pp.41-45.

[4]Ibid.

[5]錢穆，《史學導言》（臺北：中央日報社，1970年），頁24。

過去學到的經驗教訓。

古器物學

　　當代的中國考古學，有三個學術來源，在上面曾經提及的三個時期進入中國考古學的舞台，即：傳統的古器物學，西方考古學和馬克思主義的歷史唯物主義。這三種東西都明顯地存在於當代中國考古學的實踐中。

　　古器物學，作為傳統的歷史學的附加成分，形成於宋代。根據李遇孫[6]的統計，宋代可以稱為古器物學家的學者有六十一人。據楊殿勛統計，宋人所著現已失傳的古器物學著作，即有八十九部之多[7]。存留下來的三十部[8]之中，最早的是呂大臨的《考古圖》，據說完成於1092年。該書從宮廷和三十家私人的藏品中，精選了從商代到漢代的青銅器210件，玉器13件，用文字和線圖作了描繪。稍後，又出現了由王黼受朝廷之命編寫的《博古圖》。該書初編於1107-1110年，在1119-1125年又得以修改和擴充，它收錄了839件古器物。宋代的著錄，旣收有器形的摹繪，款識的拓片，又有器物的外部特徵和大小尺寸的描述，開創了著錄宮廷和私家收藏青銅器的古器物學傳統。宋代的著錄，還開創了用古代典籍中的術語命名器物及其紋飾的傳統。其中的一些器名，用的很對，另一些則成問題。我們馬上就會討論到它們。

　　這些著錄的主要目的，不是建設一門作為歷史材料的獨立範疇的基於對古代遺物研究的新學問。不過，宋代考古學家也試圖做一些別的方面的工作，而不是僅僅協助歷史學家。呂大臨在他的《考古圖·序》中，羅列了金石學的三個目的，即所謂：「探制作之原始」，「補經傳之闕亡」，「正諸儒之謬誤」。在一本早已失傳的名叫《先秦古器記》的著作的〈序〉裡，劉敞也認為，對古代青銅器的研究，必須從三個方面入手：「禮家明其制度，小學正其文字，譜諜次其世謚。」[9] 傾力於青銅銘文的研究可以理解，但是，呂大臨和劉敞都意識到，研究青銅器，對探討典籍沒有涉及的禮儀，以

---

[6]李遇孫，《金石學錄》（1824年）。
[7]楊殿勛，〈宋代金石遺書目〉，《考古》，第4期（1926年），頁204-28。
[8]容媛，《金石書錄目》（上海：商務印書館，1936年）。

及古代文化的其他方面的起源和早期形式，至關重要。遺憾的是，宋代之後，傳統的古器物學嚴重倒退。宋代以後的古器物學著錄和著作，專注於銅器的銘文及其與文獻的關係，而在宋代記錄甚詳的許多信息，比如器物的出土地、特徵以及大小尺寸等等，則很少受到重視，或根本不予描述[⑩]。儘管如此，除了他們草創且沿用至今的青銅器的著錄方法──文字的描述，形象的摹繪（現在是照片）和銘文的摹寫（現在是照片或拓片）之外，關鍵的是宋代的金石學家還留給我們一套古代器物的命名方式。就像魯道夫（Rudolph）所說的那樣，「對中國考古學最重要的一項貢獻，是宋代學者對青銅禮器及其他青銅器的分類和命名。除去某些錯誤以外，宋代學者建立起來的名稱和分類，現在基本上還在沿用。」[⑪]實際上，命名涉及器形和紋飾兩方面的問題。下面我們看看《博古圖》的兩個例子。

圖2-1：商代的鼎，上鑄「瞿父」，著錄於十二世紀的《博古圖》。該圖取自1528年的明代版本。複製經倫敦波西發大偉中國美術基金會（Percival David Foundation of Chinese Art）的許可。

圖2-1　商瞿父鼎器物摹繪
（銘文的拓片和隸定）

⑨Rudolph, Richard C., "Preliminary Notes on Sung Archaeology," *Journal of Asian Studies*, 22（1963）：167-77.

⑩李濟，〈中國古器物學的新基礎〉，《國立臺灣大學文史哲學報》，第1期（1950年），頁63-79。

⑪Rudolph, Richard C., "Preliminary Notes on Sung Archaeology," pp.176.

（器物）右高五寸二分；耳高一寸，闊一寸二分；（腹）深三寸二
分；口徑五寸；腹徑五寸二分。容二升二合；重二斤十有四兩。三
足。銘二字，曰瞿父。商器，以父銘者多矣。瞿則莫詳其爲誰。然
瞿作兩目，與商瞿祖丁卣之兩目相似，固未易以名氏考也。是器耳
足純素，無紋。純緣之外作雷紋饕餮。歷年滋多，如碧玉色，宜爲
商器也。（卷一，21頁）

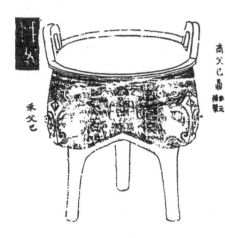

圖2-2：商代的鼎，上鑄「禾父己」，
著錄於十二世紀的《博古圖》。該圖也
取自1528年的明代版本，複製得到波西
發大偉中國美術基金會的許可。

圖2-2　商父己鼎器物摹繪
　　　（銘文的拓片和隸定）

（器物）右高五寸七分；耳高一寸一分，闊一寸三分；（腹）深三
寸；口徑五寸，腹徑五寸二分。容二升二合；重二斤一兩。三足。
銘三字，一字作禾形；二字曰父己。後世傳習之謬，而以罩彝畫禾
稼其上，雖一時俗學之陋，固亦有自來矣。父己，商己也。今所收
父己彝，而一字持戟形。大抵商器類取諸物，以爲形似。蓋書法未
備，而篆籀未分也。是器耳足純素，三面爲饕餮而間之雷紋。文鏤
與父己彝近似之，其一代物也。

有幾點需要在此指明一下：所謂鼎，是指有三個實足的青銅容器。饕
餮，指動物的面紋裝飾。雷紋，指方形的螺旋紋裝飾。紋飾被用作斷代的一
個依據。刻在銅器上的祖先的名字，也是商代器物斷代的依據。另外一個判
定年代的標準是器物外觀的古老程度。

器物的斷代，依據其外觀、銘文和紋飾，這些標準當然在古器物學裡已經全部得到認可和應用，今天我們也還在這樣做，儘管由於宋代以來知識的積累和擴充，使我們對這些標準的運用大大地複雜化了。不過，鼎和饕餮兩個名稱的使用，的確代表宋代古器物學研究的基調，這個基調決定了至今尚被中國考古學家追隨的研究方向。

這種可稱為文化相對性（emic）的研究方法，大約只有中國考古學具備，因為只有中國才擁有大量可資利用的文獻材料。中國古代的禮器種類繁多，名目複雜。有些名稱就刻鑄在銅器上，但是，更多的則是在古代文獻裡。比如「鼎」這個名稱，就刻鑄在許多鼎類的器物上。不過，作為古代最重要的禮器，它也見於許多古代文獻。實際上，「鼎」字本身，即是鼎這類三足器的象形。因此，用鼎這個詞指代那種特殊形式的器物，就像宋人的著作所做的那樣，和古代中國人的用法是一致的。但是另一方面，有一些名稱宋人顯然用錯了。比如「敦」，是東周時代一種圓形器的名稱，宋人卻錯誤地用指稱商和西周時代的一種盛食器——段。「段」字也曾見諸某些簋形器的款識，但是宋代的著錄家們卻把它隸定為「敦」字。還有，某些古代的名稱，並非僅僅指代某一種器物，相反，它往往升格為指稱某些器類。比如「彝」字，宋代的學者用它指簋這種特殊的器物，事實上它卻是禮品的總稱。

儘管有上述那些可貴的材料，古代器物的本名的使用並不成系統。宋代古器物學家的考古研究，開創了應用古代名稱命名器物的先河，但是宋代以來的傳統學者只留給我們一堆主觀而又含糊的名稱。現代的考古學家，一直試圖把古代的名稱和客觀的形式結合起來，對古代的青銅器進行分類[12]。儘管不能說我們已經具備了一個盡善盡美的命名分類系統，但是把兩者結合起來的方法，似乎是卓有成效且切實可行的。十年以前，我編著了一本包括四千多件有銘文的商周銅器的圖錄[13]，對關鍵的信息進行了分析，並把它們納

[12] 李濟，〈記小屯出土的青銅器・上〉，《中國考古學報》，第三冊（1948年），頁1-100。

[13] 張光直等，《商周青銅器與銘文的綜合研究》（中央研究院歷史語言研究所專刊第62號，1973年）。

入原來的系統。表2-1即根據此一方法製成,由此我們可以發現許多非常有意思的東西。比如,只有鼒、鼎、甂、簋和壺可能是指稱某些特定的類型;其中,鼒、鼎、甂和簋是食器,壺是酒器。另一方面,尊和彝是一般的名

表2-1　中國古代銅器自名與考古分類對照

考古分類 ＼ 拓文自名	食器 蓋	方鼎	鼎	鬲	甂	簋	盛酒器 壺	罍	舫	方彝	卣	觶	尊	溫酒 觚	盃	飲酒 角	爵	斝	水器 盤	盆
乃											×		×	×			×			
寶（寶）												×					×			
旅寶													×							
尊	×	×			×		×				×		×			×			×	
彝	×				×	×	×				×	×	×	×	×		×		×	
寶彝	×			×	×	×	×				×	×	×	×	×	×	×			
尊彝	×	×			×	×	×	×			×	×	×	×	×	×	×	×		×
寶尊彝	×	×	×	×	×	×	×				×	×	×	×	×	×	×			
宗彝	×																		×	
寶尊宗彝								×	×	×			×							
車彝											×									
鞞彝						×														
旅彝						×					×	×								
旅尊彝						×					×	×								
旅宗彝											×									
旅宗尊彝											×									
從彝			×		×	×					×	×	×	×						
從	×				×						×	×	×	×	×					
鼒彝	×																			
鼒	×	×																		
鼎	×																			
鼐鼎	×																			
寶鼎	×																			
尊鼎	×																			
寶尊鼎	×																			
甂					×															
寶尊甂					×															
寶簋						×														
寶尊簋						×														
宗簋						×														
賣簋						×														
尊壺							×													

稱，用來代表各種酒器。這個表格說明，古代的器物名稱蘊藏著許多重要的信息，對它們的任何研究都必須與古代的文獻結合起來。儘管宋代學者對古代名稱的使用不夠準確，但卻給我們指出了方向。

不過另一方面，宋代學者用「饕餮」一詞表示器物裝飾的做法，卻引出很多麻煩。在晚周的一部哲學著作《呂氏春秋·先識覽》裡，記載著下面一段話：「周（有的版本寫作夏）鼎著饕餮。有首無身。食人未咽，害及其身。」在其他的文獻裡，饕餮也被說成是殘暴成性貪得無厭。宋代的學者，以饕餮命名青銅器上的獸面紋，並且猜想說古代的藝術家所以把饕餮的形象刻鑄在銅器上，是要警告人們戒貪。因此，饕餮一直是這種獸面紋的共名，但是它的確切涵義——如果有的話，卻還是莫衷一是。

現代考古學的傳入

1840-1842年的鴉片戰爭，使西方的影響在各個方面開始急劇地進入中國人的生活和意識，也使得眼睛祇盯著中國的傳統的中國觀土崩瓦解。西方的歷史學，在二十世紀初期的幾十年，對中國的歷史學家產生了深遠的影響。中國的歷史學家，開始尋求中國傳說時代歷史的經驗證明；傳說時代的歷史包括了大部分的——如果不是全部的——中國上古史⑭。地質學、考古學以及其他可能從地下發現經驗材料的學問，都在中國找到了自己的熱心觀眾。用李濟的話說：

> 自本世紀初起，地質學者、古生物學者和考古學者的田野工作迅速遍布整個世界，田野資料的重要性也很快得到人們的認識。被歐洲帝國主義國家侵略幾百年的古老中國，被迫打開她的大門，一任「高級的白人政權」為所欲為，科學的田野工作也在其中。地質學家、地理學家、古生物學家以及各式的冒險家，蜂擁到遠東特別是中國……祇是在1911年的革命以後，受過教育的中國人才開始覺

---

⑭Ku, Chieh-kang, *The Autobiography of a Chinese Historian*, trans. from *Ku Shih Pien* by A. W. Hummel（Sinica Leidensia series, Leiden：E. J. Brill, 1931）.

醒。「田野方法」作爲學問之道，如它在歐洲一樣，對中國的思維
方式產生了影響⑮。

李濟接下來還談到代表西方科學的田野工作的早期主要執行機關——
1916年建於北京的中國地質調查所，以及對中國產生重大影響的曾經在此工
作過的西方學者：美國的葛利普（A. W. Grabau）、瑞典的安特生（J. G.
Andersson）、加拿大的步達生（Davidson Black）、德國的魏敦瑞（J. F.
Weidenreich）和法國的德日進（Pierre Teilhard de Chardin）。

在這些西方學者中，安特生無疑是對中國考古學產生了最重要影響的一
個。正如他自己所說的那樣：

> 幸運之神多次光顧，使我許多次捷足先登成爲開拓者。1914年，我
> 第一個發現了疊層礦石的有機生成（organic origin of stromatolite
> ore）。1918年，我發現了聚環藻屬的模數（Collenia modules），
> 辨認出它與北美前寒武紀地層出土類似「化石」的聯繫。1921年特
> 別值得紀念：這一年我們發掘了仰韶村新石器時代聚落遺址、黃河
> 流域的上新世哺乳動物化石、奉天的沙鍋屯洞穴遺存以及因後來者
> 的工作而蜚聲世界的更重要的周口店洞穴遺址⑯。

這其中，以1921年在仰韶村和沙鍋屯的工作爲最重要，因爲這兩個遺址發現
了以黑褐色彩繪的紅陶鉢、罐和磨光的石斧爲特徵的中國第一個史前文
化⑰。緊跟著，安特生在甘肅又發現了數量衆多的彩陶文化遺址⑱。這些以
仰韶文化著名的彩陶遺址，在中國北部相當廣大的地區普遍存在，爲該地區
史前人的活動提供了最初的實物依據。安特生獲取和分析考古資料的手段，

---

⑮Li, Chi, *Anyang*（University of Washington Press, 1977），pp.34.

⑯Andersson, J. G., *Children of the Yellow Earth*（London：Kegan Paul,
Trench, Trubner, 1934），pp.xviii.

⑰ Andersson, J. G., (a)" An Early Chinese Culture, " *Bulletin of the
Geological Survey of China*, 1923, no.5：1-68. (b)" The Cave-deposit at Sha
Kuo T'un in Fengtien, " *Palaeontologia Snica*, series D（1923），no.1.

⑱Andersson, J.G., *Preliminary Report on Archaeological Research in Kansu*
（Memoirs of the Geological Survey of China, series A），1925, no.5.

自然地為中國的學者所吸收，因而，中國有了同樣的田野考古研究。

在這裡，我無意對安特生的考古方法進行詳細分析。但是，有必要指出，安氏和他的地質調查所的西方同事應用於考古學和地質學的某些基本方法，對中國考古學發生了深遠的影響。同樣有必要了解，安氏和他的同事們是地質學家和古生物學家，而非受過專業訓練的考古學家。他們的主要方法更適合於地質學和古生物學，而不是考古學。這些方法包括收集田野資料，跟自然科學家的合作，地層學，以及標準化石的使用等等。如此看來，中國的情況和西方並無根本的不同，因為歐洲之外的早期考古學的很多工作，是探險家和自然歷史學家完成的。對中國來說，關鍵的是這些早期的方法的傳入和延續。

儘管如此，所有這些早期的方法並不壞。地層學在任何時候都是基本的年代學的方法。同樣地，中國考古學家和地質學家、古生物學家合作的傳統——肇始於中國地質調查所，特別是為發掘和研究周口店北京人遺址而設立的新生代研究室——對中國考古學中一直延續下來的對人地關係的濃厚興趣至關重要[19]。另一方面，安特生利用採集員搜集考古遺物及地質、古生物學標本的作法，並沒有形成對遺址和地層的清楚的認識，儘管這是當時的普通做法且很容易被改變。對考古學產生的一個更為持久的負面影響，是安氏經常利用標準化石斷代和進行歷史的比較。這種方法在西方也同樣流行，不過它的缺點很早就被注意到了。在1935年的史前學會主席致辭中，柴爾德（Childe）這樣說：

> 地質學不僅教給考古學家劃分年代的必要性，也指出了科學斷代的方法。地層學的原理即來自地質學……但是考古學還在從地質學的方法和概念中借用那些不適宜人文科學的東西。在地質學裡，沈積岩的序列確實是通過地層學建立起來的。不過，一旦層序確立，該層序中某地點的年代，即可以蘊藏其中的標準化石（leitfossilen）確定。考古學的年代是通過類型學建立的。一群遺物的相對年代應

---

[19] Chang, Kwang-chih, "Chinese Palaeoanthropology," *Annual Review of Anthropology*, 6（1977）：137-59.

　　當由其中的一些典型遺物來判別[20]。

他還指出，文化比地質學和古生物學的標準化石要複雜多變得多，一個斧頭和一個陶片對包含它的整個時代可能並無很大的價值。不幸的是，標準化石幾乎是安特生方法論的中心。通過對很少一些分別出土於中國和西亞、中亞的有相似點、線和弧線的彩陶片的比較，他會聲稱發現了這些地理上相隔遙遠的地區之間史前文化的緊密聯繫甚至同構性[21]。安特生的工作早在柴爾德1935年的致辭之前，但是安氏到四十年代還在繼續使用他的標準化石法，許多研究中國的考古學家一直到現在也還在使用。

　　如果說安特生代表著基於田野工作和發掘材料的現代考古學向中國的傳播，那麼李濟就是中國學術界掌握了這個新學科的體現。如果說安特生和他的西方同事，有意無意做了西方帝國主義者的幫凶，總的看來不具對中國和中國科學發展的責任，而且其科學活動發生在國際學術圈，對中國人的生活少有直接影響的話，那麼，李濟和他的中國同事及其學生們，則是注定要使中國考古學現代化，且使它在當代社會成為中國歷史學的一種有效工具的愛國者。從許多方面來講，李濟——正如人們所認為的那樣——都是現代中國考古學之父。

　　李濟（1896-1979）出生於湖北省鐘祥縣一個殷實的家庭。進入現代學校之前，接受了傳統的教育，先是在他的家鄉鐘祥，後在北京。1909年，他考入清華學校——中國第一所現代的仿效西方的大學預科。1918年，他赴美留學，先是在麻省羅切斯特的克拉克（Clark）大學拿到心理學的學士和社會學的碩士學位，接著1923年在哈佛大學取得人類學的博士學位。李濟在哈佛的主要導師，是狄克遜（Roland Dixon）和虎頓（Earnest Hooton）。他從他們獲得了民族學和體質人類學的訓練，他的博士論文《中國民族的形成》

---

[20] Childe, V. Gordon, " Changing Methods and Aims in Prehistory, " *Proceedings of the Prehistoric Society for 1935*（1935），pp.1-15.

[21] Adersson, J. G., " Researches into the Prehistory of the Chinese, " *Bulletin of the Meseum of Far Eastern Antiquities*（Stockholm, 1943），no.15.

（1928）㉒即是上面兩門學問結合的結晶。李濟在哈佛只聽過托策（Tozzer）的考古課，不意考古學竟成爲他回國後的主業。從1923年回國至1979年去世的五十六年間，他在中國考古學史上留下了許多第一。1923年，他發掘了山西夏縣的西陰村仰韶文化遺址，這是中國人發掘考古遺址的第一次。1928年，他成爲中央研究院歷史語言研究所的第一位考古組主任，該年設立的考古組正是爲了負責殷墟——安陽附近的晚商都城的發掘。1945年，他被任命爲第一個國立中國歷史博物館——中央歷史博物院的首位院長。1949年，他建立起中國大學的第一個考古系——國立臺灣大學考古人類學系，並成爲系主任。最後，在六十年代，他開始編輯一部由多學科參與多人參加寫作的中國上古史，這是基於考古和銘刻資料撰寫的第一部中國上古史。

作爲拓荒者，李濟對中國考古學的影響是多方面的和持久的。這裡不準備評價李濟的學術生涯，但是我們必須指出，在當代中國考古學的許多領域還留有他的影子。

首先，他主持的從1928-1937年的殷墟發掘，相當程度上塑造了現代中國的考古學。殷墟成爲年輕考古學者的訓練基地。從五十年代至今所有中國考古學的領導者，都曾在殷墟接受過培訓，包括：夏鼐，中國社會科學院考古研究所所長；尹達（即劉燿），中國社會科學院歷史研究所副所長；高去尋，中央研究院歷史語言研究所所長；石璋如，歷史語言研究所的考古組主任；南京博物院的主要考古學家已故的尹煥章和趙靑芳。所有這些考古學家當然都爲中國考古學做出了他們自己的貢獻，不過，他們也都在殷墟接受了李濟和他的年輕同事梁思永關於田野考古技術和方法的最初訓練。梁思永也畢業於哈佛大學的人類學系，他曾在祁德（Alfred V. Kidder）的指導下參加過美國西南部的考古發掘。

在把新的考古學和傳統的歷史學及其古器物學的分支結合這一點上，殷墟的發掘扮演了十分重要的角色。假如這個第一個大規模的由國家執行的持續發掘，是對一個史前的遺址，那麼一個主要以社會科學爲取向的考古學的

㉒Li, Chi, *The Formation of the Chinese People*（Harvard University Press, 1928）.

獨立分支，就可能在中國誕生。但是殷墟是歷史時期的遺址，出土了豐富的文字材料：甲骨文和靑銅器銘文。不僅如此，古器物學家收藏的許多靑銅器，即是歷代在殷墟盜掘的產物。因此，對殷墟出土材料的任何研究，雖然用考古學的方法給予描述，卻必須在傳統的歷史學和古器物學的圈圈裡打轉。這服務於兩種目的：一方面使考古學成爲一門人文科學和更新了的傳統的中國歷史學的一個分支。另一方面，也許有人會說，還使傳統的中國歷史學「獲得了新生」。由於上述原因，在中國，考古學無論是在國家的研究所、博物館或是大學裡，都屬於歷史學科的範疇。

在我看來，李濟個人的研究取向和成就有如下方面具有特別深遠的影響：他一生堅持以使用第一手的科學取得的經驗材料（而非過去寫在書上的教條）爲信仰和立論的依據；他主張考古遺物的分類應以可定量的有形的東西爲基礎；他從文化人類學的觀點出發，對考古資料所作的解釋；他不把對中國問題研究的視野局限於中國的範圍。我們不可能在此對李濟漫長而多面的考古生涯的每一側面詳細評述，然而，僅僅羅列這些方面就足以表明，就中國考古學說來，我們仍舊生活在李濟的時代。

1949年以後的中國考古學

1949年，以中國共產黨領導的中國革命推翻國民黨的統治，建立了中華人民共和國。但是，由安特生和李濟所代表的傳統的古器物學和新的考古學的所有主要方面，在1949年以後繼續存在。在新政權下，考古學呈現出兩種新的重大變化，其後果也各不相同。第一種，是馬克思主義的歷史唯物論成爲指導考古學解釋的主要理論；第二種，是考古學無論在機構設置、經費來源和意識形態方面都變成國家控制的一個單位。後者給中國考古學帶來一系列劃時代的成果，前者卻不很成功。

即使簡單回顧近年來馬克思主義在中國考古學的統治地位，我們也不能不從本世紀三十年代和自1950-1978年間擔任中國科學院院長的郭沫若說起。郭沫若是著名的作家、詩人和創造社的發起人之一，二十年代他是激進的作家和傾向於共產主義的革命者。1927年，蔣介石與共產黨決裂並大肆圍剿共產黨員，郭沫若被迫逃亡日本，過了十年的流亡生活。這十年，郭氏集

中精力研究中國的古代遺物，撰著了數種不朽著作：《中國古代社會研究》（1930年）、《兩周金文辭大系》（1932年）、《卜辭通纂》（1933年）、《兩周金文辭大系圖錄》（1934年）。這些著作及其他流亡日本時期撰寫的關於古代中國的著作，無疑奠定了郭沫若在中國古代研究方面的巨人的地位。他在甲骨文、金文和青銅器風格演變方面的開拓性著述，至今仍是不可或缺[23]。所以，儘管郭沫若在中央研究院有許多政治上的反對者——特別是李濟，但出於對他在上述領域的傑出貢獻的尊重，1948年他們仍然推選郭氏為中央研究院第一屆院士（具有諷刺意味的是郭氏拒絕接受）。然而，郭沫若並非田野考古學家，他對考古學的主要貢獻，體現在他1930年出版的首部著作《中國古代社會研究》裡。這是第一次嚴肅地以馬克思主義的社會發展模式解釋中國古代歷史的嘗試。因為在馬克思的模式中，原始社會和奴隸社會先於封建社會而存在，郭氏將之應用於古代中國，因此就把商代劃入晚期原始社會，把周劃入奴隸社會。根據1930年代殷墟商代考古的發現，郭沫若在1945年出版的《奴隸制時代》一書裡，修正了他的分期法，把商代劃入奴隸社會。此外，作為忠實的馬克思主義者，郭氏著重於生產力和生產關係的分析，因此貢獻了一個與傳統的關注藝術、宗教和意識形態其他方面的研究截然不同的解釋模式。1949年以後，馬克思主義成為中國和中國共產黨的教條。郭沫若的兩個理論上的重點——中國古代歷史的分期和視生產力為社會基礎的觀點，也遂被古代史家和考古學家奉為圭臬。考古學家一直試圖以此撰寫古代史和對新的考古材料做出解釋。不僅如此，考古學的政治化還表現其他方面。由於毛澤東說過「人民是推動歷史發展的動力」，於是考古學便開始把精力傾注到窮人、被壓迫者（比如囚犯）以及富人和統治者的遺存上。由於毛澤東主張「古為今用」，於是考古學家便試圖以當前的需要調整他們的工作。「文化大革命」時期，「影射史學」大行其道，考古學也部分廁身於中國歷史的所謂「儒法鬥爭」的批判。

翻檢過去三十年的考古學書刊，就會發現政治化的傾向始終存在。不過，概因忠實於傳統的史學的獨立性，在我看來，中國考古學還沒有受到政

---

[23]夏鼐，〈郭沫若同志對於中國考古學的卓越貢獻〉，《考古》，1978年第4期，頁217-22。

治化極端的影響。資料、對資料的分析和政治術語共存於大多數考古報告和論文中，但是，在很多情況下，兩者經緯分明，互相之間的影響不大也不深。這種狀況也好也壞。好，是因資料和不斷變化的政治口號可以區分開來，資料還可用於將來的客觀分析。壞，是因政治干擾到考古學的某些方面，使得進行這些方面研究的複雜的方法論在中國付之闕如；假如考古學家能夠多注意這些經驗的處理辦法，那麼方法論的進步便可能實現。比如，即使是注重和生產相關的活動，但是諸如生產系統、聚落形態和貿易的考古學研究也幾乎不見。古代社會組織和親屬制度，是馬克思主義的社會進化理論的關鍵，但是中國考古學家卻甘願奉摩爾根（Lewis Henry Morgan）和恩格斯（Frederick Engels）的理論爲教條，不加批評地隨意引用。因此，他們失去了一些很好的機會，去利用中國豐富或者也許是獨特的材料，爲建構更完善的一般社會科學理論做出積極的貢獻。比如，儘管歷史學家對亞細亞生產方式進行了許多討論[24]，掌握著大量與此密切相關材料的考古學家，卻一直沒能加入討論[25]。總之，儘管新中國的考古學家有理論上的自覺，大致說來，在方法論方面，他們還是滿足於沿用從李濟及其同時代的中西方考古學家那裡學到的方法，來處理考古資料。

儘管如此，從某種意義上說，這種研究的做法還是最好的。在過去的三十年中，考古學研究的隊伍嚴重乏人，但是卻發掘出大量的新材料。由於前所未有的工農業建設，也由於意外的發現得到國家所屬的專業考古學家的重視，在全國各地都有從史前到各個歷史時期的眾多的新發現。許多新材料極大地豐富了中國歷史的方方面面，使我們正經歷著中國歷史學的質變[26]。

---

[24]侯外廬，《中國古代社會史論》（上海：三聯，1954年）。

[25]Chang, Kwang-chih, *Shang Civilization* (Yale University Press, 1980).

[26]Chang, Kwang-chih, " Chinese Archaeology since 1949 , " *Journal of Asian Studies*, 36 (1977) : 623-46.

3. 對中國先秦史新結構的一個建議 *

一

　　中國史的分期有好幾個不同的系統，但是秦始皇帝統一中國（221 B.C.），建立了中國歷史上的頭一個帝國這個事件標誌了一個新階段的開始，中外史學者在這上面一般而言是沒有不同的意見的。但在秦以前的中國歷史，便問題重重了。首先，這段歷史從何時開始？是從中國有人類蹤跡時期就行開始，還是要等到有文字記史的時代？講這段歷史的時候，「中國」這兩個字用起來便有困難：如果秦代的中國能從大致的地域上和文化上說是中國的開始，那麼在秦代之前的六國及其鄰近諸國能否籠統地叫它們爲中國？如果在這裡將中國兩個字作爲地理名詞來用，就像「歐洲」或「近東」這些詞一樣，那應該是可以的。但是中國這兩個字在今天看來是無法脫離文化、民族上的意義的。例如我們講人類進化史，講中國的直立猿人，只將在中國境內的直立猿人包括進去，而完全不涉及中國境外的，這便完全說不上科學的理由，因爲在四、五十萬到一百多萬年以前，直立猿人活動的時代，「中國」這塊地理區域沒有任何理由作爲一個內外有別的特殊的單位。在現代中國區域之內的猿人化石，一定要與在它外面的化石放在一起研究不可。這個例子在不同的範圍之內適用於秦代之前的全部歷史。所以，要講秦代以

＊1994年1月4日在臺灣臺北中央研究院歷史語言研究所主辦「中國考古學與歷史學整合國際研討會」上宣讀，論文集出版中。

前的「中國」歷史，要包括那些地區的資料，是一個需要考慮、說明的問題，而不是（像很多中國史學者所假定的）不言自明的。最後，這部歷史管它叫什麼名字，也有不同的說法；中國古代史，中國上古史，中國先秦史，中國遠古史，都有人使用；是儘管各用各的，還是要標準化？這些名稱除了字面不同以外，是否代表內容上的區別？

這一段歷史是建築在什麼材料上的，裡面包含些什麼內容，答案也是很混亂的。傳統的上古史，就是在二十世紀初期以前中國人所寫的上古史，根據經書，尤其是《詩》、《書》、《三禮》、《春秋三傳》，和幾本子書，把上古史系統化，排成三皇、五帝，和夏商周三代這樣一個順序。這個順序，從東漢到民國初年基本沒有變化。民國初年「古史辨」這個學派，從資料和方法論兩端夾攻傳統的古史系統，使知識分子對它產生了極端的懷疑。正在這時，西方的考古學傳入中國，學者中有就轉向考古學去尋求文字史學以前的材料。幾十年來，考古學在中國給了我們另外的一套有系統的文化順序：舊石器時代，新石器時代（再分為磁山文化等時代，仰韶文化、大汶口文化等時代，和龍山文化時代），青銅時代等。考古學上的青銅時代與傳統歷史上的三代基本相符，所以一般寫古史的寫三代時採用考古材料，寫三代以前則古史與考古話分兩頭。換言之，先秦史在討論研究時，常常分成幾個性質不一的園地：有文字以前的傳說古史；用考古學建立起來的史前史；夏商周三代歷史和夏商周三代的考古學。於是，人類在中國（這個地方）進展、變化的同一個時代的整個的歷史，在說明、研究起來就分成好幾個以資料為分類標準的平行的歷史來處理了。

我們早已認識到但是還沒有痛痛快快說出來的一件事實是：中國的先秦史，作為一門有系統的學科，需要從頭一磚一瓦地蓋造起來。有文字以前的傳說古史，自古史辨的時代就已經知道是大不可靠的了。自從二十世紀初期以來，考古學的發現愈積愈多，愈多便出現好些以前從來沒有看過、聽過、想過的新文化，新民族，和新問題。用考古學建立的歷史因此更得隨時改變。考古學還發掘出新的文字材料來，加強了古文字學這一門學問。研究夏商周三代歷史又可以使用古文字學；近百年來使用古文字學的結果，是知道了傳統的三代古史有許多處被古文字學證實了，但還有更多處被古文字全部改觀了。我們在二十世紀的後期和二十一世紀的前期有一個絕無僅有的機會

來創造一個新的學科。我們在下面試將這個新的學科描寫一下；在描寫它以前，我們需要先作一件事，即將過去的古史——古史這個學科與我們自小學時代起所學的古史的內容——要暫時完全拋掉。

二

秦始皇帝國開始以前中國地區的人類歷史，可以作為一大段處理，就叫它作先秦史；也可以分成幾段來處理：舊石器時代、新石器時代、青銅時代、鐵器時代；或分為漁獵採集時代、初期農業公社時代、部落酋長時代、王國時代；除此以外，還可以使用其他的分法。怎樣來分，是不是只有一種分法，還是可以有好幾種分法，這都是該討論的問題。整個先秦史可說是一條線從頭穿到尾，那便是從人類在這個地區落腳起一直到文明（或說諸文明）的起源為止。但這段歷史很長，至少有一百萬年左右。它包括的內容，就已知的線索和問題來說，最好是根據內容的質的變化，分成四個大段。這四段歷史在性質上，在可用的資料上，在研究的地理範圍上，在研究方法上，在產生的理論上，和專業學者的訓練上，都有基本性的區別。我所建議的中國先秦史的四段如下：

雖然我們這部歷史從人類初現開始，在討論人類初現以前還要作些準備工作，就是要把人類來到以前的地質、地形、古動物、古植物、古氣候等等環境情況研究清楚。靈長類（猩猩和各種猴子）的歷史須搞清楚。研究的地區至少要包括到整個的東亞；對歐亞大陸和非洲須常識性地涉及。

㈠東亞「人類」（hominid）的歷史的頭一個段落是「直立人」（Homo erectus）生存的時代，大約從一百萬年前起一直到二十萬年前左右。直立人的化石在中國境內在元謀、藍田、鄖縣，和周口店等地點發現，有的還伴生石器或骨器。要研究直立人和他的文化，不能只研究中國境內的，而必須將整個舊大陸所發現的直立人的化石和文化作整體的研究，因為直立人是人類進化史上共有的一個階段，他的歷史不是中國的問題而是全世界的問題。

㈡下一個大段落始於「現代人類」（Home sapiens）在東亞之出現（約十萬到十五萬年前），終於農業生活在中國境內及鄰近地區之建立；後者導致許多在自然地區區域中適應生活而它的考古遺存有特徵性可以辨認的許許

多多的文化。可是在這第二段裡發現的文化，還是基於漁獵採集的生活方式，他們的考古遺存以打製石器爲主，很難作「文化」分類的基礎。但是他們的石器已經分化，對區域環境的適應，可有相當的效率。所以專從器物上說，這一個段落——所謂舊石器時代晚期——是可以一個區域一個區域地分析下來，將在中國疆域一帶比較類似的工業群圈出來，作爲研究「中國」史前的對象。但是這個時候的人類化石，在人類進化史上的意義，還有很多爭議。有的學者，根據遺傳學的證據，主張舊大陸所有的「現代人」都是從非洲起源的；也就是說，包括東亞在內的各區域的直立猿人都告絕滅而爲自非洲出來的新人類所取代。別的學者認爲各區的現代人多半是當地直立猿人演化而來，但各區之間有過遺傳因子的不斷交流。所以，要研究這一段現代人類的歷史，研究的範圍仍舊不能限制在中國疆域之內。

　　㈡上面兩段是中國先秦史的頭兩段，可是要研究起來都得把它們作爲一般世界性的題目來處理，而在這幾個時代還沒有界說「中國」的基礎。後來的中國人裡面很可能有這第二段的人口的後代，可是他們之間的關係當不是直接連續的：在中國的化石的後代子孫一定有許多現在在中國之外，而現代的中國人的祖先在當時也一定有在現代中國疆域之外的。可是「中國」這個觀念在下一段歷史裡面便可以開始討論了。

　　下面第三段歷史是從農業開始（英國考古學者柴爾德所謂「新石器時代革命」）到文明起源，在中國大致自一萬年前到公元前三千年前後。農業和農作物的開始培植，在中國還沒有用科學的方法詳盡的研究過，我們約略知道，北方始植小米（粟、黍、穀子），南方始植大米（稻）。早期種小米、大米的農民住在村落裡面，疏密不一的村落多沿河谷分布。在中國這個地區的大大小小的河谷中成千成萬的村落就集中在自然的地理區域裡面聚居。在同一個區域中聚居的農民，由於環境相同，來往密切，很自然地形成一個區域文化。區域文化有大有小，大者可以再分類型。這種分類分型的區域文化的概念，蘇秉琦先生稱爲「區系類型」；蘇先生在七十年代的中國考古材料裡，認定了六個主要的區系類型：(1)陝豫晉鄰境地區；(2)山東及鄰省一部分地區；(3)湖北和鄰近地區；(4)長江下游地區；(5)以鄱陽湖——珠江三角洲爲中軸的南方地區；(6)以長城地帶爲重心的北方地區路（《文物》1981，5:10-17）。這六個區域的主要的新石器時代文化是仰韶文化、大汶口文化、大溪

文化、馬家浜文化、石峽文化，和紅山文化。安志敏先生最近對區系類型的觀點有所批評，其一是中國新石器時代文化不限這六處（《考古》1993，7：609-615）。但是這六個區域是只根據目前的材料劃分的。在其他的區域堆積了新材料，我們還可以將文化區域的數目增加，範圍擴大或縮減，或修改其特徵。

這些個區域文化彼此之間比較起來，異遠多於同。其同處有時有很重要的意義，如仰韶、大溪、紅山三文化都有龍的藝術形像，很可能表示一個共同的文化底層。但是在一般的物質文化的比較上，這些個區域文化每個都有自己的獨特的風格。專就這些區域文化彼此之間的關係來看，我們並沒有理由將這六個（或少於六個，或多於六個）區域文化放在一起討論，因爲在這六個文化區域的外圍，還有一個個的區域文化連接起來，其中有的與上述的六個區域文化中的很有類似之處。例如黑龍江——大興安嶺這一區域的文化，與紅山文化很爲近似，其近似之程度可能要超過紅山文化與大汶口文化近似的程度。南方區域文化更可能與中南半島北部區域文化極其接近。爲甚麼只選了這六個（或多或少）區域文化來討論呢？

這是因爲從新石器的物質文化遺存，我們在歷史上第一次能夠從作爲基點的秦漢文明往前追溯中國文明的源頭。能夠從考古遺存的連續性與後日中國文明接起來的區域文化，就構成先秦史的必要成分。區域文化在舊石器時代應該已經形成，但因爲材料的性質，它與新石器時代區域文化的連續性，是很難辨認出來的。所以在東亞有人類這一百多萬年的歷史中，上面那頭兩段都只能作世界史來研究，要到了這第三段，農業生活開始以後，才能有根有據地講中國史。假如把中國史當作中國文明史或文化史，則中國先秦史應自農業開始講起。假如將來的研究能夠把作爲中國文明的源頭的區域文化向舊石器時代追蹤上去的話，「中國」先秦史的起頭可能提早。但是現在還沒有到那個時候。因此中國史要到農業開始以後才能辨認出來，而前面那兩段還是要用世界史的眼光來不停地研究的。

㈣中國先秦史的最後的一段，是文明的開始及繼續發展直到高潮。這一段歷史是中國歷史上又一個轉捩點，導致柴爾德所謂的「城市革命」，和作爲人類史上的里程碑的「文明」、「國家」，和「階級社會」的出現。在中國歷史上，這是龍山文化和夏商周三代，也是金屬時代的開始。

近十年來中國考古古史學界對「文明」在什麼時候開始的這個問題討論得很熱烈。根據現有各方面的材料來看，各區域的龍山文化可以標誌文明之開始。我們所用的「文明」這個詞，在定義上必須可以用來作世界性的比較。

過去中國古史講文明起源，注意力集中在黃河流域，而且採取一個一條線的看法，即夏爲首，商繼夏，周再繼商。今天的看法是從龍山時代開始，中國的各個區域都發展了大大小小的平行的、互相競爭、彼此交流的王國。龍山時代的王國（蘇秉琦先生稱之爲古國）規模尙小，遺址中還只有小件紅銅器物。到了夏商周三代，中國各區域都出現了大規模的國家；在黃河流域有夏商周，在長江流域也有規模相似，勢均力敵的方國，如最近發現的四川三星堆、江西大洋洲所代表的政治勢力。這些國家經過兩千年征戰呑併的結果，到了東周只剩下十幾個大國，到公元前221年，完全爲秦所滅，中國首次形成一個大帝國。

上面寫了一個中國先秦史的大綱，是根據現有資料寫的。新的中國先秦史，就要處理這些長短不一的段落中的一切歷史問題：文化的界說及分布、時空的安排、人口、聚落形態、社會、政治、經濟、宗教，等等各方面的結構與制度，各種變化，變化的動力與程序。很顯然的，這些問題的研究方法與方向，在這歷史各段落中有不同的焦點。

三

照上面界說的中國先秦史是建立在多種資料上的；獲取、選擇，與解釋這些資料，都是中國先秦史家的責任。很顯然的，今天的新先秦史學者，與昨天的舊上古史學者，是完全不同的動物了。先秦史的這四個段落，所處理的資料與需要深入討論的問題，很不相同，我覺得不宜把它們放入一個學科的名稱之下。我建議將上面的㈠和㈡，即舊石器時代的兩段，稱爲「中國遠古史」，將第㈢和㈣兩段，即農業開始以後的區域文化時代，稱爲「中國上古史」。我還可建議另一種分法，即將㈠、㈡、㈢三段合稱爲「中國史前史」，將第㈣段單獨分出來，稱之爲「中國古代史」。「中國古代史」這個名詞幾十年來在大陸上一直指自鴉片戰爭以前中國的全部歷史；我覺得這個

名詞還是應該留給眞正古老的時代。

　　先秦史的前兩段，即農業生活以前的舊石器時代，幾乎全要建立在自然科學的資料之上的。傳世的文獻在這裡毫無用武之地。傳說中的伏羲氏和燧人氏，最多可以說是集體記憶的留痕，對當時歷史的實際情況的了解，是完全沒有用處的。要了解當時實際的情況，歷史學者所根據的材料，是地質學、古地形學、古生物學、古植物學、古人類學、舊石器時代考古學等好多種學科的資料。這些資料包括(1)地質學的層位、土壤、岩石等；(2)古生物化石；(3)古植物、孢粉；(4)人類化石；(5)考古遺跡，如居住面、打石工場；(6)考古遺物，如石器、骨器等。在當時人類行爲的解釋上，歷史學者必須研究石器打製實驗學和石器微損研究，觀察靈長類猿猴的行爲，又要參考近代漁獵採集民族生活的資料。這顯然牽涉到歷史學者的訓練的問題。但是無論一個歷史學者的訓練多麼廣泛，這段歷史的研究，必須是集體的工作，而且是把焦點要放到田野裡面的工作。目前歷史系的本科生或研究生，對這諸種資料的採取和解釋，不但不能勝任，而且常常缺乏基本的常識。除非我們決定將農業以前的歷史從中國先秦史裡面抽出來，不然歷史系的課目恐怕需要徹底的修改。

　　如果不作徹底的修改，歷史系訓練出來的學生對下一個段落的歷史，即早期農業時代的歷史，也缺乏處理的能力。從公元前一萬年到三千年這一段時間裡，要了解區域文化的特徵，先要了解它的生態環境。生態環境的資料，顯然又是來自地質、古地形、古生物、古植物這一類的環境科學。調查發掘遺址遺物，又是田野考古學。田野考古生產出來大批資料，它們的處理不但要用考古學而且要用礦物學、動物學、植物學這一類的科學技術和方法。要了解說明那些農業聚落的社會、政治、經濟、宗教等行爲和制度，歷史學者又須熟知社會文化人類學的資料和原理，才可以將所知的諸種模式與不知的考古資料加以比較，並將後者重建。（這些近現代民族的諸種模式的研究，不能限於所謂「民族考古學 ethnoarchaeology」的範圍裡面，而要擴展到正規的文化人類學和社會人類學這些學科中去。）這也就是說，要研究新石器時代的歷史，僅僅作考古工作是遠遠不夠的。

　　當我們步入有階級、有文字、有城市的文明時代以後，田野考古和環境科學繼續生產新的歷史資料，所以龍山文化時代和夏商周三代在資料和技術

方法上與這之前並無不同。但從這個時候開始，文字的資料逐漸加入歷史的
資料裡去，造成歷史資料質量的重大上升。文字資料有兩大類：傳世的文獻
（如《詩》、《書》、《三傳》），和考古出土的古文字（如卜辭、金文、
簡冊、帛書）。考古出土的古文字到了商代的殷墟期才開始有所貢獻。傳世
的文獻是三代歷史的基本材料，其中可能也包括時代早到龍山時代的傳說。
這兩大類文字資料，在研究第四段中國古代（文明）史上，顯然是非使用不
可的。研究龍山文化和三代的歷史的學者，要有很重的資料負擔，他們要能
採集和解釋自然科學的資料，要能做考古田野，又要能使用古文字。這些學
者還要通熟當代文化社會人類學中關於比較高級的原始社會中各種經濟、政
治、親屬制度，宗教等領域中的諸種模式。

四

　　上面將中國先秦史的內容、資料，和方法作了一次簡短但是比較廣泛的
檢討，相信可以說明中國先秦史需要一個新的結構。傳統的中國史學中的先
秦部分，自五四運動以來，便早已失去了它的權威性。這以後從事先秦史研
究的學者，獲得了一些新的資料和工具，其中主要的是田野考古學與古文字
學。但是這八十五年以來，文獻史學者、古文字學者、考古學者，經常是各
幹各的，沒有把這整個的局面檢討一下，看看這些新資料、新工具，與新看
法，應當如何整合起來。上面所作的簡短的初步檢討，說明中國先秦史已經
形成一個新的學科，要有它的新定義與新結構。上面所說的新結構與中國先
秦史的舊結構有什麼不同？

　　現在的傳統中國先秦史，根本沒有系統，也沒有結構。它是從五四運動
以前的上古史，加上古文字學，再加上考古學這樣像滾雪球一般滾出來的。
新的先秦史是在檢討了人類在中國各階段的特徵和所存史料以後慎重地界說
了的。這只是一個初步的建議，提供業者參考；同時隨著學科的進展，它的
結構還是隨時修改。

　　舊結構將中國上古史垂直的劈分為好幾個學科，如考古學、古人類學、
古文字學（又分為甲骨學、金文研究、六國文字研究等）、古地理學等等。
新結構將中國上古史水平的分為四段，每段自身都是完整、整體的。中國先

秦史在新結構之下也要分工，但這新的分工是不同時代的分工，是不同階段的分工，在每一個時代，每一個階段之內，它的研究的對象是整體性的人類文化和社會。先秦史這四個階段就可以說是先秦的四段歷史，它們的性質和後來的秦漢史、魏晉南北朝史、隋唐史、宋史等等斷代史比較相像，但先秦的四個斷代史彼此之間的差異要大得多。新結構的先秦史學者並不可能，也不必要，從事每一個段落的歷史所有方面的研究；在他們之中也可以有專搞環境科學的，有專搞甲骨文的。但是他們除了自己的專長以外，對有關的事業都有相當的常識，知道到哪裡去找專家，找資料，找專家研究的結果。

新結構下分工的歷史學者，是直立猿人時代的歷史學者，是現代人時代的歷史學者，是初期農村區域文化時代的歷史學者，或是早期文明時代的歷史學者。或用上面建議的名詞，他們是中國遠古史學者，中國史前史學者，或中國上古史學者。他們彼此之間的關係應該如何？很顯然的，時代鄰近的彼此就要多所熟悉些，例如研究三代的，要對新石器時代較熟悉，研究新石器時代的要對以前的現代人的時代和以後的三代都有相當的知識。

舊結構將文字資料當文字看，作考證、訓詁、定聲這一類的文字學的研究；將考古遺物當作器物來研究；將傳世文獻當書本看，研究它的年代、版本、真偽、脫字這一類的問題。新結構對「資料」、「技術」、「方法」和「理論」這四個概念有清楚明白的界說，用合適的技術，採集在每一個先秦史的階段中全部有關一個整體文化或社會的資料，用經過考驗的適當的方法來研究這批資料，有系統地加以解釋。因為它將人類社會作整體的觀察與研究，新結構的古史可能導致有廣泛適用性的歷史原則原理，可能對一般歷史學作重要的理論性的貢獻。所以新結構的先秦史是要隨時與世界史互動的。

舊結構以黃河流域為著眼的中心，以華夏為中心。新結構沒有先入為主的成見，跟著材料和客觀研究的結果走。如果將秦始皇統一中國以後秦漢兩個大帝國的文明，作為界說中國文明的基線，將能夠確認為秦漢中國文明的源頭文化作為中國先秦史的主要成分，則照目前的資料來看，中國文明要有好幾個來源，可以追蹤到華北、華中、華南好幾處區域文化中去。時間上，這些區域文化目前在農業開始以後，即大約一萬年以前，可以辨認出來。這些農業區域文化，將來可能再往上追溯到舊石器時代晚期的區域文化中去，也就是可以把先秦史的上限推長。在這上限以外的歷史，只能兼用中國史與

世界史的眼光處理。

　　如此界說的中國先秦史是一個新的學科。它使用的資料，一部分是幾千年傳遞下來的古代文獻，一部分是永遠採集不盡的考古和自然科學的資料。為了後者的採集，田野工作必須作為先秦史研究的一個重要成分。取得了資料以後的研究方法，要包括人文、社會與自然科學的成分。先秦史的理論也是多學科的。由於先秦史的多學科的性質，新結構的先秦史的研究常常需要集體的方式，而如上所說的，個別學者雖然只能做專門的研究，卻一定要對整個學科的全形和所有的組成部分都有相當的知識與熟悉程度。這樣的先秦史的人才的訓練，必須要有專門設立的中國先秦史系才能實現。新結構下的先秦史的學者，在目前海峽兩岸各大學的歷史系、人類學系或考古系裡面，都不能充分地訓練出來。

　　三十年以前，先師李濟先生在中央研究院歷史語言研究所所長任上的時代，推動並主持了一套規模很大的《中國上古史》的編輯計畫。為了如何組織這套大書，李先生花了許多心思來斟酌現代的中國上古史如何寫法。他的許多初步的結論，發表在〈再談中國上古史的重建問題〉（《中央研究院歷史語言研究所集刊》33本，1962年）。他對古史材料的範圍和「中國」的定義等，在三十多年以前，便提出來新的看法。我這篇文章的要點，受李濟先生的啟示很多。今年八月一日是李先生十五年忌辰。我就將這篇文章呈獻給他，作為紀念。

參考書目

李 濟

1990 〈再談中國上古史的重建問題〉，《李濟考古學論文選》（北京：文物出版社，原出版於1962年），頁88-97。

貝塚茂樹

1979 《中國古代再發見》（東京：岩波書店）。

杜正勝

1992 〈考古學與中國古代史研究——一個方法學的探討〉，《考古》，第4期，頁335-346。

徐旭生

1960 《中國古史的傳說時代》（增訂本，北京：科學出版社）。

夏 鼐

1985 《中國文明的起源》（北京：文物出版社）。

張光直

1983 《中國青銅時代》（臺北：聯經出版公司）。

蘇秉琦

1991 〈關於重建中國史前史的思考〉，《考古》，第12期，頁1109-1118。

蘇秉琦、殷瑋璋

1981 〈關於考古學文化的區系類型問題〉，《文物》，第5期，頁10-17。

4.中國新石器時代文化斷代 *

一、緒論

年代學（Chronology）是史學的間架。中國史學發達，年代學的觀念似乎可以上溯到三代。除了朝代的興亡、君主的更替的紀載以外，古代的史學家也有人注意到物質文化的演進秩序。《越絕書》卷十一〈越絕外傳寶劍紀〉第十三載風胡子對楚王曰：

> 軒轅神農赫胥之時，以石爲兵，斷樹木爲宮室，死而壠藏……至黃
> 帝之時，以玉爲兵，以伐樹木爲宮室，掘地，死而壠藏，……禹穴
> 之時，以銅爲兵，掘江，通河，作伊朔，通龍門……當此之時，作
> 鐵兵，威服三軍。

風胡子似乎比丹麥的 C. Thompson 早兩千年創始了石器時代、銅器時代，與鐵器時代的相承次序。可惜鋤頭考古學沒有在中國誕生；風胡子死了兩千多年之後的二十世紀初葉，中國人對古代物質文化發展秩序的觀念，仍然停留在風胡子的階段（假如沒有更退步）：中國人在使用銅器之前曾使用石器，用石器的時代可分兩期：(1)普通石器時代，(2)加入玉器的時代。

北洋政府的礦業顧問瑞典人安特生（J. G. Andersson）與日本的人類學家鳥居龍藏，大約在同時把西方的近代考古學觀念帶進了中國。安特生的影響尤其大，他(1)第一次在中國本部用鋤頭掘出新石器時代的文化遺留（河

---

* 原載《中央研究院歷史語言研究所集刊》第30本，1959。

南澠池仰韶村與遼寧錦西沙鍋屯），並且(2)第一次在中國新石器時代與金石併用時代的範圍內擬定了一個年代學的間架——即著名的甘肅六期（齊家、仰韶、馬廠、辛店、寺窪、沙井）與河南兩期（不召寨、仰韶）。

民國17年（1928），吳金鼎調查山東歷城縣的城子崖，發現了與甘肅河南的彩陶文化迥異的黑陶文化，從此華北新石器時代的分期問題，進入了一個新的局面。中央研究院歷史語言所在城子崖的發掘證明了黑陶文化在山東早於春秋（或戰國）時代；在殷墟的發掘證明了黑陶文化在豫北早於殷而晚於彩陶文化。從民國20年（1931）後岡的發掘以後，中國考古學家對華北新石器時代一般年代學的意見是：(1)華北新石器時代晚期，有分布偏西，以甘肅、陝西、山西、河南為中心的彩陶文化（或仰韶文化），與分布偏東，集中於河南、山東與淮河流域的黑陶文化（或龍山文化）。(2)一般而言，彩陶文化早於黑陶文化，但在豫西似乎有二者同時而相混合的跡象。這種意見，更由於傅孟真先生〈夷夏東西說〉一文中所提出的文獻證據而加強。安特生對於不召寨與仰韶二文化相對年代的假定，已經推翻。很多人甚至懷疑仰韶村遺址實在也應當包含兩個文化層——仰韶與龍山——而安氏的發掘把兩層的關係搞亂了。吳金鼎的《中國史前陶器》（英文）一書中，更檢討華北各區域彩陶文化的內容，斷定豫北的彩陶最早。夏鼐於民國34年的發掘，又斷定了甘肅的仰韶期早於齊家期。中國的北疆有細石器文化，它的年代至少有一部分與彩陶文化同時。中國的南方有所謂幾何印紋陶文化，時代相當殷周到漢初。

上述是民國38年共匪竊據大陸以前，中國新石器時代文化年代學的一般梗概（參見 Teilhard de Chardin et Pei, 1944；裴文中，1948）。民國38年以後大陸上的考古資料，經日本學者的轉介（水野清一，1957；林巳奈夫，1957），也頗不少可資利用，但年代學的一般意見，似乎與前並沒有重要的改變。

本文的目的，是想利用現代歐美考古學的若干概念和方法，初步將四十年來的中國新石器時代資料作一個整理，看看現有的假設是不是能站得住，還看看什麼新的問題可以發現出來。這與其說是一篇綜合性的討論，毋寧說是一篇試驗方法，尋找問題的文章。所有的問題，都限於有關年代學的。在一種意義上，中國新石器時代的研究，還在歐美各國考古學史上的所謂「C-14

以前的階段」。歐美 C-14 以前階段的許多年代學的假設，自 C-14 斷代法廣泛應用以後，都如摧枯拉朽倒了下去。因此我們目前作任何大規模的推論，是很危險的。本文的研究，並不看重所得的什麼結果，而是試驗一下，這些年代學的方法，在中國能得到什麼結果？我叫這篇文章為〈中國新石器時代文化斷代〉，而不叫它作〈中國新石器時代年代學〉，也正是基於這方面的考慮：年代學暗示一個完整的體系；「斷代」呢？從字義上看可有兩種解釋：(1)斷定一個遺址或文化的時代；(2)將一個時代「斷」開，分成數期。我在這裡所用的「斷代」，就包含這兩層意思。

過去中國新石器時代年代學研究的理論根據，為型式學（Typology）與層位學（Stratigraphy）的反覆應用。這兩種方法是相對年代學最基本的方法，它們在中國田野中的使用也得到了相當的成績。但二者之不適當的使用，在四十年來新石器時代的考古文獻中，也可以找到不少例子。

最重要的一項錯誤，是化石指數（Leitfossilen）觀念在考古學上無限制的使用（參見 Childe, 1936）。化石指數是地質學上的一項重要觀念。如果在某一個地層中發現了真馬（Equus）的化石，地質學家便可以肯定這一地層屬於更新統以後；古代象的化石則是更新統下期間冰期時代的指數。這種化石之作為地質年代的指標，一般而言，有全球的適用性。考古學在西歐發達的初期，借用了不少地質學的觀念，而化石指數是重要的一項。這項觀念用到考古學斷代上時，很容易導致重大的錯誤。地質學的年代常以百萬年或千萬年為單位，某種古生物的發生與絕滅，常可以在這種廣泛的年代範圍內界限下來；考古學的時代則可以數十年或數百年為單位，某項文化特質的興盛發展常常有地域性的限制，而且文化現象到底比生物現象多變化，其發生與絕滅常常不能限定在某一特定的時代之內。因此考古學器物之作為時代的指標，其偏差的可能性遠比地質學上的使用所致的為大。即使在地質學上，化石指數也有一定的應用限制；例如乳齒象（Mastodon）在北美經常代表冰河時代，但在北美東部它一直延續到紀元前不久。

「化石指數」可以說是過去中國新石器時代研究的根本斷代方法。「彩陶」、「黑陶」、「白陶」等等都當作化石指數來應用。它們的應用在個別的例子中可能是對的，但在一般原則上，我們不能不提出下面這幾點應用上的限制：(1)兩項化石指數的時代先後，有極顯著的區域性。(2)一種化石指數

所代表的絕對年代，通常自其溯源的中心地區向四方逐漸低降，但並不依一定的比率。(3)考古學上的化石指數不是一項孤立的固定的個體，而是整個文化叢體的一個組成部分。我們在認定兩個區域中同一項化石指數的時代，先決的問題是：這「化石」在這兩個文化中是不是有同等的地位？它的性質是不是可以比較的？這兩個問題的不同答案對於斷代就有不同的決定影響。

這最後一點所提到的「文化整體」的觀念，在過去新石器時代研究上的被忽略，也是造成許多失誤的緣由。上述的化石指數觀念之無限制的使用，主要的缺點即在將器物或其他文化特質與其一般文化社會環境割裂了開來。例如，安特生之置不召寨於仰韶村之前，主要的根據是「單色陶早於彩陶」這一項簡單的演化觀念；事實上，不召寨遺址作為一整體來看，在許多方面比仰韶村有進步的傾向。再例如 Heanley（1938）曾主張「新石器時代」這一個名詞，在東亞根本不能適用，因為據他的看法，東亞的磨製石器都受過金屬器原型在形制上的影響。這也是犯了「以偏概全」的毛病——第一、以一部分的例子代替整個「東亞新石器時代」；第二、以「磨製石器」代替「新石器時代文化」。

作者在這裡企圖把若干現代在歐美普遍應用的年代學方法在中國新石器時代的材料上作一次初步的嘗試。不用說，任何這一類的嘗試都要遇到兩點困難：(1)多半的年代學方法都有地方適用性；歐美適用的方法不一定適用於中國。(2)這裡所作的工作，是外國人所謂「遙望式的安樂椅研究」。我用的這個名詞，似有低貶的暗示，其實它的英文原名（armchair study at a distance）並不帶什麼價值性，而且全世界的考古學家都承認，室內研究至少與田野工作有同等的重要性。但是這種研究有一項先天性的缺點，就是要受到材料的限制。因為別人在採集與發表的當時，未必想到他的材料將來會有這種用途，因此我們所亟需的若干消息，他也許沒有注意收集，或收集了而沒發表。我們只能就所有的發表的材料，求出一個「最大公約數」來，作最大的利用，因此我們所得的結果也就受到很大的限制。這一點必須牢記在心。

下面數節中，我將分別就下列幾項標準將中國新石器時代的材料作一些一般性的斷代研究，最後把各方面的結果綜合起來，看一看可以得到什麼樣的結論：

㈠文化的一般相貌：中國新石器時代有那些文化？是一個首須檢討的問題；其時間的階段與空間的分布等概念，在本節中須初步作一界說。然後再檢討：從進化的觀點，那些文化應當在先，那些在後，那些是從那些發展出來的。

㈡層位。

㈢地理分布。

㈣風格層。

㈤母題排隊。

從㈡到㈤這些概念，將在每節中詳細界說、分析。在分析之前，本文題目中的「中國」與「新石器時代」兩個名詞，應當先下一個清楚的定義。「中國」本是一個政治名詞，但在考古學研究上，的確可以自成一個單位，這一方面是由於中國文化的分布與中國政治區劃有相當的合致性，另一方面是由於考古學文獻中的一個自然趨勢。本文所處理的對象，包括青康藏高原以外的大部中國。「新石器時代」一詞則指謂人類文化史上舊石器時代與中石器時代以後，城市文明產生以前的一個階段，它的特徵是：(1)農業、(2)村落為社會政治經濟之自給自足之單位、(3)豢養家畜、(4)使用與製作陶器、(5)使用與製作磨光石器。在華北，新石器時代文化指殷代以前的文化；在北疆和華南，新石器時代至少延續到漢代。

二、文化的一般相貌

新石器時代的中國，從自然地貌與文化歷史的觀點，可以分為三個區域來研究：(1)黃河流域，以河南北部、山西南部、陝西中部、甘肅南部、山東半島、河北南部為中心；(2)北疆，包括河北北部、山西北部、陝西北部、內外蒙古及東北地方（下文有時為行文方便或用南滿北滿等名詞）；(3)淮河秦嶺以南，包括自河南南部、江蘇、陝南以南的、長江、淮河與珠江流域及臺灣、海南大島嶼。就我們所知的而言，他們的史前文化必須分別敘述①。

㈠黃河流域

古氣候古生物學家對新石器時代及歷史時代早期黃河流域的自然景觀，

尚未作過詳盡的研究。我們只能根據下面的幾種證據作一個不完全的初步推斷——在更新統的晚期，黃土廣泛堆積，氣候乾冷。冰河時代之後，經過一個板橋侵蝕期，溫度可能逐漸上升，並保持溫暖，直到數千年以前爲止。在這段「氣候的高潮」（Climatic optimum）之內，華北的平原高地上，有不少地方可能生滿密林與灌木叢，林內林間，沼澤密布。從歷史時代以後，至於今日，華北的樹木幾已砍盡，一半是由於自新石器時代開始的伐林，另一半也可能由於氣候的漸趨乾冷，與歐洲冰河時代以後的植物分布史相似。沼澤的數量逐漸減少，土地日益乾燥，可能是氣候變冷與伐林二者並進的結果。我們作這種推斷的證據[2]，第一種是直接的，大量的木材的遺留。例如，木炭在每一個新石器時代與青銅時代的遺址中都有大量的發現；木梁的遺跡曾發現於仰韶村（Andersson，1947：22）；殷代曾有大型木棺槨的使用；木器的製作又可由殷代銅器的形狀與花紋來推斷（Li，1955）。

　　第二種證據是新石器時代及青銅時代遺址裡伐林與木工器具之普遍與大量的出土。這一點馬上還要提到。

　　第三種證據是新石器時代與青銅時代遺址裡出土的動物與植物的遺留。動物與植物都有生活在（或說適應於）一定的環境（氣候、植物、動物等）的習慣，因此成爲研究史前自然環境最好的指數（Meighan et al，1958）。下面幾種動物的骨骼出土於古代華北，今日卻居於華南及其以南，而絕跡華北：竹鼠（Rhizomys troglodytes，見於仰韶村與安陽）、象（Elephas

①中國新石器文化與社會的分析叙述，詳見另文 " Chinese Prehistory in Pacific Perspective "（MS.，近刊）及 *Prehistoric Settlement and Society in Eastern Asia*（Ph. D. Dissertation in Preparation, Harvard University），本節之叙述僅一節略，以爲年代學研究之助。
新疆史前考古的資料不多；照德日進、楊鍾健與布格曼等人的調查資料，新疆史前文化的歷史，似與北疆南部的情形相似，或可併入北疆討論；本文從略。

②地質學家早有人作過類似的推測；見 Teilhard de Chardin, 1936／37：219；1941：38-39。（本文所提的證據，多屬考古學本身的發現，可爲地質學說之堅強的佐證。）

indicus，安陽）、犀牛（Rhinoceros Sp.，馬家窰）、納瑪牛（Bos namadicus，馬家窰）、貘（Tapirus cf. indicus，安陽）、水牛（Bubalus indicus，三河泥炭層；Bubalus mephistopheles，安陽）、水鹿（Hydropotes inermis，三河、城子崖、安陽）、四不像鹿（Elaphurus davidianus，三河、洪家樓）、孟氏鹿（Elaphurus menziesianus，城子崖、安陽）及豪豬（北平附近）。（見：Andersson，1923：90；1943：35-40；Rausing，1956：195-196； Sowerby，1922：3； 李濟等，1934：91； Teilhard and Young，1936；Drake，1956：140）此外，生長於溫潮氣候的幾種貝類（Lamprotula tientsiniensis, L. rochechouaurti, L. leai）曾出土於天津附近的泥炭層（Rausing，1956：196）與城子崖遺址。象和犀牛兩種並有雕刻與文字紀錄可資佐證（陳夢家，1936：497-498；Rausing，1956：198-201）。這種動物的遺骸似乎代表一種比今之華北溼暖而多樹木的氣候。除此以外，樹木的豐富尤以普通的鹿屬（Cervus）之多為證。鹿骨角大量見於所有的古代文化遺址；鹿的骨角又作成各種器物；鹿的肩胛骨在城子崖曾作占卜之用；普遍出土的石骨鏃與石刀當曾用來獵鹿與割製鹿皮；如半山區及不召寨的鹿葬（Andersson，1943：130；1947：75）所示，鹿對於古代華北人可能有相當的儀式意義；古代鹿群之多及其對人類生活之重要，又可見於若干古代諺語如「庸庸碌碌（鹿鹿）」、「逐鹿中原」，及「鹿死誰手」；古代華北地名之含有鹿字的又不勝其數。

古植物學的證據，可舉仰韶村出土的稻米（Andersson，1943：21-22）與龍山時代器物形制所代表的竹。這一方面的研究，所謂花粉分析（Pollen analysis）的科學，未來將大有可為。

第四種證據是中石器時代與新石器時代聚落的位置，表示出今已乾涸了的古代水源。最明顯的例子是仰韶村；仰韶村今日位於兩懸崖間的一片高地上，古代的河流水面可能與今日的高地齊平（Andersson，1943：7，20-21；1939：30）。陝西朝邑、大荔兩縣境的中石器時代沙苑文化，散布在乾燥的沙丘區域，古代當是富水草的漁獵場（水野清一，1957：3）。

第五種證據是上面提及的河北三河縣與天津附近的泥炭層（Peat-bogs），它們代表現已乾涸了的古代水澤。高本漢也從文獻上提出華北古代富沼澤的證據。

　　第六種證據是北疆地帶的類似氣候曲線所供給的旁證。下節敘述北疆時再行提出。

　　這六種證據指向一個較今日的華北為溫暖潮溼而富森林沼澤的自然環境。詳細的氣候與植物分布區域，今日當然還不能劃出；這一段期間之內一定也還有較小的氣候游動（Oscillations），這如今也無法說定。大致說來，華北的中石器時代與新石器時代的人類就生活在這一類的環境之內，可想像地居住與耕作在河谷林緣的平地、林間、砍伐後的空地，漁於河沼，獵於山林。

　　華北古代文化，整個而言，具有下列諸項特徵而（整個地來看）與北疆古代文化與淮河秦嶺以南古代文化區別開來：

　　　　小米、稻米、高粱的種植。

　　　　豬、犬、牛、羊、馬的豢養。

　　　　大豆及種種副產品（？）

　　　　夯土建築與白灰面。

　　　　蠶絲與蔴。

　　　　繩蓆籃紋的陶器。

　　　　陶鼎、鬲、甗、鬹。

　　　　半月形與長方形的石刀、石鐮。

　　　　木雕及儀式用的銅器。

　　　　饕餮紋的裝飾母題。

　　　　用甲骨占卜。

　　　　中國象形文字。

　　以上這些特徵，也可以說是發源於黃河流域的古代中國文化的定義。但它們並不是自中石器時代以後一蹴而就的。古代中國文化的特徵，在不同的時間不同的空間有不同的表現。從時間上的發展來說，中石器時代（周口店上洞文化與陝西的沙苑文化為迄今所發現的中石器文化在黃河流域僅有的遺留）的末期，經過了一次柴爾德（V. Gordon Childe）所說的「新石器時代革命」（Neolithic revolution），才邁進了新石器時代的範圍；新石器時代的末期，經過了一次所謂「城市革命」（Urban revolution），才邁進了商代的文明世界。本文的對象，以新石器時代文化為限；我們先檢討一下：華

北新石器時代的發展，在一般的文化相貌上有何表現。

新石器時代的最早一期，可想像地先經過了一個所謂「初期農業」（Incipient agriculture）的階段（Braidwood and Braidwood，1953）。這時農業剛剛開始，漁獵對人類的生業還有很大的重要性。華北的初期農業階段，到今還沒有一點證據可尋；農業是中國人自己發明的，還是農業的觀念來自公元前一萬年始有農業的近東（Braidwood，1958），也沒有證據可以說定③。值得注意的事實，是從已知新石器時代的一開始，華北的文化已經具有其「中國」或「東方」的全副特徵。四十年來考古家的鋤頭掘出來的華北新石器時代文化，如篇首所述，一般以爲包含兩個「文化」──彩陶文化或仰韶文化，與黑陶文化或龍山文化。這種說法是不是可信，一大部分是要看我們對於「文化」下一個什麼樣的定義。這個問題的詳細討論不在本文題內。但我們可以舉出幾點事實，來說明這種兩個「文化」的區別已是應當拋棄的陳說：⑴過去主張兩文化說最大的原因，毋寧說是考古學史上的：安特生在豫西與甘肅發現彩陶文化於先，中央研究院在山東發現黑陶文化於後；嗣後的發現，彩陶文化向東不到山東，黑陶文化向西不越秦晉，加上文獻材料中夷夏的對立，彩陶在西黑陶在東的看法便深入人心。但今日的材料已把這一觀念打破：山東也有彩陶（林巳奈夫，1957：339-340），而灰黑陶及其伴存文化也可西見於陝西甚至甘肅（齊家期）。如下節論層位時可見：黑陶文化到處晚於彩陶文化。⑵過去學者把彩陶與黑陶文化對立，主要的辦法是舉出陶器的不同。如果我們拋開先入的成見來重新檢討一下，二者的不同只是一部分陶器的不同，而一般的文化相貌只是大同小異。即使在陶器上，也可看出二者相遞嬗的現象（Mizuno，1956；Sekino，1956）。⑶在黃河中游及若干文化中心地帶，如山西三門峽、豫西洛陽的孫旗屯、陝縣的廟底

③除了早年安特生與畢士博（Bishop）等人主張彩陶西來說最力之外，最近維也納學派的海涅戈爾登（Heine-Geldern，1950，1956）主唱世界文明起源巴比倫之說，認爲中國之彩陶文化、黑陶文化與殷商文化代表從西方傳來的已知的三次文化波動，可說是最爲極端的論者。其說雖頗新奇；證據則極爲薄弱。作者擬另文介紹中西文化關係之各學說並討論中國史前文化之動力。本文則只著眼於中國史前文化之傳統，外來影響問題暫不多談。

溝，與廣武的青臺，發掘者都報告他們觀察到從早期的仰韶文化到晚期的龍山文化的轉變。豫西也是過去所謂「仰韶龍山混合文化」的中心；混合文化不如說是轉形期的文化。⑷基於現已沒人使用的標準，龍山與仰韶文化都被稱爲「新石器時代晚期」的文化。因此學者也許覺得：既然同是「晚期」，它們又有許多不同，當然應稱爲兩種文化。我們今日重新考慮，似乎有把新石器時代作一不同的分期的必要。

我提議把華北的新石器時代文化（一個「文化」）分爲三期：⑴初期，假定的階段，農業方才開始，漁獵還盛行，漁獵時代的聚落形態大半持續。⑵早期（或仰韶期），農業已成爲主要的生業，漁獵降到輔助地位，集中性村落爲聚落的基本形態，農業爲游耕式的（Slash-and-burn）。⑶晚期（或龍山期），農業仍爲基本生業，漁獵爲副業，集中性村落仍爲聚落的基本形態。但農業已進入定耕式（使用灌溉或輪耕或施肥？），村落定居，初步的手工藝分工出現，防衛的需要加強，各地區的文化趨向孤立而多地方變態。這個分期法與近東、歐洲、東南亞，與美洲新石器時代分期大致相一致。

仰韶期與龍山期的共同特徵（亦即華北新石器時代的特徵）可舉：穀類農業（小米 Setaria italica、 Panicum miliaceum； 高粱 Andropogon sorghum； 稻米 Oryza sativa）、鋤耕、豢豬、犬、牛、羊、磨光石器、長方形與半月形的石刀、繩蓆籃印紋的陶器、長方形與圓形的地上與半地下建築、白灰面、灰坑作貯窖，蠶絲與蔴（？）。

新石器時代的早期，可叫做仰韶期，是爲了觀念上的便利。事實上仰韶村遺址可能屬於這一期的最末，或早晚期之間的「中期」。我在這裡暫不提議一個新名稱。這一期的重要遺址，可以舉：⑴河南：洛陽的大東店、孫旗屯、澗濱、高平砦村、洛寧附近、廣武的秦王寨、牛口峪、池溝寨、青臺、陝縣的靈寶、廟底溝、伊陽的上店、鄭州的林山砦、安陽的後岡、侯家莊、濬縣的大賚店、信陽的北丘。⑵山西：夏縣的西陰村、萬泉的荆村、臨汾的高堆、祁縣的梁村、永濟的金盛莊。⑶陝西：西安的半坡、米家崖、豐鎬的五樓、寶雞的鬥雞臺、鳳縣的郭家灣。⑷甘青：甘肅蘭洲、臨洮、洮沙、寧定、渭源、隴西、天水、甘谷等縣境的無數遺址；青海貴德的羅漢堂、西寧的朱家寨，與碾伯的馬廠沿等。⑸山東：滕縣的崗上、安邱的景芝鎮，及棲霞、濟陽、梁山等縣境。⑹河北：正定的南陽莊、曲陽的釣魚台。這些遺址

在本期之內的早晚問題，後文再談。

早期文化的特徵，最顯著的是游耕農業所造成的聚落的游動性。聚落一般不大，平均在三十萬平方米以內，而且最小的（羅漢堂、半坡村、馬家窰）均只有數萬平方米；文化堆積層一般在三米以下。偶然可見極大與極厚的遺跡（如荊村與五樓），但並不一定表示大量人口長期的定居，因為早期聚落常常在游動一定期間之後，再回到舊居址，造成一個遺址的重疊性。如荊村有三層占居，半坡有四層，孫旗屯有六層。西安附近的二十一處仰韶期遺址，「發現地點多，散布廣，同一地點的內涵遺物時代比較單純，互相毗鄰地點可以從遺物內容上分辨時代先後」。這種現象顯然表示游耕村落的特性。

與游耕農業有關的是早期的石器中富伐樹工具（treefalling complex），即其磨石斧多為對稱刃（中鋒）、圓形或橢圓形剖面。偏鋒的石鏟與長方形剖面的石楔與石鑿較少。這些現象表示當時人們的勞作，主要是砍伐樹木，開闢農田。

早期的石刀多為長方形，單孔或兩側帶缺刻，以中鋒的為主。比起晚期的石刀來，它們似乎以切割獸皮為主要用途；這說明狩獵的位置在早期比晚期重要。

陶器一致是手製（有用螺捲法的）或範製的，顏色紅或灰，裝飾以範印、模印或拍印（？）的繩蓆籃紋為多，尤以繩紋為主。彩陶在本期內似乎是晚期的發展，主要用為飲祀之器。本期之末，黑陶與灰陶出現並增加。陶器的形製以尖底和平底的為主，後期出現了鬲，鼎和圈足器都罕見。

早期的裝飾藝術以陶器的彩繪為代表。

埋葬的方式均為仰身側身的直肢或屈肢葬。

以上這些早期新石器文化的特徵，都是考古學上可以看到的。此外還可以根據這些事實，對當時的物質文化、社會組織與宗教信仰作進一步的推論。

華北新石器時代晚期，或稱龍山期，以下列遺址為代表：(1)河南：洛陽的澗濱、洛寧附近、澠池的不召寨、陝縣的廟底溝、伊陽的上店和古嚴店、鄭州市的旭旮王、安陽的後岡、侯家莊、小屯、濬縣的大賚店、信陽的三里店和陽山、永城的造律臺和黑孤堆。(2)山西：晉南曲沃與夏縣境、太原的光

社。(3)陝西：西安的開瑞莊、阿底村、米家崖。(4)甘肅：各縣的「齊家文化」遺址。(5)山東：龍山的城子崖、濟南的洪家樓、日照的兩城鎮。(6)河北：唐山的大城山。從早期到晚期的轉變，可能發生在汾、渭、河三水匯合處一帶的晉南、豫西、秦中區域，因為這一帶所謂「混合遺址」特別多，而且是龍山期文化幾個區域形態的交界處。

與早期文化特徵相對照：晚期文化的農業似乎已經定耕（是藉灌溉、輪耕法，或肥料之助？都沒具體的證據發現），因其聚落的面積較大，文化層較厚較純。在許多遺址，如齊家坪、西安、洛寧、大賚店與後岡，早晚兩期的遺留重疊或相鄰近；幾無例外地，晚期的遺址都較早期的為大為深，而且代表連續的占居。與二十一處仰韶期遺址相對照，西安附近只調查到龍山期遺址六處，它們「堆積面比較集中，在同一地點可以從堆積和內涵上看出時代的複雜性」。從這顯然看出龍山期遺址固定化的傾向。聚落面積之加大，可由數字表示：在七個仔細測量過的龍山遺址中，三個在十萬到廿萬平方米之間（城子崖、齊家坪、丹土村），一個在三十到四十萬平方米之間（安堯王村），一個在四十與五十萬平方米之間（洛寧西王村），一個為九十九萬平方米（日照兩城鎮），另一個為一百七十五萬平方米（日照大窪村）。各址都是單一層的連續占居，厚1－4米。城子崖與後岡的夯土村牆進一步指示其定居的特性。

村落之定居又見於伐木工具之減少與製木工具（ woodworking complex ）之增加——偏鋒不對稱刃與橫剖面方形與長方形的石錛、石鑿，及鹿角製楔子在龍山期遺址裡大量出現。這表示村落比較定居，伐木墾地的工作降到次要而伐木作木器的工作重要起來。

晚期的石刀多半月形、雙孔、偏鋒，或鐮形。這或許表示石刀的主要用途為摘割穀穗，割製獸皮的用途降到次要。這又表示新石器時代晚期農業活動比早期更集中。

陶器以灰黑色的繩籃紋陶與方格紋陶為主。除了手製、範製的以外，快慢陶輪製作或修整的陶器逐漸出現於華北的東部（河南、山東、河北），其精製者為薄細的蛋殼陶。彩繪的裝飾方法衰落，但仍偶見（如豫西的伊陽、陝縣、豫西南的信陽，與魯南與豫東的淮河流域）。弦輪紋與刻紋增加。形製方面，三足器（鼎、鬲、甗、鬹）、圈足器及器蓋都增加。

貝器的使用增加；竹器可能在東南部使用。

夯土式的建築出現。

肩胛骨占卜方式出現。

裝飾藝術不再在彩陶上表現，可能轉向木雕。

俯身的葬式出現。

圍著村落的夯土牆指示戰爭與防衛；陶輪的出現表示初步的手工藝分工。

從新石器時代早期到晚期到殷商文化，是一個黃河流域土生的文化的傳統的演變與進步。把仰韶與龍山當作兩個「文化」，再在兩個文化以外去找殷商文化的來源，似乎是不需要了。從前一個時期到次一時期的轉變，常有進步的新因素出現。這些新因素，可能是自己發明的，可能是外面的；輸入的根本的問題，不在新因素之來源，而在其出現的原因與影響。

㈡北疆

北疆指華北的北緣，內外蒙古與東北地方。內外蒙古今日是乾燥的草原，但在中石器時代及新石器時代，整個的北疆可能都是林木繁生、水草眾多的地帶。此區更新統以後氣候與植物變化的曲線，與黃河流域可能大致相似；除了其南的黃河流域或其北的西伯利亞的氣候變化都有蹤跡可尋可為旁證外，北疆以內的證據也有若干。第一種證據是鴕鳥蛋殼廣見於蒙古草原的中石器時代，表示當時繁生的水草。第二種證據是中石器時代與新石器時代聚落的位置。美國自然歷史博物館的中亞探險隊與斯文赫定所領導的中瑞兩國合組的西北科學考察團都確定，在中石器時代與新石器時代的蒙古曾有連續不斷的水草田，適於人居；因採集遺物於其上的砂丘「在盆地與窪地內規則地出現，因而指示其形成可能發生於大小湖泊存在的時代」（Maringer，1950：207-208；Nelson，1926：250）。第三種證據為東蒙與東北的黑土層；如林西及昂昂溪所見的，人工器物皆出現於更新統末期的黃土層與現代黃砂層之間的黑土層內。這一層含有大量的有機物質，可能代表古代氣候高潮時期的森林。

北疆中石器時代的文化可能是與黃河流域中石器時代文化屬於一緒，自河套——汾河舊石器文化傳留下來而適應於全新統新環境的新文化，與西伯

利亞南部的中石器時代文化（Chard，1958：5-6），日本的繩文以前文化，及新舊世界一般的北方森林文化（Spaulding，1946：146）相似。代表的遺址有外蒙的沙巴拉克烏蘇（Shabarakh-usu），內蒙古的 Ikhen-gun、Gurnai 與 Sogho-nor，及北滿的札賚諾爾和顧鄉屯。這中石器時代文化的特徵是：(1)用細石器，(2)漁獵，(3)用鴕鳥蛋殼爲飾物，(4)無陶器。

黃河流域的農業文化起源發展以後，北疆文化也逐漸受其影響。因爲地理環境的限制，北疆的北部（北滿、外蒙、內蒙北部）與南部（南滿、遼東、內蒙東部與南部、華北北緣）所受的影響不一。北疆北部因氣候寒冷，不適農業，自華北新石器時代文化接受了：(1)磨光石器，供作木工之用；(2)陶器之製作，爲較定居的部落容器之用，因此其遺留初看有新石器時代文化的外貌，實際上仍是中石器時代的底子，形成 Gjessing（1944）所命名的「亞新石器時代」（sub-neolithic）。外蒙大部有陶器的遺址與滿北的昂昂溪等細石器文化遺址都是這一些文化的代表，實際上仍是北亞森林與苔原文化的邊緣。北疆南部則首先輸入陶業與若干農業，終於逐漸成爲眞正新石器時代的聚落，如內蒙的西遼河和老哈河上游、南滿的大凌河谷、遼河下游、松花江及圖們江的上游，及遼東半島的諸遺址。華北新石器時代早期文化的影響，似只達到連接林西、赤峰、朝陽與錦西的一線；這一線以東的「農業化」則自華北新石器時代晚期以後才逐漸完成。

北疆文化史上述的綱要，對於這一區域新石器時代文化的斷代，有下舉的意義：(1)陶器的缺如與鴕鳥蛋殼飾物的使用爲將中石器時代與北疆亞新石器時代分開的僅有的標準；因爲中石器時代的一般生活方式在本區的北部一直延續到南區新石器時代以後。(2)北疆南部有中石器時代——亞新石器時代——新石器時代——漢文化的次序，可從一般文化相貌上來區別文化的先後；但北疆北部的中石器時代與亞新石器時代一直延續甚久。北疆南部與北部的遺址因此不能互相比較其一般文化相貌而斷代，裴文中（1948）所推斷的細石器文化札賚——龍江——林西——赤峰諸期的順序也就沒有堅強的根據。

北疆文化史上最重要的課題之一爲文化接觸（culture contact situations）與漁獵民族之外導的農業化之程序等的研究；但這都不在本文年代學研究的範圍之內。

⑸淮河秦嶺以南

淮河秦嶺以南古代自然景觀氣候完全未經研究，也乏證據可資利用。但我們大致可以推想，整個長江、珠江流域的平原山麓地帶都爲中緯混合森林與亞熱帶森林所覆蓋，地潮溼多水泊，人類居於林緣山麓高崗地區。這一區的漢化自殷代開始，迄漢代大致完成。漢代以前的古代文化，似具有下列之特徵，與黃河流域者相關而相異：⑴南方的中石器時代文化與北方者似截然不同，迄今僅在四川、雲南、廣東、廣西有發現，以打製石斧爲特徵，缺乏細石器。目前的材料似爲中南半島的和平文化（Hoabinhian）向北的延長，而代表一種似美拉尼西亞的海洋尼格羅種的居民（Chang, 1956）。⑵南方新石器文化似爲華北新石器文化的延長，但有遺失也有添加。其一般特徵似華北早晚兩期的新石器時代文化，所缺乏的若干顯著的特徵如夯土建築似由於自然環境之限制，其重要的增添，或爲新的發展（如東南海岸的有段石斧），或爲混合土著文化的成分（如打石斧），或爲對新環境的新適應（如稻米與芋蕷作物之重要性，房屋的架高的趨勢——東部之據崗或建崗而居與南部之建椿而居，竹器之可能的普遍使用與輪製陶器的逐漸消失）。

南方的考古學資料還不夠豐富，其文化的一般相貌還不能勝任斷代的目的；但大致的趨勢，也不無可說：⑴南方新石器文化是一個還是多個，也看「文化」的定義如何。我個人的意見，以爲華中、華南新石器文化是華北新石器文化的延長，而在各個不同地區有不同的發展與面貌。⑵這個文化在華中、華南至少有三個大的地方相：西南、華中與東南海岸，可能代表華北新石器文化沿三條主要路線南下的結果——沿渭河上游及嘉陵江入四川盆地，沿漢水入雲夢湖區，及沿海岸東南下。⑶這個文化至少有三期可分，每期可由陶器作代表：繩紋陶期，散見於四川與臺灣，可能代表華北新石器時代早期的小批移民；「龍山化」期，散見各地，可能代表華北新石器時代晚期的大量移民；及幾何印紋陶文化期，可能爲龍山化期文化之繼續發展加上中原殷周文化的影響而成。第二期的遺址可舉四川盆地東緣；湖北宜都的古老背和仙人橋，湖北天門石家河、京山屈家嶺和圻春易家山；江蘇新沂花廳村、淮安青蓮崗、南京北陰陽營下、江寧湖熟、無錫仙蠡墩；浙江的良渚；福建的漳浦；廣東海豐的西沙坑（SOW）；與臺灣的圓山，臺中第一黑陶文

化，高雄鳳鼻頭。第三期的遺址可舉四川盆地的宜昌與下巫山峽，湖北圻春易家山；湖南長沙煙墩沖；江西清江；安徽靈璧蔣廟村；江蘇南京北陰陽營上、安懷村、鎖金村；浙江杭縣良渚古蕩，嘉興雙橋；福建閩侯浮村、曇石山、光澤、長汀、武平；臺灣臺中第二黑陶文化；廣東海豐的菝仔園（PAT）與三角尾（SAK）；香港的舶遼洲與石壁。

這個假說否定了 Linton（1955）與 Sauer（1952），以東南亞爲農業起源中心之一的假說，並牽涉到民族學資料之使用。這兩項問題的討論及南方古文化一般相貌的敘述，將在另文中發表。

上文爲斷代之目的將中國三區史前文化發展的全貌作了一個初步的假定。本節討論是一切年代學研究的基礎，爲下節所述各方面的斷代方法供給了一個簡短的文化整體觀念的背景。

三、層位

層位學是年代學的基本根據，最簡單也最重要的方法。由上節的暗示，層位學的基本空間單位越小越準確，基本時間單位則應以文化整體爲討論的根據。照現代美洲考古學者常用的術語，遺址（Locality）的層位單位不是人工分成以时或公分爲標準的單位而是以生活面爲標準的占居層（Component）；同一文化整體的占居層構成一遺址的一文化層（phase），但文化層的分布經常不限於單一遺址而擴展到考古學上的區域（region）或地方（area）（Willey and Phillips, 1958）。本文討論層位時，將使用一個文化整體在一個遺址中某一段時間的全部遺留爲一個文化層，給以文化整體的名稱。以文化整體的某一片面代替文化整體全體的錯誤，這裡盡量避免。

㈠黃河流域

就新石器時代早期文化一般而言，龍山期文化壓在仰韶期文化之上的層位，廣見於華北，如豫北安陽的後岡、侯家莊高井台子、同樂寨、濬縣的劉莊、大賚店、草店、鳳凰台、蘆台；豫西伊陽的上店、陝縣的廟底溝；山西的三門峽；陝西西安的開瑞莊、豐鎬村、武功的杜家坡。甘肅天水的西山坪

與七里墩、渭源寺坪、寧定陽窪灣與永靖的劉未家。這些層位上的證據相當可信地確立了全華北性的仰韶、龍山兩期文化的相對地位。兼有二期文化特徵的許多遺址（如仰韶村），多集中在豫西、秦中、晉南，很可以認為代表二期文化之間的過渡階段。可注意的是，迄今未發現一個可信的龍山期文化在下仰韶期文化在上的層位。

仰韶期文化壓在中石器時代文化之上的層位，尚未發現，但顯然是可以假定的。龍山期文化壓在歷史文化之下的層位，不勝其數。河南境內多壓在殷商文化下面，陝西境內壓在周文化之下，山東境內城子崖的黑陶文化壓在晚周文化之下；這都表示各地歷史文明的發展時代不一。

龍山期內可能也有許多階段可分，但還沒有人注意到龍山期文化本身的分層問題。仰韶期文化本身以內顯然也可分為不少階段，目前從層位上可分的至少有三層：先彩陶文化層、彩陶文化層與彩陶與黑（灰）陶文化層。先彩陶文化層與彩陶文化層的層位關係，早就發現於陝西寶雞的鬥雞臺。徐炳昶在民國23年到24年發掘鬥雞臺的溝東區，在彩陶期繩紋與彩繪的陶片下面得了一層無彩陶以繩籃紋粗陶片為主的文化，其石骨器與彩陶期者無異（徐炳昶，1936）。發現的當時，因中國考古學的知識尚在開始的階段，一般學者對徐氏發掘的意義還不能認清。今日雖然這仍是唯一的層位證據，但根據其他方面的研究（下文），鬥雞臺的層位可以認為是成立的了。從這一層位我們可知華北新石器時代早期的文化，是以繩籃紋陶片和一般石骨器為主，到了早期的後半才有彩陶的出現。

仰韶期彩陶層早於彩陶黑陶層的層位關係，可見於仰韶村。這個遺址的陶片出土深度的紀錄，見於安特生發掘的兩坑（Ⅱ，Ⅲ）；安氏公布他的紀錄如下（Andersson, 1947：23-25）：

坑 Ⅱ

	灰 黑 陶	紅 陶
0－70cm	70	33(一片為彩陶；另外32片代表一個打破的罐子)
70－150cm	15	5
150－200cm	3	5
200－240cm	4	2
240－270cm	2	7
270－315cm	1	3

坑 III

	灰 黑 陶	紅 陶
0－70cm	51	11
85－140cm	31	16

從這紀錄可以看得出彩（紅）陶漸減而黑灰陶增多的情形；與黑灰陶之增加一起可見的是這一遺址文化之趨於固定與繁榮，也是從早期文化轉變到晚期的跡象。安氏的紀錄可靠到什麼程度，有無代表性，我們都不敢說定。但這種從較純的彩陶層到含灰黑陶較多的彩陶層的變化，還見於別處。

彩陶層本身是不是可以再分層，是很值得注意的問題，前文提及荊村的仰韶期文化代表三層居住面，半坡代表四層，孫旗屯有六七層；可惜這些層的器物沒有分別發表，使我們無法判斷中原彩陶層內的變化。甘肅的資料中，則似可見到分為二層的可能：中原彩陶層（與河南陝西者相近）與甘肅彩陶層（包含半山馬廠二期）（參閱水野清一，1957：17）。二者的層位關係可見於臨洮馬家窰——瓦家坪遺址：「於馬家窰南麻峪溝口北岸的第一臺地（10－30cm）上，灰層堆積較厚。在一處厚灰層的斷面上，有一米的擾土，其下為厚灰層，厚約3.5m，上部約有1.5m厚的一層灰土，較鬆軟，所出均陶片，有彩陶、泥紅、泥灰、砂紅、砂灰。彩陶為黑彩，以寬條紋為主，多平行紋，還有圓點紋，有內彩片和口沿繁彩片，器形有碗、盆、壺、罐。泥紅灰陶片多素面碗器，砂陶為繩紋、侈口外捲之罐盆類。上述情況似蘭州雁兒灣（甘肅仰韶文化馬家窰期）。其下為較密而硬的下部灰層，出土物除磨石鑿、骨器，及灰陶環外，為陶片：彩陶片為黑彩，以弧線三角紋及鉤葉圓點紋為主，還有細線條紋、網紋、寬帶條紋、口沿單彩碗片，斂口的盆片；泥紅灰陶片有素面碗片，大量細繩紋尖底瓶片，多紅少灰，粗砂陶片多紅褐、少灰、斜繩紋、弇口和口沿加厚的盆缸罐——下部似渭河上游的純仰韶」。根據這一報告，我們很可推斷甘肅的彩陶層比中原的為晚，二者的過渡階段在渭河上游一帶表現得很為清楚，下節討論「分布」時還要提到。

(二)北疆

北疆新石器時代內的分層研究，還沒有人作過詳盡的研究。我們對這一區域的新石器時代遺物的斷代，多半只能用間接的層位學，即根據由華北輸

入或影響而產生的特徵在華北出現的先後來斷定它們在北疆的先後；如赤峰紅山後第二住地的文化近似新華北石器時代文化的早期而遼東的羊頭窪近似晚期。下文論及風格層時再談。

南滿新石器時代文化有早於漢代文化的層位證據；在吉林市郊松花江右岸的江北土城子遺址，有兩文化層：新石器時代文化層在下（以沙陶爲代表），漢代文化層在上（以漢代的細泥灰陶爲代表）。這當然不是說：南滿的新石器時代文化到了漢代便告結束。

㈢淮河秦嶺以南

華南中石器時代打石斧迄今只發現於西南與廣東，已知的遺址有：廣西武鳴縣苞橋、芭勳、騰翔及桂林北門外，雲南邱北縣城西黑景隆村岩蔭，四川盆地各地，廣東海豐（Maglioni, 1938:211）與香港（Schofield, 1935）。這一層文化之早於華南新石文化，不但在一般文化相貌上可想而知，而且在四川代溪有層位上的證據：在此地，Nelson 曾找到一塊暴露面，面上所示，打製石斧可及地面下十四呎深，而陶片到九呎以上才陸續出現（Cheng, 1957：34）。

從文化一般相貌、層位，與地理分布的各項證據來看，華南最早的新石器時代文化是繩紋粗陶伴打製石斧或磨製石斧的一層。這一層文化是中石器時代的人接受了北方傳來的陶業與農業（？）的結果，還是北方新石器時代早期先彩陶層南下的移民，目前還難說定，但後一種可能性似乎比較大些。繩紋陶文化層在華南尚只發現於四川、臺灣與香港。它在四川之年代的古遠，全靠地理分布上的證據，但在臺灣與香港則有層位的證據予以支持。在臺灣西海岸中部的大甲水源地、鐵砧山、清水牛罵頭，與北部的圓山貝塚，繩紋陶文化層都很顯然的是臺灣新石器文化最早的一層。香港舶遼洲大灣遺址的最下層，照芬神父的報告，出土粗製繩紋陶器，爲舶遼洲最早的文化（Finn, 1932-36：258）。

繼繩紋陶文化層之後，彩陶層文化對四川盆地也略有影響：磨光細泥紅陶見於宜都古老背、仙人橋、歸州的新灘和巫山的代溪；彩繪的細泥紅陶見於古老背和岷江的衛州。但整個四川盆地以外的華中、華南到今尚未發現彩陶層的移入文化。這是因爲工作不夠因而尚未發現，還是因爲華北彩層文化

在其持續期間因為某種原因未向南方移動與擴張，目前還不能說定。

　　華中華南新石器文化之大批出現，為相當華北龍山期文化水準的若干遺址所代表的我所謂「龍山化層」。它的文化相貌，如前節所說的，具有似龍山期的石器與陶器，但添加許多地方性的特徵。在四川盆地這一層文化的地位，全靠分布和風格層決定。在長江中游，在湖北黃陂的楊家灣與江西的清江則有層位上的證據，知道它早於次一文化層，即幾何印紋陶文化層。江西清江附近的幾處新石器時代文化遺址中，「就幾處遭破壞出現的灰層的坑沿看來，只見沙陶、泥陶的堆積，未見印紋硬陶的共存。另外，有沙陶、泥陶和印紋硬陶共存在於地面的遺址」。這沙陶和泥陶，其製作風格和紋飾習尚，有與安徽壽縣、青蓮崗，江寧湖熟鎮，浙江良渚、老和山等處出土的陶片，頗多近似的地方，也具有龍山文化的某些特徵。在東南海岸，龍山化文化層之晚於繩紋陶文化層的層位見於臺灣圓山貝塚與大甲水源地；龍山化文化層早於幾何印紋陶文化層之層位見於江蘇南京北陰陽營，浙江崇德北道橋及良渚鎮，和廣東海豐的西沙坑（SOW）。

　　華中華南幾何印紋陶文化層比龍山化層為晚，比歷史文化為早。這所謂歷史文化在各地是相對的；在若干處可能是西周，若干處可能是東周，若干處可能是漢。幾何印紋硬陶在江蘇溧陽的社渚和無錫榮巷的漳山都出於春秋戰國時代的墓葬；在前一遺址共存的器物有飾獸頭的璲銅匕首與戰國式的銅鏡。在浙江紹興漓渚、寧波祖關山，江蘇無錫、蘇州、溧陽等地與廣州市郊的漢墓，與浙江蕭山臨浦的漢窰址，也都有幾何印紋硬陶的發現。也就是說，作為文化整體的幾何印紋陶文化層，在東南海岸各地可能結束於周漢。在長沙、新石器時代的幾何印紋硬陶片出土的於楚文化層的填土內，證明在長沙一帶新石器時代文化可能到西周以後便告結束。

　　華中華南三大新石器文化層層內的再分層，目前也有一些材料可說。繩紋陶與彩陶文化層發現還少，可置不論。龍山化文化層本身的有相對年代資料的只有湖北天門石家河遺址。這一遺址整個來說，屬於龍山化層，但本身又可分為三個地層：下層出彩陶紡綞、灰黑陶、黃陶、紅陶和彩陶；中層出陶土製的禽獸模型與灰黑陶、黃陶與紅陶；上層出陶窰，多灰陶少紅陶。這個文化相承的次序與華北新石器時代早期之末與晚期之初頗為相似。

　　幾何印紋陶文化層內的地層區分，僅在東南海岸有可靠的資料；有層位

紀錄的有四個遺址：(1)丹徒大港葛村癩黿墩。分三層，下層出土物以夾砂紅陶三足炊器為主，此外有泥質印紋軟陶與磨光黑陶，其印紋陶為紅色，多手製；中層為混合層；上層出土物仍以夾砂紅陶為主，此外有灰黃色、模製、質硬的印紋陶片。(2)南京鎖金村。分上下兩層，上層有幾何印紋硬陶，下層有夾砂紅陶、泥質印紋軟陶、泥質黑陶。(3)福建閩侯曇石山。出土物以幾何印紋硬陶為主，但下層出土的比上層的略軟；上下層均有彩陶，下層比上層質軟而紋飾複雜。(4)香港大嶼山石壁。由層位測量來看。印紋粗陶與硬陶同層而軟陶及繩紋粗陶為較低（Schofield, 1940：279）。由這四處層位可見，幾何印紋陶文化層的早期與前一文化期（龍山化期）相近，而幾何印紋陶越晚而越精製質硬。固然各報告所描叙的「硬」「軟」，並沒有一個客觀清楚的標準，但由四處層位所證明的一致的發展趨勢是值得注意的。

四、分布

地理分布這一概念在年代學上的應用，最常見的有兩原則：(1)某種文化特徵之年代久遠與分布範圍成正比；(2)地理上相毗鄰的兩遺址如在文化整體上迥異，則其年代有先後之不同。這兩個原則都只能做為斷代的輔助工作，而不能單獨勝任作證，因其致誤的可能性頗大。這都是考古學上的一般知識，不必贅叙；我們且選擇兩項文化特徵考察其分布，以為例示。

(一)繩紋陶

繩紋陶是東西區域分布最廣、持續最久的一種陶器。在「繩紋陶」這個名稱之下，事實上包括許多種類的陶器：顏色多半是紅色或灰色；質料有粗有細，多半含不少雜拌質料；製造的方法不一，有範製的，有模製的，有手製（圈泥法）後再拍打的；器的形狀不一，從尖底的炊器、貯器到平底器、三足器、圈足器；裝飾都是繩紋，但有粗細正斜之別，施印的方法也不一，而與製法有關，其拍打上的繩紋有用繩纏的拍子的，有用雕繩紋的拍子的，拍子或是一根棒棍（滾印）或是一塊平板（拍印），施印以後有保全全面繩紋的，有抹掉一部分再加上其他紋飾的。所有這些「繩紋陶」都可以認為是有關係的一項文化特徵，因為(1)其地理分布是連續的，(2)其時間分布也是相

連續的,(3)主要的特徵相同(繩紋、多作成含砂耐火的炊器、繩紋多半是拍上去的),(4)伴存的文化特徵也是相連續的。

繩紋陶的分布,北起西伯利亞(並向東達到北美東北部,向西達到斯堪第那維亞半島),中經中國本部,南達中南半島、泰國與馬來亞,甚至太平洋區域(Solheim, 1952)。中國的新石器時代遺址中,我敢冒險地講,多半多多少少有些繩紋陶片,而且經常占全體陶片的一大部分。許多考古調查發掘的報告裡忽略了這種「太常見」的陶片的敘述而盡量注意一些花紋美觀奇特的彩陶片、印紋陶片之類,以至於這些報告給我們的印象與事實不完全一致。時間上的分布呢?華北的遺址裡,從注意到陶片數目的統計的報告裡可以看出,從仰韶期的半坡(水野清一,1957:11)到殷商時代的小屯(李濟,1756),繩紋陶都是出土陶片裡的大宗。華中華南如上節所示,繩紋陶片出土最早,且一直持續。鹿野忠雄(1952)在臺灣有層位的遺址未曾發現之前已經從地理分布的見地推測臺灣先史文化的底層為繩紋陶文化層。鄭德坤(1957)研究四川盆地繩紋陶片的分布,也認為是最早一層的新石器文化。繩紋陶器在東亞分布如許之廣,其起源一定相當古遠;層位學的證據也證實了繩紋陶是中國新石器時代最早出現的陶器。Ward 早已懷疑到這一點,曾作過如次的觀察(Ward, 1954:133):

> 華北所有的新石器時代遺址,不論是紅陶文化還是黑陶文化的,都包含另外一種以繩蓆紋為特徵的陶系;這一陶系與普見於東亞(北自西伯利亞南到印度支那與馬來亞)的陶器有密切的關係。在華北與這種陶器一起,也有和在西伯利亞、印度支那和馬來亞的繩蓆紋陶器伴存者相同的磨石斧。如果這些關係可靠的話,這些文化特質在東亞如此廣泛的分布一定曾經過相當長的時間。因此我們便不得不假定,這一型陶器和磨光石斧在華北平原的初次出現,是在彩陶與黑陶在本區之較晚的發展之前。這個假定的證實,全靠不含彩陶和黑陶而含有繩蓆紋和石磨斧的遺址的發現。迄今為止,這種遺址在華北還未有人報告過……但其最後的發現幾乎是不成問題的。

北平研究院在鬥雞臺的發現,是在 Ward 作此「預言」之前;嗣後在洛陽附近發現過三處遺址,我懷疑可能代表先彩陶文化層的新石器時代初期文化:
(1)大東店遺址。在宜陽城東八里村東南黃土臺地上,遺物有石斧、石鑿、灰

色夾砂粗繩紋陶片，和灰色堆紋陶片。(2)厥山村遺址。在新安縣城西十五里澗河南岸，出土夾砂粗灰繩紋陶，及夾砂粗紅繩紋陶。(3)南崗村遺址。在新安西二十里河北岸，出土灰色繩紋陶、灰色籃紋陶、夾砂粗繩紋陶、粗紅陶、附加堆紋陶，形制有鬲和罐。最後一個遺址有鬲，也許較晚；但鬲在中國新石器時代的歷史還不算太清楚。這三個遺址都沒有彩陶與灰黑細陶，其位置卻在彩陶與龍山期陶器發展中心的豫西區域；同在新安縣城西邊的暖泉溝村和高平砦村則都是典型的彩陶遺址。因此它們早於彩陶期的可能性非常的大④，就華北一般而言，新石器時代最初期的陶器可能以繩紋陶為代表，大概是不成什麼問題的了。華中與華南的證據則上文已經詳述。

不但如此，新石器時代的華北在地理分布的位置上還是整個東亞繩紋陶文化分布的中心區域。我們頗有理由相信，整個東亞地區以及北方森林地區的繩紋陶業都是由黃河流域這一個中心放射出去的：(1)黃河流域的新石器時代以繩紋陶為主要特徵之一。(2)繩紋陶在黃河流域自已知新石器時代一開始就大量出現，與黃河流域其他文化特徵是互相結合的一體，不像是外面傳入的文化。(3)南方的繩紋陶層分布稀疏，顯是北方同層的延長。(4)北方森林地帶的中石器時代文化不像是獨立發明陶器的中心；這裡與繩紋陶相伴的特徵如磨光石斧、半月形和長方形的板岩石刀、磨光的板岩石鏃，都是華北新石器時代的特徵遺物。(5)繩紋陶雖可見於中石器時代的斯堪第那維亞（Erteblle，Maglemose）與6000B.C.左右的近東，卻都是零星出現；假如北歐亞的繩紋陶是從這方面傳入的，在伴存遺物上幾乎完全找不到痕跡。當然，這繩紋陶業起源於黃河流域的說法只是數種可能假定之一；但目前所見的證據似乎在這種解釋之下都可以說得過去。也許從黃河流域的新石器時代

---

④高曉梅（去尋）師來信說：「在彩陶文化之前應該是繩紋陶文化的意見，在理論上是可以成立的。但這幾個遺址僅出了碎陶片……，春秋戰國時的陶器（家用者）大都是帶粗砂或細沙，有粗繩紋或細繩紋之陶瓦。如果這時期的遺址中未發現金屬品而陶器又僅是碎片，便容易被認為是史前遺蹟。桑志華在北疆發現的所謂史前陶瓦便有這種錯誤。」不但春秋戰國的陶片，連遼代的印紋陶片都常被認為是史前的。高先生這一段話，應該牢記，解決的辦法只有發掘。

的一開始，繩紋陶便始向南北傳布；南方傳到南洋、北方經西伯利亞一直傳到美洲。北方森林地帶是一片文化傳布的大道，如 Spaulding 所說（1946：146）：

> 北方森林地帶（Taiga）的有限資源促成頻繁的民族移動，因爲人口的少量增加便會在不久之後在老地方產生壓力，因而新的社會群便游跡於尚未住人的地區。這種環境上的影響造成廣大地域之人口稀薄而文化齊一。文化之齊一，不但是由於環境的限制力量，而且由於自然障礙的稀少與自然資源在全區域之類似性所促成的廣泛傳播力量。

因此繩紋陶器與相伴特徵之向北廣布，不是不可能的。假如我們接受這一假定，即接受黃河流域始製繩紋陶器的說法，則我們對於黃河流域新石器時代開始的絕對年代就有了一個猜測的基礎。假如黃河流域是繩紋陶業起源的中心，而南北的繩紋陶業是繼起的傳布，則繩紋陶業在東亞及毗鄰地區的時空分布，便以一個倒裝的金字塔的形狀，其尖端亦即最古老的源頭，在中心的黃河流域，越往外邊時代越晚。繩紋陶器的絕對年代，已經 C-14測定法得知的，重要的有下列兩條；

> 北美東北的森林文化：4400±260（ca. 2400±260 B.C.）（Libby, 1955：93）
>
> 日本的繩文式文化 ： 5100±400 （ca. 3100±400 B.C.）（Crane, 1956：8）

由其他方法估計的：

> 北歐繩紋陶文化：3000－2000 B.C.之後期（Gimbutas, 1956:181）
>
> 西伯利亞陶業開始：4000－3000 B.C.（Michael, 1958：33）

照這四個較早的年代來推，黃河流域新石器時代開始的年代，至少要在4000 B.C.以前。事實上，本文未能盡述的若干證據更暗示一個比這個年代早得多的起源。換言之，華北從新石器時代開始到城市文明產生，中間經過了三千年以上的發展。從近東和美洲的年代學來看，這個數字不多也不少。但這時暫時先不提它。

(二)彩陶

觀察華北彩陶的分布，我們可以看到下面這幾點：(1)作為黃河流域新石器時代早期文化的一個成分的彩陶（用彩繪為裝飾的磨光紅陶）的出現與其衰落都相當的「突然」。(2)它的分布以黃河流域的中下游（從甘肅到山東、河北兩省的西部）為主。(3)整個黃河流域的彩陶，從裝飾藝術的觀點來看，都相當的齊一，下節討論風格層與母題排隊時，還要詳加討論。這幾件事實指向一個結論：彩陶持續的時間不長；它只出現於新石器時代早期之末，不久即為新石器時代晚期的其他裝飾藝術所代。這種現象的成因，不是本文年代學研究的主題；與地理分布有關的事實是：持續不長的彩陶出現在黃河流域新石器時代文化興盛發達的時代，其出現與黃河流域新石器時代文化之擴張相一致；但它的擴張，北以赤峰、錦西為限，南以淮河、秦嶺為限。

但我們並不是說，華北的彩陶文化是「曇花一現」的文化；它持續時間之「短」，只是相對的比較的看法。在華北彩陶持續期間內，尤其在部分地區，新石器時代的文化可能經歷了相當的變化。從地理分布的觀點來看，這種變化在中原彩陶與甘肅彩陶交錯地帶的渭水上游一帶表現得最為清楚。在甘肅極東部的渭水上游、西漢水流域及涇水流域的彩陶文化，似關中河南，如天水樊家城、甘谷渭水峪、武山雷家溝口下、隴西暖泉山等遺址，並散見於平涼、涇川、靈臺、慶陽等縣。但此一區域，也有若干遺址含有輕微的甘肅彩陶成分，如天水西山坪、柴家坪，甘谷灰地兒、武山大坪頭、隴西呂家坪，和渭源寺坪。從這一區域向西向北，到洮河、大夏河、永靖與蘭州附近的黃河沿岸和永登、榆中等地，則以甘肅彩陶文化為主，但也有中原式彩陶的存在。這兩種彩陶文化的交錯分布情形，暗示時代上有先後之別，馬家窰——瓦家坪的層位關係是進一步的證實。

除了黃河流域新石器時代早期整體文化之一成分的彩陶以外，在考古文獻上彩陶一名還用於遼東半島單砣子、望海堝、大連濱町、大臺山及羊頭窪等遺址出土的塗彩陶器與華中、華南若干新石器時代（多屬龍山化期）遺址（湖北天門石家河、京山屈家嶺、江蘇淮安青蓮崗、南京北陰陽營下、福建閩侯曇石山、臺灣澎湖良文港、高雄桃子園、鳳鼻頭，及廣東海豐的西沙坑）出土的塗彩陶器。這些塗彩陶器在形成的來源上與華北的彩陶有無關

聯，雖是頗耐人尋味的問題，但事實是它們都出土於龍山化期遺址或更晚，因而它們(1)或與華北彩陶無關，各為地方性的產物，(2)或其塗彩的觀念為華北彩陶文化影響下的餘波。照後文所作花紋母題的分析，可知這些彩陶的花紋接近同遺址出土的印紋或劃紋而與華北彩陶花紋距離遼遠；再鑑於技術上的差異（多是燒成陶器後再上彩），第一種可能性遠較第二種為大。唯湖北的彩陶為可能的例外。

(三)其他

地理分布的研究，應用至廣，且常與它法併用。彩陶與南方幾何形印紋陶花紋母題的分布情形在斷代上的意義，留待下節。

五、風格層

美洲古代印地安人考古學，由於其材料之性質（即文字紀錄之缺乏），以年代學方法之繁複見勝於舊世界，尤其對陶器裝飾與美術雕刻的分析研究，更可為我們的參考。本節的「風格層」與下節的「母題排隊」兩個概念，都是從美洲考古學上的類似觀念變化而來以求適用於中國的材料。

「風格層」（style horizon）是我杜撰的新名詞，由美洲學者所謂 horizon-style 與 horizon 兩個概念之結合而來。「風格」（style）係指「若干形式之依特殊款式之相當固定的結合」（Kroeber, 1957：26），其特徵為(1)特殊（unique or particular）與(2)固定（consistent），因而代表一定之文化在一定之時間的表現形式，而可供年代學上重要的利用。horizon-style 最初用於南美秘魯之考古，為 Max Uhle 首創，Kroeber 繼成，乃指某一種「占大片的地域而持續甚短期間」的一種美術風格。「根據美術風格之歷史的獨特性的假設，再加上風格通常相當迅速變化這進一步的假設，於是那時間的範圍就在理論上減縮到使 horizon-style 可將空間上相隔甚遠的文化單位在時間上相等的那一點」（Willey and Phillips, 1958：32）。因此，horizon-style 是確定 horizon 的手段之一，後者之定義是：「一種由文化特質及其集合所代表的以空間為主的連續體，其文化特質及其集合的性質與出現的方式，容許學者假定一種廣泛而迅速的傳佈」（同上書：33）。一個

horizon 內之諸考古單位，假定爲大致同時。這些觀念在中國新石器時代的研究上，都非常有用；但由於材料和時間的限制，我對這一方面的研究，還不能說是完全，下面只選出少數風格層來，看看這一方面的研究可能有什麼性質的貢獻。我們所稱「風格層」，是指主要建立於 horizon-style 之上的 horizon；這 horizon 除了 horizon-style 還能包含些什麼樣的「文化特質及其集合」，在不同的個例中有不同的情形。

我們還不妨把風格層分成兩種：大風格層（macro-style horizon）與小風格層（micro-style horizon）。二者之「大」「小」，完全是相對的：我們可以作出一大串風格層出來，依其時代範圍之廣狹，排成一列，自時間最長的一端開始，每一層對次一層言都是「大」，對前一層而言都是「小」。這種區分的用途，下文逐漸可以看出來。下文風格層區分的標準，以陶器花紋母題爲單位；關於「母題」的分析，下節有詳細的討論。

㈠華北彩陶風格層

如上文談分布時所說的，華北的彩陶構成一分布遼闊而持續不長的文化層，其主要特徵爲陶器的裝飾方法與若干特徵性的花紋母題。在這一層之內，另可以分爲若干小風格層；對這些小層而言，華北彩陶是一大風格層。目前所能判斷的小層，只有中原風格層與甘肅風格層；二者的分布不同而在甘東相錯，開始的時間當以前者爲早，但二者必曾同時存在過一個時間；二者之衰落何者在先，也尚不能決定。

1.中原風格層：目前可以提出來的花紋母題，可以下列的幾種爲例；這幾種也許不完全是同時的；換言之，中原風格層將來或可再分小風格層。

- 長方塊的二方連續，每個長方塊中用深色的底襯出一個斜置的葉形或瓜子形，其兩尖端之間或用一深色直線相連。（例：曲陽釣魚臺、夏縣西陰村、廣武秦王寨與牛口峪、天水李家灣。）
- 長方塊的二方連續，每個長方塊中用深色的底襯出一個曲尺形或四邊形或三角形，形內有一黑色圓點及一兩條長線。（例西陰村、永濟金盛莊、陝縣靈寶與廟底溝。）
- 長方塊的二方連續，每個長方塊用深色的底襯出一個半圓形出來，半圓形的一邊與長方塊的一長邊爲一條線；每兩個長方塊之間用若

干條直線相隔（例：洛陽澗濱、廣武秦王寨與牛口峪、天水李家
灣、渭源寺坪）。有時半圓形內加一圓點（臨洮馬家窰、渭源魁星
閣）或一眼紋（西陰村、秦王寨）。

‧長方塊的二方連續，每個長方塊攔腰畫一條深色線軸形襯底，形成
兩個半圓形出來；兩個長方塊之間用直線或直波紋或交叉線相隔。
（例：西陰村、安陽的侯家莊、廣武的秦王寨與青臺。西安半坡有
類似的母題。但半圓形成為三角形，中間的線軸形為兩個尖端相接
的實心三角形。）

‧圓形的二方連續，圓形之中有二個三角形相疊。（例：西陰村、仰
韶村、秦王寨、廟底溝。）

2.甘肅風格層：目前可提出的花紋母題，例如：

‧齒紋，為裝飾圖案的單獨成立或組成部分，見於洮河流域及其以西
以北。

‧垂幛，係主要圖案的附屬部分，為以一條或多條波紋繪於全圖紋的
最下部。分布同上。

‧半圓形上下相疊所組成之二方連續，每個半圓形包含多條平行曲
線。主要分布於馬家窰、蘭州永靖和羅漢堂，但也偶見於渭源的魁
星閣。

‧正圓形相連之二方連續，每兩圓形之間或填以直條紋成樹枝形或以
條紋或帶飾頂踵相連。以前種方式相連者見於洮河流域之西北，以
後種方式相連者僅見於半山區、馬家窰和朱家寨。

‧菱形橫行相連之二方連續，見於洮河流域及其以北以西。

以上各母題之分布較廣，其持續時間也可能較長。此外有兩個母題，持
續期間可能甚短，或係代表甘肅風格層內的兩個小層：

‧葫蘆形花紋組成之二方連續。只見於半山區，但寺窪山有一例。

‧蹲坐伸臂人形之二方連續。見於馬廠沿、蘭州及永登。安特生報告
了兩件「半山」式的陶甕，上有這種母題；這兩件卻是在「蘭州購
買」的（Andersson, 1943：241）

㈡華北龍山風格層

華北新石器時代晚期文化的陶器裝飾藝術，遠不若其以前的早期及以後的殷商時期的發達。可作為風格層之標準的特徵性的裝飾母題也極有限。有若干母題（如三角形帶紋及弦紋）始盛於此期，但一直持續到殷商，因而難作風格層的標準。目前所能提出的。僅有：

- 蛋殼黑陶，僅盛見於東部。
- 底部穿孔：平底器或極低的圈足器之底緣或圈足上穿有一圈小孔（例：城子崖、不召寨）。
- 鏤孔豆足：細長圈足上穿以各式的孔（例：仰韶村、兩城鎮）。

㈢華北殷商風格層

華北的殷商文化為裝飾藝術發展到峰巔的時代。但這一文化期已不在本文處理的時代範圍之內，這裡只選擇其對於北疆與華南新石器時代文化有斷代意義的：

- 白陶：一定之色質及雕刻花紋。
- 波狀篦紋：用篦形具在陶器未乾時劃上的連續波紋，數條或十數條為一帶。
- 饕餮紋：包括一切獸頭紋。
- 雙 F 前型紋（參見 Finn, 1932：36）。
- 有放射線之圓形；同心圓紋，一側有放射線。
- 疊人字形紋：人字形紋相疊於雁行狀，拍印於器之全表或一部。
- 複化的方格紋：中國新石器時代與殷商時代有不少花紋母題是貫串各時代的，如繩紋、籃紋、方格紋。這些母題有文化史的意義，對斷代的直接用途則極有限。但方格紋之複雜化者，即每一個方格之內再加上其他花樣如小點、小方塊，或方格由重線相交而成，則在華北自殷商才開始。
- 方形回紋：拍印文之以一線作稜角回旋而形成之方塊為單位者。
- 方轉波浪紋：即簡單之相連回文。
- 蓆印文：蓆編織圖案之拍文。

(四)華北風格層向北疆之延長

華北史前陶器裝飾藝術風格史的材料比較完備；由於華北新石器時代文化不斷向南北擴張；北疆與華中華南之有陶器的遺址當可以根據其陶器花紋之顯然受到華北影響者在華北風格層中的地位作一種初步的或輔助的斷代。這種斷代方法與上文批評過的化石指數斷代法在手段上雖然相似，但在觀點和出發點上有兩點基本的不同。(1)「化石指數」是未經選擇未經分析的；風格層是經分析過的，時間短暫而性質獨特的；因此風格層的斷代意義遠非化石指數可比。(2)「化石指數」是孤立於文化背景之外的；風格層是用各種方法建立起來的文化整體層次的一部分。

如前所述，華北彩陶風格層向北似乎延長到了相連赤峰與錦西的一線，而赤峰紅山後第二居址與錦西沙鍋屯的時代，在華北新石器時代早期範圍之內，似乎是沒有什麼疑問的。如照前節層位的討論，華北新石器時代早期再分為繩紋、彩陶、彩陶與黑陶三層，則上述二址似乎都是彩陶層的。在這一層之內，它們與甘肅彩陶風格層近還是與中原的近，則不能做確定的判斷。砂鍋屯有近乎秦王寨式的半圓點紋，赤峰有近乎半山區的底部編織印紋與近乎永登縣的直平行曲折紋，這也許對二者的關係有若干暗示的意義？彩陶層似乎未曾到達遼東。梅原末治（1947）曾指出旅順文家屯出土的兩片「與中原彩陶文化者完全相同」的磨光紅陶片，但這還不夠建立起一層文化或風格的證據。

南滿的新石器文化可能自華北新石器時代晚期傳來，但風格層的證據只有在遼東較為清楚：旅大的豆足鏤孔與一部分標準黑陶是斷代的良好證據；旅順老鐵山石塚出土的白陶片，也是殷商文化波及遼東的堅強證明。

(四)淮河秦嶺以南的風格層及其與華北的聯繫

嚴格地說，淮河秦嶺以南最早可辨的風格層在龍山化時期，比華北的龍山風格層更難完善的確立；唯一代表的母題是豆足的鏤孔，見於北陰陽營下、仙蟲墩、雙橋、良渚下、老和山、屈家嶺、石家河、易家山、清江、武平、西沙坑、和大灣。鑑於文化整體的考慮，其中一二遺址，如武平、大灣，必須除去，其地的豆足鏤孔可認為是古代傳統的遺存。

　　龍山化期以後一直到漢代，是一個持續期間不算太短而分布地域極為廣闊的幾何印紋陶風格層。這可說是一個「大層」。這一大層內的小層，從風格層來入手，至少可從早到晚分為下面這幾層：

　　1.可與華北殷商文化風格層相聯繫的風格母題：

　　　·白陶：見於廣東的韓江流域（饒宗頤，1954）。

　　　·波狀篦紋：黑孤堆、北陰陽營上、浙江蕭山漢窰址、江西清江、福建武平、臺灣鳳鼻頭上、海豐山角尾（？）、廣州西漢墓。這一母題顯然在此區持續甚久，失去了作小風格層的條件。

　　　·饕餮紋：見於葛村與安懷村。

　　　·雙 F 紋：見於廣東清遠，香港榕樹灣、大灣與右壁。

　　　·有放射線之圓形：見於崇德北道橋上層。

　　　·疊人字形紋：廣見，其情形與波狀篦紋相似。

　　　·複化的方格紋：同上。

　　　·方形回紋：見於武平、龍岩、榕樹灣、北陰陽營居址、錫山公園乙、光澤、葛村、北道橋、清江、浮村。

　　　·方形波浪紋：見於安懷村、葛村、鎖金村，及北道橋上。

　　　·蓆印紋：廣見。

　　2.不見於殷商風格層，但在本區形成風格層，其形式有從前層變化出來的：

　　　·魚骨形紋：似由疊人字形紋變化出來，見於徐婆橋、北道橋上、鎖金村、錫山公園甲、葫蘆山、三角尾、石壁、河田、浮村、光澤、大灣。

　　　·牙刷形紋：以一直線之一側連接一排短平行線為單位，廣見。

　　　·正斜方格紋相疊：成米字或燈籠孔形，見於雙橋、北道橋、徐婆橋、良渚上、清江、武平、龍岩，及紹興、蕭山、廣州之漢址。

　　3.顯然較晚的風格層，似乎近於漢代；只有一種母題：

　　　·填充花紋：即在方格紋、蓆紋或牙刷形紋之間，隔相當距離即填一方形、菱形或銅錢形之簡單花紋者，見於武平、北道橋、葫蘆山和廣州的西漢墓。

第一組可能代表較早的一層或數層風格層；第二組可能較第一組為晚，或部

分同時；這一組無疑代表數個風格層；第三組可以晚到漢代，這三組風格層
可再分多少小層，各小層之確切時空分布如何，都有待進一步的研究。從地
理分布的觀點，似可看出，以上三組花紋的分布有重心南移的趨勢。換言
之，南方新石器時代文化的重心，隨中原歷史文化之南下而逐步南移。殷文
化的統治勢力似到淮河流域爲止，但與南方直到海岸都有往來；西周文化到
了江蘇、安徽和湖北：東周文化統治了湖南、浙江；而廣東、福建之入中原
文化版圖是秦漢以後的事。歷史的知識，可給我們的風格層斷代方法一層堅
強的旁證。但每一區域之加入中原歷史文化版圖，也不是一朝一夕的事；原
始文化在本區域高文化中心建立起來以後，還能持續一個長時期，是想當然
的事。所以就江蘇而言，新石器文化不一定絕跡於周，就廣東而言，不一定
絕跡於漢。

六、母題排隊

(一)母題分析與母題排隊[5]

「母題排隊」（Motif-seriation）這個杜撰的怪名詞，在中國考古學上
尚屬初見。它雖然是仿照美洲考古學常用的技術而來，但經過概念上基本的
刷新，因此我先把這項方法詳細說明一下。

「排隊」（Seriation）的斷代法，發展於北美洲，因爲這一區域遺留豐
富，代表的年代長久，而層位學的證據不足應用，「排隊法」是考古學家在
沒辦法時想出來的斷代法。其法的程序：「將以不同之比例出現於一連串遺
址之中的一種有風格變化的型式（A Stylistic Variable，例如陶器）的遺
物，根據某種附屬的參考標準,依照一種因素（如一種陶器的型式）的序列,
而加以排列（Spier, 1933:283）。這種方法，最先由 Kroeber（1916）與
Spier（1917）施用於 Zuni 印地安人舊址的斷代，甚爲成功，從茲爲美洲考
古學家廣泛採用,並爲 Rouse（1939）與 Ford（1935 a.b, 1936, 1938, 1949,

---

⑤本節原稿用英文寫，曾給 Clyde Kluckhohn 與 Philip Phillips 二先生看過，
　獲益不淺，敬此誌謝。

1951, 1952； Phillips, Ford, and Griffin, 1951）作詳盡的理論上的發展與修正。

這種排隊的方法在中國新石器時代的研究上，很為適用，因為中國新石器時代陶器的風格變化豐富，而且考古學者對陶器的形制與花紋一向注意描寫與發表。但在另一方面，陶器之各型式的層位與數字則在絕大多數的發掘報告中毫無資料可尋，因此使用百分比的任何方法目前都不能使用。不幸的是，幾乎所有的排隊斷代法都需要百分比的數字。但在原則上，Ford 應用於美國東南部的下述斷代技術可供我們發展一種新技術的參考：首先將一考古區域（越小越好）內諸遺址出土的陶器花紋分為各種成分（Components，包括元素 Elements 與母題 motif）：

> 分類必須詳盡。某一種裝飾在不同遺址中重複地出現可使考古學者斷定這種裝飾到底是代表一個真實的有意義的類型還是只是一個地方性的變態。逐漸也許可以看出：在許多不同的遺址中有好幾種不同的裝飾相伴地出現。這些相伴存的裝飾就是成組出現的風格樣式，形成我所謂的「裝飾叢」。分布於一個有限的區域內的……裝飾叢就很可以代表一個獨特的時間的水平。（Ford, 1938：262）

把這一方法應用到中國的材料上時，我們可以採取下述的步驟：⑴把某一遺址的陶器裝飾紋樣分析成獨立之母題；⑵列舉某一考古區域中一連串遺址中各種母題的出現情形；⑶將各址的花紋母題依其異同排列在一起成為一個「區域母題隊」；⑷隊有排頭有排尾，依某項附屬標準斷代那一頭在時間上在先，那一頭在後。這種方法實行起來，非常囉唆但毫不難辦，大致與Prouskouriakoff（1950）排列古典時代馬雅人的石柱（Stela）的方法相近；記得勞貞一先生在研究敦煌各石室壁畫的年代先後時似也採用過類似的技術。

然而，任何一種母題排隊法都要遭遇一項基本觀念上的難題，即：作為研究之中心的風格樣式之單位的概念上的界說。排隊斷代學者在把兩個時間水平依其風格樣式之同異而排在一處時必須先作一假定，即後一時間水平內之若干單位為其革新，另外若干則為前一水平者之延長。例如，A 水平有三角形、圓圈，與方塊、B 水平有三角形、圓圈與交叉線、C 水平有三角形、交叉線，與點。乍看起來，排一條隊容易之至：

Ａ：方塊──圓圈──三角形

Ｂ：　　　　　圓圈──三角形──交叉線

Ｃ：　　　　　　　　　三角形──交叉線──點。

但深究起來，這一條隊牽涉到兩個基本的問題：⑴形式上的相同，是不是能代表歷史上的延長？會不會只是偶然的？⑵假如我們承認它們是歷史上的延長，我們要先斷定，所使用的單位在Ａ、Ｂ、Ｃ三個水平所代表的社會中的確都被認為是「單位」，才能把它們互相比較；如果Ａ社會以三角形為單位，而Ｃ社會中三角形只作為單位的一成分而存在，則二者的相同只是偶然的，Ａ、Ｃ兩水平的關係就沒根據可言。這兩個問題是彼此相關的，但不妨分別討論。前一問題也許又要引起「歷史傳遞」與「獨立發生」的辯論，但我們所使用的母題不像這例子中所用的這樣簡單，而通常應代表一種特殊的風格。下面僅把第二個問題詳細的討論一下；而且第二個問題解決了以後，第一個問題也就大部分解決。這第二個問題牽涉到辯論了數十年的，型式學的型式是人工的還是歷史的真實的問題。即使我們先把「型式應當是什麼」的問題擱在一邊，只要我們把一個型式（在這裡指一種陶器裝飾花紋的單位）看作時間持續性的代表，我們就非找那藝術家眼中的型式不可。換言之，我們面臨的問題是如何作妥當的母題分析；如何能找到在當時的藝術家的眼中看來是一個單位的母題單位？

現有的考古學文獻不能解決這問題。Ford承認他的分析方法「是極度的主觀，主要依照分類者的判斷」（Ford, 1936：18）。唯一的補救辦法是「儘量使用一個分類者」（Ford, 1935：8）。可見Ford分析出來的單位（包括母題與其組成元素）只是Ford眼光中的裝飾單位。在這兩方面，Prouskouirakoff的研究也很少幫助。

最近，人類學家有使用以語言分析為範本的結構分析法於人類學各分野的趨勢（如：Levi-Strauss, 1949, 1958 ； Kluckkohn, 1956 ； Chang, 1958），法國人Jean-Claude Gardin也試用這種觀念作考古學器物的一般分類。Gardin氏是法國考古學社（Institut Français d'archéologique）研究員，以數年之力發明了一種考古器物的卡片機械登記箱（Fichier mécanographique），為使用機械以登記考古學文獻之內容。為此必要發明一種全世界適用的分類方法以便於登記。在「裝飾」一項下，Gardin對其

單位之分類法的說明如下：

> 在全世界所見裝飾花紋之構成的雜亂無章的變異性，多少可爲許多
> 次經驗分析後所得的少數單位之頻常的再現所調劑。這些單位可以
> 分成兩組：有些是具體的「花樣」（signs），如螺旋紋、「Z」
> 形、環線，這些花樣歷種種結合與變形而不失其特殊的形像；另外
> 一些是抽象的「動作」（operations），如對稱，在一條線上的分
> 級、輪轉；這些動作應用於花樣之上而產生特異的裝飾範疇──棕
> 櫚葉形、回紋、玫瑰花形──或較大的裝飾紋樣……我們在分析了
> 千萬種不管其個別來源如何而選出的裝飾花紋之後，得到了不到二
> 十種的花樣和十五種的動作，後者可再分爲六組。（Gardin, 1958：
> 341-342）

如任何一種「基本花樣」（elementary signs）「依一種樣式重複多次，則可
得稱爲『一級花樣』的一組」（同上文：342）。一級花樣共有六百個，
「可再由一種或一種以上之附加動作演變出一萬八千種『二級』花樣來」
（同上文：342）。分類與分析單位的標準，不是任何「比較客觀的規則」
（同上文：352），而基於「由許多經驗分析」（同上文：341）而來的「幾
條實際上自然產生的類化作用」（同上文：352）。

到此爲止，Gardin 與前人的研究並無基本上的區別。但他並不以分
類分析爲滿足，而要進一步從「現代語言學理論」上找尋基礎（同上文：
335），認爲他的基本單位是與「語位相當的單位」而稱之爲「圖位」
（graphemes）（同上文：351）。他的「圖位」是不是合乎我們對歷史研究
之單位的要求呢？由進一步的檢討，我認爲它們實在名實不符，與 Ford 的
裝飾成分在基本上仍是相同的，雖然我們必須承認他把結構分析的概念在裝
飾花紋之分析上提出的功勞。

如上所述，一個有歷史延續性的裝飾花紋單位必須「有意義」
（meaningful）。換言之，一個裝飾花紋單位可以爲一抽象體，但應爲「眞
實」的抽象，而不應爲純形式的抽象；所謂「眞實」，應包含其表達給感官
的內容在內（Prall, 1936：58）。對一個藝術家而言，一個感性的單位必當
代表一定的意義。在語言學上，音位代表「眞實」，因它既有一定的音調，
又爲「造成意義上之差異的最小單位」（Bloomfield, 1933：136；又見

Bloomfield, 1939：21）。Gardin 似乎並不是不知道這一點，因他也說「只要我們一把我們的單位『音位化』，我們就移到不穩的基礎上了。……換句話說，雖則同位音素（Allophones）之斷定可以根據較客觀的規則，『同位圖素』（Allographs）的定義卻只是少數實際上自然產生的類化作用的一種不固定的產物而已」（Gardin, 1958：352）。他也承認在他的處理之後，眞實性會走了樣（同上文：345）。但他爲自己辯護說：「我的目的不是要發明一門裝飾藝術的科學，美學的也好，不是美學的也好。這一地步的分析只不過是通常的叙述之經濟的表達法而已；我故意地把它剝去學術上的牽連而代以一種與歷史和藝術不相干的粗糙的幾何式的表達法——至少在一個短時間之內。」（同上文：345）由這段話我們可以看出，Gardin 的「圖位」之被剝掉了「眞實」的意義，正因爲它們是得自「不管其個別來源如何而選出來的千萬種裝飾花樣」（同上文：342）。不錯，Gardin 說了「在一個短時間之內」。但我們只要一旦把與語言學者相似的結構分析的概念提出來，就不能把所分析的因素褫除於其文化社會環境之外。在語言學上，從沒聽說過「全世界性的音位」的觀念；音位代表個別語言集團的結構系統。在美學上，情形也相似：美術上之訴人心弦的焦點（focus of intelligibility）是在感性表現中所呈示的「感情」或「看法」（feeling）（Prall, 1939: 141, 147-148）。「看法」是藝術家的，而在原始社會裡，也就差不多是全社會的（Firth, 1961：173）。在理論上，雖然「螺旋」在 A 社會可能被認爲一個感性表現的單位，在 B 社會則未必。某一種圖樣是否可認爲「圖位」，係在個位的情形必須單獨決定的問題，而不是一件可以先行假定的事實。每一個圖樣固然在它所能代表的意義上有一定的範圍，亦即有若干可做爲「單位」的條件，但某種「看法」或「感情」之與某種圖樣的特殊的結合，常常是純粹人爲的，而爲個別的社會文化所決定。因此，Gardin 的「圖位」事實上只有國際音標的作用而不一定能相當音位的作用；它還是不能勝任我們要求歷史研究單位的條件。

上面用很多的篇幅來討論這似乎與本題無關的問題，並不算是多餘，一方面這個問題所牽涉的種種理論是目前（以及將來）世界考古學上爭論的中心問題之一，值得我們的注意，另一方面我們只有把這些基本的探討交代過去以後才能開始著手發明我們自己的一套技術。關於我們自己的母題分析的

目的和性質，先有幾點應說明的：⑴爲了減少關於裝飾形式之諸決定因素的枝連（Bunzel，1938：540），我們分析的原料以陶器裝飾花紋爲限；分析的對象完全是形式上的，對裝飾的方法（彩繪、刻劃、拍印等）與所要表達的「看法」，不作直接的探討，因爲這些因素影響形式而反映於形式之上。⑵分析的目的是考古學的斷代研究；因考古遺址中經常發現的是陶片而不是全整的陶器，所以我們只注意單個的母題而暫時不管各母題在全器上的結合關係，雖然後者在美術風格史的研究上遠比單個的母題爲重要。⑶裝飾母題的界說。根據個別史前遺址住民的「看法」而做個別的分析。

　　一件陶器的全部裝飾花紋（以任何一種方法投影）是一個別的陶器集團（亦即一個考古遺址之一個占住層）的陶器裝飾的最大單位，可稱爲「裝飾單位」（décoreme）。一個裝飾單位由一個或一群母題（motif）組成；母題是分析下來的最小的裝飾的單位。一個或一個以上的母題可以歸入一個「母題單位」（motifeme），爲最小的有辨義作用的單位，而其諸構成母題可稱爲「同位母題」（allo-motifs）。母題單位有三種形式：⑴自由形式（free form），可單獨出現形成裝飾單位，或爲二個以上的裝飾單位中可互相移位的構成因素（interchangeable constituents）。⑵有限形式（bound form），只能做爲二個以上的裝飾單位中可互相移位的構成因素而不能單獨出現爲裝飾單位。⑶飄移形式（adrift form），爲在一塊陶片上暫時認出來的臨時母題單位；材料更多時可能證明爲前二種形式之一種，或只是一個同位母題。一個考古學單位中所能發現的母題單位之總體可稱爲母題群（motif-assemblage）。考古學單位或爲一占居層或爲一文化層；前者之母題群與後者相對比時可稱爲「小群」（micro-assemblage）而後者爲「大群」（macro-assemblage）。但文化層之母題群與更大單位（如考古文化區）相對比者，則成爲小群，而後者爲大群。所有的母題群均爲廣義的同時代的集群（synchronic groupings）。

　　母題單位之辨認標準爲一個或一個以上之母題做爲特異之一組而與同一母題群內的其他母題都有本體上與意義上的區別。其特異性的發現可以有下列的三個標準：⑴獨立性（Independence），即當裝飾單位之一構成分子可獨立出現或重複出現而形成另一裝飾單位時，可認爲一臨時的母題單位。⑵互相移位之可能性（Interchangeability），即當一裝飾單位之一構成分子可

原樣出現為另一裝飾單位之構成分子時，可認為一臨時的母題單位。(3)互斥性（Exclusive occurrence），即當兩個或兩個以上之臨時母題單位之具有類似的形式者（如圓圈與同心圓，五指的手形與三指的手形）不出現於同一裝飾單位之內或不出現於二個以上之相似裝飾單位之同一位置時，可結合為同一單位，即一母題單位，而構成此一單位內之同位母題。但如同時出現，則顯然被當時的藝術家當做不同的形式單位，而每一個臨時母題單位即可認為一個母題單位。

施行這幾條原則的手續如下：(1)把一個文化層內所有的裝飾花紋搜集。(2)依獨立性與互相移位性原則提出臨時母題單位。(3)依互斥性之原則把臨時母題單位合併成為母題單位。所得的就是一個小母題群。此一手續雖然簡單，卻可發現個別社會之有歷史真實性的裝飾單位。對於原始藝術家而言，環繞一個典型（model）反覆出現的事物就是真實的事物（Eliade，1954：34）。環繞一個可獨立存在或可互相移位的典型反覆出現的裝飾單位，對於個別的文化或社會中的美術家而言就是真實的單位。此法因此可以避免以我們的分類法代替個別社會的分類法的缺點，並不以產生普遍適用之單位為目標。固然我們的資料常限於陶片因此常常不得不分析到臨時母題單位（為飄移單位）這一步為止，但我們的錯誤只是「暫時」把同位母題當作母題單位，我們的單位仍不失其真實性而可為歷史研究的基礎。

再進一步要做年代學的研究，只須把各小母題群依異時（diachronic）的次序加以排列。做排列時，所用的基本單位最好是社會學界說的考古單位：一個遺址的一個文化層可視為一個社群（Chang，1958：303），一個小母題群則代表該社群內陶器花紋變異的範圍。民族學家早已指出：二相鄰社群如文化相同時代相同則其美術風格的表現也常相似（Boas，1927：175-176）因此如兩個或兩個以上的相鄰社群之小母題群可彼此契合，則這些社群可稱在陶器裝飾風格上屬於同一部落（Chang，1958：307）而其母題總體構成同一時代的大母題群。反之，如彼此不相契合但互相重疊，則可依此建立一時代的次序。這一步驟之後，一般的排隊斷代法便可施用。

上面所述的母題分析與母題排隊法，完全是嘗試性的。施行起來時，我們將遇到許多實際上的困難，而錯誤產生的根源也會發現不少。例如，考古報告所刊佈的花紋不一定代表全部；即使作者發表了他所挖出來的全體陶片

花紋,各作者工作的深入性也須分別估價,因而「選樣錯誤」就不能歸於一致。另一個錯誤的來源,是我們的許多母題單位的臨時性。此外,還有許多任何一種排隊斷代法都要面臨的困難,如鄰接社群形式之不同,有幾分是代表文化的不同(任何社群都應有其特異性),有幾分是代表時代先後的問題,以及二相比社群間的距離不能一致,其內選樣的數目也不能一致。但是,我們只要知道這種限制就好了,因為無論如何,如 Ford 坦白的陳述,「這樣一個初步的斷代總比沒有強得多」(Ford, 1938:263)。

㈡中國新石器時代遺址之初步母題排隊

母題排隊或類似的斷代技術,顯然可以許多種文化特質為材料;除陶器的裝飾花紋以外,陶器的形式細節與色質,石器的種類與形式,都可作為排隊研究的單位。由於時間和篇幅所限,我們只處理了陶器裝飾這一項。

作者所作中國新石器時代遺址母題排隊的工作,包含了下列的幾個步驟:(1)根據各遺址報告所載的圖版和插圖作成各遺址每一文化層的小母題群。(2)把每區域內的小母題群聯繫起來排成一個有頭有尾的系列。(3)依照層位、分布,或其他斷代標準把區域母題隊的首尾之時代先後判定。(4)最後把相鄰二區域的母題隊再加聯繫,看看區域間的時代關係。為登記的方便,分析出來的母題各用號碼代表;共得了母題1074號,分屬151處遺址。因材料的性質,有些是小的遺址,有些是包含若干小遺址的較大行政區域;有些是單文化層,有些二層以上。這些遺址再分為下列的區域:(1)貴德、(2)湟水中游、(3)白亭河流域、(4)永登、(5)蘭州市及其附近、(6)大夏河下游、(7)洮河中下游、(8)渭水源頭、(9)渭水上游、(10)渭水中游、(11)渭水下游、(12)汾、涑水下游、(13)河洛一帶、(14)鄭州一帶、(15)豫北、(16)太行山腳、(17)濟南一帶、(18)日照一帶、(19)滕縣一帶、(20)遼東半島、(21)錦西、(22)老哈河流域、(23)西遼河流域、(24)包頭、(25)永城、(26)淮安、(27)南京一帶、(28)太湖岸、(29)錢塘江口、(30)雲夢湖區、(31)長沙、(32)洪澤湖區、(33)鄱陽湖區、(34)閩江口、(35)富屯溪、(36)九龍江上游、(37)韓江上游、(38)臺灣西海岸南部、(39)潮陽、(40)海豐、(41)香港舶遼洲、(42)香港大嶼、(43)廣州市一帶、(44)清遠。以上並非中國新石器時代文化之區域劃分,只是就材料之分區的自然趨勢併以作母題排隊法的嘗試;當然文化的相似性與地理距離也在考慮之列。這四十幾個區域相連起來以後,正顯露出來

中國新石器時代文化層的一個南北剖面與一個東西剖面，頗透露出來一些新穎的事實。這些母題群的母題分類、內容與排隊表，所占篇幅太多，詳見另文⑥。這裡選擇數個區域略述排隊的結果以爲舉例。

1. 甘肅彩陶文化遺址的陶器裝飾母題隊

甘肅區域最重要的一條母題隊可從青海的貴德沿黃河經甘肅蘭州南下一直排到洮河流域。這條隊可分三段排：第一段包括貴德與湟水中游；第二段專排蘭州附近遺址；第三段排洮河流域各遺址。

貴德羅漢堂據 Bylin-Althin 發表的材料，可得母題單位五十三個。本區域只此一遺址，無隊可排。湟水中游遺址有朱家寨、馬廠沿、甲窰、下西河、十里舖。據 Andersson（1943，1945）與 Palmgren（1934）發表的材料，朱家寨居址得母題單位四十七個，葬地得四十六個（彼此有重複的），馬廠沿⑦十八個，甲窰一個，下西河四個、十里舖五個。這幾個遺址加上羅漢堂的材料可排隊如下：

羅漢堂	朱家寨	甲窰	下西河	馬廠沿	十里舖
					5
33					
12	12				
3	3			3	
2				2	
	63				
	1	1			
	1		1		
	3			3	
			3		
				10	

這個表的內容，需要太多的篇幅來說明，從略。每個數字代表母題單位的數目；如馬廠沿自有的單位有十個，與朱家寨相同的有三個，與羅漢堂相同的

⑥ " Motif-Seriation and the Dating of Chinese Neolithic Remains. "

⑦Palmgren 及 Andersson 發表之材料幾全依型式學定其年代；其馬廠期之材料，泰半得自購買，且大部購於蘭州。今知馬廠式陶器在蘭州及永登皆有出土，故只擇其註明在馬廠沿購買之材料，以爲該遺址之出品。下文用及洮河流域遺址材料時亦仿此。

兩個，與羅漢堂朱家寨共有的三個，以此類推。它們代表的什麼母題，都見另文。讀者也可以自己到原報告中去用上文詳述的方法找出來。這個表的意義，重要的有幾點：(1)三個重要的遺址，馬廠沿、朱家寨與羅漢堂，有時間上的距離；但距離不大，尤其在把文化與地理上的差異除去以後尤爲顯然。十里舖則別樹一幟，表示不在其餘五址所包含的時代範圍之內；安特生把十里舖與馬廠沿並列的理由，未見他的說明。(2)馬、朱、羅三址有先後相承的次序；安氏把後兩者放入仰韶期，以羅較早，把馬放入馬廠期，最晚。他列仰韶在前，馬廠在後的理由有兩條：齊家坪沒有馬廠式的陶器，而安氏以爲齊家早於仰韶 ；馬廠式裝飾藝術比較成熟而且因襲化（Andersson，1925：21）。第一條理由已不成立，反而應證明馬廠式較早；第二條本極薄弱；因此馬廠晚於朱家寨、羅漢堂之說並非不可動搖之定論。我個人揣想，安氏所以作此斷代，也許是爲了使在西者早，在東者晚，以湊合他的彩陶西來說。眞正三址的次序，很可能正與安氏所定的相反：馬廠沿最早，朱家寨次之，羅漢堂最晚。我的根據是把本段母題隊與下兩段比較時，發現在馬廠式以前的次序中（半山、馬家窰等，見後），沒有羅漢堂與朱家寨的地位。(3)十里舖自馬廠期取出；其年代可能在整個這一段隊伍之後。它的五個母題單位中，四個是自有的，另一個見於灰嘴。

第二段排蘭州附近的遺址。蘭州附近的遺址衆多，但多係調查資料，且只有初步的報告。初步排列的結果：(1)所有的彩陶遺址都可以聯繫起來，亦即其時代形成一連續之序列，但頗有早晚之別。(2)若干遺址包含母題甚多，有能延續較長時期；若干較少，可能較短。整個言之，較早的一端包含半山區與馬家窰若干常見之花紋，如重疊波紋（上下相套之半圓形連續）及數種齒紋，較晚之一端包含馬廠沿特徵之花紋，如人形紋及以枝形條紋相隔之圓圈的二方連續等。

第三段排洮河流域的幾個主要遺址。這一段可以半山區的四個遺址爲基礎，即半山、瓦罐嘴、邊家溝與王家溝。大致來說，四個遺址幾乎是完全同時的，其裝飾母題群互相契合到了相當完全的程度。但半山與瓦罐嘴似乎時間相距更近，共同的母題單位有七個；半、瓦、邊三址共同的有四個；半、瓦、邊、王四址共同的只三個，都是甘肅彩陶風格層共享的特徵，即兩種齒紋與一種垂幛紋；瓦、邊、王三址共同的有兩個；邊、王，二址共同的兩

個；瓦、邊共同的兩個；半、邊共同的和半、王共同的都只一個。半山、瓦罐嘴──邊家溝──王家溝這一條隊似乎可以排得起來，但哪一頭在先則不能決定。四個遺址有段時間曾同時存在（或使用）的可能性不是沒有，但半山與王家溝多半先後繼起。如用這四個遺址所代表的一段時間來衡量其他的遺址：牌子坪七個母題單位中有五個在這一段時期（可稱半山期）之內。偏於王家溝的一端。齊家坪四十一個母題單位中，三十七個不在這一段落之內；加上層位的證據，顯係遠較半山期爲晚。馬家窯發表的材料多，母題單位也不少；其一小部分平均分配在半山期之內，一大部分自成一格。但自成一格者中，有些在半山期中可找到相似的代表（如垂疊波紋），有些則似馬廠階段的（即以樹枝條紋相隔的圓圈）；可能這一遺址代表的時間甚長。層位證據更證明這一帶還有早於一般甘肅彩陶層的中原風格層。

　　總結以上三段遺址母題排隊的結果，參以層位關係的幫助，甘肅彩陶文化各遺址的斷代可能如下所示：

羅漢堂 ?↑?	朱家寨 ?↑?	馬廠沿 ?↑一	蘭州市附近 ?↑一	半山區 ?↑一	馬家窯 ?↑————一	齊家文化層
						甘肅彩陶文化層
						渭水流域彩陶文化層

2.汾、渭、河三水交匯地區新石器時代母題排隊

　　這一塊地區包括豫西晉南與秦中，是作者假定的中國新石器時代文化發祥地與早期新石器時代文化向晚期發展的中心；其他文化繁盛、遺址衆多，所代表的時代可能也相當的長。我們排隊可先自豫西開始。豫西的三個大遺址，秦王寨、仰韶村與不召寨，在花紋母題上正好排成一條隊伍：不召寨這一端代表較晚的而秦王寨爲較早，似乎沒什麼可疑的了。仰韶村正好處於豫西仰韶與龍山期文化的轉形階段。廣武縣的其他幾個遺址，與秦王寨可能大致同時，材料較少，不敢作定論。洛陽澗濱的彩陶層得母題單位十六個，同於秦王寨者四，同於仰韶者三，同於不召寨者五；可能其時代持續不短，但

因其與不召寨共同之母題中包含弦紋，故可能主要處於仰韶與不召寨之間。
從此地再往東排：鄭州仰韶層的母題群幾乎全部可入於洛陽的範圍內；豫北
大賚店的母題可得三個，其一見於不召寨，另二見於仰韶；安陽後岡及侯家
莊的仰韶層共有母題單位十個，只兩個見於仰韶村，餘自成一格。我頗懷疑
豫北彩陶早於豫西（尤其秦王寨）之說；其紋飾之簡單毋寧爲彩陶不發達之
故。

不召寨	仰韶村	秦王寨
26		
1		1
3		3
	3	
	34	
	5	5
		52

　　晉南的幾個遺址中，西陰村發表的材料最多：有母題單位四十八個，其
中見於仰韶者八個，見於不召寨者五，與仰韶秦王寨共有者二，見於秦王寨
者二，見於其他廣武縣遺址者二，餘自成一格。其時代範圍當與仰韶村所代
表者相若。荊村母題單位十九個，其六個散見於不召寨、仰韶與秦王寨，餘
皆異。我頗疑心荊村的時代在以上所排列的所有遺址之前。

　　秦中西安一帶的遺址，陶器裝飾的材料不多，但有不少與仰韶村及西陰
村相同的母題單位。

　　總結這汾、渭、河三水交匯的地區，其新石器時代文化有早期與晚期之
別；在其東部晚期結束於殷，在其西部結束於周。其早期的仰韶彩陶期文
化，至少可分成兩個時期：荊村秦王寨代表較早的彩陶期，西陰村仰韶村代
表較晚的彩陶黑陶期。從層位與風格層的證據，此地的彩陶期文化向西擴展
到渭水上游，比甘肅的仰韶文化爲早。

3. 山東、遼東半島龍山期文化的母題排隊

　　過去的看法，山東是「黑陶文化」的發源地。因此不少人把山東的龍山
期遺址的時代排在河南的前面。可是照前文的看法，山東不但是彩陶期中原
文化的末流，且在龍山期也是中原文化的一支發揚光大的支派。發表材料最
多的城子崖下層，可分析出陶器花紋母題三十二個單位，其中四個同兩城
鎮、四個同不召寨，似乎正介於二者之間；日照與不召寨雖也有三個相同的

母題，都是新石器時代最常見的。因此我們可暫時把城子崖放在不召寨之後，兩城鎮又放在城子崖之後。這一順序與一般文化背景的趨勢相符。

遼東半島南端四個發表材料較多的遺址，地理毗鄰，作母題排隊至為理想。把其母題群與城子崖者同排：這個表的意義，不需進一步的解釋。城子崖與望海堝在時代上大概相去不遠，其餘三個遺址一個晚於一個。這四個遺址雖在時代上可能是相續的，卻不一定曾同時存在。

城子崖下	望海堝	單砣子	羊頭窪	大連濱町
				10
			10	
			2	2
		5		
	1			1
	8			
	2		2	
	2	2		
1				1
1	1		1	1
1		1		
1		1	1	
2	2	2		
4	4			
22				

4. 淮水流域與東南海岸新石器時代文化母題排隊

從河南北部的龍山與殷商時代遺址，經河南東部、安徽與江蘇北部的淮河流域沿東南海岸南下一直到香港，其陶器花紋母題群可排成一條幾乎不斷的隊伍；但這條隊伍所示的意義，不出風格層與層位所吐露的消息之外；這一條斷面上可分龍山與幾何印紋陶二大層，後者的年代從殷商一直延續到漢，其年代的延續是從北向南上升的一個斜線，斜線上各遺址零星散布。為篇幅所限，不再詳細敘述。

以上這幾條母題隊的簡單敘述，只是一些大致的結果的報告；詳細的節目要牽涉到許多困難問題的解釋與長篇大幅的表格圖片的說明。最重要的一些困難問題，如：二遺址間相同的母題單位，是不是一定代表時代相同，是否可能只是偶然的？各種母題單位在斷代的分量上是不是都一樣？如果不

同，衡量的標準是什麼？不同的母題，有不少在原則上相似的，它們是不是一定不同時代？相似到什麼程度才能說是同時？不同的母題，有多少是由於地理上的原因，有多少是由於時代的？第一問與最後一問，在前面已略為提到，但不能說是已經完全解決了的，其餘的更有待縝密的分析研究。上面所報告的一些，只是方法上的一些例證，其結果多有其他方面的標準可以為旁證的。重要的一點是：這個方法是不是在中國新石器時代的研究上可以應用？我相信由上文的介紹我們可以作一肯定的答覆，雖然這方法本身有待許多方面的改進。

七、結論：中國新石器時代文化之分布與斷代

我在緒論裡說過，這篇文章的主要目的，是若干考古學方法和概念在中國新石器時代文化材料之應用的一個實驗。我覺得過去對中國新石器時代文化年代學的研究，一方面在方法的使用常可見到一些不合適的地方，另一方面由於工具方法的欠缺沒有把材料利用到最大限。本文裡描寫了幾種中國新石器時代年代學研究可以利用的方法，並且證明了它們各有所長，都能適用。幾方面研究的結果，頗能得出一致的結論出來，這又表示：(1)這些方法的利用方式大致是對的；(2)所得的初步結論可能大致也是對的。

新的初步結論與傳統的看法很有些重要的不同，下面把它們作一小結：更新統結束以後，氣候逐漸變暖，林木茂生，華北與北亞的舊石器時代文化逐漸適應新的環境，成為所謂中石器時代的文化；其文化特徵是漁獵生業、製作與使用細小石器、大量的使用骨器、季節性的聚落。

公元前數千年以前，黃河中游中石器時代民族的一支，開始種粟、養豬、磨光石器、製陶器、全年性定居聚居，而奠定了華北新石器時代的基礎。新石器時代的初期，農業方才開始，漁獵尚為重要的生業，人口稀疏，聚落游動；我們尚未發現他們的遺跡。等到農業的重要性增加而成為主要的生業時，就進入了我們所謂的新石器時代早期。這一階段的遺跡，發現甚多，遍布黃河流域，其時代持續甚久，可再分為三期：繩紋陶文化期、彩陶文化期與彩陶黑陶文化期。繩紋陶期持續可能最久，但其分布可能最為有限，以汾、渭、河三水交匯地區為中心，人口尚少，遺跡亦不豐富。到彩陶

文化期則人口增加,聚落廣布,文化興盛,其游耕的農業方式尤爲此一階段村落遺址衆多的主要原因。此一文化期也以河南、晉南與秦中爲中心,向東擴延到山東,向西擴延到甘肅青海;在甘、青延續較久,發展出來甘肅彩陶文化,在中原則不久表現轉形期的特徵(彩陶黑陶期),終變爲新石器時代晚期文化。

新石器時代晚期文化以定耕農業,定居聚落與灰黑色的陶業爲特徵。其分布更廣,向東一直擴展到海岸。因其持續時間甚長,分布亦廣,且因定居關係村落比較孤立甚至彼此爭戰。所以文化的地方相較早期爲著;甘肅、陝西、山西、河南與山東,各自顯示大同小異的諸相。從這一階段的文化再進一步,華北便產生了城市文明、使用文字、製做銅業、城市與國家逐漸形成,即中國歷史上的殷商時代。殷商文化華北以河南爲中心,在其興盛的時代,新石器時代文化還持續於陝西以西與魯東,與北疆及華中華南。周文化繼殷而起,向外擴張,新石器文化漸減;到秦漢以後,整個華北的新石器時代逐漸結束。

華北新石器時代發達之初,北疆的中石器時代文化持續。但因其與華北新石器時代文化的接觸,輸入了不少農業文化的特徵,如陶器與磨光石器。整個生活方式的改變只見於南緣:彩陶期文化接觸到了東蒙,黑陶期文化傳入南滿。到漢代以後才有大量中原土著移入。北疆的北部則因地理環境的限制,中石器時代與亞新石器時代的文化持續甚久。

淮河秦嶺以南,在中石器時代,密林多澤,不適人居,僅有可能近似海洋黑種人的一群居民曾居於西南。華北新石器時代以後,中原農民逐批南移。最初南下的是繩紋陶期文化,移民少而範圍狹,今其遺跡僅見於臺灣島與四川盆地。中原彩陶期持續不長,南下的移民可能較爲有限。到中原新石器時代晚期,或因人口增加、村落定居、移民之需要增加,南下的移民爲數也增加。其南下的路徑可能以三條爲主:一沿嘉陵江入四川盆地,爲數較少;一沿漢水、雲夢湖區;一沿淮河流域過江沿海直到廣東。此一時期即我所謂華中華南龍山化時期。龍山化文化在南方繼續發達,又接受中原繼起的殷商文化的影響,形成次一文化層即幾何印紋陶文化期。自華北輸入的成分,除美術的風格以外,尚有青銅器之使用甚至製造;但其村落社會的特性仍未消失,仍可認爲新石器時代。華中華南新石器時代之逐漸結束,亦即其

逐漸納入華夏歷史文化之內，在時代上由北而南，始於殷商而底定於秦漢。

這個極簡單的年代學的假設，在大體上大概是可以成立的，但細微節目與待補充修改之處尚多而且引起了許多傳統解釋下所不能見到的新問題。下面這兩張表，以極為一般性的方式綜括了本文的結論：

表4-1　黃河流域新石器時代前後之文化層次

甘肅省中部	渭水流域	汾渭河三水交匯地區	豫北	山東半島	絕對年代
		秦　漢　文　化			200B.C.
		周　文　化			1,100B.C.
		殷　商　文　化			1,500B.C.
		青銅時代・鐵時代			
齊家層—陝西龍山層—山西龍山層——河南龍山層——山東龍山層					
		新石器時代晚期			2,500-3,500 B.C. (?)
	? ←彩陶黑(灰)陶文化層→ ?				
←甘肅彩陶層→					
		彩　陶　文　化　層			
	? ←繩紋陶文化層→ ?				
		新石器時代早期			
?		新石器時代初期	?		5,000B.C. 以前 (?)
?		中　石　器　時　代	?		

表4-2　中國南北新石器時代前後之文化層次

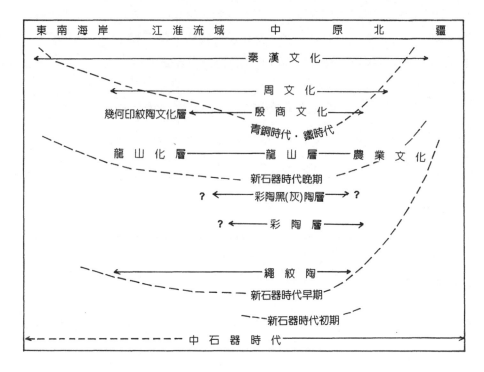

參考文獻

本文參考文獻至夥；為節省篇幅，下面只列舉理論上的討論所引用的重要書籍論文，其餘及資料來源皆從略。

水野清一

    1957 〈中國先史時代研究の展望〉，《東洋史研究》（京都），16：3：1-39。

李濟等

    1934 《城子崖》（中央研究院歷史語言研究所）。

李濟

    1956 《小屯陶器》上輯（中央研究院歷史語言研究所）。

林巳奈夫

    1957 〈現代中國における殷以前の文化の綜合的研究について〉，《古代學》（大阪），5：3／4：337-358。

徐炳昶

    1936 〈陝西最近發現之新石器時代遺址〉，國立北平研究院《院務彙報》（北平），7：6。

陳夢家

    1936 〈商代的神話與巫術〉，《燕京學報》（北平），20。

鹿野忠雄

    1952 《東南亞民族學先史學研究》（東京：矢島書房），卷二。

梅原末治

    1947 〈南滿洲特に關東州の史前文化關する新見解〉，《東亞考古學概觀》（第二版，京都），60-70。

裴文中

    1948 《中國史前時期之研究》（上海：商務）。

饒宗頤

    1954 〈華南史前遺存與殷虛文化〉，《大陸雜誌》（臺北），8：3。

Andersson, J. G.

　　1923　"Essays on the Cenozoic of Northern China," *Memoirs of the Geological Survey of China* (*MGSC*), Series A : 3.

　　1925　"Preliminary Report on Archaeological Research in Kansu," *MGSC*, A:5.

　　1939　"Topographical and Archaeological Studies in the Far East," *Bulletin of the Museum of Far Eastern Antiquities* (*BMFEA*), 19 : 1-24.

　　1943　"Researches into the Prehistory of the Chinese," *BMFEA*, 15.

　　1945　"The Site of Chu Chia Chai", BMFEA, 17 : 1-63.

　　1947　"Prehistoric Sites in Honan," *BMFEA*, 19 : 1-124.

Bloomfield, Leonard

　　1933　*Language* (New York : Henry Holt & Co.)

　　1939　"Linguistic Aspects of Science," *International Encyclopaedia of Unified Science* (The University of Chicago Press) ,1 : 4.

Boas, Franz

　　1927　*Primitive Art* (New York : Dover Publications Inc., 1955 ed.) .

Braidwood, Robert J.

　　1958　"Near Eastern Prehistory," *Science*, 127 : 1419-1430.

Braidwood, Robert J., and Linda Braidwood.

　　1953　"The Earliest Village Communities in Southwestern Asia," *Journal of World History*, 1.

Bunzeil, Ruth

　　1938　"Art," in : *General Anthropology*, F. Boas ed. (Boston, D.C. Heath, & Co.)

Chang, Kwang-chih

　　1956　"A Brief Survey of the Archaeology of Formosa," *Southwestern Journal of Anthropology*, 12 : 371-386.

　　1958　"Study of the Neolithic Grouping : Examples from the New World," *American Anthropologist*, 60 : 298-334.

Chard, Chester S.

　　1958　"An Outline of the Prehistory of Siberia," Part 1. *SWJA*, 14 : 1-33.

Cheng, Te-kun

　　1957　*Archaeological Studies in Szechwan* (Cambridge : Harvard University

Press) .

Childe, V. Gordon

1936　*Changing Methods and Aims in Prehistory* (Proceedings of the Prehistoric
Society for 1936, Cambridge：England) ,1-15.

Crane, H. R.

1956　" University of Michigan Radiocarbon Dates I, " *Science*, 124：664-672.

Drake, F. S.

1956　*Neolithic Site at Hung Chia Lou, Shantung, N. China* (Proceedings of the
Fourth Far Eastern Prehistory Congress) , Part 1：133-149.

Eliade, Mircea

1954　*The Myth of the Eternal Return*, Translated from the French by R. Trask
(New York：Bollington Foundation) .

Finn, D. J.

1932／36　*Archaeological Finds on Lamma Island near Hongkong* (University of
Hongkong, 1958 Reprint) .

Firth, Raymond

1951　*Elements of Social Organization* (New York：Philosophical Library) .

Ford, James A.

1935a　" Ceramic Decoration Sequence at an Old Indian Village Site near Sicily
Island, Louisiana, " *Anthropological Study* (New Orleans, Louisiana
Geological Survery) , No. 1.

1935b　" Outline of Louisiana and Mississippi Pottery Horizons, " *Louisiana
Conservation Review*, 4：6.

1936　"Analysis of Indian Village Site Collections from Louisiana and Mississippi,"
Anthropological Study (New Orleans, Louisiana Geological Survey) ,
No. 2.

1938　" A Chronological Method Applicable to the Southeast, " *American Anti-
quity*, 3：260-264.

1949　" Cultural Dating of Prehistoric Sites in Viru Valley, Peru, " in：*Surface
Survey of Viru Valley, Peru* (Ford and Willey) , *Anthropological
Papers of the American Museum of Natural History* (AP-AMNH) , 43.

1951　" Greenhouse：A Troyville-Coles Creek Period Site in Avoyelles Rarish,

Louisiana," *AP-AMNH*, 44.

1952　"Measurements of Some Prehistoric Design Developments in the South-eastern States," *AP-AMNH*, 44.

Gardin, Jean-Claude

1958　"Four Codes for the Description of Artifacts," *American Anthropologist*, 60：335-357.

Gimbutas, Marija

1956　"The Prehistory of Eastern Europe. Part 1," *American School of Prehistoric Research Bulletin* (Peabody Museum, Harvard University), 20.

Gjessing, Gutorm

1944　"Circumpolar Stone Age," *Acta Arctica* (Copenhagen), Fasc. 2.

Heanley, C. M.

1938　"Letter to the Editor," *Hongkong Naturalist*, 9：92-93.

Heine-Geldern, Robert von

1950　"China, die Ostkaspische Kultur und die Herkunft der Schrift," *Paideuma*, Bd Ⅳ：51-92.

1956　"The Origin of Ancient Civilizations and Toynbee's Theoaries," *Diogenes*, 13：81-99.

Kluckhohn, Clyde

1956　"Toward a Comparison of Value-emphasis in Different Cultures," in：*The State of the Social Sciences*, L. D. White ed. (The University of Chicago Press).

Kroeber, A. L.

1916　"Zuni Potsherds," *AP-AMNH*, 18：1-37.

1957　*Style and Civilizations* (Cornell University Press).

Levi-Strauss, Claude

1949　*Les structures élémentaires de la Parente* (Paris：Presses Universitaires de France).

1958　*Anthropologie structurale* (Paris：Plon).

Li, Chi

1955　"Diverse Background of the Decorative Art of the Yin Dynasty," *Annals of Academia Sinica*, 2：119-129.

Libby, Willard F.

1955　*Radiocarbon Dating*, 2nd ed.（The University of Chicago Press）.

Linton, Ralph

1955　*The Tree of Culture*（New York：A. A. Knopf）.

Maglioni, R.

1938　"Archaeological Finds in Hoifung, "　Part 1, *Hongkong　Naturalist*, 8：208-244.

Maringer, John

1950　*Contribution to the Prehistory of Mongolia*（Reports from the Scientific Expedition to the Northwestern Provinces of China Under the Leadership of Dr. Sven Hedin）, Ⅶ.

Meighan, C. W., et. al.

1958　"Ecological Interpretation in Archaeology, "Part 1, *American Antiquity* 24：1-23.

Michael, Henry N.

1958　"The Neolithic Age in Eastern Siberia, " *Transactions of the American Philosophical Society*, N.S., 48：2.

Mizuno, Seiichi

1956　"Prehistoric China：Yang-shao and Pu-chao-chai, " *P4FEPC*, 1：89-98.

Nelson, N.C.

1926　"The Dune Dwellers of the Gobi, " *Natural History*, 26：246-251.

Palmgren, Nils

1934　"Kansu Mortuary Urns of the Pan Shan and Ma Chang Groups, " *Palaeontologia Sinica*, Series D：3.

Phillips, P., J. A. Ford, and J. B. Griffin

1951　*Archaeological Survey in the Lower Mississippi Alluvial Valley, 1940-1947* （Papers of the Peabody Museum 25, Harvard University）.

Prall, D. W.

1936　*Aesthetic Analysis*（New York：T.Y. Crowell Co）.

Prouskouriakoff, Titiana

1950　"A Study of Classic Maya Sculpture, " *Carnigie Institution of Washington*

Publications, 593

Rausing Gad

    1956   " On the Climate of North China in Earlier Times, " *Bulletin de la Societe des lettres de Lund*, 3：191-203.

Rouse Irving

    1939   " Prehistory in Haiti：A Study in Method, " *Yale University Publications in Anthropology*, 21.

Sauer, Carl O.

    1952   " Agricultural Origins and Dispersals, " *Bowman Memorial Lectures Series* (The American Geographical Society, New York) ,2.

Schofield, W.

    1935   " Implements of Palaeolithic Type in Hongkong, " *Hongkong Naturalist*, 5：272-275.

    1940   " The Proto-Historic Site of the Hongkong Culture at Shek Pek, Lantau, Hongkong, " *P3FEPC*, 236-284.

Sekino, Takeshi

    1956   " On The Black and the Grey Pottery of Ancient China, " *P4FEPC* 1：103-114.

Solheim, Wilhelm G., II

    1952   " Oceanian Pottery Manufacture, " *Journal of East Asiatic Studies* (University of Manila) , 1 (2) ：1-39.

Sowerby, Arthur de Carle

    1922   " The Natural History of China, " *Journal of the North-China Branch of the Royal Asiatic Society* (Shanghai) , 53：1-20.

Spaulding, Albert C.

    1946   " Northeastern Archaeology and General Trend in the Northern Forest Zone, " in：*Man in Northeastern North America*, F. Johnson ed. (Papers of the Robert S. Peabody Foundation for Archaeology 3 , Andover) .

Spier, Leslie

    1917   " An Outline for a Chronology of Zuni Ruins, " *AP-AMNH*, 18：333-362.

1931　" N.C. Nelson's Stratigraphic Technique in the Reconstruction of Prehis-
toric Sequences in Southwestern America, " in ﹕ *Methods in Social Science*,
S. A. Rice ed. (The University of Chicago Press) .

Teilhard de Chardin

1936/37　" Notes on Continental Geology, " *Bulletin of the Geological Society of
China*, Vol 16 ﹕ 195-220.

1941　" Early Man in China, " *Institut de Géo-Biologie, Pékin, Pub.*, 7.

Teilhard de Chardin et Pei Wen-chung

1944　" Le Neolithique de la Chine, " *Institut de Géobiologie, Pékin, Pub.*, 10.

Teilhard de Chardin and Chung-chien Young

1936　" On the Mammalian Remains from the Archaeological Site of Anyang, "
Palaeontologia Sinica Series, C 12.

Ward, Lauristan

1954　" The Relative Chronology of China Through the Han Period, " in ﹕ *Rela-
tive Chronologies in Old World Archaeology*, R. W. Ehrich ed. (The
University of Chicago Press) .

Willey, Gordon R., and Philip Phillips

1958　*Method and Theory in American Archaeology* (The University of Chicago
Press) .

5.中國遠古時代儀式生活的若干資料 *

　　最近凌純聲師在本刊陸續刊布了數篇論文，對中國古代宗廟與社稷的解釋，藉臺灣高山族與波利尼西亞土人的民族學資料之助，有極新穎與精深的發揮。中外學者至今對於中國古代宗教的研究雖多，其利用到考古學資料的為數極少；其有利用到的，則其解釋在今對中國新石器時代的了解眼光下，也不無有待補充或修改之處。作者想藉本文，把目前所能看到的若干中國史前時代儀式生活上的資料，作一初步整理，以為凌純聲師的研究續貂並為蔡子民先生逝世二十週年紀念。

　　迄今學者從考古學的資料上研究中國史前宗教者，首推高本漢氏[1]。他的研究的主要資料，是安特生氏在河南澠池縣仰韶村的史前聚落裡發現的兩件陶器，作男性生殖器形狀者。高氏認為此種器物，代表古文祖字所象的形，證明古代對男性生殖器的崇拜。仰韶村時代的生殖器崇拜，高氏又解釋為一種繁殖之祀（Fecundity cult），而繁殖之祀實與祈求穀物豐收之祀（Fertility cult）有密切的關聯。生殖器崇拜可說為祖祭之始，而祈年之祀為社祭之始；二者均可追溯到仰韶村出土的性器模型。故高氏之說，實為郭沫若與 M. Granet 等氏主張祖社同源之說下一堅強的註腳。

＊原載《中央研究院民族學研究所集刊》第9期，1960。

[1] B. Karlgren, " Some Fecundity Symbols in Ancient China, " *Bulletin of the Museum of Far Eastern Antiquities* (*BMFEA*) , 2 (1930) : 1-54；" Some Ritual Objects of Prehistoric China, " *BMFEA*, 14 (1942) :65-70.

但近年對於中國新石器時代文化的重新整理②，使我們對中國古代宗教與祭儀生活及其與一般文化演進史的關係有了一些與前不同的估價；尤其是仰韶村遺址的地址，我個人的看法，是近於龍山期而不近於仰韶期。這一項年代學上的變更，雖然把高本漢氏的討論內容強迫地改動了不少，但使古代宗教祭儀的資料，各方面都能得到圓滿的解釋。「祖社同源」之說的意義，也可以得到相當程度的澄清。下文擬就中國新石器時代文化逐期提出其宗教生活上的資料，並就文化生活的一般背景上試作初步的詮釋。

一、仰韶期新石器時代的儀式資料

華北舊石器時代與中石器時代的住民，無疑有他們一套宗教觀念與儀式行為；但從考古學資料上能夠看到的，極為有限。周口店上洞遺址是一個墓葬區，死者有埋葬行為與殉葬品。顯然當時的住民對死後的鬼域已經有虔誠的信仰，生前即做死後的準備。但是由於對死後世界（Afterlife）的信仰過於普遍與一般性，我們對於這一時代的宗教儀式，還不能作什麼具體的認識。漁獵時代結束以後，農業與家畜的豢養開始於華北，最初可能有一「初期農業」階段與以繩紋陶為代表的文化期。這一階段的資料甚少，甚至可說沒有。因此我們對中國古代儀式生活的粗淺認識，始於農業村落生活已經確立之後的仰韶期。

「仰韶期」的名稱，尤其在本文而言，是一個很不巧的名稱。中國新石器時代的早期，其遺址的顯著特徵之一，是塗彩的陶器。中國北部新石器時代的塗彩陶器，是安特生氏於民國9年在河南澠池縣仰韶村第一次發現的。於是華北新石器時代的塗彩陶器期也就稱為仰韶期。安氏的發現以後，考古學家又在華北發現另一種文化面貌的遺址，以灰黑色陶器為主要特徵，因首次發現於山東歷城縣龍山鎮的城子崖，故稱此一晚於仰韶期而在豫北早於殷商的文化期為龍山期。更進一步的研究，又顯示了龍山期是仰韶期文化進一步的發展，而在一部分的華北為殷商文化的前身；仰韶與龍山二期文化的差

異，不但見於陶器，而且表現於整個文化的面貌之上。從這新的觀點再去看那仰韶村遺址，就發現這個遺址雖然有彩陶，在文化的一般面貌上實近於龍山期而遠於仰韶期，於是就產生了仰韶村的出土物不屬於仰韶期而屬於龍山期的怪現象。將來仰韶期的名稱，恐怕還是非改不可，但在未改以前，我這篇文章裡要引用到出土於仰韶村的器物，所以我請讀者記住這一點，把仰韶期與龍山期這兩個名稱只當作文化期的代表，不必想到它們的來源。

仰韶期的華北農民，種粟、稻與高粱，養狗、豬、牛和羊。耕種用鋤、鏟和掘棍，「刀耕火種」的游耕。農民住集中性的村落。每個村落有十幾家農戶，可能屬於一個或一個以上的單系親族群。村落之內，可能有首長，但村內的分工與地位的區分，可能僅以性別、年齡及個人的成就為主要的根據。村落對外而言，自給自足，和平相處，是傳說中的「耕而食，織而衣，無有相害之心」的神農氏的社會。其主要的分布地區是華北的黃土高原。

這種自給自足式的農業社會裡主要的生活資源是農耕，主要的期盼是豐收，主要的儀式是農業祭。農業生活與農業祭在中國五千年史上一直不失其主要的地位，但在那有史可考的最早的華北農村——仰韶期的農村——裡，祈年祭是我們從考古學上可以看到的唯一的重要祭祀。在歷史上祈年祭稱為「社祭」：

> 所有的祭儀裡最古老者大概就是社祭；所謂社，即一個代表「土地」的土塚，位於村落的中央，其頂上或其傍有一叢社樹[3]。

考古學家鋤頭掘出來的仰韶期的村落，未聞有這代表「社」之土塚發現。但我們可以間接地從許多其他方面的材料，來推測當時有關農耕儀式的情形。

「同類相生」，是原始民族中常見的哲理；使用在巫術上，成為 Frazer 所稱「同類相生律」（ Sympathetic principle ）；使用在宗教祭儀上，就有普遍於世界的對「婦女繁殖」與「土地豐收」相關的信仰。大地之生產魚、獸與農作物，與婦女的產子是同一範疇的事件，因此「祈豐祭」（不論是獵獸、漁魚，還是種田）就常以土地之神為祈求的對象，而以婦女或其生育器

---

[3] E. R. Hughes and K. Hughes, *Religion in China* (London： Hutchinson's University Library, 1950),p. 15.

官為繁殖的象徵。歐洲舊石器時代晚期 Perigordian 文化期的女像（所謂 Venus），一般的解釋，就是祈求豐獵的靈物。近東和美洲古代農業文明的初期，也都有婦女的泥像出土。近東新石器時代早期，最要緊的可稱為儀式生活資料的考古學遺物，就是 Iraq 的 Hassuna 與 Halaf 期和埃及 Merimdian 與 Badarian 期的女像（Female figurines），多用泥塑，但也有軟石彫刻的④。墨西哥新石器時代的早期，更出土大批的婦女塑像，Vaillant 氏對她們的解釋如下⑤：

> （焙土製的人像）一般的女性，也許代表一個 Mother goddess，象徵生長和繁滋——人類宗教觀念上一個普遍的想法。……農業民族的宗教的一項普遍的觀念是一種女性原則的觀念，或是生殖力量的觀念，而與生長和繁殖密切地結合。一個女神常常象徵這種信念，因為人們常常把自然界的程序賦以他自己的德性與動機。

世界史志裡關於各民族把繁殖、女性和大地這三個觀念結合在一起的例子，可以說是盡人皆知的常識，不需我再來贅舉。中國古代之祈年祭社而不祭天，也不需要更多的解釋。

> 我要提出來一說的，是「地」而非「天」被認為是給與者，生命的源泉，由之而來作物的豐收和婦女的繁殖。這兩者有密切的關係，譬如穀子儲藏在新房的附近，訂娶在春秋節日前後舉行⑥。

因此我們在仰韶期雖找不到社壇，卻可以朝這類象徵性的遺存上去找線索。高本漢先生把祈年（Fertility）與繁殖（Fecundity）相聯繫這一步是合理的；但他進一步找到安特生在仰韶村發現的兩件代表男子陽物的陶器，以為這便是象徵繁殖的社祭之對象，則似乎是大錯特錯了。所以說「大錯特錯」者，正是因為他的理論有兩點錯誤：一個大錯是以男子的生殖器代表祈年在新石器時代宗教研究史上尚少先例；一個更大的錯誤（我不怪高先生）則是

---

④V. G. Childe, *New Light on the Most Ancient East*（New York： F. A. Praeger, 1952），p. 112.

⑤G. C. Vaillant, *The Aztecs of Mexico*（Pelican Book Edition, 1955），p. 50-53.

⑥Hughes and Hughes, *op. cit.*, p. 15.

把仰韶村斷代爲新石器時代的仰韶期。如果把這兩點矯正——第一、男子的生殖器與祈年的關係似少，與祖先崇拜的關係似多；第二、仰韶村的男子陽物模型與龍山期的祭祀有關——則兩方面的問題都迎刃而解。這且留到下節再談。

但仰韶期的遺物中並沒有發現過任何婦女的塑像，Venus 也好，Female figurine 也好。事實上仰韶期的美術雖然發達，造像美術則尙無充分的證據證明其先進。到今爲止，我所知道的仰韶期人像只有四例：陝西西安半坡村、陝西扶風絳帳姜西村、甘肅寧定半山區與靑海碾伯馬廠沿。除了半山的一個人頭上有點鬍子（也許還是 Tattoo）以外，這幾例多是難辨雄雌；假如是女像，則女像的特徵，一般考古學上常可辨認的，如胸臀之誇張，在這幾例都不見。

高本漢和安特生⑦都舉出仰韶期的另一種與「性」有關的裝飾圖案，即（子安）貝（Cowry shell）的紋樣。以子安貝開口的這一面爲女陰的代表，在各民族中不乏先例可尋。但問題是：仰韶期華北農村的遺址裡，子安貝的遺留少到近乎沒有。甚至在龍山期的遺址裡，貝也是罕見之物⑧。一直到殷代，貝才大量出現，也許是「海禁大開」之故？安特生所舉的仰韶期出土的子安貝有三例：仰韶村、沙井村與朱家寨，朱家寨出土的是骨製的仿品。這三者之中，沙井村時代晚矣，不必討論。仰韶村，剛剛說過，也不在標準仰韶期的範圍之內。朱家寨地處邊陲，在華北的仰韶期內是很晚很晚的，也許晚到中原龍山期發達之後，也不爲奇。而且此地出土的骨貝，是不是眞的仿「貝」，恐怕還待考。照安特生發表的圖片看來，它們雖有貝的上下二孔，卻無貝的開口面的一線⑨。

但貝形的紋樣卻是仰韶期彩陶上常見的裝飾母題！圖5-1舉了十幾個例子，都是中原與甘肅彩陶層的花紋，兩頭尖，中間凸，縱著有一線分開（除

---

⑦J. G. Andersson, *Children of the Yellow Earth*（1934），pp. 309-312.

⑧高去尋，〈殷禮的含貝握貝〉，《中央研究院院刊》第1輯（民國43年），頁308。

⑨Andersson, "The Site of Chu Chia Chia," *BMFEA*, 17（1945），Pl. 27.

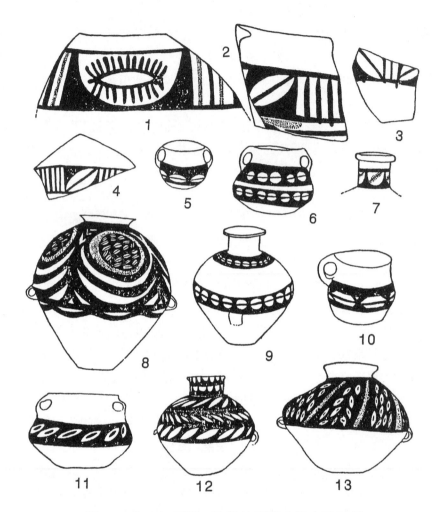

圖5-1　華北仰韶期彩陶裝飾圖樣中的女陰紋樣

1：秦王寨1／1（Arne, 1952, P1. Ⅵ：15）。　2：秦王寨1／1（Arne, 1925, P1.Ⅴ：13）。　3：牛口峪1／2（J. G. Andersson, 1947, "Prehistoric Sites in Honan," P1.146：14）。　4：秦王寨1／2（同上，P1. 140：9）。

5：臨洮縣詹莊，馬廠式，原高8cm（Palmgren, 1934, P1.25：8）。　6：榆中縣，馬廠式，原高12cm（同上，P1.40：4）。　7：半山區瓦罐嘴，半山式，原高40.6cm（同上，P1.35：3）。　8：蘭州，馬廠式，原高41.5cm（同上，P1.39：4）。　9：同上，原高31.8cm（同上，P1.26：4）。

10：同上，原高12.4cm（同上，P1.25：7）。　11：蘭州，半山式。原高13.4cm（同上，P1.14：11）。　12：同上，原高28cm（同上，P1.13：5）。13：同上，原高32.8cm（同上，P1.13：4）。

12外）的。其中5、6、8～10五個，爲馬廠式彩陶，Palmgren 稱之爲貝紋（Cowry pattern）的[10]。我覺得安特生頗有繞著圈子說話的作風：貝紋代表貝，貝象徵女陰。旣然貝在仰韶期的遺物中罕見，或不見，我們何不乾脆說，這些紋樣就是代表女陰的！看圖5-1中的1，是河南廣武縣秦王寨出土的一塊陶片，其上的棗核形帶刺的紋樣，像太陽而太扁，像眼睛而無眼珠，難怪 Arne 只好描寫它是「放射短劃的曲線」（Curved lines from which proceed short strokes）[11]。把它與其他那些圖樣比較來看，它顯然是代表一個女性的器官。

仰韶期的彩陶，有不少是日常生活的用具；但也有些，由其製造的精美與彩繪的細緻來看，不是沒有用於儀式的可能。仰韶期農村裡最要緊的儀式是祈豐收，拜土地；在他們儀式用的器皿上畫幾個象徵繁殖力的女子性器的紋樣，正說明我們祖先祭祀時的虔誠，並吐露作爲這片誠心之原動力的其耕作生活之艱苦。這裡面沒有絲毫褻瀆的意思隱藏，需要 Freud 的徒弟們來發掘出來，或是東洋研究支那民族性的專家來鑽研的。

「性」與農業祭的關係還不只此也。有祭儀，就可能有神話，並有相應的宇宙觀。《易·繫辭》說：「天地絪縕，萬物化醇；男女構精，萬物化生」。《呂氏春秋·大樂》說：「萬物所出，造於太一，化於陰陽。」中國古代最重要的哲學思想之一的陰與陽的觀念，很可能就是這來源久矣的祈年祭在觀念上的代表。作者在另文談到中國古代「一生二、二生萬物」的宇宙觀，及「二始祖」（World-parents）神話時，曾指出：

> 把天地的生成比於人類的生殖，顯然是代表一種種根於華北的農業
> 民族之由來已久的崇拜皇天后土希冀土地肥腴一如男女生殖之興旺

---

[10] Nils Palmgren, " Kansu Mortuary Urns of the Pan Shan and Ma Chang Groups, " *Palaeontologia Sinica*, Series D（1934）, Vol. III, Facs. 1, p. 127-130.

[11] T. J. Arne, " Painted Stone Age Pottery From the Province of Honan, China, " *Palaeontologia Sinica*, Series D（1925）, Vol. I, Fasc. 2, Pl. VI. Fig. 15.

的觀念，可能啓源於新石器時代。其後的傳布，廣見於南方的農民，而不行於黃河流域以北⑫。

這種「性」與「繁殖」的觀念，與仰韶期的祭皿上的女陰圖像，正好代表信仰與儀式的兩面。這裏又回到高本漢先生的老問題：古人祈年祭社（地、陰）而不祭天（陽），正足以表示農業祭與女性的關係近而與男性的關係遠。「天」，不是不祭；祭天與祈年的關係本來不是那麼密切。

仰韶期的農民，除了耕田以外，也打魚打獵。漁獵的重要性，固然不及農耕，在當時的經濟生活上也佔有很大的分量，則是不待說的。仰韶期聚落遺址中出土的矢鏃、獸骨、魚骨，與器物上彩繪的魚獸紋樣，都是證據。爲了漁獵的豐獲，古人有沒有宗教儀式的保證，我們雖然可以推測，卻少實物作證明。「少」，卻非沒有。女陰圖樣所象徵的繁殖力，固然由近東與中美農民的例子，以及我們由一般原始宗敎上所理解到的女性與大地的聯繫觀念，主要是與農業有關，但在仰韶期而言，我們並找不到女性與大地的直接聯繫。換言之，說女陰圖像爲象徵漁獵的繁收，也不是完全沒有可能的。在更直接性的材料出土以前，我們暫時以不再深究爲宜。

誰掌管仰韶期的祈年祭與祈漁祈獵祭？當時有沒有巫師與祭司的區別？祭司是不就是政治上的村落首長？考古學上的資料離回答這些問題尚遠。根據後來的情形看，祈年爲社祭，是全村福祉所繫，常由村落的領袖主祭；在國則由皇帝親祭。村長、王、帝就是祭司。仰韶期的聚落，其儀式性的遺留很少，祈年祭社也許就是日常生活的一部分，由村長主祭的可能性不是沒有。但對這個問題，我們暫且也以不再深究爲宜。另一方面，仰韶期的農村裏已經有了巫師（至少是兼任的）的可能性也很大。西安半坡村出土的一個完整的彩陶鉢裏面畫了一個人頭和兩尾魚，人頭的臉上好像塗了彩，四周頂上裝了五件頭飾。五件之中，有兩件是確鑿不移的魚形，另三件說它們是簡化的魚形也無不可（圖5-2：2）⑬。這個頭形，我個人的看法，似乎很可能是

---

⑫〈中國古代創世神話之分析與古史研究〉，《中央研究院民族學研究所集刊》，第8期。

⑬採自貝塚茂樹等，《東洋文化史大系・中國㈠》，東京（1959）。

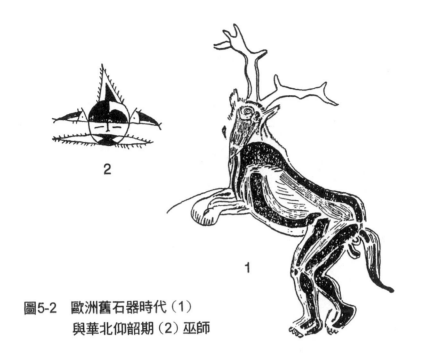

圖5-2　歐洲舊石器時代（1）
　　　與華北仰韶期（2）巫師

畫的一個掌管祈漁祭的巫師，畫在盛魚或用於祈漁祭的器皿之內；器內除他
之外還有兩尾魚。這器之繪魚與巫師頭飾之作魚形，也許又是同類相生律的
應用。歐洲舊石器時代的壁畫中，有個著名的巫師（圖5-2：1），頭戴鹿角，
身穿鹿皮，畫在洞穴的深處，四周的牆壁上也繪滿了鹿及其他獵物的翊生形
象。當時的獵物，以馴鹿為主，所以祈獵祭的巫師著鹿飾。至今在西伯利亞
的漁獵民族，這種巫師，稱為薩滿（Shaman）的，即常以鹿角或羊角為頭
飾⑭。中國遠古有巫，其性能與今之薩滿相近，似乎是大家公認的事實。
《說文》巫字：「祝也，女，能事無形，以舞降神者也」，與那北亞的薩
滿，形事都似。《山海經·東次二經》：

　　凡東次二經之首，自空桑之山至於硬山，凡十七山六千六百四十
　　里。其神狀皆獸身人面載輅。（郭注：輅音格；輅，角之中實者，
　　鹿麋之屬也。載戴通。）

⑭例如，凌純聲，《松花江下游的赫哲族》，上卷（民國23年），頁105-106。

〈 東次三經 〉：

> 凡東次三經之首，自尸胡之山至於無皋之山，凡九山六千九百里。
> 其神狀皆人身而羊角。

所記東山的二神，其一「獸身人面載觡」，其一「人身而羊角」，活像那東北亞洲的老牌薩滿。薩滿降神以後，神即附巫身體而言動；說巫即是神，並無不可。總之，中國境內，古代有巫，或說是道教以前之巫，似乎並非例外。在渭水流域仰韶期已經有巫，司祈漁大祭，似乎並不是不可想像的事。

除了祈漁祭，仰韶期的農民也許還有祈獵祭。這只是猜想，在考古學上沒有什麼充分的證據。在半山區的一個墓葬裡，有一個鹿頭放在陶甕裡給人殉葬。這雖與獵祭無關，卻頗表現鹿在儀式上的重要性[15]。

上面舉的這些資料，都是與村落生活息息相關的祭儀的資料：農耕與漁獵。它們可能是由村長或祭司或巫師主持，而以全村的福祉為念[16]。廣義而言，這些或都可稱之為社祭。考古學上的資料，固然是相當的稀少，其代表的意義卻相當的截然。換句話說，仰韶期農民之祭社，大抵是不成什麼問題的。但在另一方面，中國古代宗教的兩個基本因素[17]的另一個，祭祖，則在這一文化期找不到什麼確定的痕迹。尤其把黃河流域的次一文化期——龍山期——比較來看，龍山期的考古遺物所指的祖先崇拜，證據相當的確鑿。把龍山期文化一般內容與祖先崇拜聯合起來看，更表示出祖先崇拜是到了龍山期的一項突出的新發展。與龍山期的文化比照來看，那仰韶期的祭祖儀式的重要性就渺不足道了——假如我們不說它不存在的話。

說到這裡，我們必須把「祖先崇拜」這個名詞下一個嚴格的界說。廣泛

---

[15] J. G. Andersson, " Researches into the Prehistory of the Chinese, " *BMFEA*, 15（1943）, p. 130.

[16] Max Weber, *The Religion of China*（ Glencoe： The Free Press, 1951）, p. 173.

[17] Henri Maspéro, " Les Religions Chinoises. Mélanges Posthumes sur les Religions et l'Histoire de la Chine I, " *Civilisations du Sud. S. A. E. P.* 1950, p. 20.

地講，凡是相信有死後的世界（Afterlife）而對死者有敬畏有祭祀的人都有祖先崇拜：死者不是祖先是誰？因此歐洲舊石器時代有埋葬儀式的Neanderthal人，我們中國的上洞人，也都可以說有祖先崇拜。但在比較宗教學上所講的祖先崇拜，或是講中國社會的人所講的祖先崇拜，則專有一個狹義的解釋。狹義的祖先崇拜至少有兩點要緊的因素：⑴祭者只祭自己的（以及同姓的）祖先，不管別人的祖先；祖先掌管自己子孫的休咎，不管別人的子孫的休咎。換言之，祖先崇拜是與（單系）親族群相聯繫的。⑵祖先崇拜所牽涉的一套信仰與儀式，是制度化的（Institutionalized），有它的一套信仰和神話傳說（與親族制相聯繫），儀式制度、祭品祭器、祭祀的地點與對象。用這兩個標準來衡量中國古代的儀式生活資料，我們可以確定地指出：殷商時代有祖先崇拜，龍山期也有祖先崇拜；但我們不敢說仰韶期已有制度化的祖先崇拜。

　　仰韶期的聚落常常附帶一個葬地；死者有時伴以豐盛的殉葬品，在半山區的墓葬中有很多玉器。我們可以推測：仰韶期的農民，有對死後世界的信仰，也許有一套繁縟的葬儀；但我們找不到制度化的祖先崇拜的痕迹。這並不是說一定沒有：半山區葬地，照安特生說法，是好幾個農村合用的一個墳地。假如他的推測可靠，我們或可想像仰韶期的農民雖然在「母村」膨大有分開建立「子村」的習慣，卻把其死者葬在母村的墓地，表示對自己親族群的忠誠。這一種表示，與祖先崇拜在觀念上，相差微矣。但是，與龍山期的儀式生活資料對比來看，仰韶期的社祭固然有無比的重要，其祖祭在社會生活上尚未取得支配的地位。

二、龍山期新石器時代的儀式資料

　　中國新石器時代從仰韶期轉變到龍山期，不是代表不同民族文化的更替，而是一個黃河流域文化本身的一項更新；這項更新所牽涉的文化社會各方面的種種變化，決非若干學者所設想從彩陶變到黑陶那樣單純，也不是本文所能給這問題的幾段文字的篇幅之內能夠說明清楚的。我只能就那最要緊、與宗教儀式生活關係最密切的幾點，簡略地敘述一下。

　　龍山期的農民，仍用鋤頭、鏟子與鐮刀耕種和收割粟黍稻和小麥，豢養

狗豬牛羊；當時假如有犁（石或木製），則尚未有其無疑問的發現。馬骨在龍山期遺址裡發現了不少，可能是已經馴伏了的？除了耕種以外，龍山期的農民也採集（尤其貝蛤）、打獵、營漁撈。在華北農業的基本技術上，從仰韶到龍山，並沒有什麼顯著的躍進，至少從考古學的證據上說。甘肅齊家文化一遺址及河北唐山大城山的龍山文化遺址，據說都有少量銅器發現。照龍山期陶器的多稜角作風而言，其陶器模仿銅器的可能性很高；換言之，新石器時代之末的龍山期也許已經有了初期的金屬工業。但當時金屬器使用於農耕的可能性，可以說是太小了。到了殷周，青銅器那麼發達，農具仍是石木製的。金屬農具，在華北而言，廣泛地始於戰國與秦漢之交，鐵器初露頭角的時代。

但從考古遺物上來看，龍山期的遺物，比之仰韶期而言，有許多顯著的不同；這些似乎代表一種農耕技術與社會組織上的革新。中國新石器時代考古的歷史尚短淺，我們在這方面所作的解釋，只能根據若干直接與間接的資料，作若干一般趨勢上的推測。但下面這幾點革新的趨勢是很顯然的：

㈠游耕的方式漸放棄，而採用定耕的方法。龍山期的遺址多代表長期連續性的占居，不像仰韶期的聚落遺留多是許多層薄薄的居住面。這期的石斧比起石錛在數量的比例上銳減；石斧的主要用途是伐墾，這說明華北龍山期伐墾的需要減少，是定耕方式的一層間接證明。

㈡人口的壓力促使華北龍山期的聚落，從黃土高原向東擴展到華北大平原及山東半島，向北到南滿，向南直到東南海岸。在各地呈示對地方環境的適應。

㈢「耕而食，織而衣，無有相害之心」的神農之世已成過去，「內用刀鋸，外用甲兵」的黃帝之治逐漸萌芽。對外而言，龍山期的村落與村落間有戰爭，如厚而高的夯土城牆及石製的兵器（匕首、戈頭、棍棒頭、矛頭、鏃）所示。對內而言，村民之間顯然在地位上分化、在工作上分工：製陶用陶輪，表示專業的陶工出現；卜骨及儀式用器的大量出現，指示專業的巫師；玉器在兩城鎮的集中出土及兩城鎮、大城山俯身葬式的出現，表現地位上的分化。總之，龍山期的村落之內，已經產生了許多種類的小群；小群的分別基準，可能與親屬制度有關。但對殷商時代而言，龍山期的村落仍是大體上自給自足的農村。村落之間構成村落網，及城鎮之出現，在龍山期尚未

有充分的證據。

　㈣在藝術上說，仰韶期的彩陶（以生活用具為主的裝飾美術）衰落，甚至消失；仰韶期全華北美術文化風格的一致性也消失。到了龍山期，美術可能與社會中的小群發生了直接的聯繫。就全華北而言，由於村落之定居及其向不同環境中之擴張，以及村落間的戰爭及孤立性，產生了許多區域性的小文化傳統；如河南、淮河、南滿、山東、山陝、甘肅、漢水及東南海岸，各呈示不同的文化樣相。

　㈤基於上述的龍山期社會文化的革新，產生其儀式生活的革新。一言以蔽之：龍山期的宗教儀式，除了祭社以外，出現制度化的祭祖與專業性的巫師。這種儀式不是以全村的福祉為念，而是以村內一部分人的福祉為念。這一部分人的範圍界限的標準可能是與親屬制度有關。我們且根據考古上的資料，略加說明。

　龍山期的主要斷代標準，即其聚落中出土的大批灰黑色的陶器。其形多稜角，有的具三足，有的圓底或平底無足，有的具圈足或高圈足；其質有的極細膩，薄而光。其中至少如豆、皿等若干器形，考古學家多同意不是日常生活上的用器，而是祭祀儀式用的器皿。從殷商時代銅製儀式器皿的器形看，這種看法是可以成立的。圖5－3中1～10為若干可能為儀式用的陶器器形的代表。拿龍山期的儀式陶器與彩陶期的若干精美彩陶比較，有兩點重要分別：(1)許多龍山式的黑陶是輪製的，雖同時的日常生活用具仍以手製的為主；(2)儀式用陶有時極薄極精，不像有實用價值。換言之，仰韶期的彩陶，雖有若干可能用於儀式，但實用的與祭祀用的，不易截然的分辨。龍山期則不然，若干陶器很可能是專為儀式使用而製造的。這點事實，再加上我們對龍山期社會地位區別與分工的了解，暗示龍山期農村中的祭祀儀式，不但重要性更加顯著，而且可能與一部分人而非全體有密切的連繫。這是第一點。

　城子崖、兩城鎮，和江蘇北部新沂花廳村的龍山期聚落裡，有塑為鳥形的器蓋紐（圖5-3：11、12）。我們從文獻資料所記神話傳說上知道商與秦之先世之誕生都與玄鳥有關。可能為儀式用的器皿與鳥發生了關聯這一事實，指出龍山期的儀式可能與村落中一部分成員的始祖傳說有關。這是又一點。

　龍山期的遺址裡，常有卜骨出土（圖5-3：13），其分布東起海岸，西至甘南，北到遼東，南及江蘇南部，包括河北、遼寧、山東、山西、河南、陝

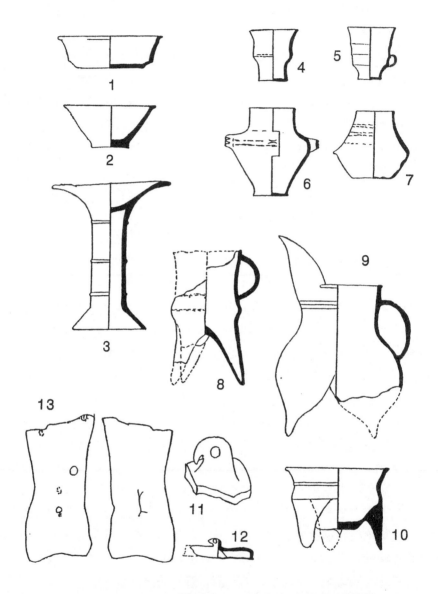

圖5-3　龍山期若干與儀式生活可能有關的考古遺物

1-10：陶容器；其中大部分可能主要用於儀式（1-4，8-10：出土於城子
　　　崖；5-7：出土於兩城鎮）。

11-12：鳥形紐的器蓋（11：城子崖；12：兩城鎮）。

13：鹿肩胛卜（羊頭窪）。

西、甘肅，與江蘇各省。骨卜今在北亞洲爲巫師的專業，其功能與漁獵有關：在古代之殷商，爲太史的職責，爲殷王服務。龍山期的骨卜很可能指示專業巫師的出現，而且其服務的對象可能與村落裡少數特權人物有關。這是第三點。

這三點考古學上的事實指向一個結論：即龍山期祭儀發達，且與村落中的特權人物有關；這些「特權」人物產生的基礎，很可能在親屬集團的範圍之內。何以說與親屬集團有關？第一、我們有安特生在仰韶村所發現的陶祖爲據；第二、我們可以在古代大姓的起源神話裡找線索。

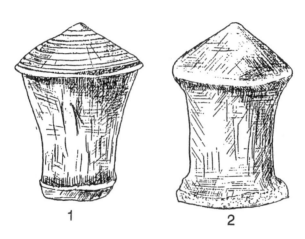

圖5-4　仰韶村出土的陶祖

1：採自 Andersson 1943，" Researches into the Prehistory of the Chinese，" Pl.30：3；二分之一大。

2：採自 Andersson 1947，" Prehistoric Sites in Honan，" Pl. 31：3；二分之一大。

安特生所發現的標本，他有如下的描寫：

K.6458號標本（圖5-4：1）：仰韶村。一物，其形狀如圖。其底似曾附於一容器上。棕色陶質，表面黑晦[18]。

---

[18]Andersson，" Researches into the Prehistory of the Chinese，" *BMFEA*, 15（1943），p. 68.

K. 6459號標本（圖5-4：2）：（仰韶村）一物， 其形狀可按圖推
測。此件標本有一平底可立於平面上。棕色陶質，表面黑晦。全高
120mm。高本漢教授在一專文中根據其與印度 Mohenjo Daro 之若
干發現的關係，解釋此物爲一生殖器象徵[19]。

這兩件標本，照其形狀推測，並比照其他文明的類似出土物，很可能，
如高本漢所說，是男性性器的模型，中國史上拜「祖」的最早的實證。男子
生殖器的崇拜，可能來源甚古；作者在民國48年在法國南部 Les Eyzies 的舊
石器時代晚期遺址 Abri Pataud 的 Perigordian 5c 文化層的居住遺址裡，親
手發掘出來兩件男性性器的模型（石製）。但它在中國史前時代不出現於仰
韶期而出現於龍山期，從整個文化的進展情形看來，則顯示特殊的意義。在
近東[20]及墨西哥[21]的新石器時代晚期，除了女性的塑像之外，男性的塑像也
逐漸出現，與華北的情形，很有平行之處。男性的塑像在華北龍山期的不召
寨遺址也有遺物發現[22]。中國古代的祖字，本來是個性器的圖畫，亦即祖先
牌位的原形，在學者間已無異辭。因此，龍山期的儀式，至少有一大部分與
村落中親族集團的祭祖有關。祖先崇拜，固然如學者所說，以祈求本宗親屬
的繁殖與福祉爲目的，但其更重要的一項功能，是藉儀式的手段，以增強與
維持同一親團的團結性，加重親團成員對本親團之來源與團結的信念[23]。

親團團結性的加強，一方面藉祖先崇拜的儀式爲手段，另一方面藉神話
傳說爲其基本信念的根據。照史籍所記，商周秦以及其他三代時的大國，其
統治集團都有始祖起源的神話。依現在考古學上的知識，它們的始祖時代，
只有追溯到龍山期的可能。龍山期各區域的不同文化傳統，正好與他們的各
別的始祖傳說相扣。

---

[19]Andersson, " Prehistoric Sites in Honan, " *BMFEA*, 19（1947）, p. 51.

[20]Childe, *op. cit.*, p. 20.

[21]Vaillant, *op. cit.*, p. 58.

[22]Andersson, 1943, p1. 180.

[23]E. Colson, " Ancestral Spirits and Social Structure Among the Plateau
Tonga, " *International Archives of Ethnography*, 47（1954）：1.

　　由此看來，龍山期的祭祖儀式，及其不以村落全體爲基礎而以村落中的個別親族團體爲基礎，是一個很合理的推測。同時，村落中仍有社祭，有漁獵祭，都是很顯然的事；但他們在考古材料中所顯示的重要性，遠不如祭祖之甚。不召寨有鹿祭的遺迹，可能與獵祭有關，是唯一可靠的考古資料[24]。

三、結語

　　中國遠古時代的祭儀，由考古資料及文獻記錄所示，最重要的可分兩組：與生業（農、漁、獵）有關而以村落之福祉爲念的祭儀，及以村落內個別的親屬集團的團結與福祉爲念的祭儀；前者可統稱爲祭社，後者可統稱爲祭祖。這兩種祭儀多與一部分的神話傳說有密切的關聯，同時又都以整個文化社會的環境爲背景。

　　在農業社會開始村落生活初立的仰韶期新石器時代，我們有社祭的證據，而無系統化祭祖的證據。到了龍山期新石器時代，則祭祖的證據突然普遍出現。上文簡單地討論了這種儀式生活演變的文化與社會上的原因。到了龍山期及殷商時代，祭祖與祭社同有絕頂的重要性，而且在主祭的人物上，也許互相符合；但這也許是因爲中國古代社會中主持祭祀人物的雙重性格而來：他們一方面是村落或王國的政治首領，一方面也是親屬某團的代表。因此，祖祭與社祭在龍山期及殷商時代，也許有同一主祭，在同一地點或鄰近舉行，但它們所代表的社會群及祈求福祉的對象既不同，且由更早的仰韶期的資料所示，可能有不同的來源。

---

[24]Andersson, 1947, p. 75.

6. 仰韶文化的巫覡資料 *

　　仰韶文化是中國新石器時代文化中最早發現、研究歷史最長、資料最多
的一個，已知的遺址已有一千多處，「主要分布在陝西關中地區、河南大部
分地區、山西南部、河北南部，遠及甘青交界、河套地區、河北北部，湖北
西北部也有一些發現。」① (有的學者主張把甘青的仰韶文化從中原的仰韶
文化中分出去，別立馬家窰文化②，但一般看法多同意甘肅仰韶文化諸類型
〔馬家窰、半山、馬廠爲主〕是在中原與甘肅地區的廟底溝類型的基礎上發
展演變出來的，而「它們本來是一個文化系統」③。) 仰韶文化的年代，大
致起於公元前五千年前左右，在中原終於公元前三千年前左右，在甘青地區
又延續了近千年左右④。因爲仰韶文化的研究已有七十多年的歷史，我們對
仰韶文化的類型分類、陶器特徵、物質文化、聚落形態、埋葬習俗，甚至社
會組織，都已有相當深入的了解⑤。但是我們對仰韶文化的宗教生活則所知

* 原載《中央研究院歷史語言研究所集刊》第64本，1994。

①《新中國的考古發現與研究》(北京：文物出版社，1984)，頁41。

②夏鼐，《考古學論文集》(北京：科學出版社，1961)，頁11。

③嚴文明，《仰韶文化研究》(北京：文物出版社，1989)，頁312。

④K. C. Chang, *The Archaeology of Ancient China*, 4 th edition (New
Haven：Yale University Press, 1986), pp. 111, 142.

⑤關於仰韶文化最詳盡的研究，見嚴文明，《仰韶文化研究》。這本書主要
各章的題目是：㈠典型遺址分析；㈡類型、起源和發展階段；㈢聚落形
態；㈣埋葬制度；㈤彩陶初探。

甚爲有限。

在五十年代的後期，在仰韶文化的新資料尙少，而已有的材料尙未充分消化的時代，我在〈中國遠古時代儀式生活的若干資料〉⑥一文中，曾根據仰韶文化彩陶上的若干紋飾對當時的儀式生活作了兩點推測。其一，彩陶上的貝紋可能代表女性，象徵祈求農業豐收的社祭。其二，戴有魚形飾物的人頭形象可能是當時巫師的象徵：「仰韶期的農村裏已經有了巫師的可能性也很大……這個〔戴魚的〕頭形……似乎很可能是畫的一個掌管祈漁祭的巫師，畫在盛魚或用於祈漁祭的器皿之內。」⑦

三十餘年以來，新從仰韶文化遺址所發現的藝術資料之中，又有好幾個例子對仰韶時代巫覡人物與作業有鮮明肯定的啓示。下面對這些資料一一叙述討論。

(一)**舞蹈紋彩陶盆**（圖6-1）

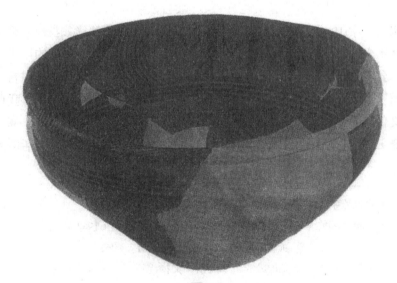

圖6-1

⑥《中央研究院民族學研究所集刊》第9期（1960），頁253-269。
⑦同上，頁260。

　　1973年青海大通縣上孫家寨遺址中一座馬家窰類型墓葬（M384）中出土陶器裏面有一件彩陶盆，「口徑29、腹徑28、底徑10、高14厘米。器形較大、斂口、卷唇、鼓腹……小平底……。〔內壁上緣〕有舞蹈形畫面三組。……主題紋飾舞蹈紋，五人一組，手拉手，面向一致，頭側各有一斜道，似為髮辮，擺向劃一，每組外側兩人的一臂畫為兩道，似反映空著的兩臂舞蹈動作較大而頻繁之意。人下體三道，接地面的兩豎道，為兩腿無疑，而下腹體側的一道，似為飾物。」⑧

　　這幅畫面說明當時有組織的舞蹈。舞蹈不一定是宗教儀式活動，但熟悉中國古代禮樂制度者，馬上可以想到舞蹈在中國古代禮樂儀式上的重要地位，而仰韶文化的舞蹈也可以從當時禮樂活動的背景來看。頭上墜下的「髮辮」與下腹體側的「一道」，都見於下項：下面的一道與其說是飾物不如看作是男性的陽物或陽物的伸展或誇張。從這兩點看，使人懷疑這不是純粹娛樂性的舞蹈的圖畫。

㈡喪儀巫舞地畫（圖6-2）

圖6-2

---

⑧〈青海大通縣上孫家寨出土的舞蹈紋彩陶盆〉，《文物》，1978(3)，頁49。

　　1982年在甘肅秦安縣五營鄉大地灣仰韶文化遺址中發現了一座房基，編號爲F411。它的方向是東偏北42度，背山面河，平地起建，平面呈長方形，長5.82－5.94米，寬4.65－4.74米，東北壁正中有一向外延伸的門道。居住面經過覆修，形成上下兩層。下層居地面先將原地坪鋪平夯實，鋪一層草泥土，表面再抹一層厚0.2－0.3厘米的料薑石白灰面。上層居住面是在原居住面的基礎上，鋪墊一層厚9－10厘米的乾淨夯土和草泥土，表面也抹一層白灰面，厚0.3－0.4厘米。在上層居住面近後壁的中部有一幅地畫，用黑炭繪成，所占面積東西長約1.2米，南北寬約1.1米。依原報告者的描述：

> 地畫中有人物和動物圖案。上部正中一人，高32.5厘米，寬約14厘米。頭部較模糊，猶如長髮飄散，肩部寬平，上身近長方形，下部兩腿交叉直立，似行走狀。左臂向上彎曲至頭部，右臂下垂內曲，手中似握棍棒類器物。此人的右側，僅存黑色顏料的殘跡，係久經摩擦脫落，推測也應爲一人。上部正中人物的左側，也繪一人物，高34厘米、寬13厘米，頭近圓形，頸較細長而明顯，肩部左低右高，胸部突出，兩腿也相交直立，似行走狀，其左腿下端因居住面被破壞而殘缺。其左臂彎曲上舉至頭部，右臂下垂也作手握器物之狀。兩人相距18厘米。在正中人物的下方12厘米處，繪一略向右上方斜的黑線長方框，長55厘米，寬14－15厘米。框內畫著兩個頭向左的動物。左邊的一個長21厘米，頭近圓形，頭上方有一只向後彎曲的觸角，身軀呈橢圓形，有弧線斑紋，身上側繪有兩條向後彎曲的腿，身下側有四條向前彎曲的腿，身後還有一條向下彎曲的長尾巴。右邊的一個長26厘米，頭爲橢圓形，頭上有三條觸角形弧線呈扇形分散，長條形身軀上有弧形斑紋，身上側繪有向不同方向彎曲的四條腿，身下側有四條向前彎曲的腿。
>
> 在人物圖案的左下方，還繪有反「丁」字形圖案，並見模糊的黑顏料殘跡⑨。

對這幅地畫的意義，學者有不同的解釋。原報告者解釋上面的人物爲祖

---

⑨〈大地灣遺址仰韶晚期地畫的發現〉，《文物》，1986(3)，頁14。

神，下面方框內是動物，爲供奉祖靈的犧牲[10]。嚴文明先生說「這畫很像是幾個人面對作爲犧牲的動物在跳舞，或者在做巫術。……這所房子也許是巫師專用的宗敎性建築」[11]。李仰松先生以爲上方兩個主要人物中一個是巫師，一個是女主人，下面的方框是長方形木棺葬具，全部地畫是表現一種「驅趕巫術」，即巫師和女主人手持法器，驅趕下面木棺中所畫兩個象徵害人生病的鬼象[12]。宋兆麟先生認爲下面的方框是木棺，但內裝的是兩個呈蛙形屈肢安葬的死者，地畫是表現喪舞[13]。

我相信說下部方框是棺，裡面的兩個形象是死者的說法是正確的。死者作蛙形屈肢這種畫法與下面幾個例子還可以連起來看。特別値得注意的是死者的身體是用線條表現的，表現出死者的骨骼脈胳，這是所謂 X 光式或骨架式的畫法，在民族學上是代表巫術宇宙觀的一種有特徵性的表現方式。對近現代的原始民族中的巫師而言，將人體縮減爲骨架常是向神聖世界轉入的一個步驟，因爲骨架狀態是向母體子宮回入的象徵，因此骨架狀態又象徵「死者再生」[14]。佛斯特（Peter T. Furst）指出古代中美文明中巫術信仰宇宙觀的一個特徵，是相信人與其他動物的生命本質存在於骨骼之中，因此人獸死後均由骨骼狀態重生，這便是骨架式或 X 光巫術性美術的理論基礎[15]。大地灣地畫下部長方框中畫的兩個死者是中國現存的最早的 X 光式人像美術。同時死者屈肢做蛙形，似乎是回到母體子宮中胎兒的形象（見下）。

上面一排人物，可能有四個巫師舞蹈作法。如果人物的「左臂」可以解釋爲自頭上垂下來的髮辮，則這幾個人像在髮辮和陽具（或誇大的陽具上）

---

[10]同上，頁15。

[11]嚴文明，《仰韶文化研究》，頁211。

[12]李仰松，〈秦安大地灣遺址仰韶晚期地畫研究〉，《考古》，1986(11)，頁1000-1004。

[13]宋兆麟，《巫與民間信仰》（北京：中國華僑出版公司，1990），頁166-178。

[14]Mircea Eliade, *Shamanism*, translated from the French by W. R. Trask（Princeton University Press, 1972），pp.62-63.

[15]Peter T. Furst, "Shamanistic survivals in Mesoamerican religion," *Actas del XLI Congress International de Americanistas*, vol. 3（1967），p.152.

與上述上孫家寨的舞蹈人物是有同樣裝飾或配備的巫師。這兩幅像中的髮辮，又令人想到多年前安特生在半山採集的一件面上刺黥，頭頂上有盤蛇（？）下旋的人頭形的陶蓋（圖6-3）⑯。地畫中的巫師似在一個葬儀中舞蹈，行法祈使死者復生。

圖6-3

⑯J. G. Andersson, " Researches into the prehistory of the Chinese, " *Bulletin of the Museum of Far Eastern Autiquities*, 15（1943）, p.240, pl.187.

㈢骨架（或 X 光）式人像鉢（圖6-4）

圖6-4

　　二十年代安特生在甘肅臨洮半山區購買的彩陶中有一件陶鉢，「主要紋飾是一個像小孩子畫的一副人骨」[17]。這是代表巫覡式宇宙觀的骨架（或 X 光）式人像美術在仰韶文化中的又一個例子。

㈣陶壺上的人首蛙（？）身形象（圖6-5）

圖6-5

---

[17] *Ibid*., p.241, pl.182：1.

仰韶文化馬廠類型的陶壺上部彩色花紋中常有一組有人稱爲蛙紋的形象，由一個中間的直條，兩個 V 形的上肢，和兩個 V 形的下肢組合而成 。1991年青海民和縣出土的彩陶中有一個陶壺，上部有黑彩繪成的簡化蛙紋，但在兩個 V 形交點有一個泥塑的人頭像[18]。人頭的面上有刺黥，與半山陶蓋的相似。同樣的，也有面上刺黥的人頭塑像也見於波士頓美術館新收藏的一件馬廠式的陶壺上，位於典型馬廠式蛙形胴體的上端[19]。這兩個例子說明馬廠彩陶上所謂蛙紋，實際上是巫師的形象，作屈肢式，與大地灣地畫下部木棺內死者的姿勢相同，可能是巫師舉行某種作業時的形象。

(五)雙性人體形像陶壺（圖6-6）

在青海柳灣的一個馬廠類型的墓地裡面採集到一個人像彩陶壺：「標本採01，小口短頸，圓腹平底，泥質紅陶，從口到器腹中部塗敷一層紅色陶衣。彩繪一組對稱兩圈網紋，另一組爲蛙身紋加塑繪裸體人像。塑繪人像是先捏塑出裸體人像，然後在人像各突出部位之周圍黑彩勾勒。頭面在壺之頸部，目、口、耳、鼻俱全，披髮，眉作『人』字形，小眼、高鼻、碩耳、張口。器腹部即爲身軀部位，乳房、臍、下部及四肢袒露。乳房豐滿，用黑彩繪成乳頭，上肢雙手作捧腹狀，下肢直立，雙足外撇。彩陶壺通高爲34厘米。」[20]

這個陶壺上的人像可以說是上面所描寫的馬廠類型陶壺上的人頭蛙（？）身形象的全貌，是一個仰韶時代的巫師形象無疑。這個形象經過李仰松、宋兆麟等先生的分析，都認爲是代表男女兩性同體。李仰松先生說：

> 仔細觀察了實物，認爲陶壺上這個塑繪人像是男、女兩性的「複合體」。人像的胸前有一對男性乳頭，另外，在兩邊還有一對豐滿的女性乳房（乳頭用黑彩繪成）。人像的腹部似爲男性生殖器，又爲

[18]《中國文物精華》（北京：文物出版社，1990），彩圖7。（本書稱此件陶器屬於馬家窰文化）

[19]*Selected Masterpieces of Asian Art, 1890-1990, Museum of Fine Arts,* Boston, #153.

[20]《青海柳灣》（北京：文物出版社，1984），頁116，彩版2。

·仰韶文化的巫覡資料·119

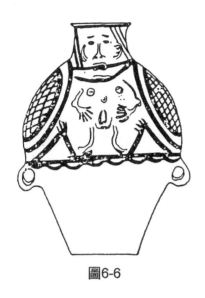

圖6-6

圖6-7

女性[21]。

宋兆麟先生也說，「其生殖器又像男性，又像女性，說明是一種『兩性同體』形象」[22]。按兩性同體也是近現代巫覡美術中的一項常見特徵[23]。葉理雅得（M. Eliade）先生的解釋是：「這些巫覡們被認為是兩個宇宙面──地與天──的中介人物，而且他們在他們自身結合著陰性（地）與陽性（天）。」[24] 換言之，巫覡以溝通天地為主要任務，因而具有陰（地）陽（天）兩性的特徵。（這與古文字中的巫字解釋相符；巫字代表兩件矩形器，而矩形是又畫方〔地〕又畫圓〔天〕的工具，也可以代表巫覡自身之內天地或陽陰的結合[25]。）

近年講氣功史的，常引柳灣這個人像，作為中國氣功運作的最早的一個

㉑李仰松，〈柳灣出土人像彩陶壺新解〉，《文物》，1978(4)，頁88。

㉒宋兆麟，《巫與民間信仰》，頁134。

㉓Joseph Campbell, *The Way of the Animal Powers*, vol. I of the *Historical Atlas of World Mythology*（1983, A. van der Marck editions），p.173.

㉔M. Eliade. *op. cit*., p.352.

㉕張光直，《中國青銅時代，二集》（北京：三聯書店，1990），頁43。

圖像[26]。比較這個圖像與氣功的入定式（圖6-7）兩者確有相似之處[27]。近現代巫師在升天入地之前，常需要進入一種迷幻的精神狀態（ecstacy）。氣功的入定也許可以當作巫師進入這種狀態的一條途徑。

㈥濮陽三蹻（圖6-8）

以上五組巫覡形象都屬於甘肅、青海的仰韶文化。中原仰韶文化的巫覡形象最初只有上述半坡的魚飾人頭紋，到了1987年則有河南濮陽西水坡遺跡的發現，是仰韶文化中最早的有關巫覡的資料，而且內容非常豐富，有極大的重要性。這組遺跡包括一個後岡類型的墓葬（M45）和與之有關的三組用蚌殼擺塑的動物形象：

〔第一組蚌圖〕在墓室中部壯年男性骨架的左右兩側，〔是〕用蚌殼精心擺塑龍虎圖案。蚌殼龍圖案擺於人骨架的右側，頭朝北，背朝西，身長1.78米、高0.67米。龍昂首、曲頸、弓身、長尾、前爪扒、後爪蹬，狀似騰飛。虎圖案位於人骨架的左側，頭朝北，背朝東，身長1.39米、高0.63米。虎頭微低、圜目圓睜、張口露齒、虎尾下垂、四肢交遞，如行走狀，形似下山之猛虎。……虎圖案北部的蚌殼，形狀為三角形，……〔在三角的東面〕還發現兩根人的脛骨[28]。（圖6-8，左）

第二組蚌圖擺塑於 M45南面20米處。……其圖案有龍、虎、鹿和蜘蛛等。其龍頭朝南，背朝北；其虎頭朝北，面朝西，背朝東，龍虎蟬聯為一體；其鹿臥於虎的背上，……蜘蛛擺塑於龍頭的東面，頭朝南，身子朝北。……第三組蚌圖，發現於第二組動物圖案的南面……約25米。……圖案有人騎龍和虎等。……人騎龍和奔虎騰空而起，如在空中奔馳，則非常形象，非常壯觀[29]。（圖6-8，右）

---

[26]如李志庸，《中國氣功史》（鄭州：河南科學技術出版社，1988）。

[27]引自趙金香創編，劉仲春整理，〈鶴翔庄功法和功理〉，載於《鶴翔庄氣功》，1982年8月號，頁3-12。

[28]〈河南濮陽西水坡遺址發掘簡報〉，《文物》，1988(3)，頁3。

[29]〈1988年河南濮陽西水坡遺址發掘簡報〉，《考古》，1989(12)，頁1058-1059。

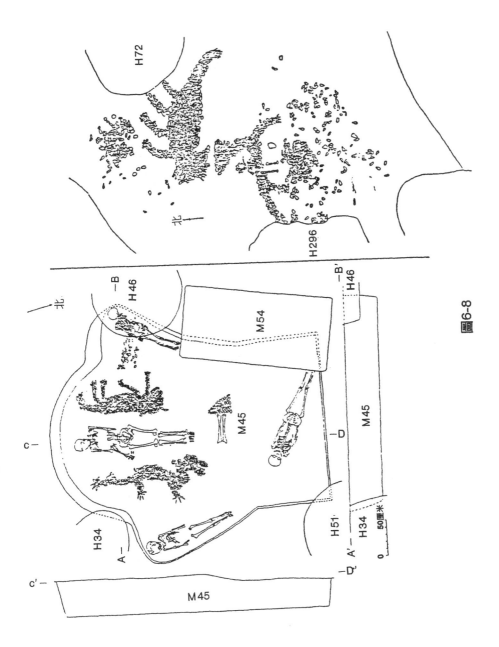

圖6-8

這三組圖像很明顯地代表巫師與助他上天入地的動物，後者以龍、虎、鹿爲主。在〈濮陽三蹻與中國古代美術上的人獸母題〉[30]一文裡面，我引用《抱朴子》和《道藏》中的《太上登眞三矯靈應經》裡面對於原始道士使用龍虎鹿三蹻的記載，提出濮陽的蚌圖逼眞地表現出來仰韶時代的巫師藉三蹻的助力可以上天入地，與鬼神來往。葛洪（c. 283-343）《抱朴子》內十五中說：

> 若能乘蹻者，可以周流天下，不拘山河。凡乘蹻道有三法，一曰龍
> 蹻，二曰虎蹻，三曰鹿盧蹻。……龍蹻行最遠，其餘者不過千里
> 也。

《三矯經》云：

> 《三矯經》者，上則龍矯，中則虎矯，下則鹿矯。……龍能上天入
> 地，穿山入水，不出此術，鬼神莫能測，能助奉道之士，混合杳冥
> 通大道也。

用《抱朴子》和《三矯經》的記載是來解釋濮陽龍、虎、鹿形的蚌圖的。這就是說，濮陽西水坡 M45的墓主是個仰韶文化社會中的道士或是巫師，而用蚌殼擺塑的龍、虎、鹿則是巫師能夠召喚使用的「三蹻」的藝術形象，是助他上天入地的三蹻的形象[31]。濮陽西水坡的仰韶文化屬於後岡類型，是仰韶文化早期的遺存，比上面所引的甘肅、青海仰韶文化諸例，都要早得很多。從這早期的三蹻到歷史時代的三蹻之間的數千年間有一連串的藝術中的巫蹻形象把這兩頭接連起來。但這是題外之話，這裡不遑詳述。

45號墓第一組蚌圖所含意義還不止此。龐樸[32]與馮時[33]兩位先生都根據45號墓的平面圖，特別是龍虎兩獸的東西位置，人體下面由三角形蚌堆與兩根脛骨構成的北斗星，與墓穴頭部作圓弧形、腳部作平方形等等特徵，推測在這個圖象的背後，仰韶文化中已有天圓地方、二十八宿的宇宙觀或宇宙模

---

[30]《文物》，1988(11)，頁36-39。

[31]同上，頁36。

[32]龐樸，〈火曆鉤沉〉，《中國文化》，1（1989），頁11。

[33]馮時，〈河南濮陽西水坡45號墓的天文學研究〉，《文物》，1990(3)，頁
52-60。

式。這樣說來，這個巫師的墓穴正好形成一個廣大的宇宙天地，正是他騎乘龍、虎、鹿來遨遊的太空。是巫覡式的宇宙觀在中國已有很長的歷史，而仰韶文化時代恐怕還不能說是這種宇宙觀的起點。

上舉的這幾條資料雖嫌散漫，合起來看，它們的意義卻非常鮮明。總括地說，仰韶文化的社會中無疑有巫覡人物，他們的特質與作業的特徵包括下列諸項：

1. 巫師的任務是通天地，即通人神，已有的證據都說巫師是男子，但由於他們的職務有時兼具陰陽兩性的身分。

2. 仰韶時代的巫覡的背後有一種特殊的宇宙觀，而這種宇宙觀與中國古代文獻中所顯示的宇宙觀是相同的。

3. 巫師在升天入地時可能進入迷幻境界。進入這個境界的方法除有大麻可以利用[34]以外，還可能使用與後世氣功的入定動作相似的心理功夫。

4. 巫師升天入地的作業有動物為助手。已知的動物有龍、虎和鹿。仰韶文化的藝術形象中有人（巫師）乘龍上天的形象。

5. 仰韶文化的藝術中表現了巫師骨架化的現象；骨架可能是再生的基礎。

6. 仰韶文化的葬禮有再生觀念的成分。

7. 巫師的作業包括舞蹈。巫師的裝備包括黥面、髮辮（或頭戴蛇形動物）與陽具配物。

以上各種特徵在本質上是與近現代原始民族中常見的巫覡宗教或稱薩滿教（Shamanism）是相符合的。仰韶時代薩滿教的證據是全世界薩滿教歷史上有強烈證據表現的最早期的形式之一，對世界原始宗教史的研究上有無匹的重要性。

---

[34] 甘肅古代遺址如東鄉縣林家遺址的馬家窰類型文化層中出土大量的大麻（Cannabis sativa）種子；見〈甘肅東鄉林家馬家窰文化遺址出土的稷與大麻〉，《考古》，1984(7)，頁654-655。

7.中國相互作用圈與文明的形成*

　　在三四章裡面撮述了新石器時代文化在中國好幾個區域中發展的有關資料。過去十年來考古學的進展已經告訴了我們，新材料在不久的將來一定會出現，而建立在老材料上的假說一定會坍毀。但是已知的各區域的史前史已將兩個發展趨勢表示得相當清楚。其一，所有的區域文化在經過一定的時間之後都更廣泛的分布，而它們彼此之間的相互作用趨於深化，終於在公元前第四千紀中間形成了一個「相互作用圈」，布定了最早的中國歷史文明的地理舞台。其二，每個區域的新石器時代文化在文化上與社會上都愈來愈複雜、愈分歧、愈分層，終於導致這些區域中產生文明的基礎。這兩個趨勢大概不會彼此不相關的。在本章中，我們先追溯一下上文已經勾畫出來的區域文化的發展，並且指明它們在公元前3000－4000年期間彼此之間連鎖關係的基礎證據。然後，我們從公元前3000年開始檢討一下顯示在一系列的新的考古學文化之中的一個文化之上的每個區域內向文明之轉變；這些新文化便包括山東龍山文化、河南東部龍山文化、河南北部龍山文化、河南西部龍山文化、山西龍山文化、陝西龍山（客省庄二期）文化、齊家文化、良渚文化和青龍泉三期（湖北龍山）文化。最後，我們再簡快地看一下這些文化以外的有關的考古資料。

---

* 本文譯自 *The Archaeology of Ancient China*（Yale University Press, 1968, Rev. ed.）第五章，譯文原載《慶祝蘇秉琦考古五十五年論文集》，（北京：文物出版社出版，1989）。

一、中國相互作用圈的形成

假如我們將大約公元前7000-6000年期間、公元前5000年和公元前4000-3000/2000年期間（上列年代不規則的理由下面不久便可明瞭）的新石器時代文化和它們的地理分布比較一下，我們便會發現一件有意義的事實（圖7-1）：起初，有好幾處互相分立的新石器時代文化，我們實在沒有什麼特別的理由把這幾處文化放在一起來討論——我們所以把它們放在一起來討論是有鑒於後來的發展，但在公元前7000年時並沒有人會知道這種情況的。後來，在公元前5000年左右，有新的文化出現，而舊有的文化繼續擴張。到了約公元前4000年，我們就看見了一個會持續一千多年的有力的程序的開始，那就是這些文化彼此密切聯繫起來，而且它們有了共同的考古上的成分，這些成分把它們帶入了一個大的文化網，網內的文化相似性在質量上說比網外的爲大。到了這個時候我們便了解了爲什麼這些文化要在一起來敘述：不但它們的位置是在今天的中國的境界之內，而且因爲它們便是最初的中國。這一點且等下文再說。

在目前所有的考古紀錄中，陶器最初出現以後的數千年之內，華北有四組互相關係密切的遺址群，而華南有多在石灰岩洞穴中的孤立的發現。華北的遺址中出土了粟米農業的證據和有關的器具，包括鐮刀、磨盤、磨棒。陶器特有附在底上的三條小型而錐狀的足——這些是最早的特徵性的中國式的容器即鼎。陶器多素面，但有些器上印有繩紋，還有相當數量的有篦印紋和搖椅式印紋。在華北常見的半地下式草泥土家屋和窖穴式的居住形態在這時候已很普遍。同時，華南的洞穴住民生產了一套頗爲不同的器物：礫石砍器、繩紋陶器，以獸骨和漁獵具形式出現的豐富的狩獵與漁撈的證據。可能從事若干農耕；主要作物當是稻米和根莖類作物。

到了公元前5000年前，考古文化的數目增加了，它們占據的區域擴大了，而且各個文化的界說更明顯化了。在過去爲較早的四組新石器文化遺址群——磁山、裴李岡、渭水流域和李家村——所分布的區域內，現在有了一個仰韶文化，下面分爲界說明顯的地方類型。若干類型很可以看作是較早的遺址群在同一地區內的持續，可是仰韶的整個分布區域要廣大得多了，包括

了從河北到青海的大部黃河中游地區。一個新的文化，即大汶口文化在山東
和蘇北出現了，被現已越來越窄的豫東和魯西南的沼澤地帶與仰韶文化分隔
開來。這個文化很可能是從北辛類型發展出來的；北辛類型好像是磁山和裴
李岡穿過沼澤地帶移動後在山東的登陸點。再往北看，在遼河下游有新發現
的新樂文化，它的平底篦印紋的陶器指向亞洲東北部的聯繫，可是它的篦印
紋和搖椅印紋也可能指向河北的較早的磁山類型的聯繫。仰韶、大汶口和新
樂都是種植粟米的文化。雖然如此，雖然它們彼此可能有關，它們卻是三個
各有特色的文化。

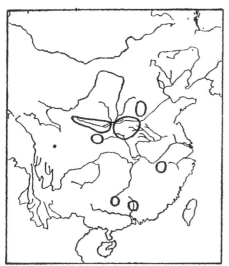

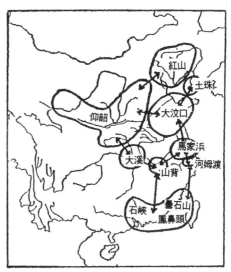

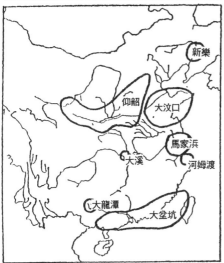

圖7-1

中國新石器時代區域文化自公元
前7000年（上左）到公元前5000年
（下左）和公元前4000/3000年（上
右）的擴張

　　華南的情況也顯示了好幾個各有特色的區域文化，可是都是種植稻米的。在長江下游和太湖地區的是有紅陶的馬家浜文化，而在它南邊與它隔杭州灣相望的是有黑陶的河姆渡文化。沿著長江向上流追溯，最近在長江中游盆地發現了一個非常早的新石器時代文化，然後到了公元前5000年前有了大溪文化。再向南走，沿著東南海岸地區，有以繩紋陶或篦印紋陶為特徵的零星遺址，可能是從由仙人洞和甑皮岩的石灰岩洞穴文化所知的早期的底層文化持續下來的，但是遺址數目還太少，分布又太稀散，還不能加以穩固的分類。僅有的發掘較多的遺址是屬於臺灣的大坌坑文化的，而這個文化將來很可能把進一步的研究推早到仙人洞和甑皮岩這一時代。那個時代的繩紋陶文化很可能是所有的華南的種植稻米的文化的祖先：大坌坑、河姆渡和馬家浜早期都有繩紋陶，可是大溪的繩紋陶較少。可見到了公元前5000年前，各區域的文化又有個別性，有各自的特色。

　　到了公元前4000年前左右，華北和華南這些各有特色的文化開始顯露出來一種互相連鎖的程序的不可動搖的證據，而這個程序在華北在這以後一千年內，在華南在這以後一千五百年之內繼續深化。各個區域文化向外伸展而互相接觸，在文化上互相交流，而且表現了持久而重要的交流關係的具體的、逐漸增加的證據。這個交互作用的程序無疑的在數千年之前便已開始，但是到了公元前4000年前，它在考古紀錄中的表現才顯得清楚而且強烈。這些表現可以從兩部分來叙述，即華北諸文化之間的交互作用的表現和華北、華南文化之間的表現。

　　在華北之內，相互的關係在仰韶、大汶口、紅山和土珠山各類型之間開展。到了公元前4000年前，黃河下游沖積平原已經大致形成，而仰韶與大汶口之間的陸上交往必由這個空隙的變窄終於消失所促進。整組的大汶口陶器在河南數處遺址中發現，最西到達了偃師，而且典型的大汶口器形（如背壺、袋形足的鬹、鏤孔足的豆和高足杯）見於豫西類型的仰韶器組[1]。仰韶對大汶口陶器尤其彩陶的影響也很顯著[2]。仰韶和大汶口所共有的石器、骨

---

[1]《考古》，1981年3期，頁261-265。

[2]《遠東博物館館刊》（瑞典斯德哥爾摩），53（1981）。

器和陶器類型的單子是很長的,而兩者之間的互相作用、互相影響是不容否認的。

遼河中上游和大凌河谷的紅山和遼東半島南端的土珠山無疑是屬於同一個運行軌道之內的,都具有細石器和篦印紋平底陶器這種北方的特徵。土珠山和大汶口經由山東半島和遼東半島之間的列島而相接觸,如山東蓬萊以北長島縣的北庄遺址的考古遺存所示;在這裡篦印紋陶器和大汶口類型伴存出現③。至於紅山和仰韶,我們在第三章裡已經談到他們在河北北部以及北京地區彼此之間直接的接觸。在紅山文化最初發現的中國考古學的早期階段,因為它有繪黑彩的紅陶,考古學者很快地作出它是仰韶文化在北方的一個分支的結論。現在我們對這個文化本身了解比較深刻,一般的看法是以為紅山文化是遼河河谷本身的發展,也許是在新樂文化的基礎上發展出來的,但是它的發展過程中接受了外面的影響,包括仰韶的影響④。「如『紅頂碗』式的陶鉢,與仰韶文化後崗類型的陶鉢相似,彩陶中的平行線紋、平行斜線組成的三角形紋也與後崗類型的同類彩陶相似。有凸飾的圓腹罐,和半坡遺址的有凸飾的尖底罐也類似。」⑤

華北的大汶口文化與長江流域和東海岸文化連鎖關係的考古證據就是所謂「龍山形成期」的成形;龍山形成期在第四千紀的中葉在華北和長江流域出現,然後沿著東海岸直到臺灣和珠江三角洲一直到第三千紀的中葉。龍山形成期這個概念是最初在1959年作為貫穿若干區域文化序列的空間性的整合工具而提出來的,用來說明整個中國東海岸在一段連續的時期之中的許多石器和陶器特徵與類型上的相似之處⑥。為了解釋龍山形成期的迅速而且廣泛的擴張,在提出這個概念的當時覺得把它當作從一個核心區域,即華北的中原地區,汾、渭、黃三河交匯的地帶,放射出來的文化擴展是合理的解釋。作這種解釋的基礎是新石器時代文化發展在中原有一串完整的系列,而在東

---

③《史前研究》,1983年1期,頁114-130。

④《中國考古學會第一次年會論文集》(文物出版社,1980年),頁78-79。

⑤《新中國的考古發現和研究》(文物出版社),頁175。

⑥《哈佛亞洲學報》,20(1959),頁100-149;《中央研究院歷史語言研究所集刊》30,1959,頁259-309。

部和東南海岸當時沒有這樣的一個完整的發展系列，因此在東部和東南海岸
地區的與中原類似的文化想必是自中原較早的文化傳布而來的。可是到今天
這個基礎已經不復存在了，因為在好幾個區域中今天也已經有了完整的或近
乎完整的發展系列了。因此，「龍山形成期的大擴張」不能再來作為解釋龍
山形成期的理論基礎。但如西諺所云，我們卻不可把嬰兒與洗嬰兒的水一起
倒掉，因為嬰兒——即龍山形成期——是真有的。

　　沿著史前時代交互往來的路線在幾個區域文化之間移動，我們不妨自大
汶口開始。沿著海岸平原我們可以走入馬家浜文化的領域。從這裡我們有兩
條路線可走：向南穿過杭州灣到河姆渡的領域及其更南到東南海岸，在這裡
稍後我們可以接觸福建的曇石山與溪頭文化和臺灣的鳳鼻頭文化。另一條路
是自馬家浜轉向西而沿長江向上游走。在這條路上我們先碰到安徽的薛家崗
文化，然後在江西又碰到跑馬嶺文化（或稱為山背文化）。從這裡我們可以
再向上游走到湖北的大溪和屈家嶺文化，或沿贛江轉向南方走入粵北和石峽
文化。在這些區域的已知的文化和遺址不都是完全同時的，但它們的文化傳
統都是彼此平行的，只是多半都還沒有為考古學所揭露。一般而言，在年代
學上看北方稍早（公元前第四千紀）而南方稍晚（公元前第三千紀早期），
但這可能只是由於資料不全所產生的幻象，而且至少所有的區域之間都有重
疊現象。

　　沿著東海岸和長江流域作這個貫穿各個考古文化區的假想中的旅行，我
們會看到我們所遇的史前居民在物質文化上有許多相似之點。磨製石斧、石
錛、石刀和許多骨角蚌器在這個區域中可以說是普遍存在的，固然在一般的
形式上來說它們在所有的相當的文化中都有。可是特別引人注意的類似點
——考古學上所謂共同水平的標誌——可見於陶器的形制和裝飾上面。這中
間最令人信服的是我所謂的龍山形成期的診斷特徵，即有鏤孔的高低不一的
圈足的豆與三足的鼎形烹飪器（圖7-2）。這兩種器形不但在龍山形成期遺址
出現，而且數量眾多。此外還有若干其他的相似點，有的比較一般，有的很
特殊。在一篇談論山背文化的文章[7]裡，彭適凡舉證說明這個在贛江流域占

_____

⑦《考古》，1982年1期，頁44。

圖7-2　龍山形成期的標誌器物：豆（左）及鼎（右）

1、6：山東呈子　2、7：南京北陽陰營　3、13：湖南三元宮

4、9、14：上海崧澤　5、16：廣東石峽　8：湖南湯家崗

10、15：福建曇石山　11：香港春坎灣　12：山東大汶口

據戰略位置的江西文化曾經作爲與東邊（長江下游）、西邊（長江中游）和與南邊（廣東）文化接觸交流關係的樞紐。他繪製了一張分布遍及我們所談這個區域的若干陶器石器類型的比較表。雖然他用作比較的文化都是公元前第三千紀的，這個表現所顯示的陶器水平期都是有長久歷史的。

　　如上所述，不論是華南還是華北，我們都可以提出一個假說，就是自公元前4000年左右開始，有土著起源和自己特色的幾個區域性的文化互相連鎖成爲一個更大的文化相互作用圈（sphere of interaction）。這個「相互作用圈」的概念是自葛德偉（Joseph R. Caldwell）那裡借來使用的。在他的一篇討論北美東部侯潑威廉（Hopewellian）的資料的文章裡，葛氏必須處理兩項顯著的特徵：分布廣泛的侯潑威廉式遺物中間在世俗性的、日常生活上的和非墓葬中的各方面很顯著的差異性，和少數在埋葬習俗和葬用器物上在很大距離中間的很有趣的極端的相似性。葛氏用這個名詞主要來指稱各區域之間在葬儀上或宗教上的相互作用[8]，但他也很明顯地暗示著說，相互作用圈也可以建立在他種的相互作用活動的基礎之上。這裡所談的中國相互作用圈似乎牽涉到範圍遠較廣泛的諸種活動。我們可以借用的另外一個概念是本奈特（Wendall C. Bennett）初用於秘魯的所謂「地域共同傳統」（area co-tradition）。他的定義是：「文化史的總單位……在這裡面其構成文化在一段時期之間彼此發生關係。」[9]我在這裡選用葛德偉的名詞，因爲它比較有敘述性，並且不言自明。這個在公元前4000年前開始形成，範圍北自遼河流域，南到臺灣和珠江三角洲，東自海岸，西至甘肅、青海、四川的「相互作用圈」，我們應當如何指稱？我們也可以選一個完全中立的名詞而稱之爲X，可是我們也不妨便逕稱之爲中國相互作用圈或中國史前相互作用圈——因爲這個史前的圈子形成了歷史期間的中國的地理核心，而且在這圈內所有

---

[8] "Interaction spheres in prehistory," in: Hopewellian Studies, J. R. Caldwell and R. L. Hall（eds.），*Illinois State Museum Scientific Papers*, 12（1964），no. 6, pp. 135-143.

[9] "The Peruvian co-tradition," in: *A Reappraisal of Peruvian Archaeology*, W. C. Bennett（ed.），*Memoirs, Society for American Archaeology*（1948），*p. 1.*

的區域文化都在秦漢帝國所統一的中國歷史文明的形成之上扮演了一定的角色。

二、龍山及相關文化與向文明時期之轉變

在一個相互作用圈裡面的區域文化或地方文化之間顯示著由它們彼此之間相互作用而來的類似性。考古學者制定各種「文化水平」（horizon）或「水平形態」（horizon-style）來把這種類似性加以特徵化。另一方面，一個大的相互作用圈也可以在個別的區域之內起一定的作用。一個區域文化與其他區域長期的相互作用是會與它內部的發展連鎖起來的。因此，在公元前第四千紀中國相互作用圈的形成，與其內各組成文化區域內部向文明時期的轉變，乃是同一發展的兩面。

在描述中國新石器時代史前史時，我將資料組織成「文化」（cultures）與「類型」（phases）[10]，這些範疇是世界上任何區域文化史的建築單位，讓我們能用經濟的語言來將考古遺物群提出來。但是在討論文化的相互作用和它的社會結果以前，我們得先說幾句話將我對實行相互作用的確實單位的看法說明。

用考古學的方法來研究人類史前史和歷史的一個途徑，是把這些人生活在地方社群裡來看，而且這些地方社群一般可以認同於個別聚落的考古遺迹。這在新石器考古學上尤其如此，因爲新石器考古學處理人類歷史上以自給自足的社群爲主要生活單位的階段。在討論黃河中游的仰韶文化時所說的姜寨或半坡遺址，便可以看成是這樣一個社群的遺迹。我們可以進一步根據各種不同的標準把許多社群集在一起，形成各種更大的分類單位以適用於各種不同的目的。同一個社群可以在一種分類之下分入某一個較大的社會單位，而又可以在另一種分類之下分入另一個較大的社會單位。這些標準和由

---

[10]美國考古學上對「文化」和「類型」的使用法，見 G. R. Willey and P. Phillips, *Method and Theory in American Archaeology*（Chicago：University of Chicago Press, 1956）.

之而來的分類單位可以包括生態學的、生產的、婚姻的、政治的、軍事的、宗教的和風格的。當社群依照風格（style）這個標準而分類時，它們才分類成「類型」與「文化」。這是最常使用來描述資料的標準，因為我們的資料的性質（形制和裝飾）最便於這種的分類[11]。所以，一個相互作用圈並不是作為行為單位的文化的相互作用。它實際上是社群與社群之間在一個很大的相互作用層次分級結構體之內的相互作用（接觸、訊息、貨物的交換以及衝突）。我們可以假定在同一個「類型」（phase）之內的社群之間的相互作用比不同類型的社群之間的要徹底、要頻繁，同時同一個文化中的社群之間比不同文化之間的社群彼此相互作用更為徹底與頻繁。我們使用類型與類型或文化與文化之間風格類似的程度為接觸關係的徹底性或頻繁性的指數。

對外交互作用與內部複雜性的增加一定是相輔相成的。近來研究國家形成的學者屢次地指出，許多政體所組成的網乃是其個別組成分子向國家轉化的必要條件。巴蓓拉·普賴絲（Barbara Price）在對墨西哥中部早期國家的分析上，提出來了一個「叢體相互作用」（cluster-interaction）的模式：「在一個叢體之內，類似的因果關係作業在每一個成員中產生類似的、平行性的或輻湊的效果。因此就在適應程序上有一種基本性的類似性。這種類似性又由叢體成員彼此作規則性或至少是間歇性的相互作用這件事實所加強。這種相互作用採取兩種主要形式，即交換與競爭或爭戰，而它們播放新的成就並將文化演化的整個程序加速化。」[12]在討論國家形成這個一般問題但主要引用近東的具體的例子的時候，瑞德（Henry Wright）指出，複雜的酋邦「也許在得天獨厚的島嶼上有所存在，但在它們牽引列入一個更大的系統之內以前似乎不會進一步發展成為國家」[13]。也正像我在談到中國古代三代文

---

[11]關於遺址與器物群的考古分類的基本原則，見 K.C. Chang, *Rethinking Archaeology*（New York： Random House, 1967）.

[12] "Shifts in production and organization," *Current Anthropology*, 18 （1977）：210.

[13] "Recent researches on the origin of the state," *Annual Review in Anthropology*, 6（1977），382.

明的發揚的時候所指出的，「三個或更多發展程度相當的國家彼此在經濟上的連鎖關係造成全華北自然資源與生產品的更進一步的流通，對每個國家之內的財富集中和剩餘財富的產生造成更爲有利的條件。同時，依仗國外的威力來加強國內的統治是古今中外共同的統治術。」⑭

顯然在公元前第四千紀中國相互作用圈形成時還沒有邁過國家的門檻，但與此類似的內外交互作用過程，在那較早的網絡之中也一定照樣進行，因爲在這以後一千年間左右，我們在這相互作用圈裡的每一個區域內，都可以看到相似的文化社會變遷的程序在紀元前第三千紀之末走向一個複雜並且分級到可以使用文明這個稱呼的社會。在這裡我們簡略地看一下考古資料可供使用的若干區域中文化變遷的程序：(1)山東，大汶口文化演變爲山東龍山文化；(2)長江下游，自馬家浜文化產生而將之取代的良渚文化區；(3)黃河中游河谷，仰韶文化地區，在這裡各區域類型經過一過渡期類型──廟底溝二期，而發展成爲好幾個區域性的龍山文化（河南、陝西、山西）；(4)甘肅有齊家文化在此時興起；(5)長江中游青龍泉三期文化的區域。如嚴文明所指出的⑮，這些龍山和有關文化在許多方面彼此相似而且他們約略同時在舞台上出現。這兩件事實便可指明各地龍山的發展乃是彼此有關的。下面略述這些龍山與有關文化的要點。

㈠山東龍山文化

導致龍山文化最初的制定的1930－1931年在城子崖的發掘，已在敘述山東大汶口文化發現時提過。另外一個重要的龍山遺址，是1936年在山東東南海岸的日照兩城鎮發掘的，出土了一套比城子崖的還要精緻的黑陶器⑯。梁

---

⑭K. C. Chang, *Shang Civilization* (New Haven： Yale University Press, 1980)，pp. 366-367.

⑮《文物》，1981年6期，頁41-48。

⑯兩城鎮龍山遺址發掘報告（劉耀、祁延霈著）的原稿現存中央研究院歷史語言研究所。對遺物簡述見 S. Y. Liang, " The Lungshan culture, " *Proceedings of the Sixth Pacific Science Congress*, 4 (1939)，pp. 69, 79； 和尹達，《中國新石器時代》（三聯書店，1955年）。

思永在第六屆太平洋科學學會上宣讀的一篇龍山文化考古資料的綜合文章裡，將已有的龍山遺址分為三個類型，即山東海岸（為兩城鎮所代表）、豫北和杭州灣。在他這個分類裡面，城子崖分為一個介於兩城鎮和豫北之間的類型[17]。1959年大汶口的發掘以後，山東龍山文化的研究又集中到他與新發現的大汶口文化之間的關係上了。同時，隨著六十年代與七十年代許多新的龍山文化遺址（包括許多出土龍山與大汶口兩文化遺物的遺址）的發現與發掘——如荏平的尚莊[18]、梁山的青堌堆[19]、泗水的尹家城[20]、濰坊的姚官莊[21]、平度的岳石村[22]、膠縣的三里河[23]、諸城的呈子[24]和日照的東海峪[25]——我們現在對山東龍山文化的一般特徵和內部區分已經有了更多的了解。層位的資料與放射性碳素的數據使我們對年代學上的問題有了一定的掌握。

可是大規模發掘過的遺址是很少的。最早發現龍山文化的城子崖遺址到現在還是唯一有夯土城牆的一個[26]，雖然最近有過另一個龍山文化城牆遺址的初步報告。城子崖的城牆呈長方形，南北長450米，東西寬390米，以所謂「夯土」的技術築建的：

> 最先在地面上挖成一道寬約13.8公尺、深約1.5公尺之圓底基溝，
> 然後將溝用生黃土層層築滿，築成堅固的牆基。……所用生黃土中

---

[17] 上引 S.Y. Liang, " The Lungshan Culture. "

[18] 《文物》，1978年4期，頁35-45。

[19] 《考古》，1962年1期，頁28-30。

[20] 《考古》，1980年1期，頁11-17；《文史哲》，1981年1期；《考古》，1985年7期，頁595-601, 632。

[21] 《考古》，1963年7期，頁347-350；《文物資料叢刊》，5（1981年），頁1-83。

[22] 《考古》，1962年10期，頁509-518。

[23] 《考古》，1977年4期，頁262-267。

[24] 《考古學報》，1980年3期，頁329-384。（呈子資料承濰坊市博物館杜在忠先生來信補充，謹此致謝。）

[25] 《考古》，1976年6期，頁377-382。

[26] 《城子崖》（南京：中央研究院歷史語言研究所，1934年），頁27。

摻有乾薑石以增加其凝結力；築成之土層厚度頗規則，約在0.12－
0.14公尺之間，亦頗平整。挖開築土可以看見土層間所保存的夯
印，徑約3.0－4.0公分之圓形小凸起與坷坎。牆的本身就建築在這
根基上，也是厚約0.12－0.14公尺的土層所疊成，每上一層由牆面
向內縮3.0公分，形成牆面之傾斜[27]。

　　原牆早已坍掉，但據發掘者的估計，城牆上端平均厚度約9米，而城牆
原高約6米。這是我們在探索中國史前史過程中所碰到的第一個這樣大規模
的城牆。這樣雄大的城牆顯示出來至少在龍山文化時代的兩點新的特徵：最
早的需要巨大勞動力的公共建築和一個史前聚落的防禦牆的最早的建立。當
我們進一步描述山東（以及其他地區）龍山文化的其他方面的時候，我們就
會看到與上述特徵相符合的一個社會水平。

　　在聚落遺址裡面有一般常見的房基、貯藏窖和墓地。有些房基還是半地
下的，如在呈子所發現的，直徑4.5－5米，但在其他遺址如東海峪房子，方
形，約6米見方，建築在由薄而堅固的土層構成的低台基（約30厘米高）
上。在新的社會秩序上特別有啓示的是當時的墓地，在這裡面大汶口晚期墓
葬隨物尖銳分化的趨勢更深刻化了。在呈子的龍山層裡，在1976－1977年曾
發掘了八十七座墓葬，都是單人葬，長方豎穴，頭向東南。十一個墓有熟土
二層台，大多數墓葬有陶器、飾物或豬下巴隨葬。根據墓葬的構造和隨葬物
的數量，八十七個墓葬分爲四組：(1)大型墓，有三層台、木棺，隨葬品多，
都包括高足薄杯和豬下巴；(2)較小型墓，有二層台，有的有木棺，有相當數
量的隨葬物，有時有高足薄杯和豬下巴；(3)小墓，無二層台，無木棺，少隨
葬物；(4)狹小墓坑，僅容屍體，無木棺，無隨葬品。第一級的墓葬一共只有
五個，第二級的十一個，第三級的十七個，第四級的五十四個。很重要的一
個現象是這些墓葬在墓地中分爲三組而每一組中都有四級不同的墓葬。這是
與中國古代嗣後常見的分級的宗族制度相伴的埋葬方式的最早的例子之一。

　　龍山的器具仍是石、骨、木製。這些器具中有一顯著特徵：矛頭和箭頭
的數量特大，尤其從這時農業生產量可想像的高水平的觀點來看更值得注
意。在呈子，一百一十六件石器中有二十八件分類爲箭頭；五十三件骨器

---

[27]同上。

中，二十九件為箭頭。在姚官莊所採集的一百九十四件石器中六十四件是箭頭，七件是矛頭，而在五十件骨角器中二十三件是角製箭頭。這些現象都強烈地指示出當時的弓箭（和矛）不但是獵具而且是兵器，防禦城牆的確是作防禦工事的。

在三里河發現了兩件金屬的錐子。它們的原料是銅，摻入若干鋅和微量的鉛和錫[28]。這是山東所發現的最早的銅合金。

與大汶口和仰韶相對照，龍山陶器絕大部分灰黑色，有少許棕、紅和白色。陶器輪製、高火候燒成，器表常素面，但弦紋、刻紋、附加堆紋和鏤孔等裝飾紋樣也很常見。器形包括鼎、甗、鬹、豆、帶把杯和有蓋的罐。龍山陶器中一個令人注目的成分是極薄而黑亮的杯、盒和罐，多半是祭祀用器。另外一種常見的龍山儀式遺物是卜骨，即燒灼而產生裂紋的鹿或其他哺乳動物的肩胛骨。蛋殼黑陶、骨卜、玉斧和黑陶上面的動物面紋都指向一種超過過去水平的祭儀活動。刻劃的動物紋樣和偶見的泥製藝術品只對龍山工匠活動作有限的暗示，因為後者無疑還使用了其他未經保存的媒介[29]。

(二)良渚文化

三十年代中期在杭州良渚[30]和湖州錢山漾[31]最初發現的良渚文化，現在已經由層位證據與放射性碳素年代確立為同一地理區域的馬家浜文化的較晚期的進一步的發展。除了良渚[32]和錢山漾[33]以外，這個文化的主要遺址包括

[28]《考古》，1977年4期，頁267；《文物》，1981年6期，頁47。

[29]山東龍山文化概述見上引 S. Y. Liang, "The Lungshan Culture"；《文物》，1981年6期，頁41-48；《文物》，1979年11期，頁56-62；《考古學報》，1984年1期，頁1-21。

[30]何天行，《杭縣良渚鎮之石器與黑陶》（杭州：吳越史地研究會，1937年）；施昕更：《良渚》（杭州：西湖博物館，1938年）；S. S. Beach, *China Journal*, 31（1939）：262-266.

[31]慎微之，《吳越文化論叢》（1937年），頁217-232。

[32]《文物參考資料》，1956年2期，頁25-28；1956年3期，頁84。

[33]《考古學報》，1960年2期，頁73-91；《考古》，1980年4期，頁353-358，360。

浙江嘉興雀幕橋㉞、上海馬橋㉟和福泉山㊱，還有江蘇吳縣張陵山㊲和草鞋山㊳、蘇州越城㊴和常州寺墩㊵。這些遺址常包括許多鄰近的居住點，每個居住點占地很小，一般只有數百平方米㊶。房屋的遺跡見於錢山漾和水田畈㊷。都是自平地起建，長方形，大小在5－20平方米之間。房牆木構築，塡草泥土。屋頂當是人字形。有高水平的農業的證據。在錢山漾發現有稻米（包括秈稻和粳稻）遺跡，還有桃（Prunus persica）、甜瓜（Cucumis melo）和菱角（Trapa natans. T. bispinosa）的遺存㊸。農具遺物中，扁平穿孔石鏟、所謂「兩翼耕作器」、長方形和半月形有孔石刀和石鐮都常見。一件大型、粗質尖底器與一件木杵一起發現，可能是搗稻器具。家生動物骨骼遺存中有水牛、豬、狗和羊。網墜、木漂和木槳的遺存表示對水船和漁撈的熟悉。

由於保存條件良好，良渚文化的木製器物爲我們所熟知：木質遺物有房屋、船、工具和器皿。石器和骨器也很發達，包括有特徵的有段錛。較細質的輪製陶器，有的摩擦光亮。器形包括雙耳罐、高足豆、鼎、淺盤和鬹。圈足多鏤孔並常有竹節紋。除此以外也有各種陶質（包括含砂和貝殼摻合料）

㉞《考古》，1974年4期，頁249-250。

㉟《考古學報》，1978年1期，頁109-136。

㊱《文物》，1984年2期，頁1-5。

㊲《文物資料叢刊》，6（1982年），頁25-36。

㊳《文物資料叢刊》，3（1980年），頁1-24。

㊴《考古》，1982年5期，頁463-473。

㊵《考古》，1981年3期，頁193-200；1984年2期，頁109-129；《文物》，1984年2期，頁17-22, 25。

㊶《中國考古學會第一次年會論文集》（文物出版社，1980年），頁126。

㊷《考古學報》，1960年2期，頁93-106。

㊸最初的報告還列了花生、芝麻和蠶豆，但這幾種遺物以及絲織品的出土層位被人提出懷疑，見《考古》，1972年6期，頁41；《考古》，1979年5期，頁400-401和原作者的解釋；《考古》，1980年4期，頁353-358, 360。關於絲織品，見《考古》，1972年2期，頁13-14。

的紅陶與灰陶，手製和輪製都有。含砂陶常飾以繩籃印紋。彩飾也偶見。有
的陶器與陶片上有刻畫紋飾，而且有一大型陶盤口緣上有好幾個不識的文
字。

近年來有許多良渚文化的墓葬發現。葬俗基本上與崧澤的相同；單人
葬，直肢，葬在平地然後覆土，但墓坑和棺也偶然使用。但在隨葬品上良渚
文化顯示值得注意的革新與宗教意義。在寺墩，一個青年男性的墓葬裡出土
了四件陶器、十四件石玉器具、四十九件玉飾物、二十四件玉璧和三十三件
玉琮。若干玉器和腿骨有燒過的痕跡。無疑這是一個重要人物，也許是個宗
敎人物的墓葬。張陵山的兩座良渚墓葬有特殊現象：其一（M4）有四十多
件隨葬物，而且在墓的中部和北部放了三個人的頭骨；另一墓（M5）除了
墓主的骨骼之外還有兩個人頭骨和一堆肢骨。某人認為 M5的多餘的人骨是
二次葬的遺跡[44]，但也有人認為這兩墓都是用人殉葬的證據[45]。在草鞋山的
一座良渚墓葬有一個男性骨骼和兩個女性骨骼，後者可能是二次葬埋入的。

在儀式性的物品之中，良渚墓葬中大量發現的玉琮有特別的重要性[46]。
良渚的玉有好幾種：透閃石、陽起石、岫岩玉和瑪瑙；瑪瑙在南京附近出
產，其他的玉據說都採自太湖區域[47]。這些岩石的製作都需要大量長期的勞
動，因此葬有五十七件精美的玉璧、玉琮的寺墩男性必定是位非常有權力的
人。內圓外方的玉琮一向在中國古器物學上是個難題[48]。寺墩、草鞋山和其
他遺址出土的玉琮中有的飾以動物面紋，包括兩目一嘴。這種花紋令人想到
兩城鎮玉斧上的動物面紋與商周青銅器上面的饕餮紋。同時有不少良渚玉器
上刻有鳥紋，而福泉山的玉琮上獸鳥紋同時並存。良渚的獸面紋的鳥紋——
尤其是裝飾在玉琮上面的——的意義，在我們將所有的龍山文化與三代的美

[44]《文物資料叢刊》，6（1982年），頁27。

[45]《中國考古學會第一次年會論文集》（文物出版社，1980年），頁120-121。

[46]《文物》，1984年2期，頁23-36。

[47]《文物資料叢刊》，6（1982年），頁35；《考古學集刊》，3（1983
年），頁217-224；《考古》，1984年2期，頁34, 29。

[48]《考古》，1983年5期，頁459-460。

術一起討論的時候就可以明顯地看出來了。

(三)黃河中游的龍山文化

　　歸入這個大類的各個文化多半分布在黃河中游河谷和它的支流如渭水、汾河和洛河，但也有的位於其他流域系統，如淮河的支流和流入運河的衛河。這些文化歸入一處的原因有兩個。第一個是這些文化的陶器都顯著的相似：它們都是灰色的而且都飾以印紋如繩紋、籃紋和方格紋。石璋如曾將這類陶器稱爲彩陶文化與黑陶文化以外華北第三種新石器時代文化的產物，而他稱這種文化爲拍紋陶文化，因爲這種陶器上的印紋多是由帶繩紋、籃紋或方格紋紋樣的拍子拍印上去的⑭。可是這個分類現在已不適用了，因爲這種陶器不再代表一種與仰韶同時的文化。這些文化放在一起討論的第二個理由是這些文化都似乎是由仰韶文化（所謂彩陶文化）或其各個區域類型演變下來的。

　　在公元前第四千紀近結束的時候，除了在甘肅和青海仰韶文化仍持續於幾個較晚的類型（見第三章）之外，整個的仰韶文化的幾個區域類型在晉南、陝西東部和河南西部普遍地轉化爲所謂廟底溝二期文化。這個文化是在1956和1957年河南陝縣（現三門峽市）廟底溝遺址的發掘中發現的⑮。這個遺址的下文化層是仰韶文化廟底溝類型的代表遺址。在上文化層（廟底溝二期）中發現一組遺物中含仰韶與龍山兩者器物類型，因而認定爲一個轉變期的類型。這個廟底溝二期轉變類型的認定是在六十年代初期把仰韶、龍山（過去當作兩個同時平行的文化）當作兩個先後承續的文化這種新看法的關鍵⑯。類似的器物群也有廣泛的發現，較重要的遺址有河南洛陽王灣⑰、晉

---

⑭石璋如，〈新石器時代的中原〉，《大陸雜誌》，第4卷第3期（1952），頁65-73。

⑮《廟底溝與三里橋》（科學出版社，1959年）。

⑯《考古》，1959年10期，頁559-565；《考古》，1959年10期，頁566-570；《中央研究院歷史語言研究所集刊》30本（1959年），頁259-309。

⑰《考古》，1961年4期，頁175-178。

南的平陸盤南村[53]、芮城西王村[54]和襄汾陶寺的下層[55]，陝西東部華縣泉護村[56]和華陰橫陣村[57]。放射性碳素的年代數據只有一件，來自廟底溝（ZK 111），經樹年輪校正後是約公元前3015－2415年。

除了仰韶遺址中常見的兩側有缺口的打製石刀以外，在這個類型中出現了磨製的半月形和鐮形石刀，表現較爲進步的農業，有兩個叉的木製耕器（耒），從它們在泥土中的印痕上可以看出來。家雞的骨頭與狗和豬的骨頭都有發現。石製的網墜和石製骨製箭頭廣泛發現。

陶器主要採取泥條圈捲技術。輪製陶器偶有報告；用慢輪磨光和修整的技術在當時大概已有，但眞正的陶輪可能還沒有。陶質粗糙，灰色，在有改進的陶窯中燒到攝氏840°左右；在這時的陶窯中的燒坯膛（膛壁向內傾斜形成較小的上口）直接放在火膛的上面，而不像仰韶陶窯那樣放在旁邊[58]。紋飾多是印製的，有籃紋、繩紋和方格紋，也有附加堆紋和刻紋。彩陶還很多，主要的形式是一種大而深的紅色陶鉢，上部繪有黑彩紋。少數的薄、硬、亮黑陶也有發現。除鉢、罐和盆以外，陶器的形式有三足器和一些圈足器，三足器中有鼎和斝，但還沒有鬲。

廟底溝二期陶器的過渡性質有特別的重要性。就因爲這種性質使許多學者接受河南龍山陶器是自仰韶演變而來的這種看法：其中有不少的陶器好像是承襲了仰韶文化器形發展而來的，尤以杯、罐、尖底瓶及鼎等較爲突出。尖底瓶是仰韶文化中的典型產物，類似這裡的尖底瓶也見於澠池縣仰韶村，在陝西華陰橫陣村也有碎片出土，都和仰韶文化的尖底瓶有很大區別，而又有比較密切的聯繫。塗有紅陶衣的小杯是這裡的特殊產物，和仰韶的粗陶小杯也有一定的聯繫。……總之，從廟底溝第二期文化的陶器上來看，具有由

---

[53]《考古》，1960年8期，頁5-7。

[54]《考古學報》，1973年1期，頁58-60。

[55]《考古》，1980年1期，頁19-23。

[56]《考古》，1959年2期，頁71-75。

[57]《考古》，1960年9期，頁5-9；《考古學集刊》，4（1984年），頁20-27。

[58]《中國陶瓷史》（文物出版社，1982年），頁12-13。

仰韶到龍山的過渡形態是非常濃厚的[59]。

在廟底溝發現了一百四十五座墓葬，多是單人葬，仰身直肢，頭向南，排成整齊的行列。隨葬物極少。在洛陽王灣的三十九座墓葬中有兩座是俯身葬，有一人在埋葬時似雙臂後綁。

廟底溝二期文化的地理範圍和準確的時代持續仍在研究中[60]。當時的情勢比較複雜，因為很快好幾個區域性的龍山文化類型便在考古資料中出現，可是它們大概不會都是自狹義的廟底溝二期文化發展出來的。在黃河中游整個地區內從仰韶到龍山諸類型的演變的詳細的歷史還有待進一步的研究。

照目前的知識，可明確界說的龍山文化類型有下述數個：豫東類型、豫北類型、豫西與豫中類型（通過黃河伸入山西西南）、晉南臨汾盆地類型和陝西渭水流域的客省莊二期類型[61]，其層位和年代的數據都指向這些類型在年代學上占有相似的地位的這件事實。除此以外，似龍山式的器物群又見於晉中太原一帶[62]和河南西南部漢水上游[63]，但資料還少。所知頗詳的龍山類型撮要如次。

·豫東類型

黃河中游龍山文化的豫東類型（又稱王油坊或造律台類型）實際上位於河南最東部的淮河流域範圍內，但它的陶器雖有特徵，卻是黃河中游龍山系統的一部分。「陶器以泥質灰陶為主，其次是夾砂灰陶、褐色陶、紅陶和黑陶等。製法以輪製為主，兼用手製。紋飾多方格紋，其次是籃紋和繩紋，還有弦紋、鏤孔、劃紋、指甲紋和附加堆紋等。器形：以侈口深腹罐、敞口碗為多，其次是罐形鼎、袋足鬲、圈足盤和平底盆（盤），還有甑、帶柄杯和

[59]《廟底溝與三里橋》，頁110-111。

[60]《新中國的考古發現和研究》，頁69-73有一晚近的撮述。

[61]關於龍山文化區域類型的分類，見《中國考古學會第一次年會論文集》，頁32-49；《中原文物》，1982年2期，頁20-25；《中國考古學會第三次年會論文集》（文物出版社，1984年），頁195-197；又見《新中國的考古發現和研究》，頁175。

[62]《中國考古學會第三次年會論文集》（1984年），頁195-197。

[63]《文物》，1972年10期，頁11-12。

器蓋等。」[64]有可用資料的主要遺址有淮陽平糧台[65]、鄲城段砦[66]、商丘塢牆[67]，和永城黑孤堆[68]和王油坊[69]，都在河南。

這個類型最重要的遺址是1979、1980年發掘的淮陽平糧台。城牆位於一個五萬多平方米大、高於周圍平地3－5米的平頂的台地上，方形，每邊長約185米，方向正南北偏西6°。殘牆僅高3米多，但在底部厚13米，在頂部厚8－10米。牆的建造方式與城子崖的城牆相似，但每個夯土段較小。摻著燒土塊的棕色土用來建造牆基，約80－85厘米寬，1.2米高，夯土層僅15－20厘米厚。多層的夯土段作爲內牆，在內牆外堆土夯層到內牆段的高度爲止，然後上面加築一段，如此向上加築到城牆築就爲止。夯土的器具圓頭或橢圓頭，或係用四根木棍綁在一處。北牆和南牆的中間有缺口，想係城門所在。南面缺口左右各有一個房屋，用土塊堆成或大個曬硬土坯築成，大概是衛房。

平糧台土堆上的城牆仍在調查研究中。迄今已發現十幾間長方形房屋，排列成行，用曬乾的土坯或土塊所築成。有的築在地面上，有的在低台基上。一號房是前者的一例。房子13米長、4.5米寬，以土坯造牆，牆厚約34厘米。每塊土坯約32厘米長，27－29厘米寬，8－10厘米厚；房子分隔成三間，在北牆裡面沿牆用土坯築成一條約30厘米寬、8厘米高的台子。三間屋子中兩間有爐台。這種土坯蓋的房子也見於王油坊。

在南門下面有一段5米多長的地下水溝，由陶水管接成，每管35－45厘米長，大頭套小頭相接，然後埋在地下，覆以小石子和土，最後爲路面掩蓋。其他出土的現象有三個陶窯、十六個嬰兒葬（用瓷棺或土坑）和兩處窖

[64]《中國考古學會第一次年會論文集》，頁36-37；《文物》1983年2期，頁50-59。

[65]《文物》，1983年3期，頁21-36。

[66]《中原文物》，1981年3期，頁4-8。

[67]《考古》，1983年2期，頁116-121,132。

[68]《考古學報》，2（1947年），頁83-120；《考古》，1981年5期，頁385-397。

[69]《考古》，1978年1期，頁35-40,64。

穴。在一個窖穴中發現了銅綠狀碎土，可能是鑄銅遺迹。在這層土下面有兩支整牛骨架。

平糧台的初步發現指向與山東龍山文化可以相比的社會水平，有城鎮生活，並可能有冶金技術。牛肩胛骨卜骨在這一類型的遺址中廣有發現，但至今尚未有文字發現的報告。

·豫北冀南類型

黃河中游龍山文化的豫北類型在文獻裡又稱爲後岡或後岡第二期類型，這是依據1931年這個類型最初發現所在的河南安陽後岡而來的[70]。自此以後，龍山文化這一類型的遺址已有一百餘處，多在衛河、漳河及其支流在豫北冀南的洹水和淇水流域[71]。報告較詳的遺址在河南安陽數處[72]，尤其後岡[73]和湯陰白營[74]，以及河北南部的磁縣下潘汪[75]和邯鄲澗溝[76]。這個類型的特徵依李仰松的撰述如下：「陶器以泥質灰陶爲主，其次爲夾砂灰陶，泥質黑陶和紅陶最少，多爲輪製。紋飾除大量素面磨光灰陶外，以繩紋陶最多，其次是籃紋和方格紋，堆紋和劃紋較少見。……器形有單把繩紋鬲、甗、鬹、小口高領甕的殘片。還有深腹小底罐、泥質雙腹盆、大平底盆（盤）、直筒杯、斜敞口碗（蓋）和帶把紐的子母口蓋等。比較突出的陶器爲鬼臉式（鏟形）鼎足。」[77]

後岡類型的遺址沿著這個區域的小河兩岸密集地分布。在殷墟的範圍之

---

[70]《安陽發掘報告》，4（1933年），頁609-625。

[71]《考古學報》，1985年1期，頁84。

[72]見於《安陽發掘報告》，1-4（1932-1933年）；《考古學報》，1（1936年）。

[73]《考古》，1972年5期，頁8-19；1982年，6期，頁565-583；《考古學報》，1985年1期，頁33-87。

[74]《考古》，1980年3期，頁193-202；《考古學集刊》，3（1983年），頁1-50。

[75]《考古學報》，1975年1期，頁73-115。

[76]《考古》，1959年10期，頁531-36；1961年4期，頁197-202。

[77]《中國考古學會第一次年會論文集》，頁35。

內沿著洹水兩岸便有九個以上的龍山村落，彼此相距0.5－1公里，堆積很深，表示占據時間較久[78]。坐落在一個400×250米大小的天然土台上的後岡遺址的周圍發現過一道夯土圍牆；僅南牆與西牆有70米長的一段存留，2－4米寬[79]。在牆內地區發掘了幾十座房基；多圓形，2.5－5.5米直徑，平均3.6－5米。房子都建於地面，居住面用夯土和白灰面，牆用草泥土或土坯。土坯20－52厘米長，15－38厘米寬，4－9厘米厚，係自混有燒土塊的深褐色土切成，半乾後一塊接一塊平放。瓮棺或土坑中的嬰兒埋葬常與築屋活動相聯繫：有的埋在房基下面，有的在木柱下，有的在牆基下甚至在牆內，還有的在附近垃圾下面或在散水面下。這些嬰兒被認爲是與建屋有關的儀式中的犧牲者。與此相似的房屋建造方式也見於白營，但白營未發現嬰兒埋葬。

在澗溝發現了中國史前史上人與人之間暴力活動的最早的證據。在這裡的龍山文化層中發現了一片房基和兩口乾井。「在房基中發現人頭骨〔六〕具，有砍傷痕與剝皮痕，顯係砍死後又經剝皮的……。水井被廢棄後而埋有五層人骨架，其中也有男有女，有老有少，或者身首分離，或作掙扎狀。由此推測：死者可能有被殺死，或被活埋的。」[80]嚴文明推測人頭骨可能是自敵人酋長或戰士的頭上砍下來的，作爲飲器之用[81]。既然當時已有這種活動，龍山村落的夯土圍牆就很有存在的理由了。在發現的石器中有箭頭和矛頭。

窖穴和陶罐中發現有粟的遺存。家畜有豬、牛和狗；後岡所發現的家畜骨骼之中，豬骨占90％以上。用以占卜的豬和鹿的肩胛骨也有發現。

---

⑦《考古學報》，1985年1期，頁84。

⑦《中央研究院歷史語言所集刊》13（1948年），頁23；《考古學報》，1984年1期，頁33。

⑧《考古》，1959年10期，頁531-532，據最初的報告，房子中的人頭骨共有四個，據當初參加發掘的嚴文明的報告，實際上發現了四個完整的人頭骨，另外有兩個殘缺的人頭骨，所以一共是六個，見《考古與文物》，1982年2期，頁38-41。

⑧《考古與文物》，1982年1期。

·豫西豫中類型

　　這個類型又稱為王灣或煤山類型，在黃河中游龍山文化諸類型之中分布最廣，所發現遺址最多。遺址分布於山西河南之間黃河兩岸、河南的洛河河谷和嵩山地區，向東沿淮河支流潁河伸延到禹縣以東。這個類型的特徵撮述如下：「陶器以泥質和夾砂灰、黑陶為主，褐陶逐漸減少，不見紅陶。製法以輪製為主，其次是手製。紋飾以拍印方格紋、豎籃紋為主，其次是繩紋，還有一些劃紋和指甲紋等。器形：以侈口夾砂罐、高領甕、雙腹盆、斝、甑、單柄杯、斜壁碗（蓋）、圈足大盆等為最常見。另外，還有乳頭足罐形鼎、袋足鬶、平底三足鬶、鬲、盉、豆、垂腹罐（壺）、研磨器和器蓋等。」[82]這個類型的主要遺址包括：洛陽數處，包括王灣[83]、孟津小潘溝[84]；鄭州地區數處[85]、沁陽點軍台[86]、登封王城崗[87]、禹縣數處[88]、臨汝煤山[89]、陝縣三里橋[90]和夏縣東下馮[91]（以上遺址除東下馮在山西西南角外，都在河南）。

　　1977－1981年在登封王城崗發掘出土一座夯土城牆。城有東西兩城，但

[82] 《中國考古學會第一次年會論文集》，頁34；《中原文物》，1983年2期，頁15-21。

[83] 《考古》，1964年4期，頁175-178；1期，頁5-17；1983年2期，頁101-105；《文物》，1981年7期，頁39-51；《中原文物》，1982年3期，頁2-7。

[84] 《考古》，1978年4期，頁244-255；1982年2期，頁186-191。

[85] 《考古學報》，1958年3期，頁41-92；1958年4期，頁19-26；1979年3期，頁301-374；《中原文物》，1982年4期，頁22-29；1983年4期，頁1-8。

[86] 《中原文物》，1982年4期，頁1-21。

[87] 《文物》，1983年3期，頁8-20。

[88] 《考古》，1978年1期，頁23-34；1979年4期，頁300-307；《文物》，1983年3期，頁37-43。

[89] 《考古》，1975年5期，頁283，294；《考古學報》，1982年4期，頁427-475。

[90] 《廟底溝與三里橋》（科學出版社），1959年。

[91] 《考古》，1980年2期，頁97-107，《考古學報》，1983年1期，頁55-91。

東城大部都已冲蝕，只餘西南角。西城的東城牆即東城的西牆，城作方形，
南北約92米，東西82.4米。西牆南北走，偏西5°。南牆有一缺口，可能是城
門所在。城牆用夯土建築，夯層多10厘米厚，但有若干層僅6－8厘米厚。每
層上表鋪一層細砂，然後該層用河床礫石捶緊，礫石的印痕在每層表面都可
見到。在西城中央高地上和城西南部發現了夯土基址的殘迹，但保存不足，
無法復原。基址當中摻有圓形地下穴，常填有成層的夯土。夯土層中間發現
大人或小孩的墓葬，每墓二人到七人不等。這些墓葬被認爲與房屋奠基的儀
式有關。以第一號坑爲例：共二十層夯土，每層8－24厘米厚，從第三層到
第六層之間發現了七具骨架。

　　煤山遺址出土了十七處房屋。房屋均建築在略低於地面的居住面上，以
草泥土爲牆和隔牆。居住面上抹數薄層石灰。房屋之一的大小是3.5×5米，
東下馮遺址出土許多墓葬，都是單人土坑墓，有生土二層台但少隨葬物。
M313墓穴圓形，中埋一青年屍體，兩足都被整齊地斬掉。

　　雖然龍山文化這個類型的遺址已有不少發現，關於它的資料仍嫌不足。
在王城崗我們見到貴族的房屋，和可能與之相關的人牲祭祀。沒有夯土房基
的煤山房屋以及其他遺址發現的房屋代表至少低下一格的階級，而東下馮的
墓葬顯然屬於再低下的階級。除此以外，當時的社會還有許多缺環。還應當
一提的是在王城崗的一個窖穴裡發現了一個青銅容器的殘片，經分析證明爲
銅錫和鉛的合金[92]。煤山陶製坩鍋的碎片發現於兩個窖穴，其中有的在裡面
表面上附有金屬渣滓，有一件經化驗含95％的紅銅。最後，像其他龍山類型
一樣，卜用的肩胛骨廣有發現。

·晉南類型

　　晉南類型（又稱陶寺類型）是最近在晉南襄汾陶寺遺址發掘以後才辨認
出來的。目前在臨汾盆地的坡地上已發現七十多處遺址[93]，但僅陶寺遺址有
較詳的報告[94]。這個遺址面積很大，其遺迹遺物分布範圍有1.5×2公里，但

---

[92]《史學月刊》，1984年1期，頁2；此文報告係一銅鬶殘片。

[93]《中原文物》，1982年2期，頁20-25。

[94]《考古》，1980年1期，頁18-31；1983年1期，頁30-42；1983年6期，頁
　　531-536；1984年12期，頁1068-1071。

僅有一小部分經過發掘。除了少數房屋、窖穴和陶窯外，這個遺址中主要的發現是一處巨大的墓地。調查者相信這個墓地有數千座墓葬，已發掘的有千餘座。這裡所發現的陶器與豫西豫中類型的相似，但包括數種有特色的器形：「直口肥足鬲、方格紋帶把或帶紐鬲、平口鬲、圈足罐、扁壺、斝、簋」等器形是豫西豫中所不見的[95]。

與墓地內各墓葬之間的差異有關的陶寺最令人注目的發現是在若干墓葬中出土的值得注意的一些器物。墓葬都是單人土坑墓，頭朝東南，而這些墓葬似乎排列成兩個或兩個以上的組合，而在每一組之內各個墓葬又好像依照某種規則而排列。這使人想到山東呈子的墓地，但陶寺的資料所知尚不完整而且多未報告。我們可以清楚知道的是已發掘的千餘座墓葬可以分為大型、中型和小型三等：

㈠大型墓：已發現九座。墓坑約3米長，2－2.75米寬。能鑑定性別的骨架都是男性的。用木棺，裡面鋪以朱砂。隨葬物豐富，有一兩百件，包括一件繪有龍紋的紅色陶盤及包鱷魚皮的木鼓、石磬、鼓形陶器、木案、木桌、容器，其他有鮮艷彩繪的器物、石玉璧環和斧、整豬的骨架。但大墓中有四座沒有包含鱷皮鼓、磬和鼓形陶器的樂器組。

㈡中型墓：約八十座。墓坑淺而寬或深。淺而寬者2.5米長，1.5米寬，不深於附近的大型墓；深墓坑集中在墓地的另一處，長2.2－2.5米，寬0.8－1米，深2－3.5米。淺坑墓多在大型墓附近，其中骨架似均男性。用木棺，有的有朱砂。隨葬物包括整套的陶容器、彩繪木器、玉琮、斧、環、飾物和豬下巴。若干位於大墓附近的淺穴墓似乎是女性墓葬，用彩繪木棺，內有朱砂。死者戴繁褥頭飾和臂鐲，隨葬有彩繪陶瓶。若干淺穴墓和全部深穴墓沒有隨葬的陶器或木器；在這裡面發現的有木棺、繁褥葬衣、玉石斧、環、綜、梳、笄和豬下巴。有少數中型墓葬（淺和深穴）很少隨葬品。

㈢小型墓：六百一十多座已發掘，大小多2×0.4－0.6米，多無隨葬物。

上述現象指向財富之在大型墓（占全部墓葬1.3%）與中型墓葬（占

⑨《考古》，1980年1期，頁30。

11.4％）中顯著地集中。這是比我們迄今討論過的任何其他龍山墓地中更大程度的集中。大墓兩旁各一中型墓的一組可能是一家的男主人和他的兩個配偶。古代文獻中記載鱷皮鼓和石磬為王室的象徵，而龍紋盤、玉器和木器都是這段時期特別值得注意的發現物。1983年，在一座墓葬骨架的近骨盆處發掘了一件似銅鈴器物，原來裹在紡織物裡，化學分析證明它的成分有97.86％紅銅，1.5％鉛，0.16％鋅。

·陝西類型

一般稱為客省莊二期[96]，陝西龍山文化類型的代表遺址有西安客省莊[97]、臨潼姜寨[98]、華縣橫陣村[99]，以及渭水兩岸的其他遺址。在姜寨，這個類型的遺物在半坡晚期或稱西王村類型的上層發現。在橫陣村，它的遺物在廟底溝二期文化層上面發現。在西安附近的張家坡，這個文化的年代在西周遺物以前。陝西龍山類型大致與其他龍山諸類型同時，但它與西周的關係以及它與殷商的相對年代關係等下面談到周文明起源時再作探討。

在客省莊發現了十座半地下式房屋的遺跡。房屋或只有一間屋子，或有兩間屋室相接。雙室的房屋，或有兩間方形房間或內室為圓外室為方，尤有特色。房內的居住面鋪有生活雜垃，然後經長期使用而踏緊。袋形窖穴有細口頸和大達4米直徑的窖室，也是有特徵性的遺存。

在遺址中所發現的器物，多屬農業文化，但漁獵具仍有發現。器物包括石刀、鏟、斧和矛頭；骨製的魚鉤、箭頭和板狀具；泥製的紡錘。貝殼器沒有發現。獸骨中有狗、豬、牛、水牛、羊、兔和水鹿。除了兔和水鹿以外都是家畜，比起仰韶來有顯著的進步。陶器中約80％是灰色的，像海岸地區龍山式的黑陶片不超過1％。印紋陶多印繩紋或籃紋；方格紋陶片很少。彩陶片（深紅彩繪於紅外衣上）有偶然發現。器形上，單把的鬲、繩紋罐和繩紋

---

[96]《考古與文物》，1980年4期，頁78-84，90。

[97]《考古通訊》，1956年2期，頁32-38；《灃西發掘報告》（文物出版社，1963年）。

[98]《考古與文物》，1980年3期，頁1-13。

[99]《考古學集刊》，4（1984年），頁1-39。

斝最爲常見，鼎極少見。陶器多用手製，用泥條築成，而且有的鬲是範製的。很少數的陶片有輪製痕跡。

在橫陣村發現了一座一男一女的雙人葬，隨葬有六件陶器。在客省莊遺址，屍體有時埋葬在被廢棄不用的窖穴裡，每穴可達五具骨架。這個文化的另一特徵是使用羊肩胛骨來占卜，燒灼過的羊肩胛骨時有發現。

(四)齊家文化

跟著隴東洮河流域廣河縣齊家坪標準遺址命名的齊家文化是安特生在1923年所發現的，安氏認爲齊家文化是甘肅最早的新石器時代文化，而甘肅與河南的仰韶文化都是從之演變而來的[100]。這個說法早已證明是完全錯誤的。在它整個分布範圍之內都可找到的層位上的證據表明，齊家文化在時代上在仰韶文化之後，而在渭水上游的周文化層和西面的幾個並存的金石並用時代文化之前[101]。它的分布範圍東到渭水上游，西到青海湟水流域，南到西漢水流域，北到寧夏和內蒙古的最西端[102]。齊家文化的遺址現已發現的有三百多處，其中除齊家坪[103]以外，所最熟知的有甘肅永靖大何莊[104]和秦魏家[105]、武威的皇娘娘台[106]和青海樂都柳灣[107]。一小串的 C–14年代把齊家文化放在公

---

[100] J. G. Andersson, *Memoirs, Geological Survey of China*, series A, S, 1925 ; *Children of the Yellow Earth* (London： Kegan Paul, Trench, Trübner, 1934)；《遠東博物館報刊》，15（1943）。

[101] 齊家在上、仰韶在下的層位關係在洮河和渭水上游許多遺址中都可看到，見《考古學報》，3（1948年），頁101-117；《考古通訊》，1956年6期，頁9-10；1958年5期，頁1-5；1958年7期，頁6-16；1958年9期，頁36-46；《考古》，1959年3期，頁138-142, 146。

[102] 關於齊家文化一般概述，見《考古與文物》，1981年3期，頁76-83；1980年3期，頁77-82, 33。

[103] 《遠東博物館館刊》，18（1946年），頁457-458。

[104] 《考古學報》，1974年2期，頁29-61。

[105] 《考古學報》，1975年2期，頁57-95。

[106] 《考古學報》，1960年2期，頁53-70；1978年4期，頁421-427。

[107] 《青海柳灣》（文物出版社，1984年）。

元前第三千紀的後半，大致與其東的龍山諸文化年代的後半相符。

齊家陶器的特徵是具有籃紋或刻紋的黃棕色的陶，尤其是一種束頸、侈口、在肩上有兩個大直圈狀把手的平底壺。彩陶偶見。繩紋也有。粟粒遺迹和陶器上紡織物的印痕發現於永靖大何莊；占卜用過的豬骨和羊骨見於靈台的橋村[108]；卜用羊肩胛骨見於大何莊和永靖秦魏家；卜用牛、羊、豬的肩胛骨見於武威皇娘娘台；紅銅裝飾品和小件用具見於上舉三址。狗、豬、牛、馬和羊骨以及大麻的遺迹也有發現。這些發現都表示齊家是發達農業民的文化，但在他們中間家畜似乎比在華北其他各處多且較重要[109]。

在永靖大何莊遺址發現有塗白灰的長方形房屋居住面；在房子附近或裡面造有圓形或方形的灶。在房子的周圍有各種形狀的窖穴。從房屋和窖穴裡發現了二十三件紅銅的器具和銅煉渣，前者包括刀、錐、齒和環。一件刀和一件錐經分析發現紅銅占金屬成分99％以上，包括不到0.4％的雜質（鉛、錫等）。在青海貴南尕馬台遺址發現了一個紅銅鏡，直徑89厘米，厚3厘米，在背面有花紋，由兩個同心圓圈及其間的平行紋組成的單位所構成。經中子激活法分析所得的銅錫比率為1：0.096[110]。

齊家文化的村落包含它們自己的葬地。在秦魏家遺址發現兩個葬地，一在遺址西南部，一在東北部。1960年在東北部墓地中100平方米大小的一塊地內發現了二十九座墓葬，南北排成三列，頭均向西。其中二十四座為單人葬，另外五座各葬兩個大人，一男一女。男子骨架直伸，女子在其左方，屈肢。所有墓葬都有石陶器隨葬，並有一件到十五件豬下巴。西南墓地下文化層出土了八座墓葬，上文化層出土九十九座墓葬，後者分六排自東北向西南排列，頭皆向西北。墓葬絕大多數為單人葬，都有葬品——陶器、石骨器、飾物、卜骨和豬下巴。這種埋葬方式在了解齊家社會組織上的重要性是很顯然的。在大何莊遺址的地表上發現有小石塊排成的圓圈圈，可能是一種宗教

---

[108]《考古與文物》，1980年3期，頁22-24。

[109]關於齊家文化內農業與家畜豢養之相對重要性，見《考古》，1961年1期，頁3-11；1961年7期，頁338-389；《考古與文物》，1981年3期，頁76-83。

[110]《考古》，1980年4期，頁365-368。

遺跡，附近有祭供用的動物的埋葬。

關於齊家文化的來源問題學者有不同的看法。它的粟米農業無疑是仰韶文化傳入的，但它的文化從屬則是值得討論的問題。它與渭水流域仰韶和龍山文化以及與西周文化的相似性已經有人指出[⑪]，但這些相似性可以用在不同時期的文化接觸關係加以解釋。可能在接近西北和內蒙古乾燥草原而現代氣候也趨於乾燥的這個區域，仰韶式的農業文化較不適應而爲以土著爲基礎的文化類型所取代，而後者接受了相當的仰韶農民的文化影響。與它同時的文化類型以及許多接著齊家而起的文化傳統的性質似乎指向上述的可能性，可是那土著的基礎如何還不能斷定。同時由於最近在甘肅極東部鎮原常山遺址的發掘[⑫]，有人又建議齊家文化是自早期常山文化發展出來的，後者可以把齊家與渭水流域仰韶聯繫起來[⑬]。我們對這個區域未來的發展付以密切的注意。

(五)靑龍泉三期文化

又稱爲湖北龍山文化，靑龍泉三期文化最初是在1958－1961年發掘的湖北西北部漢水流域的鄖縣靑龍泉遺址中辨認出來的[⑭]。在這個遺址裡，仰韶、屈家嶺和靑龍泉三期文化的器物群發現有層位關係。最晚的這個器物群的特徵：陶器以灰色爲主，黑光陶較少。陶器一般手製，個別的輪製。籃紋爲主，多交互拍印，彩繪陶片極少。代表器形有盆形鼎、厚壁的喇叭形杯、紅頂碗、鬶、斝，鬲和甗未見[⑮]。

---

⑪《考古》，1959年3期，頁138-142；1959年7期，頁323-325, 345；1959年10期，頁517；1961年1期，頁10；1976年6期，頁352-355；《文物》，1979年10期，頁60-69。

⑫《考古》，1981年3期，頁201-210；1982年4期，頁392-397, 406。

⑬《考古與文物》，1980年3期，頁77-82, 33。

⑭《考古》，1961年10期，頁519-530。

⑮《中國考古學會第二次年會論文集》，1982年；《江漢考古》，1985年1期，頁76-81。

根據李文杰在1980年的綜合研究，青龍泉三期文化在湖北、河南南部和湖南北部有不到二十處遺址發現，大致與屈家嶺文化的分布範圍相符合[116]。這些遺址多半未經正式報告[117]。從層位和絕對年代證據上證明為比青龍泉三期文化為早的屈家嶺文化顯然是後者在本地的祖型，但青龍泉三期文化具有輪製陶器，灰陶、籃紋和方格印紋，以及上舉的新器形，已演進為龍山式的新形式。從隨葬的財富上說，當時已有顯著的社會分化[118]，現有的資料還不能使我們作進一步的推論，但這種龍山式文化的的存在，暗示一種與其北和其東的龍山或龍山式文化相當的原始文明底層在湖北存在的可能性。湖北的長江中游盆地及其附近正好是公元前第二千紀晚期與第一千紀中有絕大重要性的楚文明的老家，這使得我們對上述的可能性感覺更大的興趣。

公元前第三千紀（3000-2000B.C.）是龍山文化的時代；這個時代繼續維持著本章開始所說的中國共同傳統。上面簡略地撮述的幾個文化——山東龍山文化、良渚文化、黃河中游龍山文化諸類型、齊家文化和青龍泉三期文化——都是在生態學上和考古學上很明顯的界說下來的，可是它們的考古研究工作的數量和深度很是不一，而我們面臨的引人入勝的線索與問題遠多於實實在在的答案。

不過，相互作用圈的完整性到了龍山時期顯然進一步加強了，而且到了這個階段，我們在整個的相互作用圈內不但看到物質文化形式上的類似性，而且可以看到彼此相似的在社會組織和意識形態上的演進趨勢。這表示著彼此間信息交往一定是持續的而且是頻繁的，而且這種交往促進了文化和社會的穿過區域界限的彼此相關的變化。我們這裡不妨簡要地看一下有哪些種新建樹到處滋出，而且由於形式上的相似彼此一定是有關聯的。

---

[116]《中國考古學會第二次年會論文集》（1982年）。

[117] 青龍泉以外的資料有報告的見：《考古》，1976年3期，頁187-196，160；1983年1期，頁17-29，《考古學報》，1983年4期，頁427-470；《江漢考古》，1980年2期，頁77-90。

[118]《新中國的考古發現和研究》，頁136。

㈠紅銅器物（多為小件飾物和無農業作用的小型器具）的考古學的證據已在山東、豫西、晉南和齊家自年代相當的考古層位中有所發現。已有的發現還不足構成一種重要的金屬工業，但有鑑於後來的發展，我們必須認為龍山的金屬技術是值得注意的。王城崗發現的青銅容器的殘片尤其有重要的意義。

㈡在工業上遠為重要的是陶輪在陶器製造上非常廣泛的使用。各種龍山文化的陶器彼此之間有非常重大的差異，但從紅色陶向灰色陶的壓倒之勢的轉變，以及彩繪裝飾的一般衰落，一定是陶工有意選擇的結果；這時的陶工具有改進了的陶窰和陶輪，一定代表龍山社會上的一種特化專業。

㈢夯土建築技術和使用這種技術來從事的城牆建築，是分開的兩件事，但是山東、豫東、豫北和豫西的城牆表現著一種技術的傳遞，又表現著防禦性公共工事需要的產生。

㈣與防禦工事產生有關的是制度性使用暴力的考古上的證據。這種證據有兩種形式：襲擊或戰爭的遺跡，如澗溝人頭骨及水井中屍體的發現，和與酋長或國王建築有關的祭祀所用的人牲的墓葬。

㈤當時有數種祭儀的表現，有的與政治地位高崇的人物有密切的關係。首先便是若干動物和鳥在儀式性的藝術中所扮演的角色，如最近在山東兩城鎮、浙江的良渚遺址，以及山西陶寺的發現所示。

㈥玉琮，尤其如與動物和鳥相結合，是顯示一種獨特的宇宙觀的一個非常有特色的儀式用具。它在海岸地區的良渚和在內陸地區的陶寺同時文化中同有發現不是偶然的；無疑的，它代表這種宇宙觀穿越區域的傳遞，或甚至代表以這種宇宙觀為特徵的一個全作用圈性的底層。如果我們把璧也放入這個宇宙觀的口袋裡去，則齊家文化也被涉入。

㈦用肩胛骨的占卜術可說是普遍在龍山文化中出現，這是全作用圈的訊息交通或宇宙觀底層的又一表現。

㈧制度化的暴力和祭儀的考古證據幾乎不可避免地指向一個以在政治和經濟上尖銳分化的社會，而這種社會我們正好在許多龍山文化的墓葬遺跡中可以看到。我們已經看到過公元前第五和第四千紀的新石器時代墓葬遺跡中社會分級的考古現象（見第三、四章）。這種趨勢在龍山墓地中加速發展並作進一步的深化。同時，如山東呈子和山西陶寺的墓地所示，這種經濟上和

政治上的兩級分化似乎是在單系的氏族和宗族的框架裡面進行的。

　　所有上述現象都很清楚地見於考古學的資料，但它們並不指向一個單一的龍山文化。它們所指向的乃是在中國相互作用圈每一個區域文化之內的在文化和社會上所發生的一連串的彼此有關的變化。從每一個區域文化個別的觀點來說，外面的作用網和兩千年間在內部所發生的變化，在這個區域史到公元前第三千紀之末之準備向國家、城市和文明跨進的準備工作上都是同等重要的。

　　※原書本畫有插圖104幅，為節省篇幅，譯文僅存二幅；附注亦加以簡化。

8.中國東南海岸的「富裕的食物採集文化」*

1979年的6月在日本大阪國立民族博物館舉行了一次題爲「富裕的食物採集文化」的座談會。主持召集這次座談會的日本和美國的考古學、民族學者，相信在舊石器時代的末期，在沿著太平洋邊緣的亞美兩洲一帶，有天然條件非常豐饒的自然環境，而這種環境裡的住民雖然仍處於從事漁獵的「食物採集時代」，卻有相當富裕的生活，而這種富裕的生活更奠定了日後發展農業生活的基礎。這個座談會上宣讀的多篇論文，後來收集在 *Senri Ethnological Studies* 的第玖集，在1981年以 *Affluent Foragers* 的題目出版。其中包括我用同樣觀點看中國東南海岸古代文化史的一篇文字。最近承邀爲上海博物館建館三十五週年慶壽論文集投稿，便決定把這篇討論包括上海在內這個區域的這篇文章譯成中文並略加修改以參加盛事。

前　言

在1952年初美國的索爾（Carl O. Sauer）先生就農業的起源和傳播的題目作了一系列的紀念波曼氏的專題講演時，提出了他的一個想法，即「農業

＊原載《上海博物館集刊》，4（1987）。

並不起源於食物的逐漸或長期缺少」。他的主張是說「在饑荒的陰影之下生活的人們，沒有辦法也沒有時間來從事那種緩慢而悠閑的試驗的步驟，好在相當遙遠的未來從而發展出來一種較好而又不同的食物來源。……以選擇的方式改進植物以對人類更為有用是只能由在饑饉的水平之上有相當大的餘地來生活的人們來達到的。」至於這種富裕的食物採集民族可能達到向農業轉變的任務的一個理想的環境，索爾氏選定為東南亞，因為這個區域具有作為農業最初起源地的必要條件：植物和動物之顯著的複雜性，以及具有淡水食物資源的森林、丘陵和山地的環境。照他的推想，那裡的最早的農人是一種「在淡水河邊，溫和氣候之下生活的進步的漁民……許多水路作為與其他村落彼此交往的路線，也就是新想法的交換與成長的路線。水禽、河邊的哺乳動物，以及水旁的植物使得食物不致單調。樹皮和纖維用來作漁網和繩索，而且合適的木材可用來作船舟和木槳」①。

　　自從1952年以來不論是在農業起源的理論上面還是在東南亞或其他地區的考古資料上都有了很大的進步。索爾氏的假說是在東南亞的考古資料極其稀少的時候所設想的，可是從今天的眼光來看仍越來越有吸引力。本文的目的是檢討一下華南沿海比較重要的早期的農業文化資料，看看這些資料在華南海岸地區的早期富裕食物採集文化的裡面，農業生活開始的程序上有沒有若干有用的啟示。

河姆渡

　　浙江餘姚河姆渡史前遺址在1973年的發現與發掘是中國史前考古學上的一件大事②。除了其他方面的重要性以外，這個遺址指明一群早期中國農人

---

①Carl Sauer, *Agricultural Origins and Dispersals* (Cambridge： The MIT Press, 1969, 第二版), pp. 20-24.

②浙江省文管會、浙江省博物館，〈河姆渡遺址第一期發掘報告〉，《考古學報》，1978(1)，頁39-93；河姆渡遺址考古隊，〈浙江河姆渡遺址第二期發掘的主要收穫〉，《文物》，1980(5)，頁1-15。

生活的環境和文化的情況，也就是他們的祖先從事農耕試驗的環境和文化的情況。

河姆渡遺址有四個文化層，其中下面的兩層代表早期農耕文化。一長串的放射性碳14年代把河姆渡文化很可靠的放在公元前5000－3000年這兩千年間。當時的人們住在沿著一個小湖的湖濱建蓋的一條長形的干欄式的房屋裡面，這條房屋的背後蓋在一個山坡上面。遺址裡面發掘了石器、骨器、木器和陶器。陶器上有特徵性的印有繩紋，而且常飾以刻紋。在骨器中特別顯著的有肩胛骨作的鋤頭[3]。

與本題最有關係的遺物是動物骨骼與植物的遺留。這裡的動物群包括家生或可能家生的和野生的。前者有豬（ *Sus domestica* ）、狗（ *Canis familiaris* ）和水牛（ *Bubalus bubalis* ），而主要的野生哺乳動物有猴（ *Macaca speciosa, M. mulatta* ）、羊（ *Naemorhedus sp.* ）、梅花鹿（ *Cervus nippon* ）、麋（四不像）（ *Elaphurus davidianus* ）、水鹿（ *Rusa unicolor* ）、獐（ *Hydropotes inermis* ）、麂（ *Muntiacus muntjak, M. reevesi* ）、犀牛（ *Rhinoceros sp.* ）、象（ *Elephas maximus* ）、虎（ *Panthera tigris* ）、黑熊（ *Selenactos thibetanus* ）、貉（ *Nyctereutes procyonoides* ）、青鼬（ *Martes Flavigula* ）、豬獾（ *Arctonyx collaris* ）、水獺（ *Lutra lutra* ）、靈貓（ *Viverra zibetha, Viverricula indica* ）、貓（ *Felis sp.* ）、狸（ *Paguma sp.* ）、黑鼠（ *Rattus rattus* ）、豪豬（ *Hystrix sp.* ）和穿山甲（ *Manis sp.* ），除此之外，鳥類、爬蟲類和魚類的骨頭也很豐富，包括鳥類中的鵜鶘（ *Pelecanus, sp.* ）、鸕鷀（ *Phalacricorax sp.* ）、鷺（ *Andea sp.* ）、鶴（ *Grus sp.* ）、野鴨（ *Anas sp.* ）、雁（ *Arser sp.* ）、鴉和鷹；爬蟲類中的揚子鱷（ *Alligator sinensis* ）、烏龜（ *Chinemys reevessi* ）和鱉（ *Amyda sinensis* ）；和魚類中的鯉、鯽、青魚、鯰、黃顙魚、鱧、裸頂鯛和鯔魚等。此外還有一種無齒蚌（ *Anodonta sp.* ）。研究這批動物骨骼的動物學家對這些材料所指示的古

---

[3]游修齡，〈對河姆渡遺址第四文化層出土稻穀和骨耜的幾點看法〉，《文物》，1976(8)，頁20-23；宋兆麟，〈河姆渡遺址出土骨耜的研究〉，《考古》，1979(2)，頁155－160。

代自然環境作了下面的結論：

> 從動物地理分布上看，河姆渡遺址的動物大都是適應於平原丘陵地帶的種類。〔象、犀和猴〕……的存在表明當時的氣候溫熱濕潤，雨量充沛，氣溫應比現在稍高，大致接近於現在我國華南的廣東、廣西南部和雲南等地區的氣候。
>
> 從動物的生態習性，可以推測當時原始村莊周圍的自然環境。這裡有鯉、鯽、鯰、青魚等淡水魚類，有雁群、鴨群、鶴群和獐子、四不像等生活於蘆葦沼澤地帶的水鳥和動物；又有棲息於山地林間灌木叢中的梅花鹿、水鹿、麂等鹿類；過著半樹棲、半巖棲的獼猴、紅面猴；還有生活在密林深處的虎、熊、象、犀等巨獸。這種情況，表明當時河姆渡遺址周圍的地形應是平原湖沼和丘陵山地交接地帶④。

根據動物遺骸所復原的這種自然情況又爲植物學的研究所支持。植物性的食物遺存有稻米（*Oryza sativa hsien-indica*）、葫蘆（*Lagenaria siceraria*）、菱角（*Trapa sp.*）、酸棗（*Choerospondias axillaris*）、橡子（*Quercus sp.*），還可能有芡（*Euryale ferox*），出土的葉片中有赤皮椆（*Quercus gilva*）、櫟（*Quercus sp.*）、苦櫧（*Castanopsis selerophylla*）、天仙果（*Ficus heekeyana*）、細葉香桂（*Cinnamomnm chingii*）、山雞椒（*Litzea cubeba*）、江浙釣樟（*Lindera Chienii*）等，「都是屬於亞熱帶常綠落葉闊葉林植被的組成成分」⑤。此外，兩次孢粉取樣的分析結果⑥，都一致的表示河姆渡文化期的氣候較現在當地的氣候爲溫暖，有亞熱帶常綠落葉闊葉林的茂密發育，林下多熱帶蕨類。遺址周圍水域廣闊，富有湖沼，有水稻栽培。早期（第四文化層及第三文化層中下部）氣

---

④浙江省博物館自然組，〈河姆渡遺址動植物遺存的鑑定研究〉，《考古學報》，1978(1)，頁102。

⑤同上，頁103。

⑥同上，頁104-105；孫湘君、杜乃秋、陳明洪，〈「河姆渡」先人生活時期的古植被、古氣候〉，《植物學報》，第23卷，頁146-150。

候濕潤，晚期（第三文化層上部）比較乾旱。

　　河姆渡遺址的動植物遺存指向一組早期種植稻米的文化，這種文化對它附近爲森林覆被的丘陵、充滿沼澤的平原和淡水湖河各種地形地貌中非常富裕的自然界的動植物資源加以廣泛利用（用爲食物、纖維和工藝原料）。這種環境正是克爾·索爾氏假定中東南亞農業創始者的自然環境。河姆渡所代表的環境自然不限於這一個遺址而廣見於杭州灣南北，包括太湖區域甚至整個的長江下游。這整個區域的古地理、古植被研究都描繪出來同樣的一種富有天然資源利於早期食物採集文化向農業文化發展的環境[7]。在中國歷史上，長江下游地區的富庶是衆知的，而且與這個區域在文化上的創新是相關的。研究道濟書畫的一部藝術史專書稱這個地區爲「全中國農業上最富庶，經濟上最富饒，文化上最前進的區域」[8]。植物學者李惠林先生對這個區域的水生植物在早期農業試驗過程中的重要性特別提出注意。此地的水生植物在這方面特別重要的有菱角（ Trapa natans, T. bicornis ）、芡（ Euryale ferox ）、蓮（ Nelumbo nucifera ）、茨菇（ Sagittaria sagittifolia ）、荸薺（ Eleocharis tuebrosa ）、菰（ Zizania caduciflora ）、芹（ Oenanthe javanica ）、蓴（ Brasenia schreberi ）、蕹（ Ipomoea aquatica ）、蒲（ Typha latifolia ）和燈心草（ Juncus effusus ）。「這些作物不大爲其他地區的人們所利用，而在長江下游的特殊環境中發展成爲一種特殊的農業系統，即濕地農業。這種水植農耕（ Aquaculture ）自新石器時代即在中國出現。……這些作物供給富有澱粉、糖質，甚至有時有蛋白質的果實、種籽或多肉的地下莖，而在今日還作爲主要作物使用。……這些作物在中國以外都

---

⑦吳維棠，〈從新石器時代文化遺址看杭州灣兩岸的全新世古地理〉，《地理學報》，第38卷（1983年），頁113-127；王開發、張玉蘭，〈根據孢粉分析推論滬杭地區一萬多年來的氣候變遷〉，《歷史地理》，第一輯（1981年），頁126-131；竹淑貞等，〈上海地區全新世地層與古地理〉，《科學通報》，1983年，頁296-299。

⑧Marilyn Fu and Shen Fu, *Studies in Connoisseurship*（ Princeton University Press, 1974 ）,p. 4.

見於其他國家甚至大洲，但只有在中國是爲人工栽培的。」⑨李氏所說的「新石器時代」的發現即指河姆渡遺址而言；除了河姆渡遺址以外，長江下游許多同時代或稍晚的遺址所出的遺物也反映了類似的自然環境的資源利用，我們只舉兩個例。

第一個是浙江省桐鄉羅家角遺址。這個遺址在杭州灣以北，太湖南岸，年代與河姆渡相似，是太湖流域早期新石器時代馬家浜文化的一個較早的遺址⑩。這裡出土的獸骨有狗、家豬和野豬、水牛、貉、象、鹿、麋、獐、鯨、烏龜、黿（Pelochelys bibroni）和鱷魚以及鯉、鱧、青魚、鯽等魚類；所反映的地形，「是一片開闊的濱海平原沼澤環境，大大小小的湖泊河灘星羅棋布，林木稀疏，灌叢密接，水草十分豐盛……往東便是茫茫無際的大海」⑪。與河姆渡比較起來，因爲附近無山，距密林較遠，但東邊距海可能較近，所以有鯨骨和居住在沿海的淡水裡的黿骨發現。

另外的一個例子是時代較河姆渡、羅家角都晚的上海市青浦縣崧澤遺址。在這個遺址所採孢粉取樣所作的分析結果，指明「下文化層人類活動時……當時地面是大片低凹積水之地，湖沼廣布，而生長了大量的水生植物，如瀉澤科、眼子菜、蓼、水鱉等，當時人類即居於湖沼間的高岡地，向東南可經海濱捕魚，向西北可去山地打獵」⑫。

從這些遺址的材料看來，公元前5000年以前的河姆渡馬家浜文化都是種植稻米的農人，但也都是「富裕的食物採集文化」。他們的食物中很重要的一部分來自自然的資源，而他們所用的器具中有很大的一部分來自獸骨。在這些文化之前的長江下游的文化情況，目前沒有足夠的資料來說明，但在自

---

⑨ Hui-lin Li, " The domestication of plants in China : Ecogeographical considerations, " in：*The Origins of Chinese Civilization*, ed. by David N. Keightley (University of California Press, 1983), pp.43-46.

⑩羅家角考古隊，〈桐鄉縣羅家角遺址發掘報告〉，《浙江省文物考古所學刊》，1981年，頁1-42。

⑪張明華，〈羅家角遺址的動物群〉，《浙江省文物考古所學刊》，1981年，頁43-53。

⑫王開發等，〈崧澤遺址的孢粉分析研究〉，《考古學報》，1980(1)，頁63。

然環境上顯然沒有顯著的變化。從植物孢粉的證據看來[13]，河姆渡遺址所代表的氣候植被環境至少在河姆渡文化以前二三千年前便已存在。我們只能相信河姆渡文化的直接祖先也像他們那樣的生活富裕，可是他們也許在農業上的倚賴程度更要少些。確實的資料要靠進一步的考古發現，但從附近其他區域較早時期已有的考古資料也許可以得到一些有益的啓示。

臺灣的大坌坑和其他遺址

臺灣最早以穀類農業爲生業基礎的史前文化是在公元前2500年左右在考古舞臺上出現的所謂龍山形成期的文化[14]。這種文化的遺址一般位於海岸和河口的臺地上，距離覆有林被的山丘與淡水和海水中的食物與其他天然資源都近。根據1972－1974年在臺灣西海岸中部的濁水溪和大肚溪河谷的詳細調查，我們知道了這個區域的聚落史是自海岸臺地一帶開始的，後來到了史前住民在他們的生業活動上比較分化了以後才逐漸向裡面向上面伸展到密內的山區中去。在龍山形成期的最早期，當時人們的廣幅採食活動顯然是對臺中盆地的內容複雜的環境最好的適應方式[15]；臺中盆地一直到數百年以前仍是一個淡水湖，富有豐富的水生植物資源，包括睡蓮（ *Nymphaea sp. Nuphar*

---

[13]中國科學院貴陽地球化學研究所，" Development of natural Environment in the southern part of Liaoning province during the last 10,000 years, " *Scientia Sinica*, XXI（1978），pp. 516-532；Matsuo Tsukada, " Late Pleistocene Vegetation and Climate in Taiwan（Formosa），" *Procedings of the NationalAcademy of Sciences*, 55（1966），pp. 543-548；" Vegetation in subtropical Formosa during the Pleistocene glaciations and the Holocene, " *Palaeogeogrophy, Palaeoclimatlogy, Palaeoecoloy,* 3（1967），pp. 49-64.

[14]詳見 K. C. Chang, *Fengpitou, Tapenkeng and the Prehistory of Taiwan*（Yale University Publications in Anthropology, 73, 1969）.

[15]K. C. Chang, " Man and Land in central Taiwan, " *Journal of Field Archaeology*, 1（1974），265-275；張光直編，《臺灣省濁水溪與大肚溪流域考古調查報告》（中央研究歷史語言研究專刊70,1977）。

sp.），茨菇和燈心草⑯。雖然臺灣的適應於複雜的山地與水邊的自然環境的早期龍山形成期文化要比臺灣海峽對岸的浙江的河姆渡文化的年代要晚好幾千年，以形態學上說它們都是住在類似的自然環境中從事農耕以外各種食物採集活動的同樣的早期穀物農民。

更值得注意的是在臺灣我們有在這種龍山形成期文化以前的考古資料，在其中農耕較少而食物採集較多。這便是臺灣西海岸的大坌坑文化。大坌坑文化在1964－1965年最初證明是分布全島的一個文化層的，現已發現於整個西海岸，但有數個缺環。這個文化的特徵如下⑰：

1. 陶器　大坌坑文化的陶器一般鬆軟破碎，陶片多屬小片，厚重而且含砂。顏色自淺赭到深棕，主要器形爲大罐形器和鉢。罐底常帶穿孔低圈足。器口中侈，常在唇下有一圈凸起脊條，與河姆渡的相似。器身常印有繩紋，是用裹著繩索的棍子或拍子印上去的，但唇部沒有繩紋。唇面和肩部常有劃紋，作波浪形或平行短劃，係用二三個細棍作成篦形具所劃的。

2. 啄製礫石　與大坌坑文化繩紋陶器一起出土的石器種類很少，其中以有人工製造痕跡的河牀礫石爲最多。這些礫石多徑長20厘米左右，其兩端或兩邊或沿周有啄製痕跡，可能用爲網墜。

3. 樹皮布打棒　一塊磨光並有條槽的石製樹皮布打棒在1953年自臺北圓山遺址的大坌坑文化層出土。

4. 石錛　石錛的原料不一，但都磨光，具不對稱的鋒刃，橫剖面作長方形。少數在一側兩邊有小缺口或凹窩，似是日後有段石錛的祖型。

5. 尖器　綠色板岩製的小形（約4公分長）尖器，薄平，三角形，中央穿孔，可能是箭頭。

---

⑯黃增泉、臧振華，〈臺灣之古生態研究（六）──臺灣中部十八張、大邱園、牛罵頭、草鞋墩等史前遺址的孢粉分析〉，《國立臺灣大學考古人類學刊》，39-40（1976），頁91-115。

⑰K. C. Chang, "Prehistoric archaeoloagy of Taiwan," *Asian Perspectives*, 13（1970），59-77.

　　上述的大坌坑文化遺物內容可說相當貧乏，但很有意義和啓示性。根據臺灣湖底和泥炭層堆積取樣的孢粉分析結果，我曾推測這個文化的生業系統中有農業的成分[18]。但是如果只考慮它的石器，則狩獵、漁撈和採集才是主要的生產活動。這個文化的遺址距離水或古代的水是很近的。例如，它最有代表性的兩個遺址大坌坑和鳳鼻頭都位於高於海岸平原30米的老臺地上，而這段海岸平原都約3公里寬，將遺址所在的臺地與現在的海岸線分開。當時遺址住著人的時候，它們多半便在海邊，但日後海岸線的變化產生了今天的一條海岸平原。同時，這些遺址所在的地點又近於大河的河口，因而附近富於海產和淡水兩種資源。這個文化的年代還不能十分確定，但顯然比同一地區始於公元前2500年的龍山形成期文化和圓山文化要早得很多。我們估計它的高潮要在公元前數千年前，與冰後的濕暖氣候高潮相符合。無論如何，大坌坑文化是一個在濕暖的熱帶、亞熱帶地區適應於海洋、河口和河湖性的自然環境的一種文化。

　　從當時的繩索在陶器表面上捺印下來的紋飾看來，它們都是數條單索絞起來的，而每條的寬度從0.5厘米到1厘米左右。顯然當時有用高級的技術做成的好幾種繩子。繩索在當時人們的物質生活上有顯然的重要性，而製作繩索所用的纖維一定是從當地豐富的植物上採取的。

　　除了在陶器表面上捺印以外當時的繩索還有什麼用途？上述的石器類型指向網墜和木工工具的使用。不論當時的木工是否製造了舟楫，其遺址的位置和石製網墜的使用都說明捕魚在生業上的重要性，而繩索的主要一個用途當是製作漁網的。網墜的大小令人相信當時曾使用了木船和大網以在距海濱甚遠的海水中漁撈。

　　繩索的具體原料雖然不明，我們可以相信大坌坑文化的人們一定自培植的或野生的植物上採取了纖維，而且對當地的植物資源一定十分熟悉。在圓山所發現的樹皮布打棒指明富纖維性的樹皮可能是製造繩索用的植物纖維的一個來源，而採取樹皮是在森林中的一種生產活動。

---

[18] K. C. Chang, "The Yale expedition to Taiwan and the horticultural evolution of Southeast Asia," *Discovery*, 2（1967）, 3-10.

廣泛使用水邊和森林資源的大坌坑文化的古代人類並不限於臺灣，因為類似大坌坑文化而早於河姆渡文化的繩紋陶器廣見於華南與東南亞。在兩個洞穴遺址中與陶器共存的碳14標本可以早到八、九千年之前[19]，但因為這些洞穴都在內陸所以不在本文討論範圍之內。

舊石器時代晚期的文化

從中國東南海岸已經出土的最早的農業遺址中的遺物看來，我們可以推測在這個區域的最初的向農業生活推動的試驗是發生在居住在富有陸生和水生的動植物資源的環境中的狩獵、漁撈和採集文化中的。我們所以必須自較後的時期來做推論。是因為那關鍵階段——即上述試驗正在進行中的舊石器時代晚期和全新世的最初期的考古材料是非常稀少的緣故。但是我們不妨檢討一下已有的資料，因為將來就是在更多的這個時期的資料中我們才能找到中國東南海岸最早的向農業生活轉化的階段。

舊石器時代晚期的遺址遺物在東海岸諸省已發現並有簡短報告的，有山東的蓬萊[20]、新泰[21]和日照[22]；江蘇的東海[23]與丹徒[24]，以及浙江的建德[25]。這

---

[19] 夏鼐，〈碳14測定年代和中國史前考古學〉，《考古》，1977(4)，頁217-232。

[20] 山東省烟臺地區文物管理組，〈山東蓬萊縣發現打製石器〉，《考古》，1983(1)，頁70。

[21] 戴爾儉、白雲哲，〈山東——舊石器時代洞穴遺址〉，《古脊椎動物與古人類》，卷10（1966），頁82-82；吳新智、宗冠福，〈山東新太鳥珠臺更新世晚期人類牙齒和哺乳動物化石〉，《古脊椎動物與古人類》，卷11（1973），頁105-106。

[22] 臨沂地區文物管理委員會、日照縣圖書館，〈山東日照秦家官莊發現舊石器〉，《考古》，1985(5)，頁385-388。

[23] 李炎賢等，〈江蘇東海縣發現的打製石器〉，《古脊椎動物與古人類》，卷18（1980），頁239-246。

[24] 李文明等，〈江蘇丹徒蓮花洞動物群〉，《人類學學報》，卷1（1982），頁169-178。

幾個遺址出土物都不多，有的只有人齒而沒有文化遺物。距河姆渡最近的建德的洞穴遺址，只在河姆渡以西150公里左右，但沒有石器出土。與人犬齒一起有動物化石，包括猴子、水牛、鹿、麂、犀、野豬、大熊貓、羊以及絕滅了的鬣狗和劍齒象，代表熱帶的一個動物群，在時代上與所代表的環境性質上是合乎河姆渡祖型資格的，但其文化內容我們全然不悉。

事實上，中國東南海岸的舊石器時代晚期文化的研究，由於更新世後期海岸線的巨大變化，是比較困難的。中國東海大陸架上鑽孔取樣的研究已經具體的證明了在第四冰期的高潮及其後期，東海的海平面比現在的為低，因此大片的海底暴為當時的地表，「於距今一萬五千年前〔海面〕達到最低位置，約比現代海面低130米左右」[26]，因此當時的東南海岸向東伸展到釣魚台等現代的孤島位置，到了距今一千年前才開始全新世的海進而逐漸形成今天的海岸線。因此，沿海岸的舊石器時代晚期人類遺址也一定隨著海水平面的回昇而逐漸淹沒。

在這種情形之下，臺灣的舊石器時代文化研究便有了較大的重要性，因為在海平面下降的期間，臺灣是比較接近當時的海岸線的，而且等到大陸東南海岸線西退以後臺灣島仍是陸地，它的舊石器時代晚期遺址仍可在地面上供人發掘研究，可說是供給了非常珍貴的資料。可惜的是，雖然臺灣方面考古學歷史已較悠久，後期史前文化也很豐富，它的舊石器時代的資料仍然稀少。下面以發現研究的先後將已知的遺址列舉：

1. 澎湖　伊能嘉矩曾報告過兩件「打製石器」自更新世地層出土，但這兩件石器早已佚失[27]。

2. 高雄縣林園鄉　在1965年初發掘鳳鼻頭遺址時考古工作人員曾在附近

[26] 韓德芬、張森水，〈建德發現的一枚人的犬齒化石及浙江第四紀哺乳動物新資料〉，《古脊椎動物與古人類》，卷16（1978），頁255-263。

[26] 沈承德、周明富，〈中國東海大陸架C-14年代學及晚更新世以來海面變化〉，《科學通報》，1981年，頁165；參見郭旭東，〈晚更新世以來中國海平面的變化〉，《地質科學》，1979(4)，頁330-340。

[27] 〈澎湖に於ける石器の發見〉，《人類學雜誌》，22（1907），頁240-245。

石灰岩罅隙中採集到一件「有刻紋」的獸骨，顯然屬於更新世的晚期[28]。

3. 臺東縣長濱鄉八仙洞　石器和骨器在好幾個面對太平洋的洞穴中發現。八仙洞發掘的重大意義不但在於這是臺灣第一次出土真正可以確認的舊石器時代文化遺址，而且在這裡的舊石器時代的文化一直持續到三、四千年以前，臺灣東西海岸都已經有發展成熟的陶器文化的時代[29]。關於最後這一點，我曾作過如次的推測：「這種洞穴位置在海灘上或其附近以及若干出土物的性質（如文化遺址出土於沙灘上，打石廢料的集中堆積，以及骨角製的捕魚鈎），指明出來這不是一個長期性的聚落而是特殊性的生產活動地點。很可能這些洞穴曾經是漁民的臨時棲息址，漁民在此準備和發動與漁撈有關而不用陶器的某些活動，而他們的長期聚落是在別處的，也許是在內陸區域。」[30]

4. 臺南縣左鎮　左鎮附近荣寮溪出土更新世晚期犀牙化石。1971年以來陸陸續續在這個地點採集了人頭頂骨兩片，其他頭骨化石五片，和人臼齒一件[31]。根據右頂骨的氟和錳含量研究，這批人骨化石的年代可能在距今二萬到三萬年以前。

5. 南投縣頭社盆地　在臺灣中部南投縣的山區埔里和水里兩鎮之間有好幾個一串小盆地；這些小盆地除了其中日月潭是臺灣現在最大的一個

---

[28] K. C. Chang, *Fengpitou, Tapenkeng and the Prehistory of Taiwan*, p. 136.

[29] 宋文薰，〈長濱文化〉，《中國民族學通訊》，9（1969），頁1-27。

[30] K. C. Chang, "Reviw of Sung 1969," *Asian Perspectires*, XII（1969），133-136.

[31] 劉衍，《臺灣史前人類之人類生物學研究》（臺灣省立博物館，1975年）；T. Shikama et al., "Discovery of fossil *Homo sapiens* from Cho-Chen in Taiwan,"《日本人類學會雜誌》，84（1976），頁131-138；尾崎博、宋文薰、馬場悠男，〈臺灣の左鎮にて發現さ水人骨片さについこ（そのこ）〉，《人類學雜誌》，86（1978），第二號；宋文薰，〈由考古學看臺灣〉，載陳奇祿等，《中國的臺灣》（中央文物供應社，1980），頁112-113。

湖之外都已乾燥，但在更新世晚期和全新世初期都充滿湖水。現在已乾燥的盆地湖底下面有一層泥炭層，其中富有孢粉資料，已供孢粉學者在整個更新世的植被和氣候變遷上作了不少研究㉜。這些研究中日潭和頭社的孢粉資料比較最爲重要。

日潭的湖心剖面是當時在耶魯大學的塚田松雄氏在1964－1965年採集的。從一萬四千到一萬二千年以前開始，塚田氏在資料中看到氣候暖化的趨勢，而亞熱帶和暖溫帶的樹木層增加。同時可見的傾勢是原始森林的燒除和次生林木與灌木的不斷增長。這種現象的一個可能的解釋是自更新世晚期湖濱始有人居，同時當時人類的生活方式已牽涉某種程度的農業。後來在1972年，作爲上述的濁水、大肚兩溪流域多科際的地質和古生物研究計畫的一部分，埔里各盆地中鑽了好處地心。研究頭社盆地的孢粉學者得到下述的結論：「從670厘米（約三千八百五十年前）深的碳和580厘米深處（約三千四百年以前）的有燒痕的木片，以及四千五百年前以來堆積率的急遽增加，我們相信人類在四千五百年以前開始來到此區燒除森林」㉝。這個結論把臺灣中部人類進居的年代推到了公元前2500年，但還不能支持塚田氏更早人類活動的說法。看來這個區域的石器時代文化的確立還有待進一步的詳細研究。

㉜ Matsuo Tsukada, " Late Pleistocene Vegetation and Climate in Taiwan (Formosa) , " " Vegetation in Subtropical Formosa during the Pleistocene glaciations and the Holocene "；鍾天福、黃增泉，R. B. Stamps, " Paleo-ecological study of Taiwan(3)：The p'u-li basin, " *Taiwan*, 18 (1973) , 179-193；黃增泉，" Paleoecological study of Taiwan (4) Waichiataoken profile, " *Taiwania*, 20 (1975) , 1-22；劉平妹，《魚池盆地外加道坑更新統之孢粉分析》（國立臺灣大學理學院地質研究所碩士論文）；黃淑玉、黃增泉，" Paleoecological study of Taiwan (S) ——Toushe basin, " *Taiwania*, 22 (1977) , 1-14.

㉝ 黃淑玉、黃增泉，" Paleoecological Study of Taiwan (S) ——Toushe basin, " p.1.

6.臺北市芝山巖　1979年在芝山巖新石器時代遺址一帶採集的遺物裡發現了「一件典型的礫石砍器……在這一石器的原礫石表皮及打製加工面上黏附有原寄生於這一石器的海生動物外殼四種……證明這件石器經製造完工、使用、遺棄後，曾浸沒於海水中」[34]。

　　根據上列臺灣的舊石器時代或可能的舊石器時代遺址，我們可做下述的結論：臺灣東西兩岸確有舊石器時代遺物；八仙洞和左鎮的較可靠，其他的有可能。這些的年代都不早於更新世的晚期，但強烈的指示了中國東南海岸在河姆渡與大坌坑文化之前食物採集的存在。至於這種文化的生業基礎與聚落形態則仍有待將來的考古工作才能瞭解清楚。

---

[34]宋文薰，〈由考古學看臺灣〉，頁110-111。

9. 中國東南海岸考古與南島語族起源問題 *

在這篇文章裡面，我想討論一下中國東南海岸地區在南洋與太平洋區域的南島語族的起源上的重要性，並且指出這個地區現有的考古資料在這個問題上的啓示。中國的歷史學（包括考古學）一向有孤芳自賞的傳統，就是將中國歷史的資料和問題的討論限制在現代中國的地理境界範圍之內。其實至少從古史和史前來說，有許多在中國境內的歷史問題，其意義和它的解決途徑是要靠中國境外的資料和研究來作啓示、輔導和共同解決的；同時有許多中國境內的資料，其重大的意義又不限制在中國境內歷史問題的解決。這篇文章所處理的題目，便是上述這兩種情形的一個例子。

一、南島語族的起源地問題

南島（Austronesian）語系又稱馬來波利尼西亞（Malayopolynesian）語系，包括三百到五百種不同的語言，其分布東自復活節島（Easter Island）西到馬達加斯加，是世界上唯一的主要分布在島嶼上的一個大的語系，其主要的居住地區有馬來西亞、印度尼西亞、菲律賓、美拉尼西亞、密克羅尼西亞和波利尼西亞。說屬於南島語系語言的人口約有一億五千萬，其中絕大多

---

* 原載《南方民族與考古》，第一期（成都，1987）。

數居住在東南亞，自新幾內亞以東只有一百餘萬人①。

關於南島語族的起源問題，學者至少可以自體質人類學、考古學和語言學三方面分別入手，澳大利亞國立大學的彼德·貝魯伍德（Peter Bellwood）教授在《人類對太平洋的征服》②一書裡有綜合性的討論。體質人類學的線索比較複雜，而且在南島語族居住範圍之內在更早、更晚的期間有過其他的種族出現，不同種族之間有過不同程度的通婚，所以這中間的條理一時難以爬梳清楚。從考古學的資料復原南島語族的歷史，應當是最爲可靠的一種方式。南島語族東部分布區域在南島語族進入以前沒人居住，因此這個區域內的考古資料的特徵也就是南島語族歷史晚期時代的特徵。從這個時代爲基礎逐漸向西、向古推上去是可以做得到的，而且本文討論的題目也正是這樣的一種做法。但是東南亞的考古工作作得還不夠豐富、精確，把南島語族的歷史用考古方面自東向西一段段的推溯的話，中間要碰到很多的缺環。因此，雖然南島語族的考古工作有無量的前途，在目前這個階段，語史的研究對本題的討論上可以供給較大的啓示。

語言學者對南島語族起源地區和時代的研究，大致有三個不同的途徑：語系的分群以及語群的層位關係的斷定；詞彙統計年代學的研究；「原南島語」的擬測和它所顯示出來的早期文化。

前兩種研究方法是相似的，都是使用某一個約定的詞彙單子比較這個語系之下的幾百種語言，依其間同異的程度（即共有詞彙的百分比）加以分群，然後推測哪些群較早，哪些較晚。這樣推測下來的結果，一般都相信南島語族是起源於東南亞及其附近地區的③。使用詞彙統計年代學（Lexico-

①Isidore Dyen, "The Austronesian Languages and Proto-Austronesian," in： T. A. Sebeak (ed.), *Linguistics in Oceania* (Current Trends in Linguistics, 8, The Hague：Mouton, 1971).

②Peter Bellwood, *Man's Conquest of the Pacific* (New York：Oxford University press, 1979).

③George W. Grace, "Austronesian linguistics and culture history," *American Anthropologist*, 63 (1961), pp.359-368.

statistic dating，又稱 Glottochronology）的學者則進一步根據共有詞彙的百分比推斷同系的兩種語言開始分家的絕對年代。以這類研究討論南島語族起源最有力的學者可以戴恩④和格雷斯⑤為代表。詞彙統計年代學自司瓦迪士在1962年提倡以來⑥，引起很多爭論，在此地無法詳談，但後面談到臺灣的南島語言問題時可以略略提到。

　　語言學者研究南島語族起源的方式之中對考古學者最有啟發性的，是根據現代語言中詞彙的分布將南島語系的祖語（稱「原南島語」Proto Austronesian）擬測出來，看它包含著什麼樣的文化內容與環境內容，再根據這個到個別的古代文化與地理區域中去印證。這種研究的開山工作一般歸功給柯恩1889年的一篇大著⑦，題為〈推定馬來波利尼西亞語族最早老家的語言證據〉。在這篇文章裡柯氏指出擬測出來的「原南島語」裡面有下列諸詞：甘蔗、椰子、香蕉、竹（好多種）、葦、稻米（連糠的、去糠的、旱田的）、黃瓜、露兜樹、紅薯、刺人的蕁蔴、芋頭、植物性的毒魚藥、沙魚、章魚、龍蝦或大蝦、鱔魚、海龜、船、蚊、蠅、房屋、虱卵、蛾子或壁虱、蜘蛛、鼠、狗、豬、雞、蒼鷺、鱷魚、水牛、黑毛猴、猿和鐵。他相信有這種文化的原南島語族可能居住在印度尼西亞或印度支那半島的東岸，北不超

④ Isidore Dyen, *A Lexcoistatistical Classification of the Austronesian Languages*（Supplement to International Journal of American Linguistics, 31, Indiana University, 1965）.

⑤G. W. Grace, "Movement of the Malayo-Polynesians：1500 B. C. to A. D. 500——The Linguistic Evidence," *Current Anthropology*, 5（1964）, p.361-368.

⑥Morris Swadesh, "Lexico-statistic dating of Prehistoric ethnic contacts," *Proceedings of the American Philosophical Society*, 96（1962）.

⑦Hendrik A. Kern, "Taalkundige gegevens ter bepaling van het stamland der Maleisch-Polynesische volken," *Verslagen en Mededeelingen der Koninklijke Akademie van Wetenschappen*, afdeeling, Letterkunde 3 e Reeks, d. Ⅳ, Amsterdam 1889. English tr. by C. D. McFarland and Shigeru Tsuchida, *Oceanic Studies*, 1（1976）.

過北回歸線，南不超過爪哇，但據他推測最合宜的區域應在印度支那（中南）半島的海岸。

語言學家對柯恩氏這種推測方式的興趣，到了二十世紀的七十年代驟然大為增加；這是由於大洋洲的考古工作到了這個時期有了很大的進展的緣故。我們在這裡摘錄三個語言學家對「原南島語」擬測內容的新的嘗試。頭一個是戴恩；他在1971年的一篇文章裡面指出可歸於「原南島語」的許多詞都與水或海有關，可以作為它們以海邊地帶為老家的證據。這些字包括：船、大蚌、鱷魚、鰻魚、毒魚藥、捕魚陷機、章魚、牡蠣、槳、鶴魚、沙魚、蝦、蠑螈蚌、海龜等。另外又有若干詞與熱帶的植物有關，如海芋（alocasia）、竹、香蕉、椰子、薑、木槿、紅樹、露兜、甘蔗、芋、欖仁、紅薯和其他幾種植物。戴安的結論是：「大量的與居住於海邊和特殊的熱帶植物有關的原南島語語彙很強烈的指示著他們的老家位於熱帶並且位於島嶼地區或是大陸上的海岸地帶。」[8]

第二個值得注意的古語言文化的擬測是1973年鮑雷（語言學家）與格林（考古學家）的一篇文章，其中對原南島語文化擬測如下：「原南島語族群有混合式的經濟，以農業和漁撈為基礎，但以狩獵和樹果的採集加以補充。人工培植的作物有芋頭、紅薯、香蕉、甘蔗、麵包樹、椰子、兩種海芋Cytosperma 和 Alocasia、西谷米，還多半有稻米。原南島語族還養豬，很可能也養狗和雞，並且製造陶器。他們利用海岸環境的資源，採集蚌貝，並且使用諸種不同的捕魚技術和工具如魚網、編欄魚網、魚鈎和角藤製的毒魚劑。他們駕駛邊架艇。他們的工具是用石頭、木頭和貝殼製作的；冶金術的名詞不夠廣泛分布到可以有信心的推溯到原南島語的程度。」[9]

最後也是比較最近的一篇擬測原南島語文化的文章是布勒斯特氏在1976年發表的；這個擬測文化的方面比較完備：

---

[8] Isidore Dyen, " The Austronesian Languages and Proto-Austronesian, " *Linguistics in Oceania*, pp.9-10.

[9] Andrew Pawley and Roger Green, " Dating the dispersal of the Oceanic languages, " *Oceanic Linguistics*, 12（1973）, pp.35-36.

原南島語族在村莊裡定居，其村莊包括家屋和某種公共建築。家屋
顯然是干欄式的，靠梯出入；梯子可能是一根上面砍出缺刻的木
頭。房頂是人字形的，有一根脊樑，可能爲一根倒翻的木製或竹製
的雨遮所覆蓋，並且用草（可能是西谷米葉）所覆鋪。房內地板上
（也許在一角）建有火灶，在灶上面建著一層或一層以上的置放烹
具、柴木等的架子。住民睡覺時使用木枕。他們有豬、雞和狗，但
也從事狩獵；製作陶器，大概編席編籃，但也用（多半用簡單背
撐）織機織布；用針線補衣，刺黥、嚼檳榔，並且有可以醉人的
酒。樹皮布的現有語言學上的證據限於東部的語言裡面，但樹皮布
很可能有更爲古老的歷史。鐵器好像已有，但它的使用不明。此
外，某種土著形式的文字可能也有發明，寫在容易腐爛的材料上
面。

有很能服人的證據説原南島語族已經有相當發達的航海技術並且培
植了很多種的根莖類的作物、食物用樹、稻米和小米。穀種用木臼
木杵去穀。

弓箭和削尖的竹椿子（在小路上或陷阱底裝立）可能在狩獵和戰爭
中使用，而且獵頭連同與它在一起的宗教信仰幾乎可以肯定早在公
元前2000年前即已存在。當時好像有相當程度的社會分層，但是有
關社會組織的語言資料很少而且難以解釋。當時一定有各種的熱帶
皮膚病。[10]

布勒斯特氏的文化擬測包含著由這種方法所得結果的不可避免的弱點：獵頭
可以推溯到公元前2000年以前，但又說同時已有鐵。至少在現有的考古證據
來看，鐵的使用在整個的東亞是不會這麼早的。這就是說，用古語擬測方式
得到的原南島語族文化，一定要用考古學的方法加以證實或對證。但從另一
方面看，不同的語言學家用同樣的語言材料擬測的結果卻有基本上的共同

---

[10]Robert Blust, " Austronesian culture history：Some linguistic inference and
their relations to the archaeological record, "*World Archaeology*,8（1976），
pp.36-37.

性。最早的原南島語族的老家應該是熱帶的海濱地帶；當時住民的生活已有農業（芋、薯、稻米、粟、果樹），但也狩獵並重漁撈。物質文化中有陶器，有石、木、竹器，有紡織，有干闌屋宇，有樹皮布，並大量使用蚌貝，有發達的船航工業。這些環境上和文化上的特徵都是考古學上可以印證的。因此近年來大洋洲的考古學家，爲了追溯他們研究區域內主要住民即南島語族的起源和老家，對亞洲大陸邊緣，尤其是中國東南海岸的考古工作，保持著極大的興趣。圖9-1是貝魯伍德氏最近對南島語族起源史復原的一種嘗試⑪；從這個圖上我們可以看出大洋洲考古學者對中國東南海岸地區考古的濃厚的興趣；而造成這種興趣的主要原因，是臺灣民族學和考古學的豐富資料。

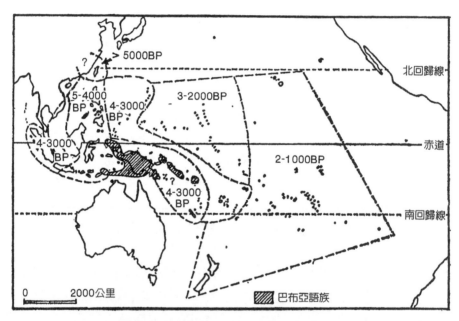

圖9-1　南島語族聚落擴張史（依 Peter Bellwood　1983）

---

⑪ Peter Bellwood, "New perspectives on Indo-Malaysian prehistory,"
Bulletin of the Indopacific Prehistory Association, 4（1983）, p.79.

二、臺灣考古學與民族學在這個問題上的重要性

南島語族起源問題的研究上面，臺灣的資料具有關鍵性的重要意義：在中國東南海岸地區（上述的南島語族的假設的起源地區，亦即原南島語族的老家）僅在臺灣有現存的南島語族；這群民族的史前史有考古學上的證據；臺灣史前的南島文化可以與大陸海岸區域的史前文化相比較而判定其間的文化關係，也就是判定史前的南島文化（原南島語族文化）在中國大陸東南海岸上的存在性與特徵。

臺灣現有人口近兩千萬，其中絕大多數是漢族，但有一小部分是在漢族移殖臺灣以前就長居在這個島上的土著民族。據我們所知的，在近兩三百年以來，這些土著民族據語言文化的差異可以分爲若干族群，又依其漢化程度而分爲兩組，即高山族與平埔族。高山族據1964年底的調查有二十三萬餘人[12]。平埔族則因漢化已久，其人口近況難以調查。從民族學上高山族一般分爲九族：泰雅（Atayal）、賽夏（Saisiat）、布農（Bunun）、鄒（Tsou）、魯凱（Rukai）、排灣（Paiwan）、卑南（Puyuma）、阿美（Ami）與雅美（Yami）[13]。平埔族現存族群已經不多，依據文獻史料一般分成十群：凱達加蘭（Ketagalan）、雷朗（Luilang）、噶瑪蘭（Kavalan）、道卡斯（Taokas）、巴則海（Pazeh）、巴布拉（Papora）、貓霧捒（Babuza）、和安雅（Hoanya）、西拉雅（Siraya）和水沙連（Sa）[14]。（圖9-2示高山、平埔各族群在近代的分布[15]）

---

[12] 衛惠林、王人英，《臺灣土著各族近年人口增加與聚落移動調查報告》（國立臺灣大學考古人類學刊專刊第三種，1966）。

[13] 芮逸夫，〈臺灣土著各族劃一命名提議〉，《大陸雜誌》，5（1952），頁166-169。

[14] 李亦園，〈從文獻資料看臺灣平埔族〉，《大陸雜誌》，10（1955），頁285-295。

[15] 採自 Raleigh Ferrell，《臺灣土著族的文化語言分類研究》（英文，中央研究院民族學研究所專刊17，1969）。

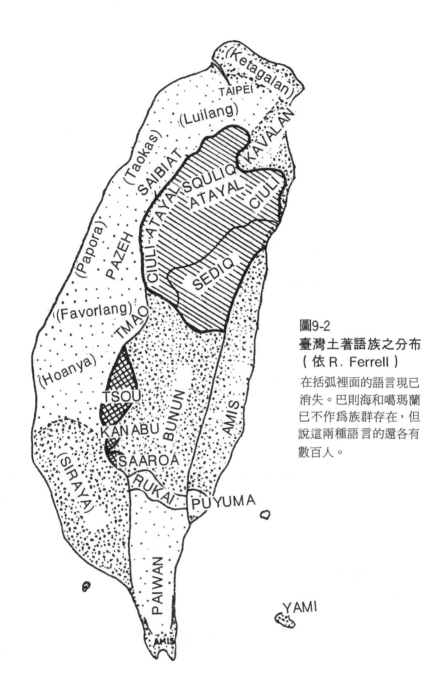

圖9-2
臺灣土著語族之分布
（依 R. Ferrell）

在括弧裡面的語言現已
消失。巴則海和噶瑪蘭
已不作爲族群存在，但
說這兩種語言的還各有
數百人。

　　這些土著民族的語言、文化與文化史在學術研究上的意義是非常重大的，而且在許多方面是世界上絕無僅有的。幾十年來民族學者在臺灣土著文化的研究上已經做了不少重要的貢獻[16]。本文對此不遑詳述，只能集中討論臺灣土著文化在南島語族起源上的意義。這上面最重要的一點，是臺灣土著民族各族都說南島系統的語言，而且各族語言彼此之間的差異很大，表示說這些語言的民族在臺灣的歷史是比較古老的[17]。上文提過的美國南島語系學者戴恩曾將臺灣土著民族中資料比較豐富的十幾種語言彼此做了詞彙統計學的比較，其結果見圖9-3[18]。

At₁	59.0													
At₂	60.0	82.9												
Se₁	32.7	37.7	32.7											
TT	07.4	09.0	07.8	10.9										
Th	06.6	08.3	07.4	13.5	16.3									
Bu₁	07.8	07.6	06.8	12.2	15.2	28.8								
Bu₂	08.3	08.3	08.0	11.7	16.7	29.2	65.7							
Pz	10.3	08.9	08.6	14.6	14.3	23.0	20.0	16.1						
Am₁	09.7	08.9	08.7	12.9	15.7	25.9	25.4	27.0	19.9					
Am₂	08.7	08.9	08.4	13.2	14.6	25.5	24.0	23.5	20.7	75.1				
Kv	06.2	06.9	06.1	10.0	13.9	19.0	18.9	19.0	18.5	24.7	24.1			
Pu₂	08.7	07.5	07.8	12.9	14.7	22.5	21.2	21.2	22.0	29.8	28.3	19.9		
R₂	07.9	06.8	06.0	09.9	13.1	16.7	17.4	15.4	14.8	20.0	20.1	15.4	25.6	
Pa₁	09.4	09.3	08.0	15.8	16.7	24.4	23.7	24.5	23.5	27.3	27.4	20.3	28.7	23.8
	Se₂	At₁	At₂	Se₁	TT	Th	Bu₁	Bu₂	Pz	Am₁	Am₂	Kv	PU₂	R₂

圖9-3　臺灣土著語言間詞系統計比較表（依 I. Dyen）

At₁, At₂：泰雅；Se₁, Se₂：Seedik，泰雅亞族；Bu₁, Bu₂：布農；
R₂：魯凱；Pa₁：排灣；Pu₁：卑南；Am₁, Am₂：阿美；K：噶瑪蘭；
P₂：巴則海；Th：水沙連

[16] 參見陳其南，〈光復後高山族的社會人類學研究〉，《中央研究院民族學研究所集刊》，40（1975）；黃應貴主編，《光復以來臺灣地區出版人類學論著目錄》（臺北：中國民族學會，漢學研究資料及服務中心編印，1983）。

[17] 見李壬癸，〈從語言的證據推論臺灣土著民族的來源〉，《大陸雜誌》，59（1975），頁1-14。

[18] Isidore Dyen, "The Position of the Malayopolynesian Languages of Formosa," *Asian Perspectives*, 7（1964）, pp.267-271.

　　戴氏作這個比較的結論，是將各語族分為三個較大的語言群：F_1，包括
泰雅和 Seedik；F_2，包括鄒語；F_3包括其他所有的語言，而以排灣為代表。
在臺灣這樣小小的一個區域之內有這麼多的語族分群，是很不尋常的現象，
是有很大的時間深度的表現。如果依照上文所提過的司瓦迪士所提倡的詞彙
統計年代學的標準公式來算，則泰雅的分隔與排灣內部的分化都應當發生在
公元前2500年左右。這個數據本身不一定準確，但臺灣土著諸語族在臺灣生
存、共存和分化的年代可以早到公元前2000年以上，是一個非常重要的現
象。

　　臺灣土著文化史上另一個重要的現象，是臺灣土著文化從考古學上看來
有數千年以來的連續性。臺灣原始社會的考古研究已經有七十多年的歷史，
全島沿海、內陸地區已發現的遺址至少有數百處，其中經過比較詳盡發掘的
也有數十處。這些遺址中所發現的古代文化資料相當豐富，已將臺灣漢人前
來墾殖以前的文化史建立了一個相當細微的輪廓。這些資料如果詳細的描述
起來，需要很多的篇幅，對本題說來也無必要[19]。在本題上有關鍵性的兩點
總結：其一，從公元前2000年以前開始一直到歷史時代，臺灣的各時期的史
前文化有連續性；其二，在公元前2000年以前，臺灣西海岸地區有分布很廣
的大坌坑文化，是臺灣史前史上最早的有農業、用陶器的文化。從這兩點出
發，我們可以在本題上作一個合理的重要假設，這就是說：大坌坑文化是臺
灣的南島語族在公元前2000 - 5000年之間的具體表現，也可以說就是後者在
那個時期的祖先。

　　大坌坑文化的名稱來自臺北縣八里鄉的大坌坑遺址[20]。這個文化的現知

[19]K. C. Chang, " Prehistoric archaeology of Taiwan, " *Asian Perspectives*,
　　13（1970），pp.59-77；韓起，〈臺灣原始社會考古概述〉，《考古》，
　　1979（3），頁245-259；宋文薰，〈由考古學看臺灣〉，《中國的臺灣》
　　（臺北：中央文物供應社，1980），頁93-220。

[20]盛清沂，〈臺灣省北海岸史前遺址調查報告〉，《臺灣文獻》，13
　　（1962），頁1；劉斌雄：〈八里鄉大坌坑和其他遺址之發現與發掘〉（英
　　文），*Asian Perspectives*, 7（1963），pp.214-223；K. C. Chang et al.,
　　Fengpitou, Tapenkeng and the Prehistory of Taiwan（Yale University
　　Publications in Anthropology, No. 73, 1969）.

的分布主要在臺灣的西海岸，自北端到南端，主要遺址除大坌坑外還有北部的臺北市圓山[21]，中南部的臺南縣歸仁鄉八里村[22]，和南部的高雄縣林園鄉鳳鼻頭[23]。這個文化的年代據估計在公元前2000－5000年之間（在早期與華北的仰韶文化和大汶口文化、與長江下游的馬家濱文化和河姆渡文化都約略同時）。它的主要特徵：

㈠大坌坑文化中最有特徵性的遺物是它的陶片。陶片多破碎，很少完整的部分。器厚，含粗砂，色駁染，有棕、深紅、黃、灰等色。可復原的器形有罐和缽，底部常有圈足，圈足靠底部有時有小圓孔，口部直折、口緣上常有一環凸脊。大坌坑和鳳鼻頭遺址出土的陶片上的花紋以粗繩紋爲主，繩紋是用裹繩細棒自口緣向下橫卷印的，或是用裹繩的拍子印上去的。口緣內外和肩部常有篦劃紋；劃紋的篦都是兩個齒。六甲村的陶片中印繩紋的比較少，多有刻劃紋，同時有兩種貝紋，一種用貝殼的外面作印模而在器表上印出貝紋，另一種是用貝緣作篦齒來施印成篦印文。

㈡石器的種類較少，已知的主要類型有部分磨製的中小型石鋤、磨製的小型石斧和石錛，和三角形中心有孔的版岩石鏃。有的遺址中發現了不少沿周緣有打琢痕跡的圓形礫石，可能是用作網墜的。在圓山遺址的大坌坑文化層中曾出土過一塊磨光的帶槽石器碎片，應當是一個搥製樹皮布的石棒。這是橫亘太平洋區常見的，與南島語族有密切歷史關係的所謂「樹皮布打棒」或 tapa beater 的考古遺物中最早的一例。

㈢多數的遺址面積較小，位於海邊或河口的低台地上。八甲村遺址有許多獸骨和貝殼，但其他的遺址中所謂「自然遺物」數量較少；這可能是保存上的偶然現象。

從發現數量較少的遺物看來，大坌坑文化的內容有一些顯明的特徵。當

㉑張光直，〈圓山發掘對臺灣史前史研究之貢獻〉，《大陸雜誌》，9（1954），頁36-41。

㉒黃士強，〈臺南縣歸仁鄉八甲村遺址調查〉，《考古人類學刊》，35／36（1974），頁62-68。

㉓K. C. Chang et al., *Fengpitou, Tapenkeng and the Prehistory of Taiwan.*

時的人從事海濱生活、採貝（由海貝的遺骸可知）、打漁（網墜）、打獵（石鏃和獸骨），利用植物纖維（繩紋、網墜、樹皮布打棒）、可能已有農耕（石鋤、陶器）。這種遺物，所反映的文化內容是在大節上與學者所擬測的原南島語族的文化相符合的，但因材料太少，許多細節知道得不清楚，還不能說把原南島語族文化作完全的反映。戴恩相信臺灣不夠作原南島人老家的資格，因為臺灣在公元前8000年以後成為海島，島上所有熱帶植物應當都是在這以後才輸入的。其中經由人工輸入的有椰子和甘蔗，而據戴恩氏引述塚田松雄氏的說法，椰子和甘蔗都可能是公元前2000年前以後才輸入的。原南島語族在公元前3000年前以後已不是一個統一的語言了，因為照戴恩的看法原南島語族的老家在臺灣以外[24]。這個說法不一定可靠，因為椰子和甘蔗輸入臺灣的準確年代仍在待考之中。如果大坌坑文化代表臺灣本島內南島語族的祖先，那麼臺灣應該至少是原南島語族的老家的一部分。

三、大坌坑文化時代中國大陸東南海岸地區的文化

　　華南考古學上的一個關鍵問題，是臺灣的大坌坑文化有沒有伸延到大陸？如果有的話，再如果我們接受大坌坑文化代表臺灣南島語族文化祖型的假定，那麼南島語族起源於中國大陸東南海岸這個多年來的一個假設，便可以得到初步的證實。但這樣一來又引起了南島語族在中國大陸（以及東南亞大陸）上下落的問題。

　　在這個問題上，距臺灣最近的福建，自然是最令我們最為注意的一省。福建省已發現的史前遺址雖已不少[25]，卻很少能確定是屬於公元前2000年前的。最早確定屬於這個較早新石器時代文化的遺址是金門的富國墩（一名復國墩）。1968年9月臺灣大學地質學系林朝棨教授「參加金門地質礦產測勘隊，前往該地，從事田野工作；9月26日偶然在富國墩（舊名『蚵殼墩』）

　　[24] Isidore Dyen, " The Austronesian Languages and Austronesian, " *Linguistics in Oceania*, pp.10-11.

　　[25] 福建省博物館，〈建國以來福建考古工作的主要收穫〉，《文物考古工作三十年》（北京：文物出版社，1979），頁252-260。

發現貝塚遺址，……〔在〕金門縣、金湖鎮、溪湖村……富國墩，在聚落西方（稍偏北）10公尺的地點，露出於白薯園邊緣1公尺高的小崖面。……遺物有陶片、凹石、石把手、獸骨片等，其中凹石、石把手、和獸骨片僅各一件。……陶片大致爲厚質，厚度4－7mm者，多厚在6－7mm者，表裡雖呈紅色，中心部尙遺留黑色，所以火候似不高。有紋陶片的紋樣型式以貝印紋和指甲紋爲主。利用蚌類的殼緣的刻紋印於陶上，呈波紋、點線紋、直線紋等；指甲印出弧紋，排呈一列。其他亦有橫線、斜線和橫列短直線的刻印紋」[26]。林氏自貝塚的不同深度，取了三塊貝殼交給臺灣大學物理系做碳14斷代分析，其結果如下：

NTU65：6305±378B.P.（-70cm）

NTU64：5799±348B.P.（-40cm）

NTU63：5458±327B.P.（-10cm）

依此富國墩的年代在公元前3500年到4500年以前，與臺灣的大坌坑文化的時代是相重疊的。與大坌坑文化相比較，富國墩雖有繩紋，數量卻很少，其主要的紋飾是貝殼邊緣印紋與指甲印紋（其實似乎也是一種貝殼邊緣所壓印的）；這兩種紋飾在臺灣是少見的。八甲村的大坌坑文化中有貝紋，其中貝緣印紋與富國墩的相近。

在富國墩發掘的十一年之後，同樣的陶片又發現於閩江下游北岸閩侯縣白沙公社溪頭村西南的一個新石器時代遺址的底層。溪頭的遺址是在1954年便發現了的。但到了1975年才進行第一次發掘[27]，到了1978年10月到1979年1月又進行了第二次發掘工作[28]。這個遺址的文化分爲上下兩層，下層的陶器

[26]林朝棨，〈金門復國墩貝塚遺址〉，《臺大考古人類學刊》，33／34（1969），頁36-38；〈金門富國墩貝塚遺址〉，《經濟部金門地質礦產測勘隊工作報告》，1970，頁61-63。

[27]福建省博物館，〈福建閩侯白沙溪頭新石器時代遺址第一次發掘簡報〉，《考古》，1980（4），頁289-295。

[28]福建省博物館，〈閩侯溪頭遺址第二次發掘報告〉，《考古學報》，1984（4），頁459-500；王振鏞、林公務、林聿亮，〈閩侯溪頭新石器時代遺址的第二次發掘〉，《福建文博》，1983（1），頁30-46。

上的花紋以拍印的交錯條紋爲主，但在「少量夾砂陶的頸上，飾篦點紋、貝齒紋（貝殼邊緣壓印的），這種紋飾以前未見」[29]，但「在金門富國墩、平潭南厝場和廣東潮安陳橋等處貝丘遺址中都曾發現過，同臺灣大坌坑文化的陶片也有某些相似之處」[30]。據此，溪頭發掘隊將下層文化定在4000－5000年以前，或公元前2000－3500年前。但是如果在金門富國墩、平潭南厝場和廣東潮安陳橋等遺址中這種「飾篦點紋和貝齒紋」的陶器是單獨存在，自成一個文化層的，那麼溪頭下層這種陶片便有是自更早的一個文化層混入溪頭下層去的可能。因此，溪頭下層文化的年代可能比上述的要早一個階段。這些新的資料是十分重要的；它們很可能把福建和臺灣在公元前2000－5000年前兩種不盡相同的文化打成一片，亦即把臺灣古代的原南島語族文化帶到了福建。這時候福建的新石器時代文化（以富國墩、溪頭底層和平潭南厝場這幾個已發表過的遺址爲代表的）是不是也是原南島語族文化，還是受了原南島語族文化影響的另外一種文化？這是一個值得深入研究的問題。

由福建向北向南推出去看，在公元前2000－5000年前這一段時間內都有不少材料，但它們的意義還不十分清楚。先談南方的廣東。上文所說的潮安陳橋，「出土的全是粗砂陶。……全部陶器的表裡面均磨光，有的在口沿邊及器裡、有的在頸部、有的在腹部著有赭紅的彩色，其上多再飾以螺絲劃紋和線紋。……這裡的陶器，不論質料、形制和裝飾，都和廣東及鄰近省區一般新石器時代遺址所出土的有所不同，是值得注意的現象。」[31]實際上，與陳橋陶器相似的遺物，在距潮安不遠的海豐也有出土。在三十年代有位麥北漢神父（Fr. R. Maglioni）在海豐一帶傳教，自1936年開始十年之間在海陸豐地區採集了不少史前的遺物，並將這些遺物整理分期，麥神父把估計最早的一個文化期稱爲西沙坑（SOW），定在公元前3000－4000年之間。這期

㉙福建省博物館，〈閩侯溪頭遺址第二次發掘報告〉，《考古學報》，1984（4），頁470。

㉚王振鏞、林公務、林聿亮，〈閩侯溪頭新石器時代遺址的第二次發掘〉，《福建文博》，1983（1），頁45。

㉛廣東省文物管理委員會，〈廣東潮安的貝丘遺址〉，《考古》，1961（11），頁580。

文化陶片的特徵：「所有的 SOW 陶器都火候很低……SOW 典型而別處罕見的陶器是篦紋陶——薄而含砂、帶紅色，在素面或繩紋面上有不規則的波紋，顯然用一種梳形器所刻劃……刻劃紋線，細緻，似用尖器、梳子和貝殼所製，僅在口緣和肩上。線紋有數種：刻或印、直形、曲折而波形、連續點形，有時間以小圓圈，或排列成三角形或其他幾何形，有各種形狀。」[32]

上面所略述的這幾個遺址（圖9-4）出土的陶器，從器形和紋飾上，構成中國新石器時代在公元前5000－2000年前這一段時期之內的一個新的文化[33]，與華北的仰韶文化和大汶口文化，長江中游的大溪文化、長江下游的馬家浜文化和河姆渡文化平行存在。因爲富國墩的發現而導致這個文化的新認識，我們不妨稱之爲富國墩文化。目前這個文化的分布，北到閩江流域的溪頭，南到廣東東部的海豐與潮安，中間包括金門富國墩與平潭。臺灣的大坌坑文化與這個富國墩文化的關係非常密切；兩種文化的顯著特徵都具備的遺址在臺灣有臺南八甲村，在福建有平潭。這是兩個文化，還是一個文化的兩種類型，現在還不敢說定。如是後者，不妨把這整個文化稱爲大坌坑文化，下面再分兩個類型，即大坌坑類型與富國墩類型。

從大坌坑文化的核心區域（臺灣海峽兩岸）向西，沿著廣東的海岸一直到越南有不少時代相當的遺址，以繩紋陶器爲特徵，並有典型的雙道或三道的篦劃紋[34]，但用貝殼緣部作爲篦具的劃紋和印紋，在已知的考古文獻中似乎罕見。這些遺址都是屬於所謂和平文化這個大傳統裡面的，而且大坌坑文

[32] R. Maglioni, *Archaeological Discovery in Eastern Kwangtung* (Hong Kong Archaeological Society，重刊版，1975年），頁32。

[33] K. C. Chang, " A new prehistoric ceramic style in the southeastern coastal China, " *Asian Perspectives*, 22（1980）, pp.179-182.

[34] 越南的材料中可舉下面的兩個例子：H. Mansuy et J. Fromaget, *Stations Néolithegue de Hang-rao et de Khe-tong (Annam)* (Bulletin du Service Geologique de l'Indochine, Hanoi, 1924 ）, pp.5-12；E. Saurin, " Stations pre historiques du Qui-chau et de Thuong-xuan (Nord-Annam ）, " *Proceedings, Third Congress of Prehistorians of the Far East* (Singapore, 1940 ）, pp.71-90.

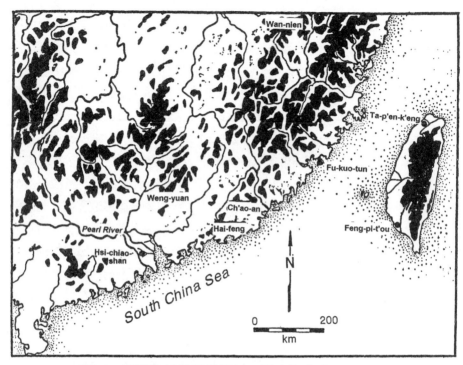

圖9-4　臺灣海峽幾個重要新石器時代遺址的分布

化也可以說與這個大傳統有關。但根據目前的材料來說，大坌坑文化有它顯著的特性不能僅僅說是和平文化的一部分。

從大坌坑文化核心地區向北，最先碰到的地區是浙南，這個地區的考古工作比較遲滯，至少在已經發表的材料裡面找不出來與大坌坑文化有密切關係的材料。再往北找，便碰到姚江流域的河姆渡文化。這是內容非常豐富的一種從事稻米耕作的文化，它的陶器也以繩紋和劃紋為主要的紋飾[35]。在已發表的有關河姆渡文化的材料裡面找不到關於貝緣刻劃紋的紀錄。從整個文化的面貌上看來，河姆渡文化要比大坌坑文化在內容上豐富得很多，但這也可能是保存條件上面的差異。大坌坑文化中石器比較稀少，種類也比較少；

---

[35]浙江省文物管理委員會、浙江省博物館，〈河姆渡遺址第一期發掘報告〉，《考古學報》，1978（1），頁63。

反過來，這也可能表示這個文化中竹木器十分發達。照目前的材料來說，河姆渡文化與大坌坑文化是同時的兩種不同的文化。

四、餘論

上面處理的考古材料，數量是非常有限的，但是很顯然的這批材料包含著相當重大的意義。簡單的說，臺灣的南島語族說明臺灣是整個南島語族最早起源的地區的一部分；向上推溯四、五千年所得的大坌坑文化很可能是原南島語族的代表或一部分的代表；隔著臺灣海峽的富國墩文化如果可以進一步的證明是大坌坑文化的一部分，那麼原南島語族的老家便推上了大陸的東南海岸；照目前的材料看來，這批材料的地理範圍集中在閩江口向南到韓江口的福建和廣東東端的海岸。

如果原南島語族可以推溯到中國大陸的東南沿岸，隨之而起的問題更極待解決。這中間最要緊的一個問題是：幾千年以前的中國大陸東南海岸如果是原南島語族的老家，或至少是他們的老家的一部分，那麼大陸上的原南島語族後來到那裡去了？自有歷史材料的時代開始，我們便在中國大陸上再也找不到南島語言的蹤跡了。他們與日後在這個區域占優勢地位的漢藏語系的語言有什麼樣的關係？南島語族是完全絕滅了，還是與漢藏語族混合，或與後者同化了？在這段歷史上、語言、文化和民族之間的關係是不是對等性的？最後，考古學的研究能夠在什麼程度上把這些問題解決？

在中國各區域的考古調查、發掘和研究的數量和成果上，華南遠不如華北，而東南海岸又遠不如長江流域。另一方面，也正因為如此，東南海岸的考古學在將來是大有作為的。對這一個區域將來考古學的進行方式，如以本文所提出來的問題為著眼點，我們可以有幾點建議：

第一、將來的研究需要是多學科性的。基本的材料是要靠考古發掘的，但不論是研究計畫的設計，還是出土資料的解釋，如果我們要把有關的文化史上的意義闡明，便不能不仰仗於語言學和民族學的研究；這兩方面的研究，不但要涉及這個區域之內的，而且更得涉及這個區域以外有關的語言的問題。從原南島語族文化擬測的眼光來看，如果要把我們從考古工作得來的資料作充分的發揮，必須借重於環境科學以及古生物學、古植物學和地理學

一般的研究成果。在這裡不妨再次強調一下的是海洋科學（海洋地質、海洋生物等）在研究海岸新石器時代文化的重要性。

第二，需要研究的課題常常是區域性的，因此規劃與實行研究時我們需要把地理範圍擴張到省份以外。目前中國考古工作機構是以省和省以下的行政區域為單位的，而這種制度在作大區域性的研究時便有了相當的侷限性。國家級的文物考古工作單位有時在黃河流域工作，卻很少在華南進行工作，更提不到東南海岸了。同時，東南海岸的文化史的研究，又需要在臺灣海峽兩岸作同時的互相協調式的進行的。這在目前的海峽局勢下只能是個夢想而已。

第三，在進行這個區域古代文化研究時我們的視野顯然不能為現在的國界所拘束，更不能牽涉到現在的政治問題。談到東南海岸古文化時，我們不妨討論東南海岸與中原文化的問題，但東南海岸與中原的關係並不是唯一該討論的區域與區域之間的關係。事實上，中國東南海岸與越南的考古是有密切關係的；中越的考古學家應該有一起從事研究的機會。同時，如上文所說的，東南海岸考古工作牽涉到東南亞與大洋洲一億五千萬說南島語系語言的人的祖先的來源問題。在這個問題的研究上，我們不但要打破省份的界限，而且更要打破國家的界限，與東南亞和太平洋區域的考古工作者攜手合作。很清楚的，如果不把眼界放廣，我們手中寶貴的資料的意義便不能充分的發揮。

10.新石器時代的臺灣海峽*

　　在這篇文章裡我想把臺灣海峽地區新石器時代的考古資料作一次初步的簡賅性的綜合以爲這個地區考古進一步研究的起點。我選擇這個地區來作起步的研究，主要是由於我自己田野考古的經驗都集中在臺灣，但是在臺灣考古研究過程中很快的便覺察到海峽地區古代文化史問題的整體性。中國考古工作的進行多半是以現在的省份爲單位的。但在文化史與自然區域密切相關的情形之下，區域的研究常有將各省結合起來研究的必要。臺灣海峽這個區域的研究，事實上還有另外幾項特徵。第一，海峽沿岸地區的地形複雜，古代住民所利用的生活資源也多種多樣，除了陸地上的動植物以外，還有很多的淡水動植物與海水動物。同時，由於海上交通更能四通八達，古代居地除了當地資源以外還能使用遠地資源。在研究這種地區古代住民生活的時候，我們便不能忽略自然環境科學在考古學上的大力參與。在這種情形之下，還有一點值得特別注意的考古要點，便是在這種地區研究史前文化分類時，陶器比石、骨器要有更大的重要性。我們在討論華南考古的時候，常常在各個遺址的地形①與石器的類型②上付以很大的注意力。地形與石器類型都在古

---

*　原載《考古》，1989年第6期。

①如彭適凡，〈試論華南地區新石器時代早期文化——兼論有關的幾個問題〉，《文物》，1976(2)，頁15-22，把華南早期新石器時代文化遺址分爲洞穴遺址、貝丘遺址、臺地遺址等三種類型。

②如邱立誠，〈略論華南洞穴新石器時代早期文化〉，《史前研究》，1985(1)，頁24-28，講遺物特徵時，用了一頁半的篇幅描寫石骨角器，用一段文字描寫陶器。

代住民生活的研究上是不可或缺的基本資料，但它們的類型形成都與生產方式有緊密的聯繫，卻不適合用作文化、民族的分類的主要標準。作文化分類或作族群辨識，陶器要有更大的重要性，因爲用途完全相同的陶器可以有代表文化個性的各種不同的形式與紋飾。把文化的辨識與古代住民對各種自然資源的利用方式結合起來研究，是考古學的一項重要任務。臺灣海峽新石器時代的資料在這種研究上是非常豐富的。

海峽地區遠古文化的研究，還可以做爲古代史研究上多學科入手途徑的一個範例。環境科學的重要性上面已經提到。除了古代自然環境的研究以外，實驗分析科學家在古代住民對自然資源的利用上，在這種資源豐富多樣的地區更能大顯身手，如水陸各種食物的辨認，石陶器取材地區的追踪，從人獸骨骼中分析人獸食物的種類等等。除此以外，臺灣海峽地區古代文化的研究，還需要民族學者與語言學者的參與，而且需要使用太平洋區古代文化史研究的資料與成果。最後這幾點我在〈中國東南海岸考古與南島語族起源問題〉③一文裡面已經比較詳細的說明了。又因爲這個地區的新石器時代文化在部分地區一直延續到歷史時代，傳世的文獻史料在海峽新石器時代文化考古上也有它的重要性。

儘管臺灣海峽地區古代文化資料十分豐富，所牽涉的研究問題十分複雜，因此它研究的成果可想而知要有很大的重要性，可是這個區域的研究還在黎明階段，甚至還在黎明之前。這主要是由於四十年來海峽的政治局勢所造成的，但另一方面也是由於我們一向研究中國歷史的重心擺在黃河流域的中原，而像臺灣海峽這種邊遠地區常引不起學者的重視。但正由於過去的疏忽，這個地區的科研前途又是不可限量的。

一、臺灣海峽的古代環境

臺灣海峽是介於臺灣與福建之間的淺海，最窄處只有130公里，最深處

---

③載《南方民族與考古》，1（1987），頁1-14。

不超過100公尺④。臺灣與福建之間又有澎湖群島作為中介；澎湖與臺灣本島最短距離（嘉義縣東石鄉鰲鼓）為45公里，與福建之間的最短距離（泉州以南之圍頭）為140公里⑤。在更新世的冰河時代，海水凍結在陸地上，海平面下降，許多大陸架暴露於地表，臺灣海峽亦不例外。據深海探測，在一萬五千年以前東亞的最後一次冰期冰進期間，東亞海平面低於今日海平面140公尺⑥，而臺灣海峽在一萬五千年以前全是陸地，舊石器時代華南的居民自大陸到臺灣通行無阻，而臺灣已有不少舊石器時代文化的遺物遺址發現⑦。

自一萬五千年前冰進高潮開始退卻以後，海平面便逐漸上升，到了一萬年以前即全新世開始，東海海平面上升到現在海平面以下100公尺左右，所以自全新世開始以後，臺灣海峽便很快的形成⑧，而從福建到臺灣便要乘船了。在歷史時代從廈門乘船到臺南大約要兩天以上的海程。康熙24年（1685）修的《臺灣府志》裡面說「自府治至京師，除海洋水程十一更外，陸程七千四百一十里」⑨。這裡所說「水程十一更」，想必是從臺南到泉州或廈門，需十一更，或二十多個小時，大概是指帆船行動的時間，而在實際航行上要加上停泊繞路等，所需可能要花多一點時間。康熙36年（1697）浙江郁永河

---

④陳正祥，《臺灣地志》（臺北：敷明產業地理研究所研究報告第九十四號，1959），上冊，頁60。據郭旭東，〈晚更新世以來中國海平面的變化〉，《地質科學》，1979(4)，頁334云：「近年來，海底聲學探測表明，臺灣海峽海底水深不超過60米。」

⑤陳正祥，《臺灣地志》，下冊，頁1145。

⑥K. O. Emery, Hiroshi Niino, and Beverly Sullivan, " Postpleistocene levels of the East China sea, " in：K. K. Turekian（ ed. ）, *The Late Cenozoic Glacial Ages*（ Yale University Press, 1971 ）, pp.381-390.

⑦宋文薰，〈關於臺灣更新世的人類與文化〉，《中央研究院國際漢學會議論文集‧歷史考古組》（1981），頁47-62。

⑧趙希濤，〈臺灣海峽兩岸全新世地質的對比〉，載氏著《中國海岸變遷研究》（福州：福建科學技術出版社，1984），頁56上說：「臺灣與大陸最近一次分離的開始時間，大致在距今一萬四千和一萬二千年之間。」

⑨《臺灣府志校注》（廈門大學出版社，1985），頁8。

《裨海紀游》詳細的記述了他自廈門坐船到臺南的經過,自春二月二十一日拂曉自廈門港外大旦島出發,次日午刻到澎湖,二十三日午夜再行,二十四日黃昏到臺灣,共用了三天[10]。初清走這條航線的民船的效率恐不很高,全靠風帆;《裨海紀游》記有人自臺返省「至大洋中,風絕,十有七日,舟不移尺寸」。相信在遠古時代,尤其在在南島語族祖先的時代(見下),在公元紀元前便航達波利尼西亞,船舶之利,一定比清初漢人的帆船更勝遠航[11]。無論如何,臺灣海峽的距離有限,在整個全新世期間,不論海平面升降到何程度,兩岸交通是不成問題的。

全新世的臺灣海峽在地理環境上的變化,主要表現在海岸線的升降與不同氣候類型的植被的更迭。據地質學者林朝棨的研究[12],全新世開始不久便有一次大海進,海峽的水平面很快便超過現代的水平,是爲北勢期海進。在這以後到今日共有六次海進海退;海退時期的海峽水平與現在的水平相近,而海進期的水平比現在的要高20－60公尺[13]。所以,全新世期間有六次海進,造成海水向內陸伸入,居住水平自海岸向內陸或高地後退到20公尺到60公尺等高線不等(圖10－1)。六次海進亦即居住線上升的高潮的年代是:北勢期約9000年前;龍港期約8500－7000年前;臺南期約6500－5000年前;大湖期約4000－3500年前;國聖埔期約2700－2600年前;彰化期約1500－1100年前;北濱期約1100年前到現在。其中最重要的兩次海進是臺南期(約公元前4500－3000)和大湖期(約公元前2000－1500),都是兩個文化史上的關鍵階段,影響到人類聚落的選擇與食物來源。下面還要涉及。像臺灣西海岸

⑩臺灣省文獻委員會印行,臺灣叢書第一種(1950),頁3-5。

⑪見 Ben R. Finney, "Voyaging canoes and the settlement of polynesia," *Science*, 196(1977), 1277-1285.

⑫C.C. Lin, "Holocene geology of Taiwan," *Acta Geoloyica Taiwanicam*, 13(1969), pp.83-126.

⑬林朝棨,〈第四紀之臺灣〉,刊載於《臺灣研究在中國史學上的地位》(臺灣研究研討會紀錄,臺灣大學考古人類學專刊第四種,1967),頁6-7。

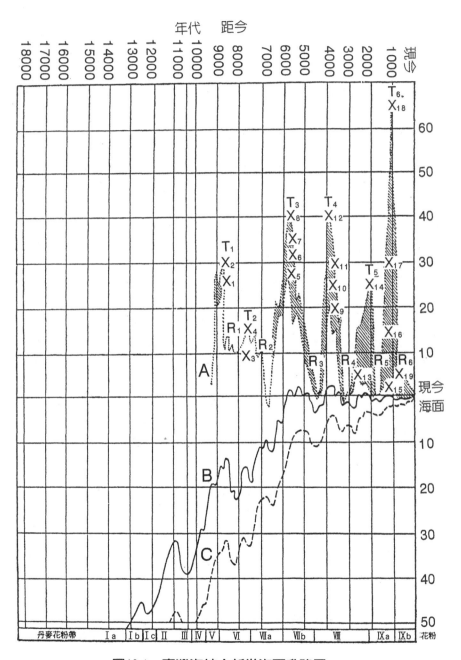

圖10-1　臺灣海峽全新世海面升降圖

這樣海進海退循環現象在福建海岸也有相應的地質證據[14]。「除因測年樣品分布不均和區域構造運動等因素的影響而顯示一定的差異外，臺灣海峽兩岸的海侵與海退是幾乎同步的。」[15]從這看來，海進周期也同樣的影響到福建沿海新石器時代居民的分布。福建省發掘最久的曇石山遺址現在在福州以西22公里的閩江下游北岸，距現在閩江河口海岸二十多公里。但曇石山出土的貝殼都是海生的，因此「當時的海岸線：……可能距曇石山不遠，潮水能達到曇石山」[16]。曇石山中層文化期的碳素十四年代是公元前1055和1140年[17]，下層文化可能達到公元前2500年以前，是曇石山文化的高潮時代與大湖期的公元前2000－1500年是相疊的。

全新世植被的變化主要是根據植物孢粉分析來鑒定的。臺灣在這上面的研究是1964年由塚田松雄開始的[18]。他根據在日潭所採的湖底泥炭層孢粉的分析而推斷「臺灣中部的氣溫到了三萬五千五百年前左右達到低潮，其植被中以巒大杉、櫟類、榆類、櫸類、臺灣胡桃、女貞類、柳類等為最多，氣溫比現在的要低到攝氏七度以上。從此以後，氣溫漸暖，到了一萬年以前，植被中代表的樹木變成了亞熱帶和溫暖種的白匏、東方菱角、香楓、錐栗、杪欏等類。到了五千五百年前，氣溫可能升高到高於現在2.5度左右。嗣後氣溫又逐漸下降，到了三千年以前達到了現在的水準」[19]。由植被變化所指示

---

[14]陳承惠等，〈閩南沿海全新世地質年代學研究〉，《臺灣海峽》，1（1982），第二期。

[15]趙希濤，〈臺灣海峽兩岸全新世地質的對比〉，頁59。

[16]《考古學報》，1976(1)，頁126。

[17]《考古》，1974(5)，頁337。

[18] Matsuo Tsukada, "Late Pleistocene vegetation and Climate in Taiwan（Formosa），" *Proceedings of the National Academy of Sciences*, 55（1966），pp. 543-548；"Vegetation in subtropical Formosa during the Pleistocene glaciations and the Holocene," *Palaeogeography Palaeoclimatology, Palaeoecology*, 3（1967），pp.49-64.

[19]據韓起，〈臺灣省原始社會考古概述〉，《考古》，1979(3)，頁248上的摘要。

的高溫期在三千五百年前後,與海進的臺南期相當。這個結論,得到嗣後更多的全新世孢粉分析結果的支持[20]。這樣看來,公元前五千年到一千五百年期間,臺灣海峽兩岸的地理特徵是高水面,潮濕溫暖的氣候,物產資源豐富多樣,住民占居沿海的臺地上面,面前有海產和河口產物,轉身背後有臺地森林河谷的物產。

二、富國墩與大坌坑文化

如上所述,臺灣有舊石器時代遺址遺物發現,表示臺灣海峽地區自更新世以來就有人居,可以作為全新世以後新石器時代文化發生發展的底層。

臺灣海峽區域最早的新石器時代的文化,即有陶器和可能有農業的文化,迄今所知的,是福建的富國墩文化和臺灣的大坌坑文化。兩者可能是同一文化的兩個類型,都存在於公元前5000－2500年前後,與臺南海進期與全新世氣候高潮相重疊,但它們的早期形式在海峽地區應該在公元前5000年以前即已存在。這兩個文化的分布與內容,在〈中國東南海岸考古與南島語族起源問題〉一文[21]裡面已有敘述,這裡不再重複,但其主要遺址再詳列於下:在海峽西岸有五處,即(自北向南)閩侯白沙溪頭、平潭島(敖東南厝場、北厝祠堂後、南壠殼坵頭)、金門富國墩、潮安陳橋、海豐西沙坑;在海峽東岸遺址較多,已經較詳細報導的有臺北大坌坑、臺南六甲村和高雄鳳鼻頭[22](圖10-2)。

---

[20] 十五年來臺灣更新世全新世孢粉分析研究,見劉平妹的綜述:Ping-mei Liew, " Quaternary stratigraphy in Western Taiwan:Polynological Correlations, " *Procedings of the Geological Society of China*, 31(1988), pp. 169-180.

[21] 《南方民族與考古》,1(1987),頁1-14。

[22] 除上引文裡面所援引資料以外,又見《中國考古年鑑1986》(北京:文物出版社,1988),頁132-133;林釗,〈福建新石器時代和青銅文化時期的考古概況〉,《先秦史研究動態》,1986(3),頁15。

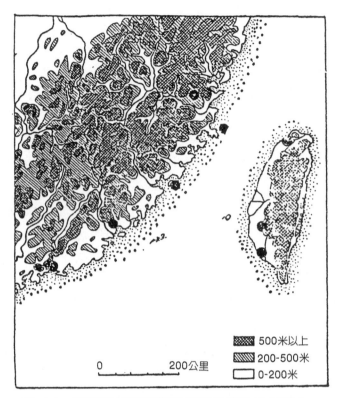

圖10-2　臺灣海峽兩岸新石器時代遺址分布圖之一

　　富國墩、大坌坑文化是海岸文化。他們利用各種水陸資源，因而其生產方式是混合性的：農業、狩獵、撈魚、撈貝；漁獵的對象包括海產的與陸生的動物魚蚌。他們的農作物可能以芋薯爲主[23]。這個文化的生產方式中最顯要的特徵強烈的反映在它的陶器紋飾中最顯要的特徵上面。大坌坑文化陶器的紋飾以各種的繩紋爲主，表示繩索在這個文化中的顯著地位。繩索是植物纖維做的；大坌坑文化遺址（圓山下層）中曾出土過打樹皮布用的石棒的碎片[24]，表示樹皮纖維是大坌坑文化纖維的一個來源。在一個文化中對植物的

[23]K. C. Chang, "The Yale expedition to Taiwan and the Southeast Asian horticultural evolution," *Discovery*, 2（1967），no.2, pp.3-10.

熟悉和使用並不是這個文化有農業的證明；日本的持續長久的繩文土器文化便是一個好的例子。但是對植物的熟悉與廣泛使用是培植植物的先決條件。富國墩文化中陶器的最爲顯要的紋飾是各種貝印紋與貝劃紋；所用的貝殼以血蚶（大的是 *Anadara granosa*，小的是 *Anadara ehrembergi*）爲主。陶器上貝紋的普遍表示採貝在富國墩文化中的重要性。富國墩文化中也有繩紋，臺灣六甲村的大坌坑文化中也有貝紋；我相信這兩個文化是一個文化的兩個地方相，與各自生產方式中強調植物與強調海貝有關。但是要詳細研究這個（或這兩個）文化的生產方式，不能只憑照自陶器紋飾上所做的推斷，而必須採取精細的科學技術獲取有關農業、狩獵、打魚與採貝的直接資料。現代的科學技術在這方面的使用是當務之急。

富國墩、大坌坑文化的研究，不但在海峽文化史上有重要的意義，而且是受到太平洋文化史、民族史學者極大的注意的。在上引〈中國東南海岸考古與南島語族起源問題〉一文裡面，我曾提到有許多大洋洲考古學者都相信大洋洲的南島語族的祖先起源於中國東南海岸[25]。這種想法在臺灣民族學與考古學的材料裡得到相當強烈的支持。臺灣的人口中除絕大部分是漢人以外，有三十多萬的土著民族都是南島語族（Austronesian）或稱馬來波利尼西亞語族（Malayopolynesian）。因爲南島語在本島內各族之間的分歧程度非常的大，語言學者一直相信臺灣就是南島語族的發源地或其中的一部分[26]。臺灣島內的考古學文化自新石器時代到歷史時代再一直到民族學的現代，有相當明顯的連續性。換言之，最早的新石器時代的文化即大坌坑文化可能就是現代南島語族的祖先文化。如果富國墩文化是大坌坑文化在臺灣海

[24]張光直，〈圓山發掘對臺灣史前史研究的貢獻〉，《大陸雜誌》，9（1954），no. 2，頁36-41；連照美，〈臺灣的有槽石棒〉，《大陸雜誌》，58（1979），頁164-178。

[25]如 Peter Bellwood, " New perspectives on Indo-Malaysian prehistory, " *Bull. Indo-Pacific Prehistory Association*, 4（1983），pp.71.

[26]G. W. Grace, " Movement of the Malayo-Polynesian；1500 B.C. to A.D. 500：The Linguistic Evidence, " *Current Anthropology*, 5（1964），pp. 361-368.

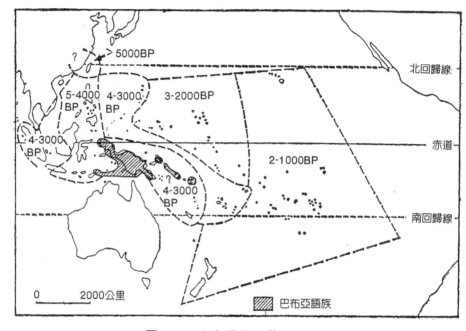

圖10-3 南島語族聚落擴張圖

峽西岸上的表現，那麼我們可以說考古學的研究已經初步的把南島語族的起源推上了福建和廣東的海岸，這是與太平洋地區考古學者的期待是互相符合的（圖10-3）。同時這個地區新石器時代文化的內容，與語言學者所擬測的原南島語內容的包涵也有很大的類似性[27]。

如果富國墩、大坌坑文化就是南島語族的祖先，臺灣海峽的考古可以說是建立了大陸文化與海洋文化之間的一座橋樑，其重要性遠超於中國境內範圍之外。但隨之而來的問題是：今天大陸上完全沒有南島語的痕跡了，而中國東南海峽兩千年的歷史紀錄裡面也沒有南島語族的痕跡。大陸上的南島語族到那裡去了？

三、海峽西岸的曇石山文化

---

[27]見張光直，〈中國東南海岸考古與南島起源問題〉一文的討論。

　　曇石山在福州西22公里閩江下游北岸二十多公尺的臺地上，自1954年開始已經過七次發掘[28]，是福建省新石器時代考古遺址中最重要的一個。據最近整理的結論，這個遺址有三個主要的文化層，是同一個文化的持續。上層認為是青銅時代，以幾何印紋陶為尖銳的特徵。中下層是新石器時代，作為曇石山文化的代表。同樣的文化除了代表遺址以外，還發現在閩江下游數處，有閩侯榕岸莊邊山、白沙溪頭和福清東張等[29]。關於曇石山文化的特徵，根據第六次發掘的報告，有下述的陶器形制紋飾[30]：（圖10-4）

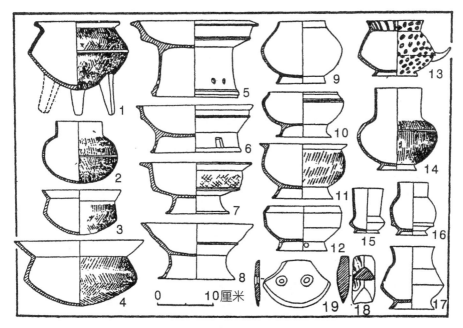

圖10-4　曇石山文化陶器

---

[28]初步報告見《考古學報》，1955（10），頁53-68；《考古》，1961（12），頁669-672，696；《考古》，1964（12），頁601-602，618；《考古學報》，1976（1），頁83-118；《考古》，1983（12），頁1076-1084。

[29]曾凡，〈關於福建史前文化遺存的探討〉，《考古學報》，1980（3），頁266。

[30]《考古學報》，1976（1），頁91-103。

下層：以細砂紅陶最多，泥質灰陶次之。陶器手製，除表面磨光以外，
　　　有繩紋、凹點紋、劃紋、附加堆紋、圓圈紋、鏤孔和彩繪等。器
　　　形有圓底折腹的釜、鼎、圈足壺和假豆等。

中層：以夾砂灰、紅陶爲多，細質灰陶次之。仍手製，但口沿輪修。紋
　　　飾與下層的相似。器形有鼎、釜、碗、杯、圈足壺、豆等。

從曇石山文化的這種特徵來看，我們可以很快的達到兩項初步的結論：第
一、這一組陶器與較早的富國墩文化的陶器有很大的不同。第二、它與中國
其他地區的「龍山形成期」各文化的陶器有共同的特徵。

　　先看第一項結論。富國墩文化「在陶器上具有鮮明突出的特點……顯然
不同於曇石山文化」[31]。這兩個文化之間「是否有先後承襲關係，因無地層
疊壓關係，早期遺物少，文化面貌不甚明晰，目前尚難以論定」[32]。但是二
者之間的壓疊關係，從溪頭遺址可見端倪。這裡下文化層零星發現富國墩文
化類型的陶片，與曇石山文化代表遺物相混雜[33]。這種情形顯然是曇石山文
化層下面更早但量小的文化層的遺物攪入上層的結果。再從類型學上看，從
富國墩到曇石山代表陶業上基本上的變化：貝印紋基本消失，而新文化有鼎
和豆這種代表器形的出現。固然從早期到晚期也有些許特徵可當做連續性的
看：「二者的分布範圍都包括閩江下游地區在內，陶器上又多少有些相似之
處。例如，蚵殼墩〔富國墩〕類型的高領罐同曇石山下層類型的紅細砂陶高
領罐在領部造型及其裝飾方面就很接近，二者領部肥厚凸起，上飾壓印紋、
刻畫紋等。」[34]但除了這類細節上相似以外，二者比較起來不可否認的是異
遠大於同。就目前所有材料來看，富國墩與曇石山是兩種來源不同的文化。

　　曇石山文化中新出現的鼎和豆是所謂「龍山形成期」的標誌。「龍山形

---

[31]王振鏞，〈試論福建貝丘遺址的文化類型〉，《中國考古學會第三次年會
　論文集》（1984年）頁67。

[32]林釗，〈福建新石器時代和青銅文化時期的考古概況〉，《先秦史研究動
　態》，1986（3），頁15。

[33]《考古學報》，1984（4），頁494；《福建文博》，1983（1），頁45。

[34]王振鏞，〈試論福建貝丘遺址的文化類型〉，頁67。

成期」是我在1959年提出來的一個概念[35]，指公元前第三、四個千紀中沿中國東海岸從山東到臺灣海峽的一連串相似的文化的共同標誌，其中以鼎和豆為主要的成分。鼎和豆是烹調使用食物的器具，在它們的背後便埋藏著有關烹飪食物的重要的文化上的特徵。在剛提出這個觀念時，由於南方考古資料還少，曾使用民族遷徙為解釋龍山形成期文化蔓延的主要因素。現在看來，整個東海岸自北到南從古便一直有土生土長的區域文化並行存在，這些區域文化到了公元前4000年左右開始擴展而彼此接觸、互相影響，形成了自南到北的一個大的互相交往作用的中國文化圈，而龍山形成期的標誌便是這個大文化圈的標誌（圖10-5）。在公元前4000－3000年之間，當時重要的區域文化為山東的大汶口文化、長江下游的崧澤文化、中游的大溪、屈家嶺文化等等，彼此之間都顯示重要的共同特徵，其中最常見的文化標誌便是鼎和豆。疊石山文化中的鼎和豆便是龍山形成期文化進一步向南發展的表現。疊石山文化的年代大致在公元前3000年以後[36]，比山東和江浙的龍山形成期文化要晚幾百年，正表示福建的龍山形成期文化是受北方文化影響之下較晚時期的結果。這樣說來，如果富國墩文化代表南島語族祖先的文化，疊石山文化便代表這以後在中國大陸上占絕對優勢的漢藏語族的文化。照目前的資料看來，南島語族的祖先文化主要分布在福建廣東東部沿海區域和臺灣。在公元前3000年左右，龍山形成期的文化自北方蔓延到福建，建立了疊石山文化，而原來的南島文化退居海峽東岸，便是後日臺灣土著民族的祖先。

四、海峽東岸的鳳鼻頭文化

臺灣西海岸即海峽東岸在大坌坑文化以後出現了一系列的新的考古文化，它們出現的時代是公元前3000年到2500年左右，與疊石山文化的時代相當。照目前的資料看來，公元前3000－2500年這五百年間海峽兩岸有新文化

---

[35]張光直，〈中國新石器時代文化斷代〉，《歷史語言研究所集刊》，30（1959），頁273。在這裡所使用的名稱是「龍山化期」。

[36]林釗，〈福建新石器時代和青銅文化時期的考古概況〉，頁17。

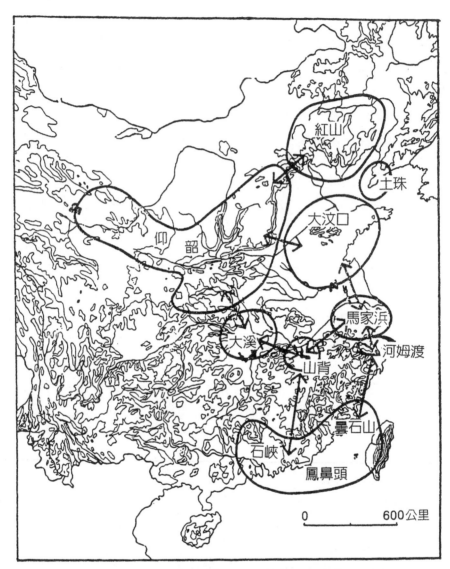

圖10-5　龍山形成期的主要新石器文化

同時出現，應當不是偶然的現象（圖10-6）。

　　在臺灣這邊新的考古文化主要分爲兩組。其一是北部臺北盆地的圓山文化，以素面、彩刷和圓圈印紋陶器和有段石錛、有肩石斧、巴圖形石斧以及

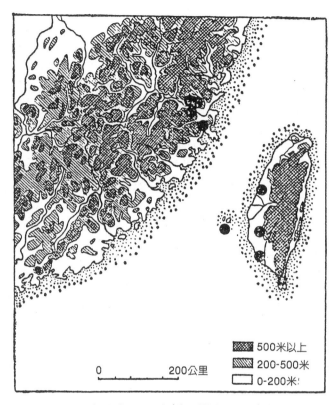

圖10-6　臺灣海峽兩岸新石器文化分布圖之二

玉器為特徵[37]。圓山文化的來源目前還不能確定；宋文薰根據圓山文化石器
的類型推斷與廣東海岸與中南半島的新石器時代文化有關[38]，但在廣東海岸
與中南半島尚未發現類似圓山文化的石器與陶器的組合。

　　從海峽新石器時代整個文化史的立場來看，臺灣西海岸大坌坑文化以後
更重要的新石器時代文化是中、南部海岸的一組，以細繩紋紅陶為顯著特
徵。這種文化有人將中部的叫做牛罵頭文化，南部的叫做牛稠子文化、鵝鑾

[37]宋文薰，〈由考古學看臺灣〉，載陳奇祿等，《中國的臺灣》（臺北，
　　1980），頁115-126。

[38]宋文薰，〈圓山貝塚的石器及骨角器工業〉，《中國東亞學術研究計畫委
　　員會年報》，3（1964），頁98-99。

鼻文化，或墾丁文化㊴。但是這個文化從陶器和石器看來在中、南部以及澎
湖群島都相當一致，沒有分開的必要。由於鳳鼻頭遺址有清楚的層位，不如
稱之爲鳳鼻頭文化。這個文化分爲二期，早期以細繩紋紅陶爲特徵，晚期以
印繩紋、條紋與刻劃紋的灰陶與紅陶爲特徵㊵。比起大坌坑文化來，鳳鼻頭
文化要有很大、很顯著的改變與進步。石器中用於農耕的工具大量的出現，
包括斧、鋤，和鐮，而且陶片上有稻米的遺留發現㊶。在陶器的類型上，鳳
鼻頭文化的器物以鼎和豆爲顯著的特徵。關於這一文化或一系列文化的來源
問題，學者間有不同的意見。在鳳鼻頭遺址發掘之後，我有鑒於這個文化與
大坌坑文化全然不同，推測是自大陸渡海東來的，而它的原型應當是靑蓮崗
或馬家浜文化㊷。到了七十年代，在「濁大計畫」之下發掘了中部海岸淸水
縣的牛罵頭遺址，發現在這個遺址的細繩紋紅陶中有不少大坌坑文化陶器的
特徵，如厚領和領外面梳刻紋飾等㊸。嗣後臺灣考古工作者有不少相信這一
層文化是土著的大坌坑文化進一步發展出來的㊹。現在看來，中南部與澎湖
的鳳鼻頭文化早期的陶器中的若干重要特質可能是由大坌坑文化原型進一步
發展出來的，但鳳鼻頭文化的許多新穎的文化物質如稻米農業、農具，和陶
器形制中的鼎和豆，與大坌坑文化扯不上關係，卻與海峽西岸的馬家浜、崧

㊴宋文薰，上引〈由考古學看臺灣〉一文；李光周，《鵝鑾鼻公園考古調查
　報告》（臺北：臺灣大學人類學系出版，1983），頁42。

㊵K. C. Chang et al., *Fangpitou, Tapenkeng, and the Prehistory of Taiwan*
　（Yale Univ. Publications in Anthnopology, No.73, 1969）.

㊶李光周，《墾丁國家公園考古調查報告》（臺北：臺灣大學人類學系出
　版，1985），頁116，圖版8。又見：黃增泉、臧振華，〈臺灣之古生態研
　究（六）臺灣中部十八張、大邱園、牛罵頭、草鞋墩等史前遺址的孢粉分
　析〉，《考古人類學刊》，39／40（1976），頁112。

㊷K. C. Chang et al., 1969. *op. cit.*

㊸張光直編，《臺灣省濁水溪與大肚溪流域考古調查報告》（歷史語言研究
　所專刊70，1977），頁430-431。

㊹李光周，〈墾丁發掘引起之問題〉，《考古人類學刊》，43（1983），頁
　103。

澤、河姆渡與曇石山文化有顯著的類似，可能是在後者影響之下而產生的。
新文化在臺灣出現的年代與曇石山文化的開始年代相近，是可以這樣解釋
的。

目前材料還少，不能輕下結論，但下面這樣一個假設可以同時說明不少
重要的現象。就是說，公元前5000－3000年間臺灣海峽的新石器時代文化是
南島語族祖先的富國墩、大坌坑文化。在公元前3000年左右，龍山形成期的
文化影響很有力的波動到東南海岸；這個文化與漢藏語族可能是關係密切
的。海峽西岸的富國墩、大坌坑文化被新的文化所取代；這種新的文化為考
古學上的曇石山文化所代表。舊的南島文化在海峽東岸即臺灣西海岸繼續生
存，但接受了龍山形成期強烈的文化影響而形成新的鳳鼻頭文化。

餘　論

在本文一開始我們便屢次的說，臺灣海峽新石器時代的考古學研究還在
創始時代，資料是很少的。海峽東岸的臺灣在考古學上的進展比較先進。最
初臺灣的考古是日本學者拓創的[45]。1945年光復以後，臺灣大學考古人類學
系建立，領導或參與了幾次重要的發掘：六十年代東部八仙洞舊石器時代洞
穴與西海岸好幾個重要層位遺址的發掘[46]；七十年代的「濁大計畫」[47]，與
李光周提倡「新考古學」與在墾丁的發掘[48]；以及八十年代臺東大規模新石

---

[45]日本學者臺灣考古文獻不勝枚舉，例見宮本延人；〈臺灣先史時代概
　　說〉，《人類學先史學講座》（東京：雄山閣），10（1959）；鹿野忠雄著，
　　宋文薰譯，《臺灣考古學民族學概觀》（臺灣省文獻委員會出版，1955）。

[46]K. C. Chang et al., *op. cit.*, 1969.

[47]張光直編，《臺灣省濁水溪與大肚溪流域考古調查報告》（1977）。

[48]上引李光周鵝鑾鼻、墾丁兩遺址發掘報告，及〈墾丁史前遺址的發掘與其
　　陶片的處理〉，《臺灣大學文史哲學報》，27（1978），頁285-346；〈再
　　看鵝鑾鼻──臺灣南端的史前遺址〉，《考古人類學刊》，35／36
　　（1974），頁48-57。

器時代墓地卑南遺址的發掘⑭。相對之下，海峽西岸的新石器時代考古工作
便顯得做得很少⑳。但正因為如此，福建省考古的前景是不可限量的，目前
正在發掘中或正在計畫發掘的考古遺址很可能在很短的期間之內對本文所討
論的題目做非常重要的補充或更正。

---

⑭連照美，〈卑南遺址發掘〉，《科學月刊》，12（1981），頁40-45；宋文
薰、連照美，〈臺東縣卑南遺址發掘報告㈠〉，《考古人類學刊》，43
（1983），頁117-136；宋文薰、連照美，《卑南遺址發掘資料整理報告》
1-3（臺灣大學人類學系，1984，1985，1986）；宋文薰、連照美，《卑南遺
址第9-10次發掘工作報告》（臺灣大學考古人類學系專刊第8種，1987）。

⑳〈建國以來福建考古工作的主要收穫〉，《文物考古工作三十年》（北
京：文物出版社，1979年），頁252-260。

11. 「濁大計畫」與民國六一至六三年濁大流域考古調查[*]

「濁大計畫」的全名是「臺灣省濁水大肚兩溪流域自然與文化史科際研究計畫」；它是在中央研究院、國立臺灣大學與美國耶魯大學的主持與行政院國家科學委員會和美國國家科學基金會的資助之下，自民國61年7月開始進行的。在這個總計畫之下共包括六個學科：考古、民族、地質、地形、動物、植物。（計畫籌劃之初尚有第七個學科，即土壤，但土壤方面的學者結果沒有參加工作。）濁大計畫的主要目標，是濁大流域古今居民的歷史及其與自然環境之間的關係，因此六個學科雖然都很重要，卻有主角配角之分：考古學與民族學的研究是主，其餘的——即自然史的研究——是配。

本書報告濁大計畫頭兩年的考古工作。因為頭兩年的濁大計畫，我是主要的設計人，所以我不妨在介紹考古工作之前先將濁大計畫的緣起以及濁大考古在濁大計畫中所占的位置作一個比較簡要的說明。事實上，整個濁大計畫最初的設計便是環繞著幾個考古學與民族史上的問題而著想的。我們不妨便從這幾個問題說起。

臺灣自明鄭時代，即有古物發現的紀錄。《諸羅縣志》卷十二〈外記〉：「鄭氏時，目加溜灣開井，得瓦瓶，識者云是唐宋以前古窰，惜其物不傳。」照宋文薰的報告，「這是關於前人注意臺灣地下出土的先史遺物的

---

[*] 原載《臺灣省濁水溪與大肚溪流域考古調查報告》（中央研究院歷史語言研究所專刊之70，1977）。

最早紀錄。……但以現代考古學與人類學的方法來處理這一方面資料，則需等待日據時代以後。」①日據時代的考古，據金關丈夫、國分直一與宋文薰三氏的考古學史資料，始於1896年粟野傳之丞氏在臺北市北郊芝山巖採集石器②。是則科學性的臺灣考古迄今已有八十年的歷史，在中國各省之中可以稱爲先進。

八十年來的臺灣考古的主要目的，可以粗分爲三組：史前遺物遺址的發現與發掘、史前文化的分類，以及史前文化的來源問題，尤其是與中國與東南亞大陸史前文化的關係問題。換言之，即集中於「文化史」方面的問題，而有以文化史的因素，亦即以起源的紛歧與歷史接觸、文化交流關係，來解釋文化變異的傾向。日據時代的末期，金關、國分與鹿野忠雄諸氏所發表的一連串的論文，探究臺灣史前文化的來源，可爲這種文化史取向的代表③。鹿野將臺灣史前文化分爲七層——繩紋陶器文化層、網紋陶器文化層、黑陶器文化層、有段石斧文化層、原東山文化層、巨石文化層、菲律賓鐵器文化層——並將七層文化自島外的來源一一加以擬定④，可說是這派研究法的高峰。光復以後，尤其是國立臺灣大學考古人類學系成立（1949）以來，臺灣的考古學上更有了較大規模的發掘和重要新遺物的發現，尤以1964-65年在臺北縣八里鄉大坌坑遺址、臺中縣大肚鄉營埔遺址，和高雄縣林園鄉鳳鼻頭遺址的發掘⑤，及1969以來在臺東縣長濱鄉八仙洞遺址的發掘⑥最爲重要。

---

①宋文薰，〈考古學上的臺灣〉，《臺灣文化論集》（臺北市：中華文化事業出版委員會出版，1954），頁91。

②金關丈夫、國分直一，〈臺灣考古學研究史〉，《臺灣文化》，第6卷第1期（1950），頁1-8；宋文薰，〈湮滅中的臺北史前遺址〉，《臺灣公論報》副刊〈臺灣風土〉，147期，1951年12月；及上引〈考古學上的臺灣〉。

③國分直一，〈有肩石斧、有段分斧、及黑陶文化〉，金關丈夫，〈臺灣先史時代に於ける北方文化の影響〉，同載《臺灣文化論叢》（1943）；鹿野忠雄，〈臺灣先史時代の文化層〉，《學海》，第1卷第6號（1944）。

④鹿野忠雄，〈臺灣先史時代の文化層〉，收入《東南亞細亞民族學先史學研究》，卷2（1952）。

到1970年前後，臺灣史前文化的辨認、年代學的間架，以及對外的關係各方面，都可以說到了相當成熟的地步了⑦。

可是臺灣考古學的又一方面，即對於古代居民生活與社會結構的了解，則工作較少，成績貧乏。這並不由於從事考古工作的學者對這方面不加注意的緣故，因為這方面的研究也並不是完全沒有⑧。從臺灣考古學史的觀點來看，我想至少可以舉出下面這幾項因素來解釋史前生活、史前社會方面研究的稀少：任何地區考古工作都得自材料的收集與年代間架的建構開始；多年來考古人員缺乏、經費短絀，難以作史前生活、史前社會研究所必需的較大規模的發掘；作史前生活、史前社會研究需作史前自然環境的研究，這方面的工作多非考古工作人員自己能勝任負擔的。但是由於這方面研究的短少，對史前文化變異的解釋，也就更自然的趨向文化史取向的理論，亦即以起源之異同來說明文化之異同，而缺乏作其他種類的解釋（如對不同環境的適應等）的基本資料。

這種情形——一方面是古代文化史上文化分類與年代學的成熟，另一方面是在數項條件之下所造成的對古代生活古代社會研究的稀少——很顯然的提供著作有創造性的研究設計的機會。臺灣雖小，它卻有許多良好的先天條件，可以產生有重要學術意義的研究成果。所以一方面有臺灣本身的條件，

---

⑤K. C. Chang et al., *Fengpitou, Tapenkeng, and the Prehistory of Taiwan* (Yale University Publications in Anthropology, No. 73, 1969).

⑥宋文薰，〈長濱文化——臺灣首次發現的先陶文化〉，《中國民族學通訊》，第9期（1969）。

⑦K. C. Chang et al., *Fengpitou, Tapenkeng, and the Prehistory of Taiwan*；宋文薰：〈臺灣西部史前文化的年代〉，《臺灣文獻》，第16卷4期，頁144-155。

⑧這方面的文章舉例如下：宋文薰，〈圓山貝塚民族的生產方式〉，《臺北文物》，第3卷第1期（1954）；張光直，〈圓山出土的一顆人齒〉，《國立臺灣大學考古人類學刊》，第9期（1957），頁146-148；Erika Kaneko, "Stone implements and their use in the agriculture of Taiwan," *Wiener Volkkunkliche Mitteilungen*, 1(2)（1953），22-31.

一方面有臺灣考古學史上的良機,「濁大計畫」便是在這種情形之下產生
的。

臺灣考古的「良好先天條件」是什麼?這是在設計任何研究計畫以前要
先加以確實掌握的問題。我在民國61年4月在本所學術討論會上曾以「臺灣
考古的重要性」為題在這個題目上稍有說明,雖嫌言簡,尚屬意賅,且容我
把那篇文章的大旨引述如下[9]:

臺灣的考古——即以考古學的方法研究人類在臺灣的歷史——也有
它特殊的重要性。這可以分從四點來加以敘述。

一、臺灣的考古學最基本的意義,就在它本身所供給的材料。英國
考古學泰斗克拉克教授在他的《世界史前史大綱》一書裏說過,他
在他這本書裏給世界各區史篇幅所佔的比重,代表他對這些區域史
前史對一般人類史貢獻大小多少的判斷。他這個做法在原則上固然
無可厚非,但實際做起來,就產生了如何對區域史對人類史之貢獻
加以評價的問題。從一個英國考古家的立場來看,臺灣人類史也許
沒什麼重要,但我們自臺灣島內的立場來看,它卻是世界上最要緊
的一段區域史。

進一步說來,全世界每一個區域的歷史都是「只此一家,別無分
店」的。臺灣的人類史,就像福建的人類史或渭水流域人類史一
樣,是中國人類史以及東亞、東南亞人類史不可缺的一部,而後者
又是世界人類史不可缺的一部。

二、現代的文化生態學注重文化系統的諸種成分與自然環境中諸種
成分之間的連鎖關係。自然環境越是複雜,所含成分越多,對文化
生態學的研究越有意義。從這個觀點來看,臺灣是研究現代與過去
文化生態學的一個良好實驗室,因為「麻雀雖小,五臟俱全」,臺
灣這個小島上由於山多流急,包含非常複雜的自然環境。幾達四千
公尺高的玉山是東亞東海岸最高峰;從玉山下到海岸,其氣候自寒
帶經過溫帶、亞熱帶,以至熱帶;其植物自苔原經過針葉林、落葉
林、直至熱帶森林;其地形有高山峻嶺、河岸海岸臺地、丘陵、洞

---

[9]原載《中央日報》副刊,民國61年8月26日及27日。

穴、平原、河湖岸等等。現代住民的聚落形態，就很清楚的反映各種文化成分與各種環境類型之間的連鎖關係，而古代聚落形態的變化也可以由這類觀點深加研究。這類研究的機會，不是到處都有的。在這一點上臺灣也可以說是「得天獨厚」了。

三、臺灣在中國大陸東南部，爲大陸向太平洋方向必經的路線之一，在史前人類的遷移史上及在大陸與海洋的關係上，都一定占有很爲重要的地位。根據現在的考古資料來說，臺灣的史前史可說是了解太平洋遠古史的起點。此話可自臺灣考古已知資料說起。

臺灣考古學者數十年努力研究的成績，可將漢人移住臺灣以前的臺灣史前史分爲四個主要階段：

㈠以臺東縣北端八仙洞遺址所代表的打製石器文化階段，其開始可能在冰河時代之晚期，數萬年之前，爲臺灣島上有人跡之始。

㈡以臺北縣淡水河口南面大坌坑遺址下層文化所代表的繩紋陶文化階段，大約在西元前數千年間內，爲原始農耕文化，並有臺灣最早的陶器。

㈢以臺北市圓山貝塚所代表的圓山文化及高雄縣林園鄉的鳳鼻頭遺址所代表的龍山形成期文化的階段，大約始於西元前2500年，爲高級農耕文化（稻米、粟）的發展時期。

㈣原史時期，即歷史上所知土著族之直接祖先，在考古學上有遺物遺跡可以代表的階段，大約始於西元第十世紀前後。

上面除了㈣以外，臺灣的這幾種主要史前文化都對太平洋區史前史的一般研究上有相當重大的意義。八仙洞文化對南洋類似文化（如婆羅洲的尼雅文化與菲律賓的塔崩文化）與大陸和平文化早期的關係上，極爲重要，因爲過去一向認爲南洋類似文化自西來自中南半島，而八仙洞的發現引起華南大陸經由臺灣與南洋直接聯繫的可能。繩紋陶文化因有初期農業，已普遍引起大洋洲遠古史學者的注意，認爲可能代表南洋美拉尼西亞與新幾內亞原始農耕文化的祖型。至於臺灣的龍山形成期文化——臺灣先史時代最要緊的文化——之與大陸東南海岸龍山形成期文化的關係，與其代表大洋洲廣泛文化的祖型，更爲學者熟知，不必多說了。這三個階段的史前文

化，在太平洋遠古文化史上的意義，由上面的簡敘，已經可見一斑。這些都是由於臺灣特殊的地理位置而來，而在世界任何其他地方都不可能有的。

四、上文所說的臺灣史前文化最晚的原史階段，雖然在太平洋遠古文化史上似乎還看不出什麼特別的意義，卻在臺灣史研究及古史研究一般方法上，溝通現代的民族學與古代的考古學，反映我所要指出的臺灣考古的特殊意義的第四點。臺灣直至今日還有人口十餘萬以上的土著原始民族，供給對史前史研究上有特殊重要性的獨異的資料，一方面可以幫助我們對古代文化復原的工作，一方面在我們將古代文化的分類工作上也有重要的參考意義。換言之，臺灣的豐富的民族學與語言學的資料，是臺灣考古的一筆很大的資本。這種情形在全世界上來講都是很難得的。中國東南海岸，漢化已久，民族學的資料，全靠臺灣。因此從這一點上來說，臺灣考古在全中國的考古學上也要占一席特殊的重要地位。

既然臺灣考古有如許優良的先天條件，而民國60年前後又在臺灣考古學上是一個有創造性研究機會的時機，我便在1971年的暑假決定回臺與同工的學者一起商量一下看看有沒有趁機設計一個有創造性的研究計畫的可能。回臺之行，得到美國國家科學基金會（National Science Foundation）的資助，在臺期間又得到中央研究院錢思亮院長和高化臣總幹事的大力支持鼎助，都是我要特別表示感謝的。

6月起與中央研究院歷史語言研究所的李濟之、屈翼鵬與高去尋三位先生，民族學研究所的李亦園、王崧興，臺大考古人類學系唐美君、宋文薰，地質系林朝棨、動物系梁潤生、植物系黃增泉，和師大地理系的石再添各先生提出在臺灣選擇一個適宜的區域作一個長期的牽涉各個學科的一個研究計畫的想法，以及設計和實行這個計畫的若干原則與細節。商量的結果，我們很快的就同意了下面這幾條原則：

㈠研究的主題當是人類的區域歷史，及自然環境的變異在這部歷史上所起的作用。作這樣的研究，不但要牽涉到人文與自然諸學科，而且還需將這些學科放在一個綜合性的框架裡面一起工作。換言之，我們所需的一個「科際性」（interdisciplinary）的研究計畫。

㈡研究的區域選定在中部的濁水溪和大肚溪流域。

㈢因爲我是耶魯大學人類學系的教授，所以這項研究計畫當以耶魯大學爲主持機關之一，但有鑑於國家主權的考慮，並顧及這個計畫對國內學術研究上可能引起的重要作用，其主要主持機關當爲中央研究院及國立臺灣大學，而且主持學者當盡量聘請國內的學者，而且研究所得一切標本都歸於國內機關所有。研究使用之經費，除我個人所需，以及美國前來參加實習的研究生所需，均自國外申請以外，當由中央研究院及臺大出面向行政院國家科學委員會申請。

㈣由於這類的科際研究計畫，在國內尚屬少見，同人之間缺乏合作經驗，所以在成立初期，採取在共同目標之下各科獨立分工的原則。

這些原則都得到了中央研究院錢院長和臺大閻振興校長的同意與熱心支持。1971年秋我們便通過耶魯大學及中央研究院分別向美國國家科學基金會和中華民國行政院國家科學委員會提出正式的研究計畫，申請經費。因前者主要牽涉我個人的旅費和回臺期間生活津貼，主要的研究費用多仗後者支持，所以僅將國科會提出的研究計畫節錄如下：

中央研究院
國立臺灣大學　爲向行政院國家科學委員會申請經費補助提出之研究計畫

名稱：臺灣省濁水大肚兩溪流域自然與文化史科際研究計畫
期限：自民國61年6月起兩年（期滿得申請延續）
計畫提出年月日：民國60年12月1日

一、摘要

臺灣中部以南投縣爲主的濁水、大肚兩溪流域，包含很多種類的自然環境與自然資源，同時其古今文化的分布分類，亦呈示非常複雜的現象。因此它提供了文化的差異與變遷與自然環境的變異之間聯繫的研究上的重要資料。由中央研究院與國立臺灣大學合組的濁水、大肚兩溪流域科際研究團，擬自民國61年6月起作爲期兩年的第一期的調查研究，自考古、民族、地

質、地形、動物、植物、土壤等學科,舉行㈠這一區域現代自然環境與自然
資源的調查、界說與分類;㈡過去自然環境的變化的研究;㈢現代各族群的
文化的調查、界說與分類,尤其著重各族群之間對自然資源的相同與不同的
利用方式;及㈣文化史及文化與自然在過去的變化的關係的研究。這些研究
所得的結果,將在臺灣研究的方法與內容上,及對文化差異與變遷的一般原
理上,提供新的資料和觀念,同時對本區社會經濟的開發,也當有參考的價
值。

二、研究的一般目標及其意義

　　㈠濁水溪爲臺灣最大最長的河流,全長約167公里,東起於東經121°16′
帶合歡山脈山中,海拔高約3,300公尺,西至東經120°10′與120°20′之間的沖
積扇面處入海,其流域南北自北緯23°30′到24°05′,在行政區域上包括南投
縣的南半、彰化縣全部,及雲林縣的北緣。大肚溪全長約140公里,東起於
東經120°12′一帶山中,海拔2,340公尺,西在東經120°29′一帶入海,其流域
南北自北緯23°50′到24°15′,在行政區域上包括南投縣的北半、臺中市全
部、臺中縣的南部,及彰化縣的北緣。這兩河流域作南北重疊,其上、中流
雖各有各自的山谷地形,其下流則南北相夾,形成共有的臺中盆地及相連的
海岸沖積平原。二流域面積總和約5,200平方公里,占臺灣全島面積六分之
一弱[10]。

　　我們選取濁水、大肚兩溪流域作爲研究的對象,是有鑑於(1)兩溪自中流
以下的平原盆地地形彼此不易截分;(2)兩溪流域一起供給較豐富的地形氣候
環境的類型;(3)兩溪流域住民的文化史也是難以分開的,其現代文化在來源
上彼此有密切的關係。

　　㈡濁水、大肚兩溪流域雖自史前時代即有人類佔居,其文獻歷史時代則
開始遲晚。康熙22年（1683）,臺灣歸入清朝版圖,次年在臺設一府三縣,

---

⑩林朝棨,〈臺灣之河谷地形〉,《臺灣銀行經濟研究室臺灣研究叢刊》第85
　　種（1966）;參見陳正祥,〈臺灣地志〉,《敷明產業地理研究所研究報
　　告》,第94號（1959-61）。

三縣為臺灣（今臺南）、鳳山（高雄）及諸羅（嘉義），可見漢人在臺灣的集居中心，尚限於嘉義到高雄之間的平原地區。到雍正元年（1723），臺灣府增設一縣二廳，一縣即彰化縣，於是濁水流域下流始正式劃入漢人的政治勢力範圍。此後，一連串的人口遷徙與開墾，即以彰化沿海地區為中心，沿著濁水、大肚兩溪向上流地區發展⑪。到現在這一區域的住民，自文化語言的觀點，大約可分為：

1.高山族：主要的是泰雅與布農兩族，分布於中央山脈山地。泰雅Sedeq 亞族，相傳係自濁水溪上流向東遷徙，分布於花蓮臺東兩縣之中央山脈山地，而布農族則傳統上以濁水溪中流水裡坑一帶為其發祥地⑫。

2.平埔族：Babuza 及 Hoanya 二族原先分布於彰化平原，Pazeh 及Papora 分布於臺中盆地，其中的一部在十九世紀前葉陸續遷徙到埔里盆地⑬。留在原居地的平埔族已為漢人所同化，目前只有居住在埔里盆地的Pazeh 及日月潭的 Thau 還保存若干固有的文化和語言。

3.漢人：以漳州、泉州兩個方言羣為主，自沿海地區向山地分布及於全區域。另在南投縣國姓鄉有一部分客家人散居在較偏僻的山間谷地。

現代文化的這種差異與分布，一方面顯然是由於各文化歷史來源背景的不同，另一方面也與自然環境及資源的變化有密切的聯繫。如上文所述，我們選取濁水、大肚兩溪流域作為研究對象的一個主要原因，便是這個區域裏自然環境的豐富多彩。在地形上，這裏包括山地、丘陵、臺地、盆地和平原各種類型，在全島上所有的地形面，在這裏都有代表⑭。從高度上說，自海

---

⑪伊能嘉矩，《臺灣文化志》（東京：刀江書院，1928），上卷，頁248-270；劉枝萬，〈南投縣沿革志・開發篇〉，《南投文獻叢輯》⑹（南投縣文獻委員會，1958）；衛惠林、丘其謙，〈南投縣土著族〉，《南投文獻叢輯》⑯（南投縣文獻委員會，1968），頁1-10。

⑫馬淵東一，〈高砂族の移動及び分佈（第一部）〉、《日本民族學研究》，第18卷第1／2號（1953），頁123-154。

⑬劉枝萬，〈南投縣沿革志・開發篇〉。

⑭林朝棨，《臺灣省通志稿・卷一「土地志地理篇」第一冊「地形」》（1957）。

岸平原直到臺灣最高峰的玉山（3,997公尺）都在本區範圍之內，而氣溫亦隨高度而有所不同，大致每增高100公尺氣溫即降低攝氏半度。如標高985m的南投縣和社，年平均氣溫20.7℃，年降雨2,549.2mm，而標高2,212m的同縣尾上，則年平均氣溫減到8.8℃，年降雨則增到3,231.7mm[15]。隨著氣溫和雨量一起變化的是與人類生活關係最爲密切的植被的變化，自平地的熱帶森林與亞熱帶森林一直到山地的寒帶森林[16]。

在5,200平方公里這樣大小的一個區域內，其氣溫、降雨、植被等有這麼大的變化不同，很顯然的就包含著供給很不同的文化生存發達的不同的潛力，而不同的文化也就依據其各自的能力與愛好對不同的自然資源作主動性或被動性的不同的利用。以南投縣的埔里鎭與魚池、仁愛、信義三鄉爲例。前二區較低平，爲漢人及漢化或漢化中的平埔族所居，後二區較高峻，多高山族（仁愛鄉的高山族占全鄉人口79%，信義鄉的占45.7%）[17]。埔里在1959年種稻地有4,042公頃、種甘藷地有689公頃；魚池鄉也有種稻地1,749公頃，種甘藷地300公頃；而信義鄉的稻田僅855公頃，甘藷田僅198公頃，而小米田有53公頃；仁愛鄉種稻田942公頃，甘藷田624公頃，小米田增到450公頃[18]。仁愛、信義兩鄉的高山族，又分泰雅（6,075人）及布農（6,359人）的不同土地利用方式。以全島而論，泰雅族有28.4%居住在500-1,000m的山地，34.5%居住在1,000-1,500m之間，僅10.4%在1,500-2,000m之間；而布農族則住在500-1,000m者有22.7%，1,000-1,500m之間的有

---

[15] 李伯年，〈臺灣山地之蔬菜〉，載《臺灣山地之經濟》（《臺灣銀行經濟研究室臺灣研究叢刊》第81種，1966），頁250。

[16] 陳正祥，〈臺灣山地之地理〉，載上引《臺灣山地之經濟》，頁119；王子定，〈臺灣山地之森林〉，載《臺灣山地之經濟》，頁200。

[17] 民政廳，《臺灣省人口統計》（1960），引自孫得雄，〈臺灣山地之人口〉，載上引《臺灣山地之經濟》，頁7；及陳正祥，〈臺灣山地之地理〉，頁127-128。

[18] 陳正祥，〈臺灣山地之地理〉，頁134-135；詳見王洪文，〈南投縣地理志氣候篇稿〉，《南投文獻叢輯》(15)（1967），頁161起；王洪文、王蜀璋，〈南投縣農業〉，《南投文獻叢輯》(17)（1970）；張憲秋，〈臺灣山地之農業〉，載《臺灣之山地經濟》（1966），頁171-184。

38.2％，而在1,500-2,000m 之間的多達26％[19]。由此種種現象看來，現代文化的變異性的一個重要特徵，是各文化對自然資源的不同利用方式。

這個結論在古代文化的研究上有何意義？古代文化多自考古學的觀點將古代器用遺留分類而得，因此不同的器物常造成不同文化的分類。從上述文化與自然的關係的觀點來看，古代文化的分類，可能常代表古代居民的自然環境與資源的不同的利用方式，不一定或不一定純然代表不同的歷史來源或民族區分。同時各文化在地形上的分布，常常可能是主動適應選擇的結果，不一定代表被動性的遷徙。

㈢由於南投縣文獻委員會多年來的努力，濁水與大肚兩溪流域的自然環境及文化史的資料，在全省裏是最為豐富的一個區域。《南投文獻叢輯》（第一冊1954到第十八冊1971）裏綜合各科研究的成果，包括土壤、動物、地形及地質、考古、民族史、植物、氣候、農業，及土著族志。是我們計畫中的工作，已有良好的基礎。

但是濁水大肚兩流域的自然與人文的科學研究，自然只能說方才開始，待進一步進行的工作尚多。自然科學上已有的研究，其屬於第一手的田野資料，不少是日本學者在二三十年以前的業績；使用現代眼光與方法來作的田野調查、材料搜集與室內研究，是自然科學中大有可為的一些工作。在考古學上已知的遺址雖至少有176處之多[20]，其中作過詳盡發掘的只有二、三處，而全區詳盡的調查，也尚沒有作到。在民族學上，在臺灣社會史方面的探討，雖已有幾篇人口和宗族問題的試探性的研究[21]，卻尚未廣泛應用到這個

[19]孫得雄，〈臺灣山地之人口〉，載《臺灣之山地經濟》（1966），頁1-24；詳見王人英：《臺灣高山族的人口變遷》，《中央研究院民族學研究所專刊》，第11期（1967）。

[20]劉枝萬，〈南投縣考古誌要〉，《南投文獻叢輯》(4)（1956），頁55-73。

[21]例如陳紹馨，〈臺灣的人口增加與社會變遷〉，《國立臺灣大學考古人類學刊》，第5期（1955），頁1-19，及〈臺灣的人口變遷〉，同上刊，第6期（1955），頁1-25；B. Pasternak, "Atrophy of patrilineal bonds in a Chinese village in historical perspective," *Ethnohistory,* 15（1968），293-327； and his "The role of the frontier in Chinese lineage development," *The Journal of Asian Studies,* 28（1969），551-561.

區域的材料上。

我們這個計畫與前人最大的差異是方法上的綜合性。這綜合性不但指學科內的（如社會史、現代社會，及考古學的共同研究）而且指科際的。在一個地區一個區域之內作全盤性的調查，牽涉到自然與人文科學諸方面及其彼此關係的作法，以 Richard S. MacNeish 的墨西哥的 Tehuacán Valley Project 爲藍本，加以擴張，這在臺灣西海岸以及鄰近的東亞各地區的自然文化史的研究上，還是一個初步的嘗試。

專從文化史的立場看，這個嘗試在東亞考古學上早已就該做了。目前東亞（包括臺灣）考古學上不少重要問題的解決，都要靠史前自然環境的重建與人類和動植物生態系統的復原。農業的起源問題，是一個很好的例子。從考古學與民族植物學的證據來看，東南亞的農業發達史上有兩個重要的週期。以芋、薯蕷爲主的早期根莖果類的耕植，及以稻、粟爲代表的晚期的穀類的耕植[22]。後一週期在東南亞大部地區的開始，似在公元前第三個或第四個千年，這是證據較爲堅強的一說[23]。但關於第一週期實證尚少。很多學者認爲東南亞的居民在這個階段中採用一種多樣性的生業形態，即以漁、獵、採集，及耕植各種方式對自然界中豐富多樣的資源加以同時並進性的利用[24]。臺灣[25]和泰國[26]較近的考古資料，對這種說法也開始給予實證上的支

---

[22] K. C. Chang, "The beginnings of Agriculture in the Far East," *Antiquity* vol. 44 (1970), 175-185; Douglas E. Yen, "The development of agriculture in Oceania," in: *Studies in Oceanic Culture History*, R. C. Green and M. Kelly (eds.), vol. 2 (Pacific Anthropological Records, No. 12, Honolulu: Bishop Museum, 1971).

[23] 如 K.C. Chang 上引 *Antiquity* 文及 *The Archaeology of Ancient China*, Rev. ed. (Yale University Press, 1968).

[24] Jacques Barrau, "La région Indo-Pacifique comme de mise en culture et de domestication des végètaux," *Journanique appliquee*, vol. XVII (1970), 487-503; K.C. Chang, "The Yale expedition to Taiwan and the Southeast Asian horticultural evolution," *Discovery*, 2 (1967), No. 2, 3-10; Carl O. Sauer, *Agricultural Origins and Dispersals* (New York: American Geographical Society, 1952).

持，但進一步的研究，還得靠學者在個別區域之內對人地關係做徹底研究所得結果才能進行。濁水和大肚兩溪流域，在自然資源上合乎豐富多樣的條件，而日月潭花粉史的初步研究[27]，呈示東南亞農業發達史上第一週期的許多特性，使我們對這個區域的研究及資料的意義，有了很大的信心。

㈣本計畫下研究的目標及預期的結果，簡述爲下列的數條：⑴現代自然環境與自然資源的調查、界說，及分類。這裡面目前包括地質、地形、動物、植物、土壤五項。每項的研究結果，在該學科之內自有其重要性，但彼此之間相互關係之研究，可得本區生態系統（ecosystem）的界說與叙述。⑵過去自然環境的變化。大致限於更新統以來的時代，使用地質關係、古土壤、古動物骨骼遺留，及花粉分析，擬測古代生態系統及其變化。⑶現代各族群文化的描寫與分類，尤其著重各文化對自然資源的利用方式及其在現代生態系統中的地位。⑷過去文化的歷史以及過去的文化在古代生態系統中所扮演的角色及其變化關係。

㈤如果本計畫能如期順利進行，上述目標得以實現，則所得結果在學術及社會應用上的意義或重要性，可分數項：⑴科際性的區域研究爲在臺灣西海岸文化史上初次的大規模的嘗試，在研究途徑上可爲後日及其他區域繼續研究的借鏡或模範。各個學科雖然獨立進行，卻當能彼此啓發，互相促進。⑵自然史與文化史上的重要資料，其綜合性及收集之規模尤具特徵。⑶地質、地形、土壤、動物與植物諸學科的研究結果，可以建立濁水、大肚兩溪流域生物生態系統的變化史。⑷考古與民族二科的結果，可以建立濁水與大肚兩溪的文化史及文化在生態系統中的地位。這對臺灣以及整個東南亞史前

[25] K.C. Chang et al., *Fengpitou, Tapenkeng, and the Prehistory of Taiwan.*

[26] Chester F. Gorman, "The Hoabinhian and after," *World Archaeology*, 2 (1971), 300-320.

[27] Matsuo Tsukada, "Late Pleistocene Vegetation and Climate in Taiwan (Formosa)," *Proceedings of the National Academy of Science*, 55 (1966), 543-548; "Vegetation in Subtropical Formosa during the Pleistocene glaciation and the Holocene," *Palaeogeography, Palaeogeoclimatology, Palaeoecology*, 3 (1967), 49-64.

文化對自然資源的利用方法變遷史提供重要的資料，並可能對目前學界上若干重要待決之問題，供給解決的關鍵。臺灣史前文化與現代土著民族之間的系統關係，在本區亦有重要的資料，其重要性更擴展到太平洋區的文化史上。(5)自然資源的研究及其文化史上的關係，對濁水、大肚兩溪流域進一步的經濟開發，可以有重要的資料與啓示。

三、研究的方法與步驟

㈠此項計畫預定自民國61年6月開始，以二年爲一期。期滿後如工作全部或部分未完，則可再續。

㈡研究的焦點，固然是人地關係，研究的對象則是多方面的，方法上也是科際性的。計畫中包括的學科已有考古、民族、地質、地形、動物、植物，及土壤等七門。這七門學科的學者自其專門立場研究濁水大肚兩溪流域的現況及更新統以來的古代歷史與變化程序。各科學者在進行過程中彼此參考討論，其結果也彼此交換啓發；兩年中大家至少在一起舉行討論會或座談會兩次。但各科學者本身的研究，則完全是獨立性的。

這項研究計畫的特點之一是其開放性（Open-Endedness）。凡與濁水、大肚兩溪流域人地關係有關的學科，都可隨時加入工作，並不限於目前所包括的七門。同時每科之內所包括或著重的題目，亦可隨時增減。

㈢研究的結果，一俟研究人員認爲初步成立，並經執行委員審查通過即可隨時刊佈。本計畫下的出版物採取一致式樣及大小（十六開），在總名《臺灣省濁水、大肚兩溪流域自然與文化史科際研究報告》之下，分爲三種：甲種爲專刊，刊佈較長之研究報告；乙種爲論文集，集刊較短之報告及論文；丙種爲資料。個別學科之出版品，暫不作分刊計畫。

㈣各學科的具體工作計畫如下（考古學部分見後，餘略）。

四、研究的組織人員與設備

㈠本項研究計畫由中央研究院、國立臺灣大學及美國耶魯大學共同組織成立之執行委員會推行之。此委員會之組成暫以張光直爲主任、王崧興爲秘書，此外再由臺大派任委員一人參加。執行委員會負責公事文件、推動工作進行、協調各學科人員相互關係，管理經費、主持學術座談年會，及出版報

告。

　　㈡各學科所需工作人員如下表（主持人列下，餘略）：考古學：張光直、宋文薰；民族學：李亦園（召集人）、劉枝萬（顧問）、王崧興（田野工作主持）；地質學：林朝棨；地形學：石再添；動物學：梁潤生；植物學：黃增泉；土壤分析：涂心園。

　　上面摘述的研究計畫於民國60年12月向行政院國家科學委員會提出以後，經過長期的審查與考慮，在次年夏初得到了國科會同意支持，但在經費預算上除了細節的刪改以外，有兩項重要的改變。第一項改變是國科會僅同意了第一年（1972－73）的預算；第二年的預算須在第一年中重新提出。第二項改變是將出版費用全部刪除，因此計畫之內便沒有了出版的部分，各科的研究報告，便採取了自尋出路的方式。

　　從1972年6月起，依照上述的人事安排，成立了執行委員會，除了張光直、王崧興以外，並由臺大派了唐美君參加。各科的學者，係照各人所擬的計畫進行研究（但土壤分析部分始終未參加工作，在第二年的計畫裡便併入了地形組）。同時在第一年度裡，進行了兩次科際座談會；年中座談會在1973年1月，年終會議在同年7月，假中央研究院民族學研究所會議室舉行。

　　1973年的春季，即第一年度工作的中點，執行委員會便向國科會提出第二年度（1973－74）的研究重點和經費預算。因為國科會對「濁大計畫」中各個學科之間工作的整合提出了若干問題，所以我就藉提出第二年經費預算之便，在這方面作了兩次的討論，一在〈引言〉，一在〈補充說明〉，節錄如下：

中央研究院
國立臺灣大學濁水大肚兩溪流域自然與文化史科際研究計畫第二年度（民國62－63年度）研究重點及經費預算

一、引言

　　本院校「臺灣省濁水大肚兩溪流域自然與文化史科際研究計畫」（以下

簡稱「濁大計畫」），其第一期爲期兩年，已在民國60年12月所提出的申請計畫裡有詳細說明。第一年度的研究現已進行過半，一般進度與預期者相距不遠（見屢次月報表及本年一月所舉行年中座談會各科報告；詳待見年終報告）。第二年度的工作本爲第一年度工作之賡續。但因這類科際研究在本省尚屬初創，許多方面具有試驗性質。因此第二年度的工作計畫，不免要有依第一年度工作經驗擬加變動與改進的必要。現在提出第二年度預算之際，先將第二年度工作重點重新略作敘述。

第一年度工作經驗裡最大的肯定性的成就，可以說是這一年的工作一方面從實際上證明了科際合作研究的可能性，而另一方面使參加工作的各科學者體驗到科際合作的益處及其限制，以及如何進一步作更爲密切與更爲有效的合作方法。假如科際合作可以說是濁大計畫的一個主要的特點，在最近出版的敘述商周銅器資料的一書裡的下面這一段話，可以說明我們在設計這項研究計畫上所根據的基本動機：

> 學問研究的對象與研究它的學問，在道理上應當是水乳交融合作無間的，在實際上卻常常處於扞格相對的地位。所以如此者，是由於二者之主從地位，在學術界中常與現實相顛倒的緣故。學問研究的對象應當是主，而研究它的學問應當是從；研究的範圍、方法、輕重，都應隨所研究的對象的需要而定。但學者們作學問作久了，常誤以爲自己的傳習爲中心，不知不覺的要求客觀的世界跟著自己這行學問的傳統與習慣走[28]。

我們這個濁大計畫研究的對象，是以濁水、大肚兩溪流域人類的歷史爲主題。研究人類歷史的一個主要的焦點可說是人類社會文化與自然環境之間的關係。因此濁大區域這部歷史裡主要的一個研究對象是這個區域裡古今的生態系統（ecosystem）。依現代生態學（ecology）的說法，生態系統的主要成分有三項：(1)非生物成分（物質環境）；(2)生物成分（生物界各種人口，包括人類、動物、植物等群）；(3)非生物與生物群本身與彼此間相互作

---

[28]張光直、李光周、李卉、張充和，《商周靑銅器與銘文的綜合研究》（中央研究院歷史語言研究所專刊62, 1973），頁i。

用關係（如能量與營養成分的交換）[29]。在作學問的傳統上，研究物質環境的科學有地形、地質、土壤各科，研究生物群的有動物、植物、人類諸學。這些不同的學科，自然各有其各自不同的研究目標與對象，各是一門獨立的學問。但是這些獨立的學科，除了有其個別的研究對象以外，也有它們共同研究的對象，而人類史上生態系統的歷代形式變遷便是這種共同研究對象之一。從人類史與人類史上生態系統之建立這個觀點來看，它們便是那供我們研究的客觀對象。我們從有關各科（如地形、地質、動物、植物、考古、民族、土壤等科）的不同的角度將這個對象加以研討，而將各科研究結果整合在一起可窺全貌。在濁大計畫之下，人類史是主，地形、地質、動物、植物、考古、民族、土壤諸科是從，而這些學科之間，則並無主從的關係。

這七個學科如何「整合」在一起，以求窺濁大人類史的全貌呢？濁大計畫第一期（民國61年到63年度二年）的主要目標，是把科際研究的風氣促建起來，使各科學者從實際工作上體驗科際合作的利益，同時在實際工作裡尋求共同工作最有利的範圍和方法。既然人類史是整體而有系統的，人類史裡的生態系統是有系統性的，我們相信從各個角度不同時代同時著手的各科研究結果，便有先天的整合性。換言之，這第一期工作中科際研究的整合性，偏重在目標上、研究對象上的殊途同歸，而不從理論上或研究方法上提出科際整合性的任何假說。不然的話，不但各科之間產生了主從關係，而且如在開始工作之前便已知道工作結果應該如何的工作方式，顯然不能說是科學的方式[30]。

基於上述種種目的和考慮，我們在第一期工作科際間合作的原則如下：(1)確定各學科從不同角度不同時代來研究人類史的原則；(2)使各科學者在其研究範圍之內有充分研究的彈性，相信為其共同對象的人類史本身便可提供

[29]見 A. S. Boughey, *Fundamental Ecology* (Scranton：Intext Educational Publishers, 1971), p.12.

[30]文首說考古、民族學是主角，自然史是配角，是指研究目標而言的。這裡說各科之間無主從關係，是指研究方法與範圍而言的；換言之，自然史各科不宜依考古與民族學的需要而決定如何去研究。

有整合性的研究焦點；(3)在工作期間各科之間在地域上與時代上盡量彼此配合，以發揮工作上最高效率。這裡提出的第二年各科工作焦點，有若干處比起一年前初次提出的計畫來已有顯著的改變，便是各科之間企求彼此加緊配合的結果。

二、補充說明

在〈濁大計畫第二年度研究重點〉（簡稱〈第二年度重點〉）本文中，對本計畫之下各個學科之間的整合關係，僅有簡短說明如次：「這一期工作中科際研究的整合性，偏重在目標上、研究對象上的殊途同歸，而不從理論或研究方法上提出科際整合性的任何假說。」此語雖略盡要旨，卻嫌疏漏，再做補充說明於此。

濁大計畫之下，共有七個學科，即地形、地質、動物、植物、考古、民族及土壤諸學。在〈第二年度重點〉裡，我們提出「在濁大計畫之下，人類史是主，……諸科是從，而這些學科彼此之間，則並無主從的關係」的看法。然則各科之間的關係為何？它們何以放在同一個研究計畫之下？這都是非常重要的問題，但上文裡解釋未盡，在此再試作較詳的回答如下：這些學科屬於同一研究計畫，是因為它們的研究有一個共同的目標，而且各自使用其個別的觀點與方法來研究在一定的時空限度之內的共同對象的緣故。因此這每一個學科在濁大計畫之下所做的研究只有做為濁大計畫的一部才有重大的意義。

濁大計畫的目標簡言之，是濁大流域人類文化史，尤其是濁大流域各種環境型態與各種文化型態之間的關係史的研究。研究的重點在人文，而研究方焦點則在於人類文化（及其變化史）與自然環境（及其變化史）之間的關係。這部歷史如果能夠建立起來，我們對濁大人地的關係，可得紮實的資料與科學性的了解；這種了解，不但適用於濁大流域，而且可能適用於其他的區域，不但適用於過去，而且可能適用於現在與將來。現代的應用經濟學，在經濟開發的策略上，離不開一些文化生態學的基本觀念和原則。例如在濁大流域之內，我們不妨要問從土地與植物資源（現生的與可能的）上看有那些環境類型？對每一種環境類型的開發，從人力資源的立場來看，有那些限制？這些有關國計民生的非常實際的問題，都要靠濁大計畫這類基本性的研

究工作所提供的資料與原則，才能加以回答。民國58、59年行政院國際經濟合作發展委員會都市建設及住宅計畫小組所做的〈臺中區域計畫〉（〈初步報告〉，民國59年；〈圖集〉，民國60年），與濁大計畫在地域上有不少疊合之處，便是人文地理學對經濟發展的貢獻的一個好例子。

這一部人文歷史的了解，需靠自然史與文化史兩方面諸學科雙管齊下才能有成。如第一年度濁大計畫所述，「地質、地形、動物與植物諸學科的研究結果，可以建立濁水、大肚兩溪流域生物生態系統的變化史。考古與民族二科的結果，可以建立濁水、大肚兩溪的文化史及文化在生態系統中的地位。」換句話說，「人類史與人類史上的生態系統……便是那供我們研究的客觀對象。我們從有關各科（如地形、地質、動物、植物、考古、民族、土壤等科）的不同角度將這個對象加以研討，而將各科研究的結果整合在一起，可窺全貌。」（〈第二年度重點〉）所以我們說，「人類史是主，諸科是從。」這些不同的學科放在同一濁大計畫之內，殊途同歸，以達到上述人文史上的目標。如果把各科分開獨立，則成為七個獨立的研究計畫，如濁大流域的地形研究、濁大流域的植物研究、濁大流域的民族學研究等等，其各自的意義就和放在一起時迥然不同了。

何以迥然不同？因為濁水、大肚兩溪流域的研究，從地形學的立場看有它一套的重要目標與研究對象，從植物學的立場看，又有它自己的一套目標與對象，從民族學的立場看也是一樣。從本計畫之下研究人文史的立場看來是很為重要的目標與對象，從各學科本身的立場看來，不一定是亟於研究的目標和對象。舉個例子說，地質學者因探採礦藏的關係，對更新統以前的地質，要比對更新統以來的地質有較大的興趣。假如我們請地質學家自己完全依地質學界的需要去設計一個濁大流域的研究計畫，他們就不一定有把更新統以來地質放在首要地位的道理。但是因為他們在濁大人文史計畫之下工作，以人文史的目標為目標，所以以更新統以來地質為研究焦點。地形、動物、植物等學科的情形，也與此類似。因此這七個學科在本計畫之內的研究對象，在時間上同限於有人類生存及其以前不久的時代，在空間上同限於濁水、大肚兩溪流域。既然「人類史是整體而有系統的，人類史裡的生態系統是有系統性的，我們相信從各個角度、從不同時代同時著手的各科研究，便有先天的整合性。」（〈第二年度重點〉）這便是上面引述的「第一期工作

中科際研究的整合性，偏重在目標上、研究對象上的殊途同歸」的說法的註腳。換言之，這七個學科在濁大計畫之下，並不是各幹各的，互不相涉，而是從不同角度研究同一對象，即濁大的人文史。

這一部人文史顯然不是一年半載裡可以做得出來的。我們在上面說了，我們給了濁大計畫之下的七個學科一個共同的目標與嚴格的時空界說，但在這些限制之內各科的學者要有相當的研究彈性。因為，第一，科際研究的工作本不易為，像濁大計畫這樣規模的，不但在國內是首創，而且在整個東亞也屬罕見，這也是濁大計畫已引起國際學界的注目與重視的原因。正因為如此，我們在開始工作期間，不免要經過一個摸索試驗的階段。但是各科的學者在合作了一個時期以後，應該逐漸走上軌道，使彼此的支持工作更有效率，所以我們在〈第二年度重點〉一開始便說「第一年度工作經驗裡最大的肯定性的成就，可以說是這一年的工作一方面從實際上證明了科際合作研究的可能性，而另一方面使參加工作的各科學者體驗到科際合作的益處及其限制，以及如何進一步作更為密切與更為有效的合作方法。」

各科學者在濁大計畫之下需要相當程度的研究彈性的第二個理由，是固然這個計畫的要點在人文，焦點在人地關係，但各科學者在直接牽涉到人地關係問題之前，常常要先做一些基礎性的研究工作，好做更進一步研究人文的基礎。例如，上文說過，地質學者要以更新統以來地質為主要對象，但古代地層是連續的，地質學者要做更新統地質便不能不涉及更新統以前地質。要涉及多少更新統以前地質才能做好更新統以來地質？這是個地質學的問題，我們只能依靠地質學家的判斷。而地質學家要回答這個問題，也得先到田野裡做了調查、判斷了地層時代以後，才能給個科學的判斷。再舉個例：如〈第二年度重點〉所說，日月潭附近現生植物的研究，是植物組第二年度工作重點之一。所以若是因為我們知道日月潭附近久有人居，想更再進一步知道一下日月潭附近對植物利用的歷史。我們研究植物史的主要工具是花粉分析，但花粉分析必須自現生植物花粉研究為起點。因此日月潭附近現生植物的研究，不但在現代人地關係的研究上有基礎的意義，而且也是研究花粉史與人地關係史的基本工作。同在濁大計畫之下，植物學者與大家有一樣的目標與研究對象，但是在他們的實際工作上，如何達到這項目標，則我們不能不給他們以充分的彈性與自由。換句話說，這七個學科的工作計畫，在目

前這個階段，只能在目標與研究對象上加以整合，在實際工作上則各有各的細節與方法。這便是上面引述的「第一期工作中科際研究的整合性……不從理論上或研究方法上提出科際整合性的任何假說」的註腳。

這樣看來，濁大計畫需要相當長的時間才能達到圓滿的結果。在外國我們所知的幾個類似的研究計畫，都是做了五年到十年以上，才能告一段落，而他們所研究的地區，有時比起濁大流域來還要小些，而基礎的科學已經做得更多些。我們希望在第一期兩年結束以後，可以把科際研究的種種步驟引上正軌，同時對濁大人文史可以有一些初步的資料與初步的詮釋。假如在那時大家都同意這些結果值得更進一步的研究，我們希望國科會能繼續支持我們做第二期甚至第三期的工作。這些結果，大概不會像北京人或八仙洞那樣令人注目，卻是臺灣人文史上有第一流價值的堅實的科學資料，因為去年開始工作較晚，到現在只工作了七個多月，材料雖已收了很多，整理需時，濁大的人文史尚未成形。我們計畫在本年六月底或七月初召開第二次的科際座談會，會中擬將第一年度工作的成果做一初步的綜合，並將科際合作的方式再做改進。因此在第二年度重點裡我們對各科研究內容的敘述，只能依上述的原則強調重點，期待更進一步的工作經驗來錘鍊、改善細節。我們希望國科會能支持我們的這個原則：在各學科內延聘研究有成績的學者，大家同意了一定的研究目標與對象，此後則給各科學者以充分的幅度，以便在共同的目標之下產生可靠的科學成果。我們相信這種成果的產生是難的，而他們產生以後的整合是不難的。

上面這一段文章固然是針對著國科會而寫的，卻也很忠實的代表了濁大計畫在第一期兩年間在科際合作上的基本態度。第二年度（1973-74）亦經國科會同意支持，其間各科學者在整合方式的學習與試驗上花了不少的心力。1974年8月初仍在民族學研究所會議室召開的第二年年終科際座談會上，在各科學者的討論上很清楚的看出濁大計畫的學者在這一方面上已經到了相當成熟的地步。在〈六二～六三年度工作總報告〉（載《中央研究院院訊》，第4期，1974，頁35）裡，我便很樂觀的宣布，「參加濁大計畫的各科本身早就有第一等的人才，但是第一期的濁大計畫培養出來一批第一等的做科際研究的人才。這三十多位學者作為一個學術團體來說，可以說是達到

了進行這類科際計畫的尖峰狀態。這是我們決定進行第二期工作,並且將第二期研究策略比第一期有所改進的原因。」第二期的濁大計畫的研究,自1974年暑期開始;它在很多方面都與頭兩年有很大的變化。最大的變動,是自第三年開始,不再像頭兩年一樣考古學有考古學的計畫、地形學有地形學的計畫,而是以研究題目爲中心,由所需要的各科工作人員參加。研究的經費,國科會暫停支持,第三年裏除了我自美國國家科學基金會補助餘款中取出一部分來繼續支持植物、地形與考古(部分)三組的人事與研究費用以外,主要是由哈佛燕京學社資助的。同時自第三年起執行委員會的主任一職,由李亦園共同擔任,考古組的負責人由宋文薰、連照美接任。所以自第三年(1974-75)開始,濁大計畫步入了一個新的階段。

我們在這裏提出來的是濁大計畫第一期兩年(1972-74)裏考古組研究工作的報告。第一期的考古工作是由我主持的,而支持考古工作的機構是歷史語言研究所的第三組;第三組不但給我們名義上與公事上的支持,並且特別在考古館騰出了兩間房子做我們存放、整理標本之用。我要在此特別向支持我們工作的前所長李濟之先生、所長屈萬里先生、第三組代主任高去尋先生,以及史語所的其他同人表示謝意。第一期濁大考古工作所得的標本全部是史語所的財產,永久在考古館存放保管。

濁大計畫中考古學部分工作的具體計畫如下:「考古學的部分,自民國61年6月開始,爲期兩年之間,分爲兩個階段。第一個階段,以臺中市(或霧峰)、埔里,及水里三處爲中心,在濁水、大肚兩溪流域作詳細的遺址調查及地表選樣採集,主要的目標有三個:盡量找尋遺址,並將遺址畫入二萬五千分之一的地形圖上以明示其地形位置;使用地表採集物作各遺址年代學的初步排列;及使用試掘方式找尋關鍵性的遺址。這一步工作強調調查之徹底性與全面性,希望在一年內可以完成。假如全境的調查不可能實行,則集中在臺中盆地的東西兩緣(即八卦山臺地的向海面與盆地面兩面及南投丘陵的盆地面)、埔里盆地羣週圍的山麓及臺地,及濁水溪中游自集集到水里一帶兩岸的臺地。

第二個階段的工作中心爲關鍵性遺址的發掘。遺址之關鍵性的決定,要靠好幾種因素,大致上在用表面標本所作的年代學上要有代表性的意義(早、中、晚期各選若干);在地形上選取性質不同之遺址;試掘而知道有

層位關係的遺址；包括自然遺物較多的遺址；在史前史與現代民族史之間有接軌意義的遺址，等等。

考古工作中所採集的碳素14標本，經得臺大物理系放射性碳素研究室的許雲基教授應允擔任測定工作，其結果將在年代學的研究上占主要地位。年代學及其他方面考古材料的綜合，隨時進行（假設、實驗、假設的程序），以文化生態學為主導的理論。」

頭兩年的實際工作，大致依照計畫進行。其主要活動分年簡述如下：

1.民國61－62年度（1972－73）

參加第一年度的考古工作人員有何傳坤（濁大計畫專任助理員）、黃士強（臺大考古人類學系講師）、羅世長（臺大考古人類學系助教）、尹因印（Richard B. Stamps，美國密歇根州立大學人類學系研究生）、孫寶鋼（臺大考古人類學研究所研究生）、臧振華（同上）等六人。本年工作的重點，在史前遺址的調查、遺物的收集，與文化年代學初步建立。經過調查的區域，包括大肚山臺地東西麓（何）、草屯臺地（臧）、烏溪河谷（臧）、國姓鄉（臧）、埔里盆地（尹）、魚池鄉（孫）、濁水溪中游集集附近（黃）、南投臺地（何）、竹山地區（羅），及八卦山臺地東西麓（何）。在這些區域所發現及調查的出土史前遺物的地點共有267處。它們在濁大流域內包括了六、七百公尺以下的河谷地區，代表各種地形。除了山地以外，第一年調查未及的地區主要有兩處，一是臺中盆地的東北緣的山麓地帶與臺地，即自草屯以北到豐原之間，一是鹿谷鄉濁水中游的南岸（第三年工作裡包括前一區域的調查，但鹿谷鄉一直到現在還缺乏新的材料）。

第一年調查的267處遺物出土地點的年代學的排列，可有兩項入手的途徑。其一是陶片的分類與排隊（Seriation）。本組同仁初步把史前陶片分為五組：粗繩紋陶、紅繩紋陶、素面紅陶、灰黑陶、灰黑印紋陶。初步排隊的結果，以(1)粗繩紋陶最早，僅分布於清水牛罵頭遺址的下層及草屯鎮平林臺地第四地點兩處。(2)紅繩紋陶次之，分布於大肚山臺地兩麓，及臺中盆地之東緣丘陵邊緣臺地上，至草屯鎮（即烏溪口）一帶為止。(3)素面紅陶又次之，分布於臺中盆地全部，並沿烏溪進入國姓鄉西邊，沿濁水溪進入水里與集集之間。(4)灰黑色陶分布最廣，除以上各區外，並進入埔里盆地群。與紅陶比，灰黑陶地點除分布較廣外，亦分布較高；在同一地區之內，常有紅陶

在低臺地，灰黑陶在高臺地的現象。⑸灰黑印紋陶最晚，且僅有局部分布，限於大肚臺地及局部之山地地區（如陳有蘭溪之東埔村附近）[31]。

其二爲碳素14年代的測定。在本年度經臺大物理系放射性碳素研究室所處理的碳素標本，有在埔里出土的九件，其結果如下（均爲灰黑陶層）：

	B.P.（5568半衰期）	B.P.（5730半衰期）	B.C.（5730半衰期）
NTU201	3,282±98	3,380±100	1,430±100
NTU203	3,207±96	3,300±100	1,350±100
NTU202	2,994±90	3,080±90	1,130±90
NTU200	2,381±71	2,450±70	500±70
NTU196	2,197±66	2,260±70	310±70
NTU195	2,104±63	2,165±70	215±70
NTU194	1,846±55	1,900±55	A.D.50±55
NTU193	1,837±55	1,890±55	A.D.60±55
NTU192	1,783±53	1,835±55	A.D.115±55

此外，在濁大流域範圍之內在過去已知的碳素14年代有下列各條[32]：

Y-1630	營埔灰黑陶	2,970±80	3,060±80	1,110±80B.C.
Y-1631	營埔灰黑陶	2,810±100	2,890±100	940±100B.C.
Y-1632	營埔灰黑陶	2,250±60	2,320±60	370±60B.C.
NTU-57	洞角紅灰黑陶	3,840±380	3,960±390	2,010±390B.C.
NTU-56	洞角紅灰黑陶	1,631±160	1,680±160	A.D.270±160
GX-1538	東埔印紋黑陶	1,165±110	1,200±110	A.D.750±110

---

[31] J. M. Treistman, "Prehistory of the Formosan uplands," *Science*, 175（1972），74-76.

[32] J. M. Treistman, "Prehistory of the Formosan uplands," 74-76；M. Stuiver, "Yale Natural Radiocarbon Measurements Ⅸ," *Radiocarbon*, 11（1969），p.640；Y.C. Hsu, C.Y. Huang, and S. C. Lu, "National Taiwan University Radiocarbon Measurements Ⅰ," *Radiocarbon*, 12（1970），p.189.

以上各條年代，彼此之間尚稱符合。比較成問題的是洞角的兩個年代，相差甚遠。這兩個年代所根據的標本是 Judith Treistman 女士發掘所得的；她的發掘報告尚未出版，不知這兩件標本與文化層位之間有何關係。按過去對洞角遺址的瞭解，此地有紅陶與黑陶兩個系統文化的遺物。不知這兩件碳素14的標本會不會與不同的文化有關。

根據以上各項資料，在第一年工作結束之際考古組同人將本區五組陶器層的絕對年代暫定如下 ：(1)精繩紋陶期：3000B.C.以前。(2)紅繩紋陶期：2500-2000B.C.(3)素面紅陶期（已有灰黑色陶）：2000-1500B.C.(4)灰黑陶期（亦有素紅陶）：1500B.C.-A.D.700及更晚。(5)灰黑印紋陶期：A.D.700以後（局部分布）。

2.民國62－63年度（1973－74）

第二年度在上年調查所得的二百餘處地點中選擇了十一處遺址加以發掘。發掘的人員，除了孫寶鋼（濁大計畫專任助理研究員）和臧振華（臺大考古人類學系助教）自第一年繼續下來工作以外，並有杜偉（Robert E. Dewar, Jr.美國耶魯大學人類學系研究生）和小山修三（美國加利福尼亞大學戴維斯 Davis 分校人類學系研究生）參加。所發掘的十一處遺址是：(1)臺中縣神岡鄉莊後村遺址（孫）；(2)臺中縣清水鎮牛罵頭遺址（杜）；(3)臺中縣龍井鄉山腳村遺址（孫）；(4)臺中縣龍井鄉龍泉村遺址（孫）；(5)臺中縣大肚鄉頂街村遺址（杜）；(6)彰化縣芬園鄉舊社村遺址（杜）；(7)南投縣南投鎮十八張遺址（小山）；(8)南投縣草屯鎮草鞋墩遺址（臧）；(9)南投縣草屯鎮平林（臧）；(10)同上第 V 遺址（臧）；(11)南投縣集林里第 IV 遺址（集集鎮大邱園遺址）（小山）。這十一個遺址的分布，包括了海岸臺地、臺中盆地，及大肚與濁水溪中流河谷；再加上尹因印在第一年度在埔里盆地發掘的遺址，已經發掘的遺址在地形上包含了自海岸到內陸、自低地到高地的相當幅度。換言之，第二年度發掘的資料，應當對史前文化對各種環境類型的適應方式都有相當的代表性。

從文化的內容上說，六個遺址裡有紅色繩紋層的文化層（莊後村、牛罵頭、龍泉村、頂街、草鞋墩、平林 IV）、兩個有素面紅陶文化層（十八張、大邱園）、四個有素面灰黑陶文化層（莊後村、牛罵頭、舊社、平林 V）、兩個有刻印紋黑陶文化層（山腳、龍泉村）。這些遺址在文化遺物上包括了

濁大區域的全部史前文化類型，而各遺址的層位和碳素14的資料（草鞋墩的紅色繩紋陶文化層為4000±200B.P.〔NTU-244〕；莊後村的素面灰黑陶文化層為2070±100B.P.〔NTU-243〕；山腳及龍泉村的刻印紋黑陶文化層為公元12–17世紀〔NTU-229-242〕；在大體上從若干方面加強了第一年度根據採集資料所擬測的區域年代學。

第一年度終了後我們曾根據地表採集的資料推斷大坌坑式的繩紋陶成分在本區的存在。這在第二年度的工作中初步的得到了層位上的支持。除了草鞋墩以外，本區有紅色繩紋陶的遺址所出土的紅色繩紋陶中，都有多少不一但是顯著不誤的大坌坑式粗繩紋陶片的成分，其中尤以牛罵頭遺址所含最多，而且在這個遺址中有愈近下層愈告顯著的趨勢。這一點可以說是第二年度考古組工作較為重要的收穫之一。

十一個遺址的發掘，在個別遺址來說，其規模並不龐大，還只能說是試掘性質，但出土的遺物有相當的數目（如牛罵頭六個坑所出陶片據杜偉估計有十萬片以上）及代表性。我們在發掘中所強調的重點之一，是所謂「自然遺物」的拾獲。各遺址的發掘過程中都使用了美國考古學界創用的漂浮法（flotation），對小粒骨骼、貝殼及植物種子的認獲，有很大的助力。

下面所收的文章，是這兩年裡考古工作的報告。像上文所說的，濁大流域文化史的建立，恐怕需要五年到十年的時間，因此這裡的報告只能說是初步的一點貢獻。第三年起的考古工作，因為性質有重要的改變，所以準備在將來另行刊佈。

12.濁水溪大肚溪流域考古──「濁大計畫」第一期考古工作總結*

一、濁水、大肚兩溪流域考古經過

漢人自十七世紀明鄭時代便已逐漸入居濁水溪下游平原地區，到了十八世紀（1723）清政府在彰化設縣。在這以前濁水大肚兩溪流域的居民文化，便都是考古研究的對象。日據時代初期的考古家，如鳥居龍藏、森丙牛等，在本區的山地與丘陵地帶就做了不少的調查[①]。到了光復初期，根據日本學者工作的成績所繪製的一張〈臺灣先史遺址散布圖〉裡，全島共收了109個重要的考古遺址，其中有18處是屬於這一區域的，即陳有蘭溪的 Taketonpo（東埔）和 Mamahaban，濁水溪中游的二水、埔心子、集集、水裡坑和水社，埔里盆地及其附近山區的烏牛欄、埔里、姊妹原、霧社、Mahebo 和白狗，以及大肚溪下游的勝賢、烏日、追分、大肚和彰化貝塚[②]。但是這18個遺址只是一些較為重要的代表，實際上已知有史前遺物發現的地點遠超

＊原載《臺灣省濁水溪與大肚溪流域考古調查報告》（中央研究院歷史語言研究所專刊之70，1977）。

①金關丈夫、國分直一，〈臺灣考古學研究史〉，《臺灣文化》，第6卷第1期（1950），頁10。

②國分直一，〈關於臺灣先史遺址散布圖〉，《臺灣文化》，第5卷第1期（1949），頁41。

過這個數目。照劉枝萬在民國45年的統計③，僅在南投縣境便有考古地點176
處之多。在濁大計畫開始（1972）以前，這個區域裡面經過比較詳盡的調查
並有報告資料問世的，可舉下面的這幾個遺址：

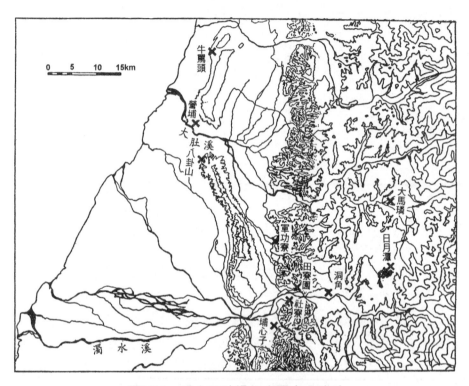

圖12-1　濁大流域過去主要考古遺址

　　㈠清水牛罵頭。清水在大肚山丘陵西麓的北部，在地形上實在屬於大甲
溪口地區，但大肚山西麓海岸臺地的史前文化自大甲溪口向南到大肚溪口實
在是連續而不可分的，而且牛罵頭遺址的層位關係在中部史前文化年代學上
至屬重要，為濁大計畫發掘的重點之一，所以把這個遺址併入本區討論。
　　牛罵頭遺址是國分直一在1943年調查大肚山時所發現，其後劉斌雄於

───────────────

③劉枝萬，〈南投縣考古誌要〉，《南投文獻叢輯》4（1956），頁55-72表。

1950、1954，及1955作過三次調查。根據劉氏的報告④，「牛罵頭遺址之史前文化有三個系統。屬於最古老之一層者，爲具有繩紋紋飾之紅陶文化。……其陶器之形制，其一部應爲廣口、鼓腹、有圈足，身部以繩紋裝飾之罐形器；素面無紋飾，器身甚薄之盆形器及器形不甚明之瓶形器等。」根據斷面上的觀察，「本層的紅色陶中，有素面無紋者。從斷面上觀察有紋無紋兩種陶片之分布似有某種（程）度之偏在性，（即）無紋飾素面陶多見於上面，然而有繩紋紋飾陶，雖見於全層，但以下面爲多。」

「其次，繼之出現者有黑陶文化。……本遺址之黑陶，其質料、紋飾及形態上之種種特徵，與營埔遺址出土者頗類似。……最後，還有一種方格紋陶文化之存在。與之相同者，曾在大甲溪北岸之麻頭路遺址出土。」

　　㈡營埔。營埔遺址也是1943年爲國分所發現的；嗣後於1943、1944，及1946以國分爲首做過三次的試掘。1964年底營埔被選爲臺大與耶魯大學合作考古計畫的發掘重點之一。依國分較早調查材料，這裡最引人注意的出土物是黑色陶片，其中有豆足及鼎足（包括獸腳形足），指示與中國大陸黑陶文化的關聯。「黑陶中雖無若山東城子崖所見之 eggshell pottery 之極薄者，惟內外兩面均有光澤之漆黑色薄皮，厚約2mm 之良質黑陶陶片卻可得到。一部分人稱爲灰陶之黑陶系統土器，於本遺跡亦有多量出土。又出土陶片中混有少量火度頗強，幾呈白色之較薄陶片……赤色系土器……（及）與臺灣其他遺跡出土之彩文土器之樣相相異之彩文土器。」同時採集之石器則有「大型犁形石器、石刀、石鐮及石錘」⑤。1964年宋文薰主持下的新發掘，材料尚在整理中，但所採三件碳素標本已經發表⑥。1964年發掘物中，有穀粒在陶片上的印痕；據宋文薰告訴我，已由日本的中尾佐助氏鑑定爲的稻米

④劉斌雄，〈臺中縣清水鎮牛罵頭遺址調查報告〉，《臺灣文獻》，第6卷第4期（1955），頁69-83。

⑤金關丈夫、國分直一，〈臺中縣營埔遺跡調查豫報〉，《臺灣文化》，第5卷第1期（1949）。

⑥宋文薰，〈臺灣西部史前文化的年代〉，《臺灣文獻》，第16卷第4期（1965），頁148；M. Stuiver, "Yale Natural Radiocarbon Measurements IX," *Radiocarbon*, Vol. 11（1969），p. 640.

的痕迹。

㈢彰化八卦山。八卦山的貝塚遺址，早在1933年便已發現，但大部已在第二次世界大戰期間破壞，而且其出土資料僅有極簡單的報告[7]。據1948年國分等人的試掘，八卦山遺址有三個文化層：營埔系統的黑陶文化在下，有方格紋的灰褐陶文化在中，漢人的墓葬在上。

㈣南投軍功寮。這是南投縣文獻委員會近年（1959）發現的遺址之一，其陶器以灰黑色的陶片為主，與營埔的基本上相同[8]。

㈤竹山埔心子。在竹山鎮東埔心子竹山國校裡清理的一具石棺葬；係在1945年發現，1946年由金關、國分，及杉山直明等清理。據劉枝萬的介紹：「棺為石板拼成箱形之石棺，質地為灰褐色砂岩，有底板及上蓋。……陶器以粗面紅褐色含砂者為主，並隨伴豆形紅色陶器，黑陶質陶鐲、繩蓆紋陶器、橄欖石玄武岩石器等……類似於恆春之墾丁石棺遺址，而其黑色小形陶罐極似曾發現於臺南蔦松遺址之小形黑色陶罐。故該遺址文化，可能與臺灣西部海岸平原之南部地方先史文化曾有交涉或關聯，但以由該地附近所發現石網墜之形制以及隨伴火候較低之黝黑色陶與石製手鐲等跡象觀之，同時可能亦與出土相同類型石棺之埔里大馬璘遺址，曾有關係。」[9]

㈥社寮。濁水溪南岸，竹山鎮東北，鹿谷鄉以西的社寮臺地上，南投縣文獻委員會的劉枝萬於1956年調查發現史前遺址兩處，即臺地西端的後溝坑與東端的頂埔。兩遺址裡採集了大量的石器和紅褐色與灰褐色無花紋的陶片。劉枝萬根據這裡的石器的形制，為極薄的磨製鏟形器，部分有打剝痕的

---

[7]早坂一郎、林朝棨，〈臺灣考古資料〉，《臺灣地學紀事》，5卷1號（1934），頁1-6；金關丈夫、國分直一，〈臺灣先史考古學における近年の工作〉，《民族學研究》，18卷1／2號（1953），頁72；國分直一，〈臺灣先史時代の貝塚〉，《農林省水產講習所研究報告·人文科學篇》，第7號（1962），頁60。

[8]劉枝萬，〈南投縣軍功寮遺址調查報告〉，《臺灣文獻》，第11卷第3期另冊（1960）。

[9]劉枝萬，〈南投縣考古誌要〉，頁37-38；金關丈夫、國分直一，〈臺灣先史考古學における近年の工作〉，頁70。

磨製圓轉角錛鑿形器，笨重打製石鋤，及橫剖面近橢圓形之大型斧形器等，都是濁水溪流域遺址的特徵，與大馬璘不同，認爲濁水溪與烏溪（即大肚溪的中上流）的史前文化有屬於不同系統的可能⑩。

㈦洞角。洞角在集集鎮正東，濁水溪北岸1公里以北集集大山的南麓臺地上，是鎮民種栞時所發現的，曾在1954年由南投縣文獻委員會所發掘。這是濁大區域在濁大計畫開始以前工作最多材料最豐的三個遺址之一（另外兩個是上述的營埔和下面將要介紹的大馬璘）。照劉枝萬的報告⑪，洞角的史前文化，可分爲黑陶文化與紅陶文化兩個系統。這兩個文化在空間上重疊，但分布的中心不同。二者是同時的，還是有時間先後的關係，則在已整理出來的資料裡不明。這個遺址還有一個特徵，即有石臼和大砥石多個發現。1968年前後，時在 Cornell 任教的 Judith M. Treistman 曾在洞角做進一步的發掘，但到今未聞有報告問世，只是在 *Radiocarbon* 上看到過她送給臺大物理系做碳14鑑定的兩件標本的年代⑫。

㈧田寮園。在洞角以西，濁水溪北岸，是1954南投縣文獻委員會所發現的重要遺址之一，其陶器與洞角相似，亦有紅褐色與灰黑色兩大類⑬。

㈨日月潭。日月潭是埔里盆地群中現存的唯一湖泊，其沿岸地帶歷有人居，在日據時代初期鳥居和森丙牛等人在其附近曾作過許多史前遺物的採集。1919年開始建造水力發電廠，1939竣工，水位高漲，以前的湖畔，都沒入湖底，將史前聚落便都淹蓋了起來，只有等天旱水淺的時候才便考古採集工作。湖畔的考古採集，於1954及1955由南投縣文獻委員會三次進行，獲得大量石器和以灰黑色及褐色素面陶片爲主的陶器⑭。1964-65年，臺大與美國

---

⑩劉枝萬，〈南投縣濁水溪南岸社寮臺地史前遺址〉，《南投文獻叢輯》4（1956），頁91-108。

⑪劉枝萬，〈南投縣考古誌要〉，頁47；又見劉斌雄，〈洞角遺址發掘簡報〉，《南投文獻叢輯》⑴，頁3-4。

⑫*Radiocarbon*, vol. 12（1990），p. 189.

⑬劉枝萬，〈南投縣考古誌要〉，頁44-45。

⑭劉斌雄、劉枝萬，〈日月潭考古報告〉，《南投文獻叢輯》5（1957）；劉枝萬，〈南投縣考古誌要〉，頁50。

耶魯大學合作臺灣考古研究計畫中有古代植物孢粉研究的一項，由耶大生物系的塚田松雄主持。塚田在日潭的湖底採了深達12.79公尺的一條湖底泥的標本，用作詳細的孢粉分析，其結果在臺灣古植物史與古氣候上有很大的重要性⑮。從文化史的立場看來，日潭的植物孢粉史上有兩個變化點似乎有很大的意味。在湖底4公尺左右深處，經碳素14分析鑑定爲一萬二千年前，湖邊的植物群裡呈示次生植物（如臺灣赤楓 *Liquidambar formosanus*）的急遽增加，同時淤泥裡的炭末亦開始作顯著而持續不斷的增多。到了湖下1.8公尺，即四千二百年前，次生植物林和炭末都做更顯著的增加，而屆時孢粉中包括了大量的禾本科的花粉。塚田相信後一變化表示穀類農業到達日月潭的現象；這種現象在年代上與營埔文化的碳14年代大體相當。換言之，穀類農業於四千餘年前進入中部地區，一直伸入到日月潭一帶造成孢粉史上四千二百年前的變化，是可成定論的。至於一萬二千年前第一個變化是如何造成的，則意見不一。我曾建議過，它也許是大坌坑式繩紋陶文化在這個區域從事原始農耕而斬伐森林的表現⑯，可是本區迄無大坌坑式繩紋陶遺址遺物發現是此說的最大障礙。關於這個問題下文再詳細討論。

㈩埔里大馬璘。埔里鎮西愛蘭臺地上大馬璘附近史前遺址面積廣大，現象豐富（尤以石板棺葬爲著），遺物繁多，早已引起附近居民之注意。自1938年以來，歷經日本學者如淺井惠倫、金關丈夫、宮本延人等、臺北帝大土俗人種學研究室，南投縣文獻委員會，以及中央研究院歷史語言研究所考古組李濟、石璋如等先後調查、發掘及採集，大馬璘的遺物出土可稱最多，並爲鹿野忠雄氏討論臺灣先史遺物「地方相」的一個「相」⑰，可是迄今爲

⑮ Matsuo Tsukada, "Late Pleistocene Vegetation and Climate in Taiwan (Formosa)," *Proceedings of the National Academy of Sciences*, Vol. 55 (1966), 543-548; "Vegetation in Subtropical Formosa during Pleistocene Glaciations and the Holocene," *Palaeogeography Palaeoclimatology, Palaeoecology*, 3 (1967), 49-64.

⑯ K.C. Chang et al., *Fengpitou, Tapenkeng, and the Prehistory of Taiwan* (Yale Univ. Pub. in Anth., 73, 1969), pp. 227-228.

⑰ 鹿野忠雄著，宋文薰譯，《臺灣民族學考古學概觀》（臺灣省文獻委員會出版，1995），頁104。

止有關這個遺址的科學報告仍屬罕見[18]。除石棺以外，大馬璘出土物中有石器和陶器。後者以灰黑色的為主，有刻紋、印紋與彩畫文；石器則有斧、錛、刀、鏃、和戈等。鹿野以為其石器一般說來為西海岸的系統，但有東海岸特色之遺物。

㈠東埔。南投縣南部山地，即陳有蘭溪流域臺地，自1900年鳥居龍藏之調查起，即迭受考古學者的注意，東埔一帶尤為重要。依金關、國分兩氏的討論，「王鴻博氏進行調查以南投縣玉山區東埔社（布農族番社）為中心的布農族系遺跡，他並且作過小規模的發掘。筆者尤感興趣的是他在望鄉社的調查。該地位於……五義崙山東南山麓，和社溪與陳有蘭溪會流點之北約500公尺左岸的河成段丘上，海拔約760公尺……。王氏謂他曾發掘過約達80公分厚的文化層，……並謂在約十五坪至二十坪寬的某一地點，……遺物散布地的範圍極廣，而遍及臺地面上。石器有磨製及打製兩種，陶器為赤褐色含砂陶」[19]。在1968前後上述的 Treistman 也到東埔附近作過小規模的調查，並自一個文化層裡採到一個碳素標本，分析結果為785±110A.D.。Treistman 據此主張臺灣土著族之在高地居住，並非漢人殖民平原而將土著驅入山中的結果，而是代表自古已有的一種對自然環境的適應方式[20]。

除了上舉十一個重要遺址以外，濁大區域還有許多其他考古遺址遺物發現[21]，但由上舉諸例可見，這個區域中史前文化豐富多彩，同時可見其有待進一步研究問題之繁多。學者最大的一個困難，是出土遺物雖多，考古報告卻極簡少，而且一直沒有全區的綜合研究出現。而且私人收藏品經年多有散

[18]淺井惠倫，〈埔里大馬璘石棺試掘報告〉，《南方土俗》，第4卷第4號（1939）；劉枝萬，《臺灣埔里鄉土志稿》第一卷（1951）及〈南投縣考古誌要〉；石璋如，〈臺灣大馬璘遺址發掘簡報〉，《國立臺灣大學考古人類學刊》，第1期（1953），頁13-15。

[19]金關丈夫、國分直一，〈臺灣先史考古學における近年の工作〉，頁80（譯文錄自宋文薰譯文，《臺北縣文獻叢輯》第二輯）。

[20]J.M.Treistman，"Prehistory of the Formosan uplands,"*Science*,175（1972），74-76.

[21]見劉枝萬，〈南投縣考古誌要〉。

失，而公家的收集又因戰亂或移交而多失損。考古學者不可能將歷年出土遺物做一整體的考察與研究。濁大計畫開始之時，參與的考古工作者便在這個豐富但缺乏整理的基礎之上開始考古工作。自1972-74兩年工作的概況，已在前篇的〈「濁大計畫」與民國六一～六三年度濁大流域考古調查〉一文中詳述；各個考古工作人員的報名也已在上面提出。因考古工作仍在進行之中，目前對濁大的文化史自然還沒有結論可言。本文僅是兩年工作結束後的一個初步總結。

二、濁大流域自然環境及其演變資料

我在卷首的引文中已經指出濁大流域在地形、氣候、與動植物資源上的複雜性與紛歧性；事實上這也是我們選擇濁大區域作為研究對象的主要原因。要研究古代文化的變異與自然環境的變異之間的關係，我們必須首先對本區自然環境的分區作一個基本性的檢討。我們要首先研究一下，從史前文化對自然環境的適應，亦即對自然資源之利用上來看，這裡的自然環境可以分為多少類型，然後再檢討一下這不同的自然環境的類型中各有什麼樣的史前文化。

對濁大流域自然環境的研究，我們一定要仰仗環境科學對濁大流域研究的資料與結論，這顯然是我們設計了「科際」的研究計畫的原因。雖然自然科學的工作者在濁大計畫之下還只開始工作，對環境類型的綜合還不能供給結論，我們卻已有若干初步的成果可以利用，同時亦能仰仗過去學者在這方面早已供給的豐富的資料[22]。依地形組工作人員的意見，濁水與大肚兩溪流

---

[22]自然科學各組研究資料，見六一至六二年度年中及年終報告及六二至六三年度年終報告，均未發表。其已發表之論文，有石再添等，〈大肚溪流域的地形學計量研究〉，《臺灣文獻》，第26卷（1975）第2期；鍾天福、黃增泉、尹因印，〈臺灣之古生態研究(3)——埔里盆地〉，*Taiwania*, 18（1973），179-193；黃增泉，〈臺灣古生態之研究(4)——外加道坑剖面〉，*Taiwania*, 20（1975），1-22等。

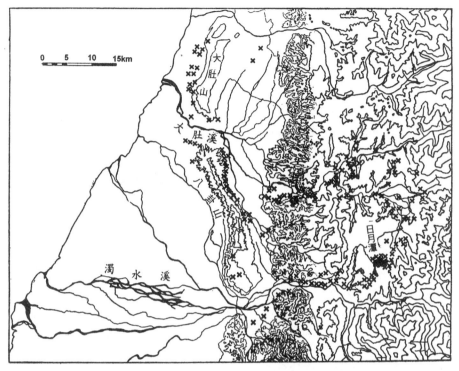

圖12-2　濁大流域「濁大計畫」第一期調查及發掘遺址分布

域都可在地形上分爲五區，即山地、丘陵、盆地、臺地與平原[23]。依植物學者對現生植物群落的區分，本區有(a)平原植物群落；(b)樹林（600公尺以下爲熱帶林，600-1600公尺爲亞熱帶林，1600-3000公尺爲溫帶林，3000公尺以上爲寒帶林）；(c)高山草原[24]。考古組工作人員在第一期的考古調查，在地形上只限於平原、丘陵、臺地與盆地各區，而未及於山地；所涉及的植物群落以熱帶林爲主，而涉及亞熱帶林的下部。圖12-2示第一期考古工作所調

[23]石再添等，〈大肚溪流域的地形學計量研究〉；石再添等，〈濁水溪流域的地形學計量研究〉（未刊稿）。

[24]劉棠瑞、劉枝萬，〈南投縣生物志植物篇稿〉，《南投文獻叢輯》(3)（1956）；王子定，〈臺灣山地之森林〉，載《臺灣之山地經濟》，《臺灣研究叢刊》第81種（臺灣銀行經濟研究室編印，1966年），頁185-214。

查及發現的二百多個遺址及遺物地點的分布；可見這些地點主要分布在大肚八卦兩個臺地的山麓、臺中盆地的邊緣及二流域中游的盆地與丘陵地帶。因此對本區自然環境分區的研究，在目前而言只須限於海拔1000公尺以下的地帶。

這個區域在過去的變化如何？迄今本區還沒有發現過舊石器時代的遺址，但是它的自然條件是適合舊石器時代人類居住的（見下文的討論），因此我們討論的時代範圍不妨及於整個更新統，或至少更新統的晚期。在這方面我們作討論的材料至少有三組：現代的地形對過去的地形的指示、地質學的研究（尤其是地面下泥炭層的研究）和古代花粉史的研究。這些資料在這裡不遑詳述，但為本題討論的方便不妨擇一二項有關的略做說明。

先談埔里盆地群的自然史的資料。過去在日據時代早坂一郎[25]與富田芳郎[26]等地形學者早已推測埔里盆地群（包括北港溪流域的埔里、魚池等盆地和濁水溪流域的日月潭、頭社和銃櫃等盆地）在過去都是山間的湖泊，後來經過充填及決堤而乾涸，僅日月潭因位於兩河水系分山嶺的最高處，受河川侵蝕作用最遲而保存原狀。但過去學者對埔里湖泊存在的年代及其乾涸的經過缺乏詳細的資料。在濁大計畫之下，地質組的工作人員在埔里盆地進行大規模的鑽井工作，在外加道坑、月潭和頭社的三口井裡發現大量的泥炭；其中頭社盆地的泥炭層自地表表土之下達30公尺深，月潭則自地表下5公尺深處向下直到三十餘公尺深處。泥炭標本之經過碳素14斷代的，月潭深8公尺處為16,540年；頭社深1公尺處為1,480年而深9公尺處為7,250年[27]。由此可見埔里盆地的湖泊，在更新統時代即已形成，而其乾涸，是最近一千年以內

---

[25]早坂一郎，〈日月潭附近山間盆地地域の觀察〉，《臺灣地學記事》，第1卷第1號（1930）。

[26]富田芳郎，〈臺灣中部埔里盆地群之地形發達史〉（1951原文，劉德音譯），《南投文獻叢輯》(4)（1956），頁137-148；《臺灣地形發達史の研究》（東京：古今書院，1972），頁131-136。

[27]林朝棨等，《濁大計畫地質組第一、二年度工作初步報告》（尚未發表）。

的現象。換言之，在整個已知的有史前人類聚居的時代，埔里盆地群是一連串大小不一的湖泊，供給史前人類以豐富的山間及水邊生存的動植物的資源。濁大計畫下的植物孢粉史學者，已將頭社盆地與外加道坑的兩口鑽井和埔里盆地史前遺址的四個地點取樣做詳細的孢粉分析；其結論以頭社爲例如下：「基於孢粉的觀察，推測頭社地區過去是個湖泊；自湖泊形成以來，此地區一直處於暖溫帶的氣候下。」[28]這個結論與塚田松雄在1964-65年在日潭做孢粉史研究的結論，就全新統的一段而言，大致相符，但塚田則進一步的推測，日月潭地區在全新世的初期氣候比現在稍暖[29]。

埔里盆地群之爲古代湖泊的遺留，是過去一般學者都已公認的了，但臺中盆地的歷史則過去少有研究。在濁大計畫之下，地形學的工作人員首先提出臺中盆地在古代是個湖泊或海灣的說法；後來大肚與八卦兩山開口，加上地盤上升，才逐漸乾燥成爲盆地[30]。地質組的人員在濁大計畫的第二年度在鹿谷鄉的大水堀進行鑽井，第三年度在彰化縣芬園鄉的快官村進行鑽井。在快官村地表下30-50公分處即有泥炭出現，其年代經臺大物理系測定爲1331±70B.P.；又在0.8-1公尺處採的一件標本經鑑定爲1819±91B.P.[31]。又第二年度考古組在草屯鎮的草鞋墩和南投鎮的十八張採取的土壤標本，經植物組作孢粉分析的結果，表示當時的環境都是「淺水性水澤區」[32]。這兩個遺址都在臺中盆地的東部邊緣地帶，可見史前人類居住在這個地區的時代（草鞋墩的紅繩紋陶層經碳素14斷代爲四千年以前）其遺址還是在沼澤或湖泊的岸旁；依快官村泥炭層看來，這種情形可能一直延續到一千年以前，與埔里

---

[28]黃增泉、黃淑玉，〈頭社盆地之孢粉分析〉，《濁大計畫植物學組第三年度工作報告》（未刊稿）。

[29]Tsukada, " Late Pleistocene Vegetation and Climate in Taiwan, " p.547.

[30]張光直，《濁大計畫六一～六二年度工作總報告•地形學組》（未刊稿），頁5-6。

[31]據臧振華，《濁大計畫考古組第三年度工作報告》（未刊稿）引用林朝棨未刊稿。

[32]黃增泉、林文秀、陳淑華，〈大邱園、十八張、牛罵頭及草鞋墩之孢粉分析〉，《濁大計畫第三年工作報告》（未刊稿）。

盆地群的情形相似。換言之，史前人類居住期間，不但埔里盆地群是湖泊區，即臺中盆地也是湖泊沼澤區，而烏溪在草屯附近流入臺中湖。臺中湖的乾涸，當是最近數千年後逐漸造成的，其邊緣的山麓便隨著湖水的外洩形成一層層的臺地供給史前居民良好的居住環境。

再自臺中盆地向西到海岸平原，則其在全新統的地質變化受到西海岸整個海進海退循環週期的支配。依林朝棨的綜合研究[33]，臺灣的西海岸自一萬年以前全新統開始以來，已有六次較為顯著的海進，其中以六千年以前的臺南期海進，四千年以前的大湖期海進，及一千年以前彰化期海進最為顯著。在海進期間，大肚山與八卦山以西的海岸平原地區，包括大肚與濁水兩溪的三角洲，多為海水所覆，而大肚與八卦山臺地即成為海岸臺地。在臺中湖有水期間，海進時亦可能造成海水與湖水經由大肚與八卦兩山開口處相通的現象，而湖水的水位也因海進海退而有高低之異。

根據上述的資料，我們對於濁大流域自有人居以來的自然環境的變化，雖還不到作結論的時候，卻已有了一個可靠的初步印象：「全新統大致自一萬年以前開始。全新統初期……的埔里盆地羣中，有若干盆地可能仍充滿著湖水，但多半的湖水已經外洩；當時的烏溪與濁水溪的河谷有相當劇烈的侵蝕痕迹，而低位的階地尚未形成；當時的臺中盆地是一個大湖或海灣。當時整個區域依高度不同而有分屬亞熱帶、溫帶，與寒帶的植物覆蓋。當時的動物在森林、湖泊、河流與淺海中繁生。總而言之，是個自然資源非常豐富而且種類繁多的一個局面。大概在六千年到七千年前之間，全島海岸都有臺南期的大海進現象。這是全新統東亞區域最大的一次海進，在其高潮時臺中盆地大概是有相當深度的海灣，而烏溪即在草屯附近入海。自六千年以前起，臺南期海退開始，沿臺中盆地及大肚、八卦臺地西麓逐漸有低位階地的形成。目前所知的濁大區域最早的人類，便緊接著臺南期海退進入了本區西部沿海，在現代海拔約二、三十公尺以上的海岸臺地上卜居。」[34]

---

[33]林朝棨，〈第四紀之臺灣〉，《臺灣研討會論文集》（臺大考古人類學系出版，1966），頁4-8。

[34]張光直，《濁大計畫第二年度工作總報告》，頁31。

從那個時期到現在數千年間，濁大的自然環境雖有地形上的變化，對文化的適應上來說的自然環境的類型多半不再有重要的變異。我們不妨將有關的地區之內的自然環境的類型作下面這樣一個初步的區分[35]：

1.海岸平原及臺中盆地面區

從西海岸向東數起，第一個自然環境區是海岸的沖積平原及自大肚、八卦二山之間向東伸入的臺中盆地平原。這個區域目前是灌溉農耕區，但此項土地利用方式顯然是晚近才開始的。如上所說，在臺南海進期的高潮，這個平原區域大部分都淹沒在海水與臺中湖水的下面，然後基地逐漸自山腳向下形成。

2.海岸及盆地邊緣臺地區

再向東數的第二個類型是大肚山與八卦山臺地西麓和臺中盆地四週的低臺地（海拔二、三十公尺直到一百公尺以上）。在現在的地形與氣候情況下，水田都在平地，這些臺地上多是旱田，種植番薯、花生和鳳梨、木薯等等作物。但在更新統的晚期與全新統的早期，平原及盆地面浸在水下，這些臺地地區都距離海水或湖水不遠。在臨水地帶都有下列的食物資源：水生哺乳動物如水獺（*Lutra lutra chinensis*），抹香鯨及海豚（dolphins and porpoises）；海水魚類如白鰻（*Anguilla japonica*）、沙魚、鰳白（white herring, *Ilisha elongata*）、烏魚（mullet, *Mugil cephalus* 等）、旗魚（spear fishes）、劍魚（sword fishes）、鱸魚（sea bass）、鱠魚（grouper）、黃花魚（croakers），及鯛魚（snappers）等；螃蟹及其他節肢動物、烏龜等；以及各種的蚌、貝，如牡蠣和文蛤等[36]。

在向陸的一邊，本區的臺地和山腳為熱帶森林所覆被，其中包括許多特徵性的落葉樹與常青樹如臺灣赤楓（*Liquidambar formosana*）、數種桑樹（*Broussonetia papyrifera, Morus australis*）、榕樹（*Ficus retusa, F.*

---

[35] K. C. Chang, " Man and Land in Central Taiwan：The first two years of an interdisciplinary project, " *Journal of Field Archaeology*, Vol. 1（1974），265-275.

[36] 陳兼善，《臺灣脊椎動物誌》（臺灣商務印書館出版，上下二冊，1969年版）。

wightiana）、臺灣欅樹（*Zelkova formosana*）、野桐（*Mallotus japonica*）、沙朴（*Celtis formosana*）等等[37]。這些樹木供給各種果實、硬果、木材和纖維，同時樹林中出產可供食用之獸類（以兔及鹿爲主）[38]。

3. 中游的河邊臺地區

自臺中湖沿烏溪及濁水溪向東逆流前進，到海拔不過三四百公尺高度就達到了國姓鄉與水裡坑一帶。自河口到這兩處的空間距離不過20-25公里之遠而已，但在這中間即大肚與濁水兩溪中游的兩岸臺地則構成與上一區的臺地有重要差異的環境類型，即其水生的資源以淡水的魚類爲主，如好幾種的鯉魚及鯰魚，而海水魚類及貝蚌類則大部消失[39]。

4. 埔里盆地群區

從烏溪與濁水溪的中游再向上進，便進入了另外一個自然環境類型，即上文所討論的埔里盆地群或古代的高地湖泊群。進入了這個地區我們便在大部分地帶穿越了500公尺到600公尺的等高線亦即熱帶森林與亞熱帶森林的分界線[40]。此地的森林仍以寬葉的常青樹木爲主，但最主要的樹逐漸變成青剛櫟（*Quercus glauca*）、石櫧（*Quercus gilva*）、樟樹（*Cinnamomun spp.*）、楠樹（*Machilus*）和野栗，並且有幾種杉木出現。這種亞熱帶森林裡的野獸也極豐富，有鹿、水鹿、熊、松鼠、蝙蝠、麝貓、山貓、猴、鼬、貂等[41]。同時本區由於大小湖泊的存在而富有湖沼中的淡水魚類（如現在日月潭所產的鯉魚、白魚、銀魚、泥鰍、黃魚、鯰魚、鱸鰻等）和湖生植物群落（如菱角等）[42]。

---

[37] 劉棠瑞、劉枝萬，〈南投縣生物志植物篇稿〉。

[38] 陳兼善，《臺灣脊椎動物誌》，下冊。

[39] 陳兼善，《臺灣脊椎動物誌》，上冊。

[40] 劉棠瑞、劉枝萬，〈南投縣生物志植物篇稿〉；王子定，〈臺灣山地之森林〉。

[41] 陳兼善，《臺灣脊椎動物誌》。

[42] 陳兼善，《臺灣脊椎動物誌》；劉棠瑞、劉枝萬：，〈南投縣生物志植物篇稿〉。

5. 山地區

濁大流域1000公尺以上高度的地區為山地區，其現代住民以高山族為主。亞熱帶森林仍然持續到1600公尺左右為止，然後溫帶森林逐漸取而代之，其間的野獸變為山羊、野豬、畑鼠、雲豹和鼬等，而水生動物及植物逐漸稀少。到2000公尺以上的山地則人跡罕至。

三、濁大流域有無舊石器時代人類問題

自從臺東八仙洞舊石器時代遺物發現以後，臺灣全島便都成了可能有同時或更早的文化發現的地區。臺南左鎮荣寮溪更新統晚期人類頂骨化石的發現，更使西海岸地區發現舊石器時代遺物的可能性大為增加。從頭社盆地的泥炭層來看，自更新統晚期以來這裡便是林木繁生的湖沼地帶，氣候又溫暖宜人，是個適合人類居住的環境。濁大計畫第一期的考古工作，沒有深挖的計畫，亦沒有任何舊石器時代遺物的發現。但將來有所發現的可能性是很大的。頭社第一口井在970公分深處（據碳素14斷代為一萬七千年以前）的泥炭中有竹片發現，似有指示人類活動的可能[43]。事實上，埔里盆地的幾個花粉史的研究，都有人類在一兩萬年以前便在這裡活動的跡象（見本文末節的討論）。固然倘若沒有舊石器時代人類的遺物發現，我們便不能提出此地有舊石器時代人類活動的可靠證據。但這正是我們所以要在這個區域作更徹底的考古調查與發掘的理由。

四、濁大流域新石器時代年代學

在濁大流域迄今所發現的遺址裡面，包括濁大計畫之下第一年度考古調查的發現在內，都有陶片發現，或雖沒有陶片，其石器的類型也是屬於有陶器以後的時代的。因此，如何將這數百處遺址作年代學上的排列研究，在考古學上是一個主要要靠陶器的變異來作回答的一個問題，而且因此講濁大的

---

[43]黃增泉、黃淑玉，〈頭社盆地之孢粉分析〉（未刊稿），頁24。

人類史、文化史，我們頭一步要講的便是陶器史。我在上面說過，由於材料的缺乏，在濁大計畫開始以前還沒有人對濁水溪與大肚溪兩個流域的史前史作過一個綜合性的討論。但是這兩條河流域的史前史已曾在對中部一般的綜合研究之下附帶著討論過了。而中部史前史的一般綜合研究，是根據大甲溪與大安溪之間的海岸臺地上的遺址而出發的，這是因為在這個區域考古學者首先獲得了重要的層位學上的資料。在1954年初，宋文薰與我在報告我們在大甲鎮附近的兩個遺址的一個小發掘的時候，便將大甲臺地史前文化的年代學作了下述的推測[44]：

> 在大甲臺地上，具繩紋的紅色陶片所代表的文化之成立最古的一個層次，根據層位的關係，是可以清楚知道的事實。……此種陶器亦見於大甲溪南岸臺地上，臺中縣清水鎮的牛罵頭遺址。而大肚丘陵西南緣之下馬厝及其西緣之大肚街頂街附近之遺址，似乎為僅由此一系統之文化所構成之遺址。……
>
> 在紅陶文化之後，大甲臺地上為黑色陶器系統的文化（大甲臺地第一黑陶文化），其陶器以無紋者為主體，似僅有方格印紋者少數。……此一文化的分布範圍目前尚未明瞭；但在牛罵頭、埔里、大馬璘、竹山鎮及……南投縣隘寮田寮園遺址，均見有同系統的文化。這以後出現的，為以具櫛目文之黑陶及具印紋之細質灰陶為代表的黑色細陶器文化（大甲臺地第二黑陶文化）。……代表與這一系統文化大同小異的文化的遺址，可舉：大肚溪下游之營埔、埔里大馬璘、彰化八卦山、苑裡貝塚及後龍底貝塚。……此一文化之末期，因此「安平壺」為代表的漢文化的傳入而走進了歷史時代。

這一段討論，雖以大甲臺地為對象，卻將大肚溪與濁水溪流域的重要遺址都牽涉了進去，因此構成我們今日討論濁大史前文化年代學的基礎。次年（1955）六月，石璋如與宋文薰等又發掘臺地上的番仔園與鐵砧山平頂兩個遺址，在他們的報告裡面，使用新得的材料將上引的年代學的推測加以檢

---

[44]宋文薰、張光直，〈臺中縣水尾溪畔史前遺址試掘報告〉，《臺大考古人類學刊》，第3期（1954），頁37。

討，而得到如次的結論⑤：

以目前為止，吾人對於上引……結論之細節略作修改及補充之外，
對其基本見解，尚未認為須予更改。

如該報告所指出，西臺灣中部地方的最古的文化層為由繩紋紅陶所
代表的文化。屬於此一系統文化者，有麻頭路遺址之下層、大甲水
源地及火葬場附近遺址之下層、臺中市郊之下馬厝遺址、大肚頂街
遺址等。但在此一文化層之晚期，繩紋陶似已逐漸減少，而為素面
紅陶所取代。

繩紋紅陶文化層之上為黑色陶器文化層（即大甲臺地第一文化
層），屬於此層者為大甲火葬場遺址中層、水源地遺址上層、大甲
東遺址、內埔鄉番社遺址，及牛罵頭遺址上層等。此一文化層之陶
器，在其質地及硬度上有相當豐富的變化，有甚粗而脆軟者及細膩
而火候較高者等等。除上述諸遺址外，在埔里大馬璘、臨寮田寮
園、竹山、大肚溪下流之營埔等地，皆見有此一系統之陶器，但在
此等遺址，除黑色陶片之外並見有紅色陶片之共存；尤其在田寮
園、竹山兩遺址，紅陶均多於黑陶。……

最上層為以八卦山、麻頭路、番仔園、苑裡，及後龍底諸貝塚所代
表的貝塚文化，即所謂大甲臺地第二黑陶文化，而可能已屬於初期
鐵器時代。……上引報告，以為在大馬璘、營埔二遺址，亦見有此
一系統文化之混入，但本文筆者認為該二遺址乃屬於第一黑陶層
者。……

如上引報告所說，在第二黑陶文化時期之末期，因以「安平壺」為
代表的初期漢文化的傳入，而進入歷史時代。此初期漢文化之遺
存，見於八卦山上層、大甲水源地地表，及火葬場上層。

石、宋兩氏的新說，固然仍與宋、張的說法在基本上相同，卻引進了一個素
面紅陶文化的問題。在繩紋紅陶文化層的晚期「繩紋陶逐漸減少，而為素面

⑤石璋如、宋文薰，〈鐵砧山史前遺址試掘報告〉，《臺大考古人類學
刊》，第8期（1936），頁49-50。

紅陶所取代」。那麼素面紅陶所代表的文化是繩紋紅陶文化的一個晚期成分呢，還是另外一個文化層？又在第一黑陶文化若干遺址中有很多的紅陶，在若干遺址中甚至紅陶多於黑陶。這種紅陶與上述的素面紅陶有什麼關係？這些問題的發生，代表中部史前研究的一項進展，但一時還沒有答案。這些問題，事實上也還是濁大計畫下考古年代學上的問題。

石、宋兩氏的發掘工作以後的十年，中部考古學的年代研究上又增加了重要的新資料，即營埔與番仔園兩個遺址（亦即大甲臺地第一與第二黑陶文化的兩個代表遺址）裡所採的碳素14年代。這年（1965）10月1日臺灣省文獻委員會舉行第十七次學術座談會，討論「臺灣西部史前文化的年代」，主講的宋文薰報告了這兩個遺址的四個碳素14年代如下[46]：

營　埔	Y-1630標本（木炭）	2970±80B.P.或1020±80B.C.
	Y-1631標本（木炭）	2810±100B.P.或960±100B.C.
	Y-1632標本（炭化樹子）	2250±60B.P.或300±60B.C.
番仔園	Y-1499標本（貝殼）	1500±80B.P.或A.D.850左右

根據這四個定點，宋文薰在他的一張〈臺灣西部各地區史前文化層序及其年代〉表上把「西海岸中部」分為四個文化層：繩紋紅陶文化層、第一黑陶文化層、第二黑陶文化層，與近代漢文化層。在絕對年代上，繩紋紅陶文化層起於公元前3000年以前而終於公元前2000年前後。第一黑陶文化層起於公元前2100年前後（可能與繩紋紅陶文化層的末期相重疊）而終於公元五、六百年左右。嗣後一直到十六世紀近代漢文化開始，便都是第二黑陶文化層。特別值得注意的，是在「第一黑陶文化層」裡面，宋氏分出來一個較早的「素面紅陶期」（2000-1000B.C.左右）與較晚的「營埔期」（1000B.C.到A.D.）。看起來，宋氏經過了十年的考慮，決定把那個「素面紅陶期」從繩紋紅陶文化層的晚期拿了出來，放入第一黑陶文化的早期了。宋氏對素面紅

---

⑭《臺灣文獻》，第16卷第4期（1965），頁148-149。最後一個標本是海貝，宋氏在化為公元時作了適度的修正。

陶期地位的猶豫，我是很可以理解的。經過了濁大計畫的兩年工作，素面紅陶文化的年代還是一個待決的問題。

根據中部碳14的年代的新資料，我也嘗試著將中部的史前文化作了一個年代學的安排，其結果與宋氏的可說是大同小異[47]：

表12-1　中部史前文化年代表（1969）

文化層＼地區	苗栗	苑裡	鐵砧山	水源地	麻頭路	清水	大肚	王田	彰化
現代漢	地表採集	地表採集	地表採集		地表採集				地表採集
原　史				地表採集	上層				八卦山上層
番仔園 250B.C	後龍底貝塚	苑裡貝塚	番仔園貝塚						八卦山貝塚
營　埔 1300B.C				上層	下層	牛罵頭上層	營埔		八卦山下層
牛罵頭 2300B.C			平頂	下層		牛罵頭下層	頂街	下馬厝	

宋文薰與我這兩張中部史前文化年代表便是濁大計畫開始時所用的基本出發點。兩年的考古工作，在濁大的史前年代學上所增加的材料可分三項：地表採集遺物的排隊（seriation）、個別遺址的文化層位，與新的碳素14年代。在第一期工作結束之後，從年代學上說，濁大計畫的考古工作者提出三點重要的問題來，即(1)大坌坑式繩紋陶文化層在本區文化史上的地位；(2)素面紅陶文化層在本區文化史上的地位；(3)新的絕對年代。

先從陶片的排隊說起。使用考古遺址地表上抽樣採集的陶片，根據其各類陶片的百分比在不同遺址出現情形的比較而將遺址作初步的年代排列的方法，是北美考古學上五十年來使用得相當成功的一種方法。但是這種方法在使用上有相當的危險性，如果用得不妥當可能造成種種的失誤。例如，遺址之依百分比而排隊，常常有好幾種隊伍可排的情形，選擇其中那一個常憑主

---

[47] K. C. Chang et al., *op. cit.*（1969），pp. 204, 216.

觀的判斷。排好了隊以後，那一頭早那一頭晚要憑其他方面的證據；如果其他方面沒有證據可用，便又得憑主觀的選擇。此外，史前陶器的變化快慢不一，排好了的隊，有的節代表很長的時間，有的節代表的時間很短，在分期上如果沒有絕對年代的幫助，常使人無所適從。因爲排隊法有這種種的缺點，我們使用它的目的，主要是對大量的遺址作一個初步的整理，並對其中呈具問題的好選作發掘研究。換言之，排隊法不是年代學的基本方法，只是它的初步入門途經。

作陶片排隊的第一步工作，是將陶片分類。這本報告裡的各篇，對各區的陶片有詳細的分類，並根據本區內陶片的分類將所調查的遺址作了初步的排隊工作。在第一年工作結束之際，各區的工作人員聚在一起交換了資料與意見之後，得到了全濁大區陶片排隊的初步結論如下：

> 本組同仁初步將陶片分爲五組：粗繩紋陶、紅繩紋陶、素面紅陶、
> 灰黑陶、灰黑印紋陶。排隊的結果，以(1)粗繩紋陶最早，僅分布於
> 清水牛罵頭下層及草屯鎮平林臺地第四地點（下層）兩處。(2)紅繩
> 紋陶次之，分布於大肚山臺地兩麓，及臺中盆地之東緣丘陵邊緣臺
> 地上，至草屯鎮（即烏溪口）一帶爲止。(3)素面紅陶又次之，分布
> 於臺中盆地全部，並沿烏溪進入國姓鄉西邊，沿濁水溪進入水里與
> 集集之間。(4)灰黑色陶分布最廣，除以上各區外，並進入埔里盆地
> 羣。與紅陶比，灰黑陶地點除分布較廣外，亦分布較高；在同一地
> 區之內，常有紅陶在低臺地、灰黑陶在高臺地之現象。(5)灰黑印陶
> 最晚，且僅有局部分布，限於大肚臺地及局部之山地地區[48]。

這樣排的一條隊，在根本上與宋文薰在〈臺灣西部史前文化的年代〉一文裡的說法並無不同，只是加上很爲重要的地理分布的新資料，「素面紅陶」是一個排隊陶片的單位，但在文化層上它是屬於前一層（繩紋紅陶），還是後一層（灰黑色陶），還是獨立出來呢？這是單靠陶片排隊不能解決的。

第二年發掘的遺址裡，有了一些文化層上下重疊的資料。自北向南來說：(1)莊後村有兩個文化層，紅色繩紋陶文化層在下，素面灰黑陶文化層在

---

[48]張光直，《濁大計畫六一～六二年度工作總報告》。

上[49]。(2)龍泉村也有兩層，紅色繩紋陶文化層在下，刻印紋黑陶文化層（相當大甲臺地的第二黑陶文化）在上。(3)牛罵頭據劉斌雄過去在斷面上觀察，也有紅色繩紋陶在下、灰黑陶（大甲臺地第一黑陶文化）在上的現象[50]；但根據杜偉較詳細的發掘資料（見本報告杜文），這兩層文化不易截然分開，而灰黑色陶似乎是在紅色繩紋陶文化晚期進入本址的成分。但無論如何，二種陶器文化的早晚關係在牛罵頭遺址裡也與莊後村以及大甲臺地上的相同。這幾個遺址的文化層位現象與過去的資料在基本上是相符合的。

　　第一年全面調查與採集的陶片裡面有兩個遺址的陶片呈示相當典型的大坌坑式繩紋陶的特性[51]，即平林第四地點（有十數片）與牛罵頭（一片）。在前一地點的陶片有粗繩紋、厚體、含砂、土黃的顏色，與一般紅色繩紋陶片的細繩紋、細質，和鮮艷的粉紅顏色有明顯的區別，而與大坌坑式的繩紋陶片很為相似。在牛罵頭的一片是口片，上面有兩齒的篦印的斜線紋，更是大坌坑式繩紋陶器的典型裝飾。因此我們便很重視第二年度在這兩個遺址的較為廣泛的發掘。發掘的結果，並沒有找出這種陶片與普通紅繩紋陶之間的明確的層位關係。在平林第四地點，這種粗陶片似乎與普通紅繩紋陶平行存在，但占極少的比例[52]。在牛罵頭，照杜偉的報告，粗繩紋陶片雖在整個繩紋紅陶的文化層中都有出現，卻在底層較多，越向上則越少。這種情形，在大坌坑式陶器文化與中部的標準的紅色繩紋陶器文化之間的關係上應該如何

[49]孫寶鋼，〈莊後村、龍泉村與山腳遺址試掘簡報〉，1974（未刊稿）。這三個遺址的發掘資料仍在研究中，不及在本卷發表。

[50]劉斌雄，〈牛罵頭遺址調查報告〉。

[51]大坌坑式陶器的定義，詳見 K.C. Chang et al., *op. cit.* （1969），pp. 166-170. 鹿野忠雄在他的〈臺灣先史文化層〉一文裡以繩紋陶為最早的一層，但他所謂「繩紋陶」好像包括大坌坑式的粗繩紋陶與後來的繩紋紅陶（K. C. Chang, et al., *op. cit*, pp. 88-94有南部這種陶的定義）兩者在內。這兩種繩紋陶實有很大不同。

[52]臧振華，〈南投縣草屯鎮草鞋墩平林兩遺址試掘報告摘要〉（未刊稿，1974）。這兩個遺址的報告也不及在本卷發表。

解釋，留在下文再談。專從文化年代學上看，粗繩紋陶器在濁大為最早的陶器，或至少是最早的陶器之一，是在第二年的發掘工作裡有初步的層位上的證據了[53]。

另外一方面，關於素面紅陶的地位，頭兩年的考古工作對它不能做層位學上的解決。在第一年工作結束之際，我們根據陶片排隊，把素面紅陶分為陶器史上的一個個別單位，並把它放在繩紋紅陶之後與灰黑陶之前，是基於兩點主要的考慮：(1)石璋如、宋文薰在他們修改後大甲臺地史前文化層序裡，有在繩紋紅陶「文化層之晚期，繩紋陶似已逐漸減少，而為素面紅陶所取代」的說法[54]，而且宋氏在他在1965年作臺灣西部史前文化年代學的綜合時，在第一黑陶文化層的早期，加上了一個「素面紅陶期」[55]。(2)在濁大計畫下所作調查的結果，灰黑陶的分布比素面紅陶的分布為廣，而素面紅陶的分布範圍正好處於繩紋紅陶與灰黑陶之間，似為二者之間的轉變期，與宋氏的判斷亦相符合。但在缺乏層位證據與碳素14年代的情形下，素面紅陶之在濁大流域自成一期而且在年代上恰好處於繩紋紅陶與灰黑陶之間的說法，還只能說是一個初步的假說，要靠進一步的層位證據與碳素14年代（尤其是素面紅陶為主的遺址如十八張和大邱園）來加以證實或修改[56]。

濁大流域新石器時代年代學的研究上的第三組的主要資料是新舊的放射性碳素的年代。這些年代已在本冊卷首列舉（該處用5730半衰期換算後四捨

---

[53]濁大計畫第三年度（1974-75）孫寶鋼在洞角遺址作進一步的發掘，在素面紅陶層的下面找到了一個大坌坑式繩紋陶的文化層，見 Sun Pao-kang, "A Brief Report on the Excavations at Tung-chiao and Ch'ang-shan-ting Sites in Nan-t'ou Hsien, Taiwan"（未刊稿，1975）。

[54]石璋如、宋文薰，〈鐵砧山史前遺址試掘報告〉，頁50。

[55]宋文薰，〈西部史前文化的年代〉（1965），頁147。

[56]據孫寶鋼上引洞角發掘的初步報告，在這個遺址裡有三個坑裡出土了素面紅陶和灰黑陶，而二者不是同層的，便是灰黑陶在下（較早）而素面紅陶在上（較晚）。這種情形很值得我們的注意。孫氏並且將洞角和另外一個遺址（長山頂）的紅陶文化層出土的碳素標本送到臺大物理系去作碳素14的分析；分析的結果尤其值得重視。

五入），但在這裡不妨列表綜合一遍，並且加入依賓州大學博物館考古應用科學中心所發表的依加州古松年輪年代將碳素14年代加以矯正的方法推算所得的結果（表12-2）[57]。

綜合以上各方面有關濁大流域新石器時代文化年代學的資料來看，在目前所能做到的有關這個題目的初步結論如下：(1)濁大流域最早的陶器文化是大坌坑式陶片所代表的；它很可能形成一個單獨的文化層，但在它的後期這個文化也許與下一層（繩紋紅陶）文化相混合（即合併或是並存）了一段時期。這個文化的絕對年代現在還不能說定；有關的資料不多，下面再談。(2)其次的一個文化層是由繩紋紅陶所代表的，其絕對年代暫時可以放入公元前2500－2000年之間。(3)再下一個文化層不妨暫稱爲灰黑陶與素面紅陶文化，大致始於公元前2000年以後。它相當於過去所說的大甲臺地第一黑陶文化，但加上了素面紅陶的重要成分。這一個文化層也許要再分爲灰黑陶與素面紅陶兩層；其早晚關係尚難說定。(4)其次一個文化層便是刻印紋的灰黑陶文化，也就是過去的大甲臺地第二黑陶文化。它的開始可能早到西元紀元初期的數百年之內。

以上這個年代學上的結論，主要與過去宋、石、張的建議並無不同，但是在最早的一段加上了一個大坌坑式的繩紋陶文化層，並且將每期文化加上了初步的絕對年代。同時在這個年代學系統之下，素面紅陶的位置成爲一個亟待研究的新的問題。

五、濁大流域新石器時代文化史上若干問題

濁大計畫的主要目的，便是濁大流域文化史的建立。在第一期兩年工作結束以後，我們還需要一些時間來消化這兩年所採的新材料，而且還要等自然科學各方面的研究告一段落以後才能進一步的將人與地的關係問題作綜合

---

[57]見 E.K. Ralph, H.N. Michael, and M.C. Han, "Radiocarbon dates and reality," *MASCA Newsletter*, vol. 9, No. 1 (1973), The University Museum, University of Pennsylvania）. 表2中未列 Treistman 東埔年代，因爲不知道那個年代所用的半衰期。

表12-2 濁大流域新舊碳14年代（附番子園）

標本號數	遺址名稱	標本種類	伴存文化	B.P.(b. 1950)(5568±30半衰)	B.P.(b. 1950)(5730±40半衰)	B.C.或A.D.(5730±40)	據古松年輪年代矯正
NTU-244	草屯鎮草鞋墩	木炭	繩紋紅陶文化(賦)	4000±200	4120±205	2170±205 B.C.	2190-2950 B.C.
NTU-57	集集鎮洞角	木炭	不明(J.M. Treistman)	3840±380	3960±390	2010±390 B.C.	1920-2970 B.C.
NTU-56	集集鎮洞角	木炭	不明(J.M. Treistman)	1631±160	1680±160	A.D.270±160	A.D.160-A.D.540
Y-1630	大肚鄉營埔	木炭	(第一)黑陶文化	2970±80	3060±80	1110±80B.C.	1150-1400 B.C.
Y-1631	大肚鄉營埔	木炭	(第一)黑陶文化	2810±100	2890±100	940±100B.C.	900-1210 B.C.
Y-1632	大肚鄉營埔	木炭	(第一)黑陶文化	2250±60	2320±60	370±60 B.C.	270-430B.C.
NTU-201	南投埔里	木炭	黑陶文化	3282±98	3380±100	1430±100 B.C.	1510-1760 B.C.
NTU-203	南投埔里	木炭	黑陶文化	3207±96	3303±100	1353±100 B.C.	1460-1690 B.C.
NTU-202	南投埔里	木炭	黑陶文化	2994±90	3084±90	1134±90B.C.	1160-1460 B.C.
NTU-200	南投埔里	木炭	黑陶文化	2381±71	2452±70	502±70 B.C.	430-730B.C.
NTU-196	南投埔里	木炭	黑陶文化	2197±66	2263±70	312±70 B.C.	200-420B.C.
NTU-195	南投埔里	木炭	黑陶文化	2104±63	2167±65	217±65 B.C.	10-390 B.C.
NTU-194	南投埔里	木炭	黑陶文化	1846±55	1901±60	A.D.49±60	A.D. 70-180
NTU-193	南投埔里	木炭	黑陶文化	1837±55	1892±60	A.D.58±60	A.D. 70-180
NTU-192	南投埔里	木炭	黑陶文化	1783±53	1836±55	A.D.114±55	A.D.110-250
NTU-243	臺中縣莊後村	木炭	(第一)黑陶文化	2070±104	2132±110	182±110B.C.	390B.C.-A.D.50
Y-1499	大甲番仔園	貝殼	(第二)黑陶文化	1100±80	1130±80	A.D.820±80	A.D.780-970
NTU-242	台中縣山腳	貝殼	(第二)黑陶文化	1595±48	1643±50	A.D.307±50	A.D.290-440
NTU-231	臺中縣龍泉村	貝殼	(第二)黑陶文化	1689±51	1740±50	A.D.210±50	A.D.210-360
NTU-233	臺中縣龍泉村	貝殼	(第二)黑陶文化	1669±50	1719±50	A.D.231±50	A.D.220-390
NTU-235	臺中縣龍泉村	木炭	(第二)黑陶文化	1653±87	1703±90	A.D.247±90	A.D.200-430
NTU-237	臺中縣龍泉村	貝殼	(第二)黑陶文化	1597±48	1645±50	A.D.305±50	A.D.290-440
NTU-232	臺中縣龍泉村	貝殼	(第二)黑陶文化	1480±44	1524±45	A.D.426±45	A.D.440-590
NTU-229	臺中縣龍泉村	貝殼	(第二)黑陶文化	1429±71	1472±70	A.D.478±70	A.D.460-640
NTU-239	臺中縣龍泉村	貝殼	(第二)黑陶文化	1349±67	1389±70	A.D.561±70	A.D.570-690
NTU-230	臺中縣龍泉村	貝殼	(第二)黑陶文化	1193±36	1229±40	A.D.721±40	A.D.700-850
NTU-238	臺中縣龍泉村	貝殼	(第二)黑陶文化	1185±59	1221±60	A.D.729±60	A.D.690-880

性的處理。因此，我只能在這裡報告一下初步整理的結果與有待進一步研究的問題。

(一)大坌坑式繩紋陶文化

大坌坑式繩紋陶文化層在濁水、大肚兩溪流域（以及臺灣西海岸中部）似乎是在這兩三年的工作中大致建立起來了。這可說是濁大計畫重要的收穫中的一個。目前已發現的有這種繩紋陶片出土的遺址有：莊後村、牛罵頭、龍泉村、頂街、平林第四地點，和洞角。在洞角地點，據濁大計畫第三年工作的初步報告，這種繩紋陶片自成一層文化，在遺物堆積層的最下層。在牛罵頭遺址，這種繩紋陶片與繩紋紅陶文化遺物同出，但在下層較多。在其他遺址則出土少量，且在層位上不能與繩紋紅陶分開。這種紛歧的層位現象可以有兩種不同的解釋：(1)大坌坑式陶器自成一層，在繩紋紅陶文化來到本區之前便已在濁大區域絕滅。洞角的層位現象是原始現象，而其他的遺址則經過各種擾亂，故其層位現象不是典型的。(2)大坌坑式陶器自成一層，但這種文化一直持續到繩紋紅陶文化來到本區的時代；後者來了以後，與前者接觸而受了影響，或產生文化混合的現象。因為這一層的遺物發現尚少，地下堆積情形還不十分廣泛的了解，所以這兩種假說恐怕一時還無法加以抉擇。

在濁大計畫在中部發現這類的陶器以前，大坌坑式的「繩紋陶文化的遺址有三個集中分布的區域：北部海岸自蘇澳到新竹附近，並且沿淡水河下游伸入臺北市區；西南部海岸自曾文溪到下淡水溪之間；與東部海岸自長濱南北。遺址的地形都在海岸的低臺地上、河口的兩岸」[58]。濁大流域可說是這種文化分布的第四個地區。遺址的位置也多在海邊（大肚山諸遺址）與河口（平林在烏溪口，洞角在濁水溪口向上游進去不遠，與圓山和芝山巖兩遺址與淡水河口的關係相似）──但這裡所說的海邊與河口是指海進時期，烏溪流入臺中湖或臺中灣而濁水溪在八卦山南名間一帶入海的時代。它的絕對年代還不能說定；離本區較近的一個粗繩紋陶的遺址，即臺南市東的歸仁八甲

---

[58]張光直，〈中國南部的史前文化〉，《中央研究所歷史語言研究所集刊》第42本（1970），頁156。

村，有一個碳14的年代，即3695±60B.C.（據樹年輪年代學可修正為4350-4450B.C.，相當臺南海進期）。濁大的大坌坑式繩紋陶文化的時代或者相近[59]。

關於大坌坑文化在濁大流域的分布情形與年代的最大的一個問題，是這種文化在埔里盆地群裡曾否存在的問題。在上文曾經說過，我曾根據塚田松雄在日潭研究植物孢粉史的結果，即在一萬二千年以前有次生森林的迅速擴張及湖底淤泥中木炭屑的開始作連續的堆積，而推測過當時日潭湖岸已有原始農民開始燒伐森林墾田的可能。在那麼早的時代如有新石器時代的農民，那便很可能是大坌坑式的陶器所代表的住民[60]。可是在作說的當時，大坌坑式的陶器不但在日月潭附近沒有發現過，連整個中部也都沒有，因此上述的推測，曾遭到不少人的反對。濁大計畫第一年下來以後，初步的調查結果好像埔里盆地到了灰黑陶文化時代，即公元前1500年前左右才有人居。在本卷裡面報告埔里考古調查結果的尹因印便認為我那種說法，已為新的考古工作所推翻。尹氏的結論，自有它的根據，但它的根據是建築在「沒有材料」這類的基礎之上。埔里盆地一日沒有大坌坑式的陶片發現，他的否定結論便一日有效，但一旦有新的材料發現，他的說法便完全不能適用了。在目前來說，埔里盆地群之有無大坌坑式陶器文化，其時代如何，還只能說是在有無之間，亦即可有可無，而如果有，其年代之早晚也一時無法猜測。

在這個問題上，我們不可忘記，塚田氏的日潭孢粉史上在一萬二千年前所見的變化，還沒有別人提出來任何令人滿意的解釋。濁大計畫下新作的植物孢粉研究在這上面又提出來了非常重要的材料。據鍾天福與黃增泉的計算，外加道坑的一口井上所表示的孢粉史中，該地森林的消失當在五千年到一萬五千九百年以前之間，但因為目前所知埔里區域最早的人類活動只能向上推到灰黑陶文化時代（最早的碳素14年代為1430B.C.），鍾、黃兩氏便提出來下列的問題：「這樣看來，此地森林的消失（deforestation）是在考

---

[59]黃士強，〈臺南縣歸仁鄉八甲村遺址調查〉，《臺大考古人類學刊》，35-36（1974），62-68.

[60]K.C. Chang et al., *op. cit.*（1969），pp. 216-218.

古學上所發現的人類的時代以前便已發生。這便引起更多的問題：森林的消失是否由於自然的原因？火災？病害？會不會當時有人在其他地區常住而每年一度的到這個高地環境區來斬伐森林，因此沒有留下在考古學上可以發現的遺跡？會不會有現代建築或人手失誤而造成的取樣錯誤？」[61]其實還有一個可以一問的問題：會不會在較深的地下有當時人類遺留而尚未發現？最近黃增泉與黃淑玉分析頭社盆地的一口井的結果，更十分肯定的宣稱：「自一萬八千年前（1050cm）以來，木本植物大減；相反的，禾本科與莎草科植物急速增加，以及次生森林樹種（倒如楓樹）與海金沙的增加，顯示出從那時候起，就有人類的活動。」[62]這樣看來，埔里盆地群的古史真相，恐怕還有待將來的研究才能加以揭露罷。假如這裡在一萬多年以前便有人居，並從事伐林墾荒的原始農耕活動，他們的文化如何，有無陶器，如有陶器是不是製作大坌坑式的陶器，則都是問題。這些問題的回答，在臺灣以及華南、東南亞的史前史上都是絕頂重要的關鍵。

(二)草鞋墩式繩紋紅陶文化

濁大流域新石器時代文化的較為廣泛的分布，就目前所知，始於由繩紋紅陶所代表的文化，亦即上文所述的大甲臺地的繩紋紅陶文化。因為草鞋墩遺址是在濁大區域之內，又有一個遺物豐富的繩紋紅陶文化層；而且它在濁大計畫的第二、三年度裡經過了好幾次的發掘，所以將這層文化稱為草鞋墩式繩紋紅陶文化，是再合適不過的了。

這層文化的年代，我們把它暫時放入2500-2000B.C.這五百年內，一方面是根據草鞋墩遺址所出的一個碳素14的年代（2170±205B.C.），一方面是參考了鳳鼻頭遺址的與這層文化在陶器上可說完全相同的細質紅陶文化層的年代（2400-1900B.C.）[63]。它在濁大區域內的分布，就目前所知，限於

[61]鍾天福、黃增泉、尹因印，〈臺灣之古生態研究──埔里盆地〉（原文英文），*Taiwania*, vol. 18, No. 2（1973），p. 189.

[62]上引黃增泉、黃淑玉，〈頭社盆地之孢粉分析〉（未刊稿），頁 ii。

[63]K.C. Chang et al., *op. cit.*, p. 51.

大肚山臺地和烏溪的河口，向內到平林臺地爲止。換言之，它也是海岸臺地
與河口臺地的文化。2500-2000B.C.這一段時期，相當臺南期的海退；隨著
海水的退卻，湖水的水位降低，海岸和湖岸（亦即臺中盆地的邊緣）的低臺
地逐漸露出，便成立當時人類活動的舞臺。這時人類所適應的自然環境，相
當上文所說的「海岸及盆地邊緣臺地區」，有海水、淡水、平坦臺地，以及
低山上的森林的各種動植物的資源。照目前的資料看來，當時的生活方式
中，山麓的臺地上的農耕應該占很大的比重；當時的作物是什麼，缺乏實物
材料，但照比較的資料看來，至少有米和粟以及其他塊根莖作物、蔬菜、果
樹等等食用和工藝用的植物。這從草鞋墩式繩紋紅陶文化遺址裡出土的石
鋤、石斧與石刀上可以看到一斑。除此以外，漁、獵、採集的生產方式也占
有一定的比重，這從石器種類和遺址位置上都可加以推測。在好幾個遺址的
發掘過程中，濁大計畫的考古工作人員使用漂浮法（flotation）在土壤中取
得了極小件的自然遺物；將來經動、植物學者鑑定了以後一定對當時的生業
活動能提供有用的資料。

　　關於這個文化的起源問題，它不是一個限於濁大區域之內的問題，因爲
同類的文化除中部海岸以外還廣見於西南海岸與澎湖群島。我在討論南部海
岸地帶的細質繩紋紅陶文化的來源時，曾舉證提出它與中國東海岸青蓮崗文
化一類的龍山形成期文化之間的關係[64]。我們沒有理由相信中部的繩紋紅陶
文化不是來於同源的。但是大陸的前身文化是分別分批來到中部和南部的，
還是先到中部再擴展到南部的，還是先到南部而擴延到中部的，則都有可能
但是目前無法回答的。不論如何，澎湖群島的這類的文化很可能較中部和南
部的都早，並可能爲其前身。由於我們對濁大區域這一類文化的起源問題上
的考慮，我相信這種文化在基本上不是由臺灣大坌坑式的繩紋陶文化直接演
變出來的，但是二者之間是否在時間上相重疊，與二者之間有無接觸與混合
的關係，則要靠進一步的發掘與研究去解決了。

㈢大邱園式素面紅陶文化與大馬璘式黑陶文化

　　從公元前2000年前後開始，濁大區域的自然環境一直沒有什麼劇烈的變

---

[64]K.C. Chang et al., *op. cit.*（1969），pp. 227-232.

化，而臺中湖與埔里盆地各個湖泊之趨於乾涸恐怕也是一個逐漸的程序，一直到數百年前方才完成。換言之，在這個期間中，當地的自然環境已逐步形成了上述的現有的諸個類型：海岸平原及臺中盆地面（最初範圍較小，後來自臺地邊緣逐漸向外擴大）、海岸及盆地邊緣臺地、中游的河邊臺地、埔里盆地群，與山地。草鞋墩式繩紋紅陶文化主要是適應那海岸及盆地邊緣臺地類型的自然環境的一種文化。自2000B.C.以後，濁大區域文化史上有兩個顯著的發展趨勢，一個是繩紋紅陶的消失與素面紅陶與素面灰黑陶的發達，一個是聚落遺址向其他的自然環境類型中的擴充，亦即自海岸向內陸、自低臺地向平原與高臺地與高山雙方面的伸展。把這兩方面的發展趨勢同時加以考慮，並且還把二者之間的關係也加以考慮，是濁大計畫下考古工作的一個重要特點。

照目前所有的材料看，以素面紅陶為主的遺址的分布，從上一期的大肚山和烏溪口為出發點，向南擴展到八卦山和濁水溪的竹山，向上擴展到兩溪中游的國姓與水里區域。他們可以以大邱園為這一類型文化的代表遺址而稱這一文化為大邱園式的素面紅陶文化。以灰黑陶為主的遺址的分布，更除了素面紅陶遺址分布範圍以外向上（即向東）伸入了埔里盆地群。我們可以以埔里的大馬璘為這一類型的代表遺址而稱這一文化為大馬璘式的灰黑陶文化。關於大邱園式文化與大馬璘式的文化之間的時代關係，上面已經討論過了。從好幾方面來看──臺灣全島史前史上自紅陶向黑陶的一般發展趨勢；紅陶的分布較黑陶為狹窄，在自然環境的適應上不如黑陶文化彈性範圍之大；在同一區域內有紅陶在低臺地而灰黑陶在高臺地的趨勢──大邱園文化似比大馬璘式的要早一個階段，但二者的時代關係一定要在若干有層位關係的遺址發掘之後才能得到可靠的解決[65]。

---

[65]關於紅陶在低臺地，黑陶在高臺地這個趨勢，有幾種不同的解釋。如果紅陶在先，則紅陶遺址占據了離水較近的低臺地，而黑陶遺址後來只好向上擇居。但如果高低臺地的形成早晚與紅陶黑陶遺址形成期相符，則先形成的高臺地上的黑陶應較在後形成的低臺地上的紅陶為早。還有一個可能是二種同時或先後不同的文化對不同環境積極選擇的結果。

不論大邱園與大馬璘兩式文化的時代關係如何，這兩者之間，以及兩者
比起草鞋墩式的文化來，彼此都有很大的差異性。專看器物上的不同，考古
學者很自然的把它們分成三種不同的文化：草鞋墩文化、大邱園文化與大馬
璘文化。「文化」這個名詞在考古學上沒有統一的使用方式，但基本上是一
個叙述性的名詞。說兩組遺物屬於兩個文化，我們事實上只不過表示這兩組
文化的不同而已。但在一般習慣上，「文化」常被人作進一步的意義的擴充
而變成與「民族」意義相同的一個術語，而民族的形成常歸因於歷史的淵
源。換言之，草鞋墩文化是一個民族的產物，而大邱園文化與大馬璘文化可
能是另外的兩個民族的產物，代表新的民族移入濁、大的結果。但是把文化
的變異與各種文化與自然環境類型的聯繫併在一起來看，我們對文化變異的
解釋便不能不增加一個新的重要角度，即同一個文化的歷史上由於對不同的
自然環境類型之適應，可能引起物質文化上很大的變化。從這個角度來看，
「2000 B.C.以後濁大區域內陸的開發是一件在本區文化史上很爲重要而且
有很重要的意義的一個現象」。試求一個對這個現象的解釋，則「從本區內
考古學的資料上來看，內陸灰黑陶文化的石器遠多於海岸紅陶的石器，而且
其中漁獵用的器物亦見增多；因此灰黑陶文化比起紅陶文化來似代表較廣泛
的資源採集（broader spectrum exploitation），其人口自遺址的範圍看來亦
遠爲增加。從民族學的眼光看來，不同的生態區位（niche）中求存的民族
常有相應的文化價值，不同民族彼此之間形成互輔相成的共生狀態
（symbiosis）」[66]。但這種解釋，在理論上固然可供參考，在實際上是否適
用則要靠考古學上實際的物證來判斷。第一期的工作，因發掘工作較少，在
這方面還不能提供有決定性的資料證據。

㈣番仔園式黑陶文化

濁大流域史前文化裡最後的一個重要的文化層是以刻印紋飾的灰黑陶爲
代表的文化，亦即以前所謂大甲臺地的第二黑陶文化。因爲在濁大區域內還
沒有對這一層文化作深入的研究，我們暫時仍以大甲臺地的番仔園爲這一文

---

[66]張光直，〈濁大計畫六二～六三年度工作總報告〉（1974），頁33。

化的代表遺址，而管它叫做番仔園式的灰黑陶文化。這個文化的年代，似乎在公元紀元開始以後不久（兩三百年或稍晚）便開始了，但在地域上似乎限制在大肚臺地上。照金關、國分二氏的報告，八卦山貝塚（彰化市）的上層也有這種文化的遺物[67]，但這個貝塚早已破壞無存，而我們在八卦山的調查中並沒有這一層文化的新發現。陳有蘭溪流域東埔村一帶的有方格印紋的灰黑陶遺存（見前），可能與這個文化層有點關係，但我們這次沒有作山地的調查，缺乏比較研究，不擬加以判斷。

[67]金關丈夫、國分直一，〈臺灣先史考古學近年の工作〉。

13.圓山出土的一顆人齒 *

　　1954年的8月，宋文薰先生在本系的舊藏標本中，「發掘」出來一顆圓山出土的有穿孔人齒這顆人齒標本，編號2045，係鈴木謹一氏在圓山掘得。入藏日期1930年11月21日。作者認爲圓山遺址，包含兩文化層如下：圓山Ⅰ，繩文陶文化層；及圓山Ⅱ，圓山文化層（張光直，1954a）。2045號標本，除這件人齒外，有石器碎片、陶片及骨器；其石器具圓山文化之特徵（宋文薰，1954：頁36）。與2045同時入藏的2044，同係鈴木氏在圓山的發掘品，爲質粗含砂、手製、赤褐色、具圈點印文之一大圈足，爲圓山文化典型之陶器（張光直，1954a）。據此，2045號人齒的時代，可確定爲圓山Ⅱ期。

　　經臺大醫院齒科主任醫師郭水教授的鑑定，這枚牙齒爲人類上顎左外門齒[1]。依藤田恆太郎氏（1949）的規準，其各部測量如次：

齒冠長	10.5mm.
齒根長	12.0mm.
齒全長	22.5mm.
齒冠厚	7.0mm.
齒冠寬	7.0mm.

---

* 原載《國立臺灣大學考古人類學刊》第9、10期合刊，1957。

[1]解剖學科的余錦泉教授，認爲係上左內門齒。作者傾向於郭水教授的意見，因其齒根較短，齒冠之門犬軸較少傾斜，且其一般大小亦符合外門齒之比例（見 Martin，1928，p.986）。但既有兩種不同之意見，應併誌於此。

這枚門齒引人注意之點，為在齒根中央偏上有人工鑽成之一小孔，孔由兩面鑽成，所用鑽具似頗粗糙，非金屬一類之銳具。齒冠之舌面上，有明顯之箕形（圖13-1；圖版下　）。我們所面臨之問題為：這枚門齒是不是圓山文化的主人翁的？它為什麼穿有一孔？

圖13-1　2045號上左外門齒（原大）

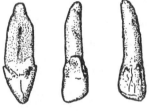

圖13-2　圓山丙區墓4出土上左內門齒（原大）

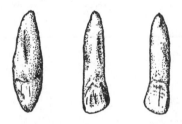

圖13-3　圓山丙區墓5出土上左內門齒（原大）

1954年春，本系在圓山遺址的丙區，掘到墓葬五具，其中墓4的人骨有左上內門齒一枚保存（圖13-2），墓5的人骨有左右上內門齒各一枚保存（圖13-3，13-4）。墓4出土於丙區3坑圓山文化之貝層下部，墓5在丙區3、4兩坑之間，亦在貝層下部，周圍均被貝殼包圍（石璋如，1954：頁2）；其年代

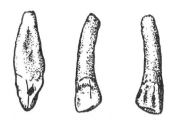

圖13-4　圓山丙區墓5出土上右內門齒（原大）

之於圓山Ⅱ期，亦即與2045號人齒同時，當無疑義。三枚門齒之測量如次
（據點同上）：

	墓4之左上內門齒	墓5之左上內門齒	墓5之右上內門齒
齒冠長	11.5mm.	9.5mm.	9.0mm.
齒根長	14.5mm.	16.0mm.	17.0mm.
齒全長	26.0mm.	25.5mm.	26.0mm.
齒冠厚	8.2mm.	7.9mm.	7.7mm.
齒冠寬	7.2mm.	7.0mm.	7.1mm.

三枚門齒一致地不具箕形。固然這三枚只代表圓山人門齒特徵之一極小的範
圍，但它們似無疑可以代表圓山Ⅱ期圓山文化之二個個人。臺灣的史前遺址
中，固然除圓山外尚罕見有直接埋葬死者在貝塚中的習慣，而這一習慣在日
本的史前貝塚民族中卻屢見不鮮，甚至其史前人骨出土地即以貝塚為大宗
（三宅宗悅，1941：頁4-7）。同時臺灣土著民族中，未聞有戰爭掠俘之習
（岡松參太郎，1921，卷3），圓山貝塚中的葬者沒有不是本族人的理由。

　　若以貝塚墓葬的門齒為圓山人的代表，則2045號人齒頗有屬於「異族」
的可能。比較兩組的測量，墓4、5的人齒一致地較大，橫切面作唇舌軸較長
的橢圓形，而2045則較短小，橫切面作圓形。固然這些差異或可以解釋為由
於內外門齒之不同，且由於材料的稀少，我們不可能把當時個人及性別的差
異與種族的差異作一明顯的劃分，由而這兩組測量材料的差異，缺乏決定的
性質，但舌面箕形卻可以勝任一個截然的劃分：圓山民族的上門齒舌面箕形
缺如，齒帶作縱向的排列，而 2045 號標本卻具有極顯著的箕形（**圖版下**）。
箕形之具否，固也可能由於內外門齒之區別，但人體測量學上將內外門齒分
別記錄的材料中，外門齒具箕形而內門齒不具的情形，少得不足考慮（張光

直，1954b）。 同時， 圓山民族， 照墓葬中人骨所示的（圖版上、中），有在
青春期撤除犬齒及外上門齒的習慣（張光直，1954a：頁6）。現代臺灣的土
著，行拔齒之習的有泰雅、賽夏、布農及鄒四族；由文獻及實物可知，同一
習俗亦見於若干平埔族及石器時代的住民（金關丈夫，1940：頁1925）。他
們有的只拔上外門齒，有的連犬齒在內。拔下來的牙齒，一律地埋藏起來，
或埋在屋外的簷下，或藏在屋頂草中，或埋在貯粟場前面中央柱下（見岡松
參太郎，1921：卷1，頁355；鈴木作太郎，1932：頁39；藤崎濟之助，
1930：頁249；及其他各族專著），從沒有記錄過拔下來的牙齒穿孔作為飾
物的習慣。

圓山出土的2045號標本的門齒，倘是屬於異族的，則令我們想到現代若
干臺灣土著把獵得的人首穿孔作為頸飾的習慣。據石璋如、陳奇祿兩氏的報
告（1950：頁25），瑞岩的泰雅族中有一條稱為 Wakatsi 的頸飾，為人的門
齒、豬牙、銀色玻璃珠，和黃銅小鈴連結而成；頸飾的所有人並記得，「這
些人牙是在『 selamao 討伐 』時得到的，是 Taouam 的牙 」。森氏並稱該族
有全用人牙作的頸飾，為獵首之紀念，並以誇耀佩戴者之武勇（森丑之助，
1917：頁193-194）。何廷瑞先生告作者，他在同族的舍加路群調查時，也
發現有同樣的頸飾。衛惠林先生說在鄒族也偶然見到。

根據以上的討論，2045號標本可能代表的意義是：史前圓山 II 期的圓山
民族，可能有獵頭的習俗，並有將獵得的人頭上的門齒取下穿孔串成頸飾以
炫武勇的行為。據現代民族學及社會人類學的知識，獵頭係與整個社會結構
相連繫的一項文化叢；根據這項習俗，我們可以對圓山住民的社會行為與宗
教信仰作不少合理的推論。另一方面，至今對臺灣（甚至整個獵頭文化叢分
布區）獵頭習俗最早的紀錄為三國時代沈瑩的《臨海水土志》，成書在264-
280 A．D．（凌純聲，1953）。圓山 II 期之開始，可能早到1600-1000 B．C．
（張光直，1954a）。因此圓山文化之獵頭習俗之成立，把這一分布遼闊的
文化叢的年代，至少推早了一千年。

參考文獻（以引用先後爲序）

張光直

  1954a 〈 圓山發掘對臺灣史前史研究之貢獻 〉，《大陸雜誌》（臺北），第9卷
      第2期。

  1954b 〈 臺大四十一學年度新生體質 〉，《國立臺灣大學考古人類學刊》（臺
      北），第3期。

宋文薰

  1954 〈 本系舊藏圓山石器㈠ 〉，《國立臺灣大學考古人類學刊》（臺北），第4
      期。

Rudolb Martin

  1928 " Lehrbuch der Anthropologie, " *Zweite Auflage* （ Jena ）.

藤田恆太郎

  1949 〈 齒の計測規準についこ 〉，《東京人類學雜誌》（東京），第61卷第1
      號。

石璋如

  1954 〈 圓山貝塚發掘概況 〉，《臺北文物》（臺北），第3卷第1期。

三宅宗悅

  1941 〈 日本石器時代の埋葬 〉，《人類學先史學講座》（再版，東京），第15
      卷，頁1-26。

岡松參太郎

  1921 《臺灣番族慣習研究》（東京）。

金關丈夫

  1940 〈 Dentes vaginae 說話ニ就イテ——東亞諸民族ノ缺齒風習ニ關スル考
      察 〉，《臺灣醫學會雜誌》（臺北），第39卷第11號。

鈴木作太郎

  1932 《臺灣の蕃族研究》（第二版，臺北）。

藤崎濟之助

  1930 《臺灣の蕃族》（東京）。

石璋如、陳奇祿

    1950　〈衣食住，林氏學田山地調查團瑞岩民族學調查初步報告第三章〉，《臺灣省文獻委員會文獻專刊》（臺北），第2號。

森丑之助

    1917　《臺灣蕃族志》（臺北），第1卷。

凌純聲

    1953　〈古代閩越人與臺灣土著族〉，《學術季刊》（臺北），第1卷第2期。

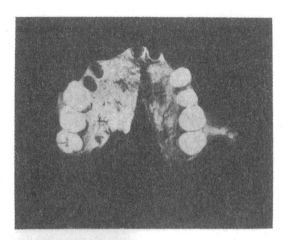

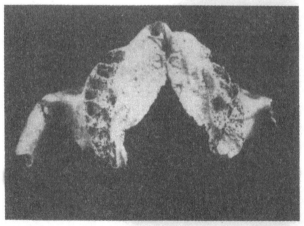

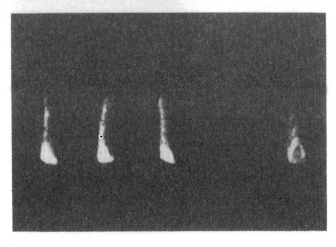

14. 中國古代文明的環太平洋的底層 *

　　在一篇對美洲印地安人的巫敎與幻覺劑的研究論文裡面，韋斯登‧拉巴（Weston La Barre）提議說美洲印地安人的宗敎一般都保存著他們的祖先在進入新大陸時從他們在亞洲的老家所攜帶而來的一個古老的舊石器時代和中石器時代底層的特徵，其中最顯著的是對於迷魂經驗的強調①。在中美洲研究的基礎上繼續追究同一課題，彼得‧佛斯特（Peter T. Furst）進一步重建了所謂「亞美巫敎」（Asian-American Shamanism）的意識形態的內容如下②：

　　㈠巫敎的宇宙是魔術的宇宙，而自然環境與超自然環境中的諸現象是魔術性轉化（Magical Transformation）的結果，而不是像猶太基督敎傳統中那樣是從虛無中創造出來的。事實上，轉化乃是巫敎象徵系統的基本原則。

　　㈡宇宙一般都是分層或重疊的，以上、中、下三層世界爲主要的區分。下層世界與上層世界常常各再分爲數層，各有其神靈主管與超自然的居民。除此以外可能還有四方神與四象限神，以及分別治理天界與地界的最高神

＊這篇文章原文英文稿是爲了在1989年8月在美國西雅圖召開的「環太平洋史前史」國際會議寫作的，原載《遼海文物學刊》，1989年第2期。

①" Hallucinogens and the shamanic origins of religion, " in：P. T. Furst（ed.），*Flesh of the Gods*（New York：Praeger, 1972），pp. 261-278.

②" Shamanistic survivals in Mesoamerican religion. " *Actas del XLI Congess Internacional de Americanistas*（Mexico），Vol Ⅲ（1976），pp. 149-157.

靈，固然若干神靈控制人類及其他生命形式的命運，他們也可被人類所操縱，例如通過供奉犧牲。宇宙的各層之間有一個中央之柱（axis mundi）把它們相連接起來，而這個柱子在概念上和在實際上又與巫師升降到上層下層世界中的各種象徵符號相結合。在巫師的樹或稱世界之樹的頂上經常有鳥棲息，而鳥乃是飛天與超界的象徵。世界又經常分為四個象限，由南北與東西中軸所分隔，同時各個方向又常與特定的顏色相結合。

㈢在巫教的思想界中也是不言自明的是人類與動物是在質量上相對等的，而且用賀伯特·斯賓登（Herbert Spinden）的話來說就是「人類絕不是創造世界的主人而一向是靠天吃飯的」。各種動物和植物都有它們超自然的「主人」或「親母」，常以本類中大型個體的形式出現，照顧它的屬民的福利。

㈣與人獸質量相等概念密切關係的是人與動物轉形的概念，即人與動物能化身為彼此的形式這種原始的能力。人與動物之相等又表示為親暱動物夥伴和動物陪同；同時巫師經常有動物神的助手。巫師和由巫師所帶頭的祭儀中其他的參與者還以佩戴這些動物的皮、面具和其他的特徵來象徵向他們的動物對手的轉化。

㈤環境中的所有現象都由一種生命力或靈魂賦予生氣，因此在巫師的宇宙裡面沒有我們所謂的「無生物」。

㈥人類和動物的靈魂或其根本的生命力一般居住在骨骼裡面，尤其是頭骨裡面，人類和動物都自他們的骨骼再生。與這些觀念聯繫在一起的還有巫師的骨骼化——即巫師從他的骨骼狀態進入神智昏迷的出師儀式中的死亡與再生，有時用絕食到瘦骨如柴的狀況來演出，而且常在巫師的法器上和他的藝術裡面作象徵性的表現。

㈦靈魂可以與身體分開並能在大地上面或到其他世界中去旅行，也可能給敵對的精靈或黑巫師所擄，要由巫師取回。靈魂的喪失是疾病的一個普通的原因，另一個普通的原因是外物自一個敵對的環境向身體侵入。實際上多數的疾病都源於魔術，而它們的診斷與治療乃是巫師的專長。

㈧最後我們還有幻覺迷魂這種現象，常常是由引生幻象的植物引起來的，但這並不是普遍的情形。

在指明上引的巫師的世界觀之後，佛斯特作了一項很緊要的結論：「上

面所說的大部分不但適用於較簡單的社會中的標準的薩滿敎上而且同樣的可以適用於我們所認識到的史前中美的文明社會和它的象徵符號系統上。由轉化或轉形而致的起源，而非聖經意義的創造，是中美宗敎的標誌。具有各層的神靈統治者的分層的宇宙、世界之柱、有鳥棲息的世界之樹、世界之山、世界的四個象限和有顏色的四方——所有這些都無疑的是中美的，此外還有人與動物的等質、親暱夥伴、陪同動物、用動物皮、爪、牙、面具和其他部分來象徵或實現人與動物的轉化。」③

上面引述了佛斯特好幾段的文字，因為他所重建的「亞美巫敎底層」的適用範圍遠超過中美研究而應當値得所有研究古代文明學者的注意。尤其値得注意的是他在上面所說的幾乎全部可以適用於古代中國。在近年來發表的一系列的文章裡④，我詳細地討論了巫敎（或薩滿敎）在中國古代文明中的重要性，可以說是把佛斯特的重建工作加以支持並且將他的亞美巫敎底層擴充到舊大陸的東部的古代。在這以前我們只有一個推論出來的「古亞洲」文化叢體存在亞洲東北某處，由馬雅學者想像去尋找他們所研究的民族的宗敎根源，但現在通過對中國與馬雅的新的研究我們能夠根據眞實和有力的考古和文獻資料具體的建立起來一個馬雅、中國文化連續體。

假設是古代印地安人在穿過白令海峽隨身帶著的一個古代的信仰和儀式系統的基本上使用民族學資料所作的復原，它的問題一向是古代具體資料的闕如。研究人類進入新大陸的學者都相信印地安人的祖先絕大多數都是經由白令海峽而到達新大陸的，而且從地質學說，這一波一波的移民在過去六萬年間任何時期（也許除了一萬五千年到一萬八千年以前最後一次冰進以外）

---

③同上，頁153；又見 Peter T. Furst, "The roots and continuities of shamanism," *Arts canada*, Nos. 185-187（1973-74），pp. 33-60.

④張光直（K. C. Chang），*Art, Myth, and Rithial*（Cambridge：Harvard University Press, 1983）；〈古代中國及其在人類學上的意義〉，《史前研究》，1985（2），41-46；《考古學專題六講》（北京：文物出版社，1986）；〈連續與破裂：一個文明起源新說的草稿〉，《九州學刊》，第1卷第1期（1986），頁1-8；〈談「琮」及其在中國古史上的意義〉，《文物與考古論集》（北京：文物出版社，1987），頁252-260。

都可能穿過那個陸橋或狹窄的海峽⑤。專就在新大陸所發現的實際資料來說，年代確鑿的發現將具有石製投擲尖器的所謂大獸獵人推到一萬五千年以前；還有不少發現說是一萬八千年以前，但這些發現都多多少少有些疑問⑥。不論照我們的意見那引致人類向新大陸移民的事件可以早到什麼程度，由於它所能發現的物質遺存的性質，考古學在那人類所攜帶的行李的內容上不會給我們很多的材料。在1962年沃明敦（H. Marie Wormington）只能說進入美洲最早移民所攜帶的工具箱裡面只有一些砍器、石片石器（像晚期莫斯提工業的）、圓板狀刮器、粗糙的石瓣，還可能有雙面打製的葉形石瓣。這些石器都是敲打製作的⑦。我們不相信這張可憐的貧乏的清單能夠根據二十多年以來的新發現作有意義的擴張。我們不妨討論關於各種投擲尖器先後問題的技術性的細節，但是要用考古學來證實那必然是早期人類進入新大陸時隨身攜帶的配備之一部分的如佛斯特所擬測的亞美巫教，考古學者一定得要找到比他們到今為止，所都找到的要多多少倍的器物，尤其是用易朽材料所作的器物才成。

但是東亞的考古學卻有一些堅強的證據，而東亞是印地安人的祖先在他們長途跋涉進入美洲以前最後的一站。中國古代的新研究可以從這個觀點來看。古代中國與古代美洲在美術上的相似性並不是一項新發現。在1928年開

---

⑤Knut R. Fladmark, " Times and places：Environmental Corre lates of mid-to-late Wisconsin human population expansion in North America, " in：Richard Shuttler Jr. (ed.), *Early Man in the New World* (Beverly Hills：Sage Publications, 1983), pp. 13-42；又見 David M. Hopkins, et al. (eds.), *Paleoecology of Beringia* (NewYork：Academic Press, 1982).

⑥Jesse D. Lennings, *Prehistory of North America*, 2nd ed. (New York：Mccraw-Hill, 1974)； H. Marie Wormington, " Early Man in the New World： 1970-1980, " in：Richard Shuttler Jr. (ed.), *Early Man in the New World* (Beverly Hills： Sage Publications, 1983), pp.191-195.

⑦ " A survey of early American prehistory , " *American Scientist* , 50 (1962), pp.230-242.

始的安陽殷墟發掘以後，商代的青銅美術爲考古學所證實並且爲世所知，它
與北美西北海岸印地安人美術的驚人的類似性也開始爲人所注意。這兩種美
術基本原則上的相似諸點，經亞當（ Leonhard Adam ）所分析，李維史陀
（ Claude Levi-Strauss ）所闡述的如下：(a)強烈的因襲化；(b)以對特徵的強
調或添加有意義的特資來表現的系統化或象徵性；(c)用「二剖分裂」的表現
來描寫身體；(d)細節的脫位，即細節被武斷地從整體上分開出來；(e)一個個
體在正面由兩個側面輪廓表現出來；(f)非常精心設計的對稱性，常涉及到不
相對稱的細節；(g)細節之不合理邏輯地轉化爲新的成分；(h)最後，理智性而
非直覺性的表現方式，在這種方式之下骨骼或內臟要比身體的描寫的重
要⑧。雖然他承認有殷商與西北海岸印地安人之間某種歷史聯繫的可能性，
但李維史陀相信在太平洋兩岸所看到的裝飾藝術的共同原則，乃是由於相似
的社會在美術上的共同表現而來的。

　　當中國商周藝術逐漸爲人所知以後，它與古代中美洲美術的相似之處也
逐漸引人注意。顧立雅（ H.G.Creel ）曾說過當他把商代美術品給第一次看
見這種美術品的外國人看的時候，他聽到過他們驚嘆說，「眞好像阿茲忒克
和其他中美洲的美術！」⑨在五十年代和六十年代持傳播論的學者將商周美
術與中美洲美術相比較而指出許多個別的相似之點⑩。這種研究途徑到了邵
邦華（ Paul Shao ）在1983年出版的《古代美洲文化之起源》一書可說到了

⑧Claude Levi-Strauss, *Structural Anthropology* （ New York： Basic Books,
　1963 ）, pp.246-247；又見 H.G. Creel, *Studies in Early China Culture*
　（ Baltimore： Weverly Press, 1937 ）, pp.248-252.

⑨Creel, *Studies in Early China Culture*, p.245.

⑩G. F. Ekholm, "The new Question and Problems of Asiatic-American
　relationships, " in： *New Interpretations of Aboriginal American Culture
　History* （ Anthropological Society of Washington, 1955 ）, pp. 95-108；
　Robert von Heine-Geldern, "Chinese influences in Mexico and Central
　America, " 及另外二文, in： *Congress International de Americanistas
　Actas*, 33（1）（1959）, pp. 195-207, 207-210, 321-326.

高潮[11]。邵將詳細的分析留待以後的專書發表，但在這本書中將商代與古代中美洲之間相同或顯然相同的圖像因素並列如下：龍祖先的崇拜；人形的龍；超自然力量的象徵；穿越地界的龍；雨神；大貓和龍形的親暱夥伴；圖像的服裝；人與動物的互換界；人、動物與植物的互換界；具火焰狀眉的神像；鳥人神像；生命之珠；眼、爪、翼叢體；身體語言；圖騰基礎；十字形；宇宙和曆法形象。

我在這裡不擬把這種比較的形象用圖表現出來。這不是因爲邵氏所圖示的形象不相似；它們表現出來的形象相比之下是十分相像的。但是無論如何相似，這種比較研究不可能使人信服這種相似性是由於文化接觸所造成的。不論是商代文明也好，還是古代中美洲文明也好，它們都充分可以證明是在它們各自的起源和生長的地區中土生土長發展出來的。要將其中之一的基本的藝術風格歸源於自另外一區而來的傳播是不能成說的。而且殷商自公元之前十八世紀到十二世紀持續了六、七百年之久，而許多中美洲的文明是在基督紀元後好多世紀之後才發揚起來的。

然而，不相信直接的接觸便是解釋相似的藝術風格的途徑，並不等於否認二者之間有廣面的類似點。事實上，因爲類似點非常多而且廣幅，所以我們才認爲傳播論的說法難以接受。另外的一種說法是認爲殷商和中美洲美術的許多基本的在風格上與在內容上的原則乃是來自一個共同的舊石器時代的底層。我們注意到邵氏所列舉的各種共同圖像主要涉及動物界和人與動物的關係。它們正好指向佛斯特所擬測的那種巫術的宇宙觀。

中國古代文明基於巫術的宇宙觀這種新的解釋對這個古代基層內容的了解供給了新的基礎。古代中國與馬雅文明的共同特徵使我們有充分的理由相信這個古代的基層文化實際上乃是中國與馬雅文明的共同祖先。中國與馬雅並不是非得要有文化上的接觸才能共有這些類似性的；它們乃是一個文化連續體的成員，這個連續體我們可以稱之爲馬雅—中國連續體。馬雅—中國連續體的建立在世界文化史上有好幾點重要的意義：

---

[11] *The Origins of Ancient American Cultures* （Ames：Iowa State University Press, 1983）.

1. 它將古代中國和古代馬雅聯繫起來並且說明它們兩者之間的類似性，
   而無需使用傳播論；
2. 它強烈地暗示著這個亞美巫術文化基層並不是東北亞洲的地方性的傳
   統而且具世界性的現象；
3. 它在一個新的框架裡面提出資料用以研究說明在它的領域之內出現諸
   文明的演進原理。

關於以上的第二點我要特別介紹約瑟夫・坎保（Joseph Campbell）的近著，
《動物的神力之路》⑫。這是他計畫中的《世界神話的歷史地圖》的第一
卷，在這卷裡面坎保追溯一個巫術性的神話系統中重要成分在全世界的分
布，並把它們追溯到新大陸的舊石器時代的獵人裡面去。依照他的研究，這
個巫術性的神話系統最早的證據，並不在中美洲、亞洲東北，或是中國，而
是在法國拉斯考（Lascaux）約一萬五千年以前的洞穴的牆壁上；在這裡有
「一個人像，仰臥伸臂……並且有一個勃起的陰莖和好像是鳥形的頭，也許
是戴著一個面具。他的手也作鳥狀，並且在他的右側還有一個鳥像棲息在一
根直杖的頂上。」因為鳥是「巫師在迷魂狀態中飛行常用的工具」，而且
「裝飾有鳥形的服裝和棍杖以及鳥的轉形等在巫術的文化中都是常見的」，
坎保相信「那倒臥人形乃是一個巫師，正在迷魂狀態之中」⑬。對西歐舊石
器時代晚期洞穴藝術中若干特徵的這種看法並不令人驚異；令人覺得驚異的
是我們在這裡所看到的象徵符號──鳥和在一根杖頂上棲息的鳥──也正是
我們在一萬多年以後的中國與馬雅所看到的同樣的象徵符號。沒有疑問的，
馬雅──中國連續體和其祖先形式可以一直追溯到舊大陸舊石器時代的晚期，
而且它的地理範圍要包括歐亞大陸的東部和西部。

　　不過，早期巫術的堅強證據必須要在歐亞大陸的東部，尤其在東北亞洲
找到，才能證實這個馬雅──中國基層有一個時間深度能早到作馬雅和中國兩
者的祖先的資格。這種證據果然在伊爾庫茨克（Irkutsk）附近的馬爾他

---

⑫Joseph Campbell, *The Way of the Animal Powers*（Alfred van der Marck,
　1983）.

⑬*Ibid*., p.65.

（Malta）遺址找到；這個遺址的年代是在「一萬五千年到一萬八千年左右」⑭。這個遺址有六百多平方米的區域已經發掘，發現了許多居室。多半的居室建築在半地下式的居住面上，並且用大條動物骨骼支撐著含有一層交叉著的馴鹿角的屋頂⑮。使我們最感興趣的是在馬爾他發現的藝術品和動物埋葬：「在這裡挖了出來二十多個用猛獁象牙做的女像，1.25-5.25吋高，其中之一好像穿著一件洞穴獅的皮，其他都裸體。還發現了約十四具動物的埋葬：六個是北極狐，六個鹿，角和後腿都不存（表示這些動物在埋葬前都剝下皮來，可能是去做巫師的服裝）……另外還發現猛獁象牙做的六隻飛鳥，一隻游泳的鳥，都代表鵝或鴨，還有一條象牙做的魚，在它的一邊有用點連續形成的螺旋曲紋；一支象牙棒，也許是巫師用杖；最後，尤其令人驚奇的是一架像患佝僂病似的四歲小孩的骨架，隨葬有大量的猛獁象牙所做的裝飾品……（在墓葬裡還發現）兩件有裝飾紋樣的圓牌，……一件似乎是用作帶扣的；另一件較大，在一面刮刻著三條好似眼鏡蛇的曲體的小蛇，在另一面用連續點紋表現了一條回轉七次的回紋，在當中包著一個S形紋。」⑯在坎保看來，這裡的鳥紋、蛇紋和棍杖都代表馬爾他的巫術象徵符號。這種象徵符號在這麼古老的時代至少與拉斯考同時存在是很重要的；這個遺址的位置是西伯利亞的核心地帶，現代民族志上古典薩滿教的分布區。

這些早期的考古發現將東亞的巫教、新大陸的巫教聯繫在一起了，但是更為重要的問題是在這兩個區域中後來的演化如何。換言之，從文化與社會的演進的觀點來看，中國和馬雅這兩個個例在從這個基層文化發展到後日的文明的過程程序上顯露了什麼原則？中國與馬雅歷史新顯露的原則能否適用

⑭ Chester S. Chard, *Northeast Asia in Prehistory* （Madison： The University of Wisconsin Press, 1974）, pp.20-27.

⑮ Chard, *Northeast Asia in Prehistory*, 2 0；M. M. Gerasimov, "The Paleolithic Site Malta： Excavations of 1956-1957," in： Henny N. Michael （ed.）, *The Archaeology and Geomorphology of Northern Asia*； *Selected Works*（The University of Toronto Press, 1964）, pp.3-32.

⑯ Joseph Campbell, *The Way of the Animal Powers*, p.72-73.

於在這裡沒有討論的其他個例？

中國境內舊石器時代底層宇宙觀的細節是不知道的，但是從舊石器時代到農耕文化的起源再到文明的抬頭這一段文化發展史，我們已有不少的材料[17]。巫師式的世界觀顯然在整個中國史前時期都一直持續著，雖然這一段文化史還不能說是豐富到使我們可以作一般性的結論的程度，我們已可相信在這一段發展過程中社會變化（即分級分層）的焦點乃在於在稀有物資上人與人之間關係的政治調整上面，同時這個焦點乃是在一個穩定而多少是由生態系統來界限的交互作用圈裡面政治團體之間競爭的結果。就中國來說，這種政治上的調整乃是在同樣不變的社會與巫教性框架之內發生的，而這正可以說明社會性質的變化與文化傳統的持續性何以能夠並存。

要將從一萬五千年到三千五百年前之間的中國史前史的考古細節在這裡提供出來是不實際的，但是我們可以舉出一個簡短的大綱。舊石器時代狩獵者的遺址和石器在中國各處都有發現，而且我們已經知道至少有兩個農業起源中心，一個在黃河流域，到公元前7000年前已以粟類耕作和豬狗的豢養為特徵，另一個在華南的丘陵地帶與海岸臺地上，耕種稻米與根莖作物。到了公元前5000年前，我們可以看到至少有七個區域性的農業文化已經確立了下來，三個在華北，四個在華南。北方的三個文化——內蒙古東部遼河流域的新樂文化，黃河中游的仰韶文化與山東的大汶口文化——各有獨特的特徵，但也共有重要的陶器形制和裝飾因素。南方的四個文化也是如此——蘇南浙北的馬家浜文化、浙北的河姆渡文化，長江中游的大溪文化，與東南海岸的大坌坑文化。

這些（以及其他目前考古資料還較缺乏的）獨立發生而且各有特色的各個文化逐漸擴張它們的分布範圍而互相接觸而且發生影響。到了公元前4000年前左右，在考古的紀錄上我們可以辨認出來一個共同的交互作用的文化圈，它包括了遼河流域，黃河流域中、下游，長江流域中、下游，以及東南海岸；換言之，所謂中國本部的大部分。在這個大文化圈的每一個組成區域

---

[17]見 K. C. Chang, *The Archaeology of Ancient China*, 4th edition（New Haven and London： Yale University Press, 1987）.

之內我們都看得到從早期農村到三代的城市國家的發展。這種發展的程序的
特徵，包括區域與區域之間連續不斷的交流、區域內聚落分層系統的不斷複
雜化，鄰居政體對土地、勞動力和稀有資源的不斷競爭，以及每個政體內階
級的逐漸形成。換言之，這是在同一個強烈而且很緊湊的交互作用文化圈之
內，很典型的產生於互相競爭的區域整體之間的一種國家形成的程序。這種
政治程序在商周的史料之中可以很明顯的看得出來：

> 國家的產生不可能是孤島式的，而是平行並進式的。……夏商周等
> 列國在華北所占居的位置不同，所掌有的資源也不同。三個或更多
> 發展程度相當的國家彼此在經濟上的連鎖關係造成全華北自然資源
> 與生產品更進一步的流通，對每一個國家之內的財富集中和剩餘財
> 富的產生造成更爲有利的條件。同時，依仗國外的威脅來加強對內
> 的統治是古今中外共同的統治術；……夏商周等列國彼此競爭關
> 係，以及各國由此在長期歷史上所造成的國家意識，因此也是使各
> 國內部政治穩定的一個必要條件[18]。

在這種劇烈競爭的系統之下，在每個國家之內便產生了在政治上做新的
安排的條件，造成財富重新分配與在統治階級手中集中的結果。從這個觀點
來看，文化與社會的其他各方面便都跟著變化以將這種新的布局加強：宗法
制度下的各宗族附庸於分級更爲劇烈的政治權力，而與天地通氣的巫術逐漸
爲統治者獨占而成爲政治工具。因此，我們可以看到一個具有文明新符號的
經過劇變的社會，但在這個社會之內我們還可以看到多數文化、社會特徵的
連續性。

值得注意的一件事實是這種在一個互動政體的圈子之中經過長時間的社
會轉形的中國模式在新大陸文明的產生過程中也可以觀察得到。四十年之
前，本奈特（Wendell C. Bennett）便就安地斯區域文明形成了「區域共同
傳統」（Area Cotradition）這個概念：「一個所謂區域共同傳統，指一個
區域的整個的文化史的單位，在其中組成文化之間在一段時間之內彼此互相

---

[18]張光直，《中國青銅時代》（臺北：聯經出版公司，1983），頁62-63。

發生關係。」[19]普來斯（B. Price）用類似的概念應用到中美洲來解釋當地的國家的形成：

> 在這個叢體之間，類似的因果關係的程序進行作業而在每一個成員之中產生類似的平行的或拼湊的效果：因此在環境適應程序之上有基本上的類似性。這個類似性爲叢體成員經常或至少是偶然互相牽動作用這件事實而加強。這種互相牽動作用採取兩種形式：交易與競爭／戰爭。這兩種形式都將各自的革新散布並將文化演進的整個程序予以加速[20]。

在這裡國家形成的程序也走了一條類似中國與安地斯的路。雖然這只是三個例子，我們已可以作一條結論：在馬雅—中國連續體（或佛斯特的亞美巫教底層）的基礎上，好幾條國家形成發展路線沿著相似的道路走了下去。這條道路的共同特徵是在叢體內互動與政治競爭。

---

[19] " The Peruvian Co-tradition, " in： W. C. Bennett （ ed. ） , *A Reappraisal of Peruvian Archaeology* （ Memoirs of the Society on American Archaeology, No.4, 1948 ）.

[20] " Shifts in production and organization： A Cluster interaction model, " *Current Anthropology*, 18（1977）, p.210.

15.商城與商王朝的起源及其早期文化 *

　　商代是三代中的第二代，卻是迄今為止中國古史上最早有文字歷史的時代。了解商代文明的起源便是了解中國文明的起源。要了解商代文明的起源，應自了解商城開始。商城在那裡？它裡面蘊藏著什麼樣的文明？在當代的中國考古學上這類的問題還不能回答，但是解決這類問題的線索現在已經積累了不少，在這篇文章裡我們便把這些線索提出來討論一下。

　　我們的討論不妨從「商」這個名字開始。從現存最早的文獻材料看來，商這個字廣義的指名字叫做商的一個統治王朝，狹義的則指這個王朝的一個古都。前一個意義可能溯源於後一個意義，也就是王國維在〈說商〉①中所說的，「商之國號，本於地名」。

　　商這個名字在現存文獻史料中最早出現於殷墟卜辭。卜辭中廣義的商有下例：

　　己巳王卜貞：今歲商受年？王卜曰：吉。

　　東土受年？

　　南土受年？吉。

　　西土受年？吉。

　　北土受年？吉。（《甲骨文合集》36975；下簡稱《合》）

　　＊在1993年5月26日北京大學「中國考古學進入二十一世紀」國際學術研討會上宣讀，論文集印刷中。

①《觀堂集林》（1921）。

這段卜辭先廣泛地問今歲「商」之受年，然後四方一一卜問。很清楚地「商」的範圍要包括四土在內，它與卜辭中常見的「我受年？」中的「我」字是一樣的，即指商王朝這個統制機構或商這個國家②，商字的這個用法，在傳世文獻中常見；〈商頌·玄鳥〉：「天命玄鳥，降而生商。」〈長發〉：「有娀方將，帝立子生商。」商在這裡當不是個人的名字，而是指商朝統治集團而言的。

卜辭中狹義的商，即以商（在殷墟末期又稱大邑商或天邑商）為邑名，例子甚多。有王在其處作告祭者：

甲午王卜貞：作余彭朕桼……彭余步比侯喜征人方。二夐示□有祐，不曹戋卜。告于大邑商。無□在狱。王卜曰吉。在九月。遘上甲，劦隹十祀。（《合》36482）

丁卯王卜貞：今卜巫九畓，余其比多田于……多白征盂方白炎，唯衣，翌日步……左自上下于敔示，余受有祐，不曹戋□，告于兹大邑商，無歨，在狱……弘吉，在十月，遘大丁翌。（《合》36511）

又有（王）入、入于、步自、至于、歸于、在商者：

乙酉卜：王入商。（《小屯·南地》4514）

□子卜殼貞：王入于商。（《合》7774）

辛酉卜，尹貞：王步自商，無災。（《合》24228）

貞：不至于商，五月。（《合》7818）

貞：歸于商。（《合》7820）

丙戌卜爭貞：在商。無卜。（《合》7814正）

含有商這個地名的卜辭從一期到五期都有，所以在殷墟期整個期間在殷商國內有名為商的一個大邑是無疑的。商邑在卜辭中常伴隨著商王的行止提到，特別在五期王往伐人方和盂方時常要「告于大邑商」。董作賓云：「大邑商……其地為殷人之古都，先王之宗廟在焉，故于正人方之始，先至于商而行告廟之禮也。」③

---

②陳夢家，《殷墟卜辭綜述》（北京：科學出版社，1956），頁257：「似此『我』與『商』之受年或指商族商王國的受年。」

③董作賓，《殷曆譜》，（四川李莊，1945），卷五，頁23。

商這個字的字源可以支持董說。《說文》:「商從外知內也,從卨章省聲」,不知何所云。卜辭中商作**卨**或**卨**,由兩或三個部分合成,即辛、丙和口(口可有可無)。辛這個字與商人傳說的高祖有密切的關係。商的始祖契,一說為帝嚳之子,帝嚳又名高辛氏。《說文》:「偰,高辛氏之子,為堯司徒,殷之先也」,《詩毛傳》:「湯之先祖有娀氏女簡狄,配高辛氏帝……生契」,都符合一般傳說。卜辭裡所記下來祭先祖的日子中,「在武丁和武乙、文武丁時代,從高辛氏一直到高祖王亥,祭先祖的日子以辛日為準。」[4]這種聯繫不可能是偶然的。但辛字與商人祖先的密切聯繫是從何而來的呢的[5]? 依拙見,辛字便代表祖先正面立像。**卨** 或**卨**字上面是平頂頭形,《說文》說從章是有道理的,蓋即戴帽子的形狀(《禮記·郊特牲》:「章甫,殷道也」)。殷商的統治階段是戴帽子的階級,與奚字所代表的露辮在頂的最下層階級做鮮明的對照。商代考古遺址出土的玉雕人像如婦好墓所出[6]和哈佛大學美術館所藏[7]的幾件,想必是上層人物的形象(如衣錦),都是戴著方方平平的帽子的。反對者或說中國古代祭祖用主,現有的文獻與考古材料中都沒有使用祖先像的傳統[8]。王充《論衡·解除篇》也說:「主心事之,不為人像。」但中國古代文化不能說是純一無變的,以祖先形象為祭拜對象的例子在文獻材料中也偶見。《楚辭》宋玉〈招魂〉:「像設君室,靜閒安些。」《太平御覽》卷79引《抱朴子》:「黃帝仙去,其臣有左徹者,削木為黃帝之像,諸侯朝奉之。」考古學上未見祖先木像,原不為

---

[4]張光直,《中國青銅時代》(臺北:聯經出版公司,1983),頁203-204。

[5]楊亞長,〈試論商族的起源與先商文化〉,《北方文物》,1988⑵,頁13,說甲骨文中的商字,「下為房屋,上有高辛,實為房屋頂上插有高辛標誌之象形」。楊氏認為這個高辛標誌代表以鳥為圖騰。李健武,〈淺談契「封于商」和「契居蕃」〉,《中原文物》,1986⑶,頁70,也以商字上面部分代表鳥圖騰,但說下面的半個字是穴居。

[6]《殷墟婦好墓》(北京:文物出版社,1980),頁151。

[7]Max Loehr, *Ancient Chinese Jades* (Fogg Museum, 1975), p. 112.

[8]徐良高,〈商周青銅器『人獸母題』紋飾考釋〉,《考古》,1991⑸,頁446:「商周文化是缺乏製造偶像的傳統的」。

奇。所以凌純聲云:「不可完全否定在中國文獻和考古及民族學上,尚有許多刻木像人之主。」⑨換言之,商字上部的辛釋爲祖先像之象形不是不可能的。至於辛下面的丙字,葉玉森云「並象几形」;于省吾云:「丙……即今俗所稱物之底座。⋀之形上象平面可置物,下象左右足。」⑩殷墟出土物中有數件大理石製的几形器,一般稱爲石俎⑪。上面平可以置物,下有四足,很可以置祖先木像於上,放在祖廟中作爲祭拜的對象。如是,則商字即是祖先形象置於祭几上之象形。下面另有口字,當指祭祖之時口中念念有詞。商字源於祭祖,擴大的意義爲商王祭祖之邑,更擴大則指稱在商邑祭祖之統治王朝。

既然這個王朝名商,想自本朝很早階段商邑便奠定了它作爲祭祖中心的地位,所以商邑或商城應該是商代先公遠祖的都。商先公的前三世,依《史記》係契、昭明,與相土。契的都邑至少有二說:《史記·殷本紀》:「契封於商」;《世本·居篇》:「契居蕃」。契爲神子(〈殷本紀〉:「殷契母曰簡狄,有娀氏之女,爲帝嚳次妃。三人行浴,見玄鳥墮其卵,簡狄取吞之,因孕生契」),其爲商朝始祖,象徵性大,爲史實的可能小。下一代昭明之都邑,據《荀子·成相》:「契,玄王,生昭明,居於砥,後遷於商」。到了昭明的兒子相土時,商的國勢已很興盛;《詩·長發》:「相土烈烈,海外有截」。他的都邑在商邱,亦即是商;《左傳》襄公九年:「陶唐氏之火正閼伯居商邱,祀大火,而火紀時焉,相土因之,故商主大火。」是商朝最初三代之君都以商爲都邑,商城在有商一代的崇高地位,與它作爲商王祭祖的大本營,是可以理解的了。

這個在商史上佔極重要地位的商城位於何處?我們應當到那裡去找到

---

⑨凌純聲,〈中國古代神主與陰陽性器崇拜〉,《中央研究院民族學研究所集刊》,8(1959),頁23。

⑩李孝定,《甲骨文字集釋》(中央研究院歷史語言研究所,1965),頁4231-4232。

⑪如《侯家莊第五本1004大墓》(中央研究院歷史語言研究所,1970),頁56-59。

它，把它發掘出來，好知道商代最早的文明的面貌？今人研究這個問題時，多從王國維說，以爲商城位於今日河南東部商邱一帶。王國維〈說商〉云：

> 商之國號，本於地名。《史記·殷本紀》云：契封於商。鄭玄、皇甫謐以爲上雒之商，蓋非也。古之宋國實名商邱。邱者虛也。宋之稱商邱猶洹水南之稱殷虛，是商古宋地。《左傳》昭元年：帝不臧，遷閼伯於商丘，主辰，商人是因，故辰爲商星。又襄九年《傳》：陶唐氏之火正閼伯居商邱，祀大火，而火紀時焉，相土因之，故商主大火。又昭十七年《傳》：宋，大辰之虛也。大火謂之大辰，則宋之國都確爲昭明、相土故地。杜預《春秋·釋地》以商邱爲梁國睢陽，又云宋、商、商邱三名一地，其說是也。

《史記》上說，武王伐紂以後，「封微子于宋以奉殷祀」。既然商王歷代在商祭祖，把微子封在商的古都，「以奉殷祀」，是最合適不過的了，所以《漢書·地理志》也說，「周封微子于宋，今之睢陽是也。本陶唐氏火正閼伯之虛也」，亦即商邱。爲何《史記》、《漢書》說封微子於宋而不直接說封微子於商呢？王國維〈說商〉云：「余疑宋與商聲相近，初本名商，後人以別於有天下之商，故謂之宋耳。」陳槃亦云：「案宋之稱商，舊籍習見。《毛詩·商頌》即宋頌。襄九年《左傳》，商主大火。《正義》：商謂宋也。《莊子·天運》：商大宰蕩問仁於莊子。《釋文》：司馬彪云，商，宋也。」[12]

滅商後稱商爲宋，還有一個可能的解釋。卜辭中有喪字，一釋噩[13]。這個字在卜辭中主要有二義，即喪失之喪（如「喪衆」）與地名。作爲地名，喪在帝辛十年伐人方的路程上面，其位置在「商」附近（見下文），估計距商有四天的路程[14]。這個字一般以爲從吅桑聲，但許進雄建議桑喪在古代是一個字；喪字是在桑樹間加上口形，口形代表「採桑時所用的籮筐」[15]。如

---

[12]《春秋大事表譔異》（南港：中央研究院歷史語言研究所，1988年，第三版），頁232-233。

[13]李孝定，《甲骨文字集釋》，頁433-441。

[14]島邦男，《殷墟卜辭研究》（東京：汲古書屋，1958），頁363。

[15]許進雄，〈識字有感〉，《中國文字》，新一期（1980），頁55。

喪即桑，卜辭中叫喪的這一個地方可能是商附近名桑的一個地點，亦即周以後之宋。按宋與桑不但音同，而且有密切的關係。陳槃引孫志祖云：「古木字有桑音。《列子·湯問篇》：越之東有輒木之國。注音木字爲又康反。《山海經·東山經》：南望幼海，東望榑木。注扶桑二音是也。字書木字，先載桑音，人多如字讀之，誤矣。」[16]宋與桑關係之密切，又可能與桑林有關。陳槃引高氏《地名考略》：「襄十年，宋公享晉經于楚丘，請以桑林。荀偃、士匄曰：魯有禘樂，賓祭用之。宋以桑林享君，不亦可乎？……蓋桑林者，宋人享祖廟之樂也。又《書傳》言：湯伐桀之後，大旱七年，湯禱于桑林之社而雨大至。是桑林實有其地，乃《呂氏春秋》曰：立湯後于宋，以奉桑林。又昭二十一年，宋城舊鄘及桑林之門，可見桑林即在商邱之境，明矣。廟社所在非舊都而何？」[17]從這些可作的推論是宋即卜辭中之喪，亦即桑，在商的附近，也在商邱一帶，在商代時是商王田獵區之一，也是舉行儀式的場所。商亡以後，周公封微子於桑，即宋，以承商祀。依吳郁芳的近說，「商丘本爲桑丘，商之國名得之於社桑」[18]。學杜預的說法，桑、宋、商、商邱四名一地，是有可能的[19]。

　　但是我認爲把商定在商邱的最堅強的證據，仍在卜辭與考古發掘。本文開始便指出卜辭中有商邑。董作賓《殷曆譜》中把帝辛十年到十一年東征人方的路徑，用沿路占卜的紀錄排列成序，是對殷代地理的研究一大貢獻。這次征伐路線上所見地名有商也有亳，是把商代的商城定在商邱地區最有力的一項證據。據帝辛日譜，王在十年九月甲午出發，閏九月癸亥，「王在

---

[16]陳槃，《春秋大事表譔異》，頁234。

[17]《春秋大事表譔異》，頁238。

[18]吳郁芳，〈說『商』與『桑』〉，《東南文化》，1989(2)，頁22-24。

[19]卜辭中有宋字，有顯爲地名的（「于宋」，「在宋」），有與子連用的（「子宋」），有與伯連用的（「宋伯」），是爲封邑無疑。孫淼據此認爲微子封於宋。宋乃是此宋而不是商（見氏著《夏商史稿》，文物出版社，1987，頁254-255，及〈古商丘考〉，《先秦史研究》，1987，頁222-235），但卜辭中之宋地在今何處無法斷定，但知不在帝辛伐人方路上亦不在宋國商邱附近。

雇」。十一月壬寅（五日），「王在商」。是帝辛自安陽出發走了兩個多月輾轉到商。這次征人方前後共用了十二個月，走的路線分成七段：(1)由殷都至於商；(2)由商至攸；(3)從攸侯喜征人方；(4)在攸；(5)由攸至齊；(6)由齊再至於商；(7)由商返回殷都。其中攸國地望是決定商城所在的一個關鍵。董氏說：「攸，殷之侯國，在江淮之間……以爲即鳴條。」

> 攸國的方向既定，則上列第二段「由商至於攸」自然是由西北向西南而行了。卜辭中的商也稱大邑商，爲今河南商丘無疑……這一次征人方經過的商，就是商代的舊京（這裡有先公先王的宗廟，所以征伐時要來「告」祭）[20]。

董作賓這個定位，是得到許多其他研究卜辭學者如島邦男[21]、鍾柏生[22]，和丁驌[23]等人的支持的。

如果商城不但是帝辛告廟之邑而且是商王先祖的古都，這個位置在當代考古學看從空間上就是完全合適的。鄭州和安陽殷墟遺址所代表的殷商文明包含許多東海岸的成分，而商邱（或說從山東西南角向南一直到安徽北部這一塊地區）一帶正好位於河南腹心地帶與東海岸之間。在十幾年前所寫的〈殷商文明起源研究上的一個關鍵問題〉這篇文章裡面我曾指出殷商文明中下列成分與山東和蘇北大汶口文化之間的關係比較密切：厚葬、木槨與二層台、龜甲、若干陶器形制與白陶、骨匕、骨雕、松綠石嵌鑲，及裝飾藝術中的紋樣——「絕大多數是與統治階級的宗教儀式生活和藝術有關的」[24]。近年來對東海岸新石器時代文化的考古研究得到更多的成果，把商代和東海岸（大汶口文化和良渚文化）的關係更爲加強。尤其值得注意的是1987年在蘇北新沂花廳村遺址南區發掘的大汶口晚期（距今約五千年前）的二十幾座墓

[20]〈卜辭中的亳與商〉，《大陸雜誌》，6（1953），頁8-9。

[21]《殷墟卜辭研究》，頁361。

[22]《殷商卜辭地理論叢》（臺北：藝文印書館，1989），頁39-48。

[23]丁驌，〈重訂帝辛正人方日譜〉，《董作賓先生逝世十四周年紀念刊》（臺北：藝文印書館，1978），頁16-35。

[24]《中國青銅時代》，頁80-85。

葬中,有貧富分化的現象,而在代表上層階級的大墓中,有殉人,有精美的玉器,包括飾有浙江反山和瑤山式的良渚文化的人獸紋樣的玉琮和琮形石錐[25]。這些墓葬所代表的文化可以部分的反映殷商統治集團的祖型。從新沂向西到商邱,正在一條直線上,這條直線相當於今天的隴海鐵路,東起江蘇海岸的連雲港,向西經新沂,走邳縣、徐州、商邱、開封,一直到鄭州。這也就是說商邱地區正好位於東海岸新石器時代文化與河南腹心地區殷商中晚期文化的中介地帶。不論我們討論早商(成湯立國初期)還是先商(成湯立國之前),我們都可以假設在商邱這一帶有一個高度發達的文明與強有力的政權與西方的夏(二里頭文化)分庭抗禮。根據鄭州與殷墟的殷代文化內容與東海岸大汶口、龍山、良渚文化的比較,我們可以將商邱一帶在公元前2000年前到1500年左右之間這一段時間的早商或先商文明的內容作下面這樣的一個擬測或重建:

㈠這個文化的聚落單位是有夯土圍牆的城邑。城邑作方形或長方形,南北向,有城門,長寬約1000公尺左右。

㈡有顯著的階級分化。在考古學上的表現是在建築上有宮殿基地與半地下式在灰坑的對照,在墓葬上有大木槨墓與小土坑墓的對照。

㈢下層階級文化在考古學上最主要的表現是生產用的石器(石鋤、石鐮刀等)與生活用的陶器。在這個時代這個地區殷商陶器的形制與紋飾相信與豫東、魯西的龍山文化與岳石文化的陶器極為類似。

㈣上層階級的文化除了夯土城牆與宮殿基址以外,在考古學上最顯著的表現包括厚葬、二層台、木槨,可能有腰坑、青銅禮器、青銅兵器、殉人,與人牲。也可能有文字,即殷墟甲骨文的前身。文字的內容主要相關於統治階級的宗教活動與政治活動。

㈤宗教禮儀性質的考古遺物可能包括骨卜、龜卜、龜甲在其他方面的使用、玉琮、與亞形的建築(明堂或墓冢)。這種遺物表現巫覡人物的重要性,並反映巫覡系統的宇宙觀。

---

[25]〈江蘇新沂花廳遺址1987年發掘紀要〉,《東南文化》,1988(2),頁46-48;〈1987年江蘇新沂花廳遺址的發掘〉,《文物》,1990(2),頁1-26。

㈥工藝美術上的表現有白陶、儀式用器具與器皿，尤其是青銅禮器，包括酒器。藝術品（木、骨、石玉，以及青銅製）上可能有動物紋樣，包括饕餮紋。這個文化中的青銅禮器上的紋樣可能比同時的二里頭文化的要發達。

我相信這樣一種文化在目前還埋在河南、山東、安徽，與江蘇交界一帶地區的土內。這個地區可能以商邱為中心，北到山東的曹縣，南到安徽的亳州，也就是上面所說傳統上就是商人立國的地區。早在1936年這個地區的考古調查便已開始，而調查的目的便是尋找殷墟文化的前身。作這次調查的李景聃報告他去調查的前因後果如下：

> 十幾次的殷墟發掘揭開了殷墟文化的寶藏……這種登峰造極的地步，絕對不是一蹴可幾的；這裡面卻包含著很豐富的遺傳，一段很悠久的歷史，這種文化究竟是在那裡萌芽然後發育成長的？那裡是牠的前身？這是研究中國上古史的人所急於要尋找出來的……
>
> 在河南東部與江蘇、山東接界的地方有一縣名商邱，……這裡靠舊黃河，很可能是商代發祥之地。歷史上的記載又給予我們隱隱約約的印象。襄九年《左傳》曰：閼伯居商邱，相土因之。蓋閼伯封於商邱為火正，現在商邱縣城西南三里有閼伯台，台高十公尺以上，當是後代建築以祀火神的。《史記》：湯始居亳。《括地志》云：宋州穀熟縣西南三十里有南亳故城，湯所都。今城東南四十五里有穀熟集，相傳即漢穀熟舊城。……王靜安先生證湯之亳為漢之山陽郡薄縣，即今山東曹縣境，其地與商邱毗連，一部分原屬商邱，後來才劃歸曹縣的。……
>
> 因為上面所述的原因，……河南古蹟研究會25年下半季工作的時候，就指定豫東商邱一帶的調查。……10月11日清晨自開封出發，……11月4日夜間返抵開封，此行計費時二十五日。秦漢以前的遺址只找到三處：商邱的青崗寺、永城的酇縣城裡的造律台，和新橋集北的曹橋。……查商邱屢遭河患，據縣志所載，自宋太祖開寶4年（西紀971）至清康熙40年（西紀1699）七百二十年間已遭河決、大水十七次……經過這樣的水患，無怪旅行商邱境內觸目沙田，一望無際！普通地面淤土深約五尺，其下即為黃沙，水井非用磚圈不可。……無怪乎漢代陶片都見不著，更談不到史前遺址

了！[26]

李景聃等人這次找到的史前遺址都認是龍山時代的，在這以後，商邱鄰近地區史前遺址有系統的調查要等到七十年代。1976年商邱地區文物管理委員會與中國社會科學院考古研究所洛陽工作隊，在商邱地區各縣從事調查，次年又在調查的基礎上進行了發掘。經過初步報告的遺址有永城黑堌堆、永城胡道溝、睢縣周龍崗、民權縣吳崗[27]、永城王油坊[28]，與商邱塢牆[29]。同在七十年代，商邱以北曹縣縣境也經調查發掘，經過初步報告的遺址有華家集[30]和安邱堌堆[31]。這些遺址的內容多分類爲「龍山文化」；其中商邱塢牆第五層文化被認爲是與永城王油坊相當的龍山文化，但持續的時間可能較長，其「Ⅲ式深腹罐所飾大方格紋的風格，在豫西地區較多的表現在河南龍山文化晚期更晚階段……向二里頭文化早期過渡時期的一些陶器之上」。因此塢牆遺址被認爲表現二里頭文化向東伸及到豫東的一項證據。此外，1976年調查的遺址中有十五處認爲有「殷商文化」。其中柘城孟莊（心悶寺）與民權吳崗屬於二里岡期，其他的屬小屯期。分期的根據主要是灰色繩紋陶器，但所謂殷商文化遺址的內容都缺乏詳細的報導，此外，鄒衡認爲在山東新辨認出來的與殷商文化同時的岳石文化的遺物也見於荷澤、商邱區城，但詳情也待發表。綜合這個地區已知的史前殷商文化遺址，可能有下面這樣的一個層位序列：

龍山文化

岳石文化跡象；二里頭文化影響

---

[26]李景聃，〈豫東商邱永城調查及造律台、黑孤堆、曹橋三處小發掘〉，《中國考古學報》，2（1947），頁83-88。

[27]〈1977年豫東考古紀要〉，《考古》，1981（5），頁385-397。

[28]〈1977年河南永城王油坊遺址發掘概況〉，《考古》，1978（1），頁35-64。

[29]〈河南商丘縣塢牆遺址試掘簡報〉，《考古》，1983（2），頁116-132。

[30]〈山東曹縣華家集遺址試掘簡報〉，《考古》，1980（5），頁385-390。

[31]鄒衡，〈論荷澤（曹州）地區的岳石文化〉，《文物與考古論集》（北京：文物出版社，1987），頁114-136。

殷商文明：二里岡類型

殷商文明：殷墟（小屯）類型

這個序列有考古學發掘出來的地層表現的，已經過發表的只有商邱以南鹿邑的欒台遺址。這個1987年河南省文物研究所發掘的遺址包含了六期文化遺存：第一期，大汶口文化晚期；第二期，豫東類型的龍山文化；第三期，屬於岳石文化系統；第四期，包含兩段，第一段與鄭州二里岡商文化相同，第二段與殷墟苗圃北地遺存相同；第五期，西周初年；第六期，春秋末、戰國初[32]。商邱地區的古代文化史，現知的可以以此序列代表。這中間除了龍山文化所知較詳以外，其他文化都還在商討分類的階段。如果其中有早商或先商文化，亦即與二里頭文化同時，並且在文化勢力上可以與之「平起平坐」的文化，那只能由岳石文化代表。嚴文明認爲岳石文化中有與夏代文化同時的東夷人的文化[33]。商王朝本來是東夷中崛起的一個政權，代表東夷的岳石文化在商邱地區占據著早商或先商的年代地位是合情合理的；我們不能說，「岳石文化在豫東地區東部發現的同時也就宣告了商文化東來說的破產」[34]。但是上面所擬測的早商或先商統治階級的文明成分，在現有的商邱地區及其鄰近的考古材料中是辨認不出來的。現在天津市藝術博物館收藏的有一件素面青銅爵，據說是在1964年在商邱地區出土的[35]。這個爵在形制上與二里頭文化的青銅爵頗爲相似，如果的確是商邱地區的土產，很可能表示早商、先商文明的政治核心在這裡存在的可能性。

如上引李景聃所說，商邱地區位於黃泛區內，在地表上掩蓋著一層數尺厚的沖積性的黃泥沙土。「中國城邑自早期以來的特色，大多建於平坦之地」[36]。作爲早商或先商政治中心的商城亦不例外，很可能建於當時商邱地

[32]〈河南鹿邑欒台遺址發掘簡報〉，《華夏考古》，1989（1），頁1-14。

[33]〈夏代的東方〉，《夏史論叢》（濟南：齊魯學社，1985），頁155-180。

[34]殷宏振、張翠蓮，〈豫東地區考古學文化初論〉，《中原文物》，1991（2），頁46。

[35]《河南出土商周青銅器》第一卷（北京：文物出版社，1981年），頁22。

[36]杜正勝，〈城垣發展與國家性質的轉變〉，《考古與歷史文化》（臺北：正中書局，1991），頁270。

區的平地上面，它的廢墟想必深埋在淹水的淤泥下面，如今很難發現。另外一方面，這個地區在古代經歷了相當複雜的地形變化的歷史。在全新世的初期，距今約一萬年以前，商邱一帶是一片內海或沼澤地區，夾在山東高地與華北西部黃土高原之間。這片低溼地帶，後來逐漸乾燥，成爲陸地，是受了兩個因素的作用，一是黃海與渤海的海岸線逐漸上升，二是黃河中游沖刷出來的泥沙的淤積。

> 到了紀元前2300年時，海水面比今日高約30-50公尺。黃河三角洲，已大致造成。原來低於海面，現在卻高出水面，變成沖積扇，……這扇的軸在孟津。以孟津至商邱（河南）的距離爲直徑，作一圓弧，則扇的北端起河北邯鄲，經內黃、濮陽、東明、河南商邱而南，再經淮陽以北到鄆城以西的地方，都是原來黃河的三角洲範圍。愈近軸心，地面愈乾[37]。

　　如果商人的老家在商邱一帶，他們在那裡卜居的時候，距三角洲沖積扇形成尚屬不遠。在這之前，龍山時代的住民選擇高崗居住，「所以古代遺址多呈崗丘形勢，而每個崗丘遺址都經過幾個時代的居住，逐漸形成較高的崗嶺和較大的堌堆。」[38]到了商人興起之初，平地形成，包括商城在內的城邑便建在平坦的低地之上，但崗丘地帶仍有農村聚落，所以殷商時代的聚落有在平地上的，是統治階級居住的城邑，也有繼續建在崗丘上面的。今天在堌堆上發現的殷商時代遺物代表在崗丘的農村中生活的中下層人物，而作爲統治階級核心的城邑因爲位於沖積扇的平地上，到了歷史時代，由於黃河屢次氾濫，它們的遺墟便爲數公尺深的泥沙所掩蓋，所以到今天還沒能找到。

---

[37]丁驌，〈華北地形史與商殷的歷史〉，《中央研究院民族學研究所集刊》，20（1965），頁155。

[38]〈1977年豫東考古紀要〉，《考古》，1981（5），頁386。

16.殷墟五號墓與殷墟考古上的盤庚、小辛、小乙時代問題*

　　殷墟5號墓的墓主如果照多數學者的意見是武丁時代的婦好①，則這個墓中非常豐富的各種遺物（包括銅器、玉器和陶器）可以用作殷墟考古上一個時代的定點，即武丁前後的時期。有了這個定點，我們就可以根據型式學的研究，以及地層現象與絕對年代的資料，將殷墟273年之間殷代文化的變化歷史，以5號墓爲準來向上向下加以研究與推展。這是以拙見來看殷墟5號墓發掘與研究的主要收穫。

　　由於5號和17、18號墓②的發掘以及以此與戰前發掘的西北岡大墓③內容的比較，我們有信心地知道在殷王遷都到殷墟（當時的殷或衣）的初期，殷商的物質文明已經具備了下列重要特徵：

　　㈠甲骨占卜及甲骨文。武丁時代的甲骨文——董作賓的第一期④——已

　　＊原載《文物》，1989年第9期。

　　①〈安陽殷墟五號墓座談紀要〉，《考古》，1977年第5期，頁341-350；《殷墟婦好墓》（北京：文物出版社，1980年），頁224-228。

　　②〈安陽小屯村北的兩座殷代墓〉，《考古學報》，1981年第4期，頁491-517。

　　③《侯家莊1001號、1002號、1003號、1004號、1217號、1500號、1550號大墓》（臺北：歷史語言研究所，1962-1976年）。

　　④〈甲骨文斷代研究例〉，《歷史語言研究所集刊外編，慶祝蔡元培先生六十五歲論文集》（1933年），頁323-424；1989年。

經具備了殷墟甲骨文的全部重要特徵。雖然5號墓裡沒有甲骨文，墓中銅器銘文中的婦好和后辛等名稱以及18號墓銅器銘文中的子漁，都是第一期卜辭中常見的人物。

㈡銅器花紋充分發達，常常布滿全身，同時鳥獸紋樣與襯地的雲雷紋清楚分離。依西方美術史家常加採用的羅越氏的殷墟銅器花紋的五式分類⑤，則在5號墓的時代已有充分發達的四、五兩式的花紋了。

㈢銅器銘文也已常見，但以族徽及廟號為限。廟號在銅器上的使用一度認為限於殷墟後期⑥，5號墓中的廟號（后辛）證明這種稱呼在銅器銘文中的使用至少可以早到武丁時代，但較長的紀事銘文則似乎還是限於殷墟的晚期。

㈣依照近年來廣泛使用的殷墟陶器分為四期的系統⑦，5號墓所代表的時代是與陶器的第二期相應的。5號墓中可以斷代的陶器較少，但其中的一件陶爵「具有殷墟第二期文化的典型特徵」⑧。17、18兩號墓中「隨葬陶器特點〔也〕都是分作四期中第二期的」⑨。第二期陶器的特徵如下：「鬲主要有兩種，一種呈長方體，深腹，襠與三足較第一期的稍矮；另一種為小型陶鬲，腹較直，帶有附加環絡紋，數量較少。簋的腹部較收斂，圈足小而略外侈，表面飾弦紋，沿裡很平，緊靠口各有凹弦紋一周。豆常見的有兩種：一種是由第一期演變而來的，其主要區別是豆盤稍深，口部稜角不顯，圈足較細；另一種較多見，淺盤，平口沿，圈足較細而高。」「這一期的觚、爵多

⑤Max Loehr, " The Bronze Styles of the An-yang Period (1300-1028B.C.), " *Archives of the Chinese Art Society of America* , 7（1953）, pp.42-53.

⑥Virginia Kane, " The Chronological Significance of the Inscribed Ancestor Dedication in the Bronze Vessels, " *Artibus Asiae* , 35（1973）, pp.335-370.

⑦鄒衡，〈試論殷墟文化分期〉，《北京大學人文學報》，1964年第4期，頁37-58；第5期，頁63-90（收入《夏商周考古論文集》，北京：文物出版社，1980年，頁31-92）；上引《殷墟婦好墓》，頁221-224。

⑧《殷墟婦好墓》，頁219、225。

⑨〈安陽小屯村北的兩座殷代墓〉，頁513。

見於墓葬，主要特點是觚腹較粗，形體較大；爵的腹部較粗而圓，流寬而短，從口部捏出，口兩側各有一泥丁。」⑩

㈤5號墓墓口上有個夯土地基，很可能是享堂的基礎，這與5號墓的時代在小屯歷史上是基礎時代這一點上也是相符的。依石璋如根據層位和甲骨文出土坑位的推斷，小屯基址中最先建立的是北部的甲區，可能建造在武丁的前後。事實上，據他的看法，基址在小屯的歷史上是殷人遷都到這裡來以後才開始的；在這以前小屯雖有殷人居住，他們所建造的房子都是半地下式的⑪。

㈥5號墓雖然位在小屯，由於它裡面的器物與西北崗「王陵」的大墓中較早的（如1001號大墓）基本上是一樣的，我們可以相當肯定地說，5號墓時代的殷商是建造大墓的時代。所謂「大墓」是指有兩個或四個墓道的規模宏大的墓葬。5號墓本身是沒有墓道的；它的規模由建築、殉人與隨葬器物上看雖然也很宏大，但這一類豎穴木槨式的墓葬在5號墓時代以前的小屯便已經有了，而且相當普遍。而有墓道的大墓卻是到了5號墓的時代才有的。這是值得注意的事實，下面還要討論。

以上這六項物質文化特徵所代表的殷商文明，是到了殷墟5號墓時代方才完整地出現的。既然5號墓代表武丁前後的文明程度，那麼如果說5號墓所代表的時代正是殷商王室遷都到殷墟這個地點的時代，是與中國考古學一般現象的實際情形相符合的。研究中國古史的學者在這一點上是不會有異議的。我在這裡想提出來討論的是5號墓所代表的時代以前的殷墟的性質問題。就新石器時代以來的文化來說，安陽一帶在5號墓時代之前的古代文化大體可有三層：(1)仰韶文化（後崗期、大司空村期）；(2)龍山文化（大寒期）；(3)5號墓時代以前的殷商文化。這幾種文化之存在及彼此之間的層位

---

⑩鄭振香、陳志達，〈論婦好墓對殷墟文化和卜辭斷代的意義〉，《考古》，1981年第6期，頁513-514。

⑪石璋如，〈殷代的夯土、版築與一般建築〉，《歷史語言研究所集刊》41（1969年），頁127-168；石璋如，〈小屯殷代的建築遺迹〉，《歷史語言研究所集刊》26（1955年），頁131-188；Li Chi, *An-yang*（Seattle, The University of Washington Press, 1977），pp.103-104.

年代關係，自1931年後崗發掘以來便基本上確定了下來⑫。固然這裡面還有不少值得討論的問題，我們在這裡只集中注意力在上面的第三種文化，即5號墓所代表的時代以前的殷商文化。

殷墟考古五十餘年以來的收穫，在時代上說，主要是限於5號墓時代及其以後，亦即甲骨文第一期到第五期所代表的時代。5號墓時代以前的材料，數量較少，散布各地。因為戰前的報告尚未全部發表，而戰後的工作也只在少數單個遺址有較為詳細的報告，所以要做殷墟範圍的一個考古地層研究是比較困難的。殷墟5號墓時代以前的殷墟考古資料，我所看到的已經發表的主要有下舉諸項：

一、小屯基址以前的建築遺迹

小屯北地古代村落遺址，在龍山文化的灰坑與5號墓時代及其後的基址之間，有過一段屬於殷商文化但以地下式或半地下式的建築及水溝為特徵的時間。因為小屯灰坑的報告尚未出版，這些早期建築的詳細內容不得而知。依石璋如最近的看法，小屯的「水溝的建築為穴居或窖窖藏糧時代的沖水之遺迹」⑬。如此則水溝的分布面積也許與基址以前小屯村落或小屯城鎮的面積相似。水溝的分布面積南北長約170米，東西寬90米⑭。基址以前的半地下式建築遺迹沿水溝兩側密集分布⑮，相當一個有一定面積的村落。村落中的居室，可能是作聚族而居式的分群密集分布，與後期殷墟西區墓葬成群密集聚族而葬的情形相彷彿⑯。舉個例來說，在小屯 C 區的西南部，是地下建築最稠密之區，在南北長20米，東西寬18米的一塊360平方米之內，便有一條

⑫梁思永，〈後崗發掘小記〉，《安陽發掘報告》4（1933年），頁609-626。

⑬〈殷代的夯土、版築與一般建築〉，頁141。

⑭石璋如，《殷墟建築遺存》（南港：歷史語言研究所，1959年），頁203。

⑮石璋如，《殷墟建築遺存》，頁268。

⑯〈1969－1977年殷墟西區墓葬發掘報告〉，《考古學報》，1979年第1期，頁113-117。

水溝及大小47個窖窖，分爲四組或五組，每組有一較大的半地下式的穴及數個較小的窖式窖[17]。如果這塊小區內地下建築的數目可爲代表，那麼小屯全村便可能有200個上下的居穴。「這裡所說的穴，多半是大而淺的建築，邊壁相當的整齊，……其中有可以上下的斜坡式台階。如果以口徑的數字和深度的數字來比較，大多數是口徑大於深度的，也有兩者相等，而深度大於口徑的則爲數很少。依其外部的形制及台階的位置又可分爲六式：圓形邊階式、圓形中階式、橢形單邊階式、橢形雙邊階式、橢形中階式、方形邊階式……這些穴的上面可能有頂或蓋的。」[18]

在李濟所編的《殷墟陶器圖錄》裡有九件完整的陶器，其坑號在上述小屯C區47個窖窖群之內，其中包括YH190出土的一件鬲，YH 302出土的一件簋，YH285出土的一件盂和YH272出土的一件平底罐[19]。用上述的四期分類法來看，這幾件陶器都是明顯屬於第一期的。第一期的陶器1973年在小屯南地的灰坑裡也發掘出土過[20]，可見當時殷商文化在小屯村一帶可能還有較大的範圍。專從層位上來看，基址以前的小屯與殷墟陶器第一期之間是有一定的扣合關係的。

二、小屯的早期殷代墓葬（M188、232、333、388）

戰前發掘的小屯墓葬，依石璋如的意見，都與小屯的基址有關，而其年代也與基址相應：甲區的基址最早，乙區次之，丙區最晚，因而在乙區基址範圍內的墓葬都屬殷墟中期，而丙區基址範圍內的墓葬都屬殷墟晚期[21]。但是乙丙兩區的墓葬中有若干與基址沒有層位關係而在空間上是獨立的。這些墓葬中有的出了銅器，其形制花紋與鄭州和輝縣出土的殷商中期的銅器相

---

[17]〈小屯殷代的建築遺迹〉，頁167。

[18]〈小屯殷代的建築遺跡〉，頁131-136。

[19]《小屯陶器》上編（臺北：歷史語言研究所，1956年）。

[20]〈1972年安陽小屯南地發掘簡報〉，《考古》，1975年第1期，頁27-46。

[21]《殷墟建築遺存》。

似，而與一般的殷墟銅器有所不同，因此有些研究殷墟史的學者，便將這些墓葬提了出來，相信它們代表小屯早期的遺物[22]。最近三十年來，小屯這些墓葬的材料陸續詳細出版[23]，供給了我們新的研究資料。從這些新資料比較整體地看來，這些墓葬中至少有四座是比較可靠地屬於早期的，即乙區的M188和232，丙區的 M333和388。

四座墓葬都是豎穴木槨墓，是中國青銅時代墓葬常見的形式，都無墓道，有殉人和殉狗。在這些特徵上它們與第5號墓基本上相同，所不同的是其中的出土器物。這些墓葬中出土的銅器最多見的是小口寬肩的尊、瓿，大口的瓠，平圓底的斝，深腹圓底有三錐足的鼎。它們的紋飾與5號墓的比較起來，獸身與襯底的雲雷紋等分離遠不明顯，屬於羅越氏的所謂第一、二、三式，這與5號墓不同而與鄭州白家庄、輝縣琉璃閣、黃陂盤龍城諸遺址出土的殷商中期的銅器比較相近。陶器在這些墓中出土的較少，可作分期研究的主要的是 M388中的兩件陶豆，都是淺盤的，口沿外傾，具有典型的第一期的特徵[24]。值得注意的是這兩件陶豆的足內部都有一個陰刻的戊字。

三、武官村北的一座早期殷墓

這是1959年在武官村北（即西北岡東區）發掘的，但到1979年才報告出來[25]。這座墓又是豎穴木槨式的，有殉人、殉狗和腰坑。隨葬品中有銅器十六件和陶器八件。銅器中包括瓿、鬲、瓠、鼎、爵和戈，其形制、花紋與上述小屯早期墓中的相似，而與5號墓的不同。「陶鬲、簋都是殷墟第一期文

[22]〈試論殷墟文化分期〉；V. Kane, "A Re-examination of An-yang Archaeology," *Ars Orientalis*, X（1975），pp.93-110.

[23]石璋如，《北組墓葬》（1970年）；《中組墓葬》（1971年）；《南組墓葬》（1973年）；《乙區基址上下的墓葬》（1976年）；《丙區墓葬》（1980年）（臺北：歷史語言研究所）。

[24]《丙區墓葬》，頁244-248。

[25]〈安陽武官村北的一座殷墓〉，《考古》，1979年第3期，頁223-226。

化中的典型遺物，分別見於小屯南地早期（H13）和大司空村一期（H117）灰坑中。墓中所出銅瓿、觚以及磬折曲內式的戈與……M232同類銅器大體相似。但從鼎的形制觀察，M232似更早一些。……這座墓中所出的青銅禮器與小屯 M 333 所出的青銅禮器在組合上有某些共同之點，年代亦相近。」㉖這座墓的重要性在它出了較多的銅器和陶器，把殷墟5號墓時代以前的銅器型式和花紋與第一期的陶器更堅實地結合了起來。

屬於殷墟陶器四期分類中第一期的陶器及其伴存遺物，除了在上面這三組遺址中出現以外，在我所看到的發表或未發表的材料裏，尚見於大司空村一期㉗、小屯南地一期㉘及苗圃北地一期㉙。從這些材料看來，以第一期的陶器及上述墓葬中銅器型式花紋爲特徵的遺物、遺跡，主要分布在洹水兩岸北自武官村北及大司空村，南到小屯南地及苗圃北地，東西南北各2公里許的範圍之內。如果這個範圍是殷墟第一期文化的中心或焦點，那麼從第一期（5號墓時代以前）到第二期（5號墓時代）之間的文化上的變化是比較顯著的，包括下舉諸項：

㈠殷墟占居的中心，從洹水兩岸南北各1公里一帶向外擴張到東西6公里、南北4公里左右的一片較大的地域。換言之，早期的殷墟是一個小村落網，而5號墓時代的殷墟代表一個較大的城市。

㈡5號墓時代及其以後擴大了的殷墟，具有了三項重要的新的特徵，即甲骨文、基址和大墓。這三項新的特徵顯然都是與殷商王室有密切關係的產物。

㈢5號墓時代以前的殷墟有半地下式建築，有水溝，也有殉人、殉狗，並且富有隨葬銅器的貴族墓葬。但這時的陶器是第一期的，這時的銅器有近似鄭州二里岡期的特徵，與藁城台西村二里岡晚期的尤爲相似。到了5號墓

㉖同上，頁226。
㉗〈1958－1959年殷墟發掘簡報〉，《考古》，1961年第2期，頁63-76；〈1962年安陽大司空村發掘簡報〉，《考古》，1964年第8期，頁380-384。
㉘〈1973年安陽小屯南地發掘簡報〉，頁32-34。
㉙考古研究所安陽工作站陳列室資料。

的時代，第一期的陶器似乎已近尾聲，而以第二期的陶器爲主要的形式；銅器也發生了比較顯著的變化，從羅越氏的第一、二、三式躍進到第四、五式，銅器上的銘文也有顯著的增加。

由此看來，在殷人居住於殷墟的歷史上，從5號墓時代以前到5號墓所代表的時代，發生了相當劇烈的變化。至少從表面上看來，這些變化似乎多與殷墟的新的王都的地位有密切的關係。換言之，最簡單、合理的解釋是以5號墓時代以前的殷墟代表盤庚遷殷以前的殷，而以5號墓時代所表現的一連串變化看作由於盤庚遷殷這件大事所引起的。如果照這樣的解釋，則盤庚、小辛、小乙三代是屬於5號墓所代表的時代的。董作賓甲骨文的五期分類中的第一期，在設想的時候是包括武丁及武丁的三父（盤庚、小辛、小乙）的，但迄今爲止我們還不能指出確鑿無疑屬於盤庚、小辛、小乙三代的甲骨文字[30]。

近年來與此不同的一個說法，是把殷墟歷史上5號墓以前一段時代看作是盤庚、小辛、小乙三代，而5號墓時代的新發展看作是武丁時代的新猷。這種說法似乎開始於1964年鄒衡作殷墟文化分期的時候[31]。到1973年小屯南地發掘時報告了「𠂤組卜甲」與第一期陶器片共存的證據。這個證據，照發掘者的意見，不但證明了「𠂤組卜辭」屬於武丁時代而不屬於武乙、文武丁時代，而且證明了第一期的陶器至少有一部分可以晚到武丁時代[32]。既然如此，把第一期的陶器當作盤庚、小辛、小乙這一段時代的代表，似乎有道理。最近楊錫璋「總述……關於殷墟文化分期的意見」如下：

第一期——盤庚、小辛、小乙和武丁前期

第二期——武丁後期及祖庚、祖甲時期

---

[30]陳夢家，《殷墟卜辭綜述》（北京：科學出版社，1956年），頁139；David N. Keightley, *Sources of Shang History* (Berkeley and Los Angeles, 1978), pp.97-98；嚴一萍：《甲骨學》（臺北：藝文印書館，1978年），頁1115-1122。

[31]〈試論殷墟文化分期〉。

[32]〈1973年小屯南地發掘簡報〉。

第三期——廩辛、康丁、武乙和文丁時期

第四期——帝乙和帝辛時期

這種說法同時也就主張,殷墟在盤庚遷都進來以前是沒有殷人居住的。楊錫璋在討論西北岡的王陵時,又推測有四墓道的才是王墓。西北岡東西兩區有四墓道的大墓只有八座,而且自第二期開始,因此他懷疑西北岡的大墓不始於盤庚而始於武丁。既然小屯的卜辭始於武丁,西北岡的大墓也始於武丁,所以他又懷疑「盤庚、小辛、小乙三王建都的地點可能並不在安陽殷墟。因此,小屯沒有這一時期的甲骨文,西北岡也沒有這一時期的陵墓」[33]。但如果殷墟是武丁才開始建都的,那麼第一期的遺物斷代爲盤庚、小辛、小乙三代便失卻了任何基礎。

我覺得盤庚到小乙三王的問題與5號墓時代新文化之產生,實際上是一個問題。5號墓時代文化變化的性質是與遷都而致的變化相符的,比武丁(或任何殷王)施行的新政所能引起的變化要大得多。《史記·殷本紀》說武丁用傅說,「修政行德,天下咸歡,殷道復興」。《詩·玄鳥》說武丁時代「邦畿千里,維民所止,肇域彼四海,四海來假」。《書·無逸》說他「享國五十九年」。可見武丁是殷代成就很大的一位君王。從甲骨文武丁時代卜辭看來,武丁事必躬親,勤於祭祀,勤於田獵,征戰四方,受四方貢賦,果然與文獻中所見的景象是相符的。可是這種變化,還是殷王朝在一個王都之內的歷史上的量的變化,而5號墓時代所代表自前期而來的變化,作爲一個聚落的歷史來看,是自普通有貴族的城鎮到王朝的都城的變化,是質的變化,而不僅是量的變化。換言之,殷墟史上這次變化,說是盤庚遷都所致是合理的,說是武丁時代殷道復興所致是不能令人信服的。

從大處著眼,再看具體的證據,我們便看到殷墟5號墓時代以前作爲盤庚、小辛、小乙三王時代的兩條主要證據都是值得再加考慮的。其一是西北岡大墓中有幾個是王墓的問題。四墓道的墓是王墓的說法只是一種推測;在這種推測之下我們還得解釋爲何東區只有一個王墓而西區有七個王墓的現

---

[33]〈安陽殷墟西北岡大墓的分期及有關問題〉,《中原文物》,1981年第3期,頁52。

象。其二是自組卜辭與第一期陶器共出的問題。按5號墓時代以前的殷墟並不是不能有卜辭的。大司空村第一期的遺物中有一片甲骨文作「辛貞在衣」，一般認為是武丁時代的，但也未嘗不可是盤庚遷殷（衣）以前居殷的貴族的卜辭。至於小屯南地的卜辭與第一期陶器伴存的現象，最多不過提出第一期陶器有晚到武丁時代的可能，並不能作整個第一期陶器斷代的證據，因為「第一期上限可能早於武丁」[34]。事實上，陶器的分期與殷墟歷史的分期應當清楚地分開，前者只是後者的根據之一。照上文的討論，5號墓時代以前的殷墟的陶器是第一期的，而第一期陶器的時代可能向下伸延到5號墓的時代。

如果我們假定5號墓時代的開始與盤庚遷殷這一事件相符合，那麼從盤庚到小乙三個殷王時代在殷墟的考古材料，便要到5號墓時代的材料中去找。盤庚「十四年自奄於北蒙曰殷，十五年營殷邑」（今本《竹書紀年》）。盤庚之死一般以為在即位後第二十八年，亦即遷殷後第十三年；但一說（《御覽》83引《史記》）盤庚十八年陟，亦即在殷只得三年。下一代的小辛（盤庚弟）即位後三年陟（今本《竹書紀年》），但一說二十一年（《皇極經世》及《通鑑外紀》）。再下一代小乙（小辛弟）即位後十年陟（今本《竹書紀年》），但一說二十年（《御覽》83引《史記》）。再下一代武丁（小乙子）即位後進行了五十九年的統治，留下了許多卜辭，武丁在殷墟史上的地位是清楚可觀的。而武丁三父統治殷墟的時代，往最短裡說只有十六年。殷人在這很短的一段時間裡不可能遺留下5號墓時代以前整個歷史階段的殷商遺物，所留下來的遺物很可能少到看不出顯著變化的程度。

要在實際的考古資料中確定盤庚、小辛、小乙三王遺物，最可靠的途徑是自第一期的卜辭中找到武丁以前的卜辭；這在目前第一期卜辭的資料中有已經存在但是辨認不出來的可能性。依照殷王室的昭穆制[35]，武丁三父時代

---

[34]〈安陽小屯村北的兩座殷代墓〉，頁514。據《殷墟婦好墓》，頁222，這一行卜辭伴存的陶器實際上有屬於第二期的可能。

[35]張光直，〈殷禮中的二分現象〉，《慶祝李濟先生七十歲論文集》（臺北：清華學報社，1965年），頁353-370。

與武丁時代的禮制如有不同，必是類似董作賓說的「新派」，不似武丁時代之遇事必卜，因此遺留的卜辭可能較少，其特徵也許不易認出。最近劉淵臨根據牛骨上攻治技術的原始性而自戰前中央研究院發掘品中舉出了六片牛骨卜辭，說它們是「安陽早期」亦即「武丁以前」的：

　㈠出土號5.2.66：「丁未㞢一。」

　㈡甲2342：「丙午卜：克秦？」

　㈢甲2815：「辛☐歲☐？辛翌歲於父？鳳。」

　㈣甲2344：「乙巳卜一。」

　㈤乙9105（後岡）：「丙辰受年一二三。」

　㈥出土號3.2.139：「月」

　　劉氏將這六片牛骨歸於「早期」或「武丁以前」，全是根據牛骨的攻治技術，至於出土地點則與後期出土的混雜。劉氏將這種情形比方作「現代圖書館……中有清代的、明代的、元代的，甚至有宋版善本書」，亦即殷代檔案中的古件㊱。如果劉氏這個推測是合乎事實的話，這些卜辭也可能是盤庚遷來以前的「非王卜辭」，也可能是屬於盤庚、小辛、小乙三代的。看「克✕」「受年」這兩個詞的口氣，像是王室的文件。劉氏這個說法是值得注意的，但專靠攻治技術來斷代，而且所斷的這個代又是一向還找不到可靠的甲骨文的一段關鍵時代，恐怕所得的結論一時不易為人所接受㊲。

　　上面提到西北岡王陵中的大墓有幾個是王墓的問題，在這裡顯示了特殊的重要性。自盤庚遷殷以後「二百七十三年更不徙都」（古本《竹書紀年》），所以以殷為都的有十二個王：盤庚、小辛、小乙、武丁、祖甲、祖庚、廩辛、康丁、武乙、文武丁、帝乙、帝辛。其中除帝辛自焚死，頭顱也被周人取去（《周書·世俘解》），還有十一王，而西北岡正好有十一個大墓，而且東四西七，與十一王的昭穆（盤庚、小辛、小乙、祖甲、廩辛、武乙、帝乙共七王在西，武丁、祖庚、康丁、文武丁在東）也恰好相合。如果

㊱〈卜骨的攻治技術演進過程之探討〉，《歷史語言研究所集刊》46（1974年），頁99-130；引文見頁127。

㊲參閱上引 Keightley, *Sources of Shang History*, p.98.

照有些研究者的意見[38]，西區七墓之中以1001號大墓為最早，則1001便是盤庚的墓。但對這個說法有不同的意見。楊錫璋提出反對這種看法的理由有三個：「(1)現已知西北岡有十二個大墓，即增加了一個傳出司母戊大鼎的墓。(2)如司母戊大鼎墓確是某一王的配偶的墓，則並不排除還有其他的墓為某一王配偶的墓的可能。(3)根據我們的分期，現在大墓中沒有一個是屬於殷墟文化第一期即盤庚、小辛、小乙時期的。」[39]這第三條理由從考古證據上看是最重要的一條，但是它顯然是不能成立的。如上文所述，所謂「殷墟文化第一期」與盤庚、小辛、小乙三王時代之間是不能畫全等號的。傳出司母戊大鼎的墓迄今僅有探測，尚未發掘，而且它的位置既不與東區其他四墓相近，其上口形狀又與西北岡其他十一大墓完全不同，所以未必是王陵的一部分。如此看來，上面的第一、二兩條證據也是靠不住的了。

美國美術史家Soper也對西北岡和後岡大墓的主人作過推測。他在西區大墓裡看到M1001、1550、1002、1004似乎屬於一組，後三個墓像三星拱月般包圍著M1001；他認為M1001乃是武丁的墓，而另外三墓是他的三個兒子祖己、祖庚、祖甲的墓。說M1001是武丁的墓，與楊錫璋的說法暗合，但Soper並不說它是殷墟最早的墓，而把後岡大墓及M1443、1129指派給盤庚、小辛、小乙，因為這三墓較小，代表武丁征伐擄掠致富以前殷王較窮的時代[40]。這種說法，也是猜測性的。在沒有更精確的資料與斷代方法以前，我們只能根據若干現象試作猜測而已。

殷墟發掘已經五十四年了。這中間經過多年戰亂，而且戰前戰後的發掘資料與發掘者的經驗一直缺乏交換、匯合的機會，因此殷墟考古上重大而待解的問題是很多的，本文所提出的便是其中之一。我的目的是將這個問題在概念上澄清一下，希望如果再回過頭來檢討已有資料或去開採更新的資料，

---

[38]如李濟，〈笄形八類及其文飾之演變〉，《歷史語言研究所集刊》30（1959年），頁1-69。

[39]〈安陽殷墟西北岡大墓的分期及有關問題〉，頁50。

[40]Alexander Soper, "Early, Middle and Late Shang: A Note", *Atribus Asiae*, 28（1966）, pp.26-27.

可有若干據點站腳。總述我的意見，5號墓所代表的時代是殷商王室遷都於殷以後初期，而以前的殷墟乃是商代中期以後即有的一個有貴族統治的城鎮或村落網。目前殷墟考古資料裡能與歷史文獻扣合而確定年代的這一段，向上可以追溯到武丁為止，再下一步便要確找盤庚、小辛、小乙三王時代的遺物。這一步工作，照我的建議，是要在5號墓所代表的時代的遺物遺跡中找的。如果在5號墓所代表時代以前的殷墟去找盤庚、小辛、小乙的遺物、遺跡，恐怕是徒勞無功的。

後　記

這篇舊稿原是為1982年9月在美國夏威夷召開的殷商文明國際討論會上宣讀的。英文稿後來在我編的 *Studies of Shang Archaeology*（Yale University Press, 1986）中發表，但中文稿據我所知一直還沒有刊印過。現在借《文物》400期慶祝專號的機會，將它向國內的讀者提出來請求斧正。

17.《李濟考古學論文選集》編者後記 *

　　李濟先生在1896年6月2日生於湖北鍾祥縣，1979年8月1日在臺灣臺北市溫州街寓所逝世。他是位老留學生，而且是位寰宇聞名的學者，但他一生的事業都是在國內進行發展的。他是位偉大的中國學者，他一生的歷史與中國的歷史是分不開的。他83歲的一生可以用1949年劃界分爲兩半，1949年以前，李濟先生在現代科學考古學在中國的誕生和對這門新興學科的扶植和領導上，都作了歷史性的巨大貢獻。1949年以後，他遷居臺灣而離開了中國考古事業的主流，但仍繼續在臺灣從事中國考古學的重要研究。

　　李濟這個名字，對1949年以後在考古學園地裡成長起來的人來說，也就是對絕大多數的今日中國考古工作者來說，應該是不生疏的，但對他的學問事業成就知悉全貌的人便很少了。我相信，這本《李濟考古學論文選集》的出版，至少可以達到兩個目的，這兩個目的都是既有歷史性又有現實性的。其一，我們可以藉這本書來溫習一下李濟先生自1923年到1949年這二十六年裡對中國考古學的建立和發展的歷史性的貢獻，而且在他這一段時期的著作裡也可以看到他給今天中國考古工作者在方法、術語與研究成果上面所留下來的影響。其二，從1949年以後三十年中他在臺灣所整理發表的殷墟資料和研究這批資料的許多成果與心得，也是中國考古遺產的一個重要成分，對當代考古工作者說來也有重大的參考價值。因此，我相信，這本選集不但是一本歷史性的文獻，而且對今日中國考古工作也應當有一定的參考意義。因此，在1984年文物出版社邀約我來進行這個編輯計畫的時候，我便非常高興

---

　　* 原載《李濟考古學論文選集》（北京：文明出版社，1990年）。

地接受了下來。

李濟先生的考古文章深入淺出，很多文章都是琅琅上口的。所以這本選集實在很容易與讀者相通，而不需要編者來作註解。下面我只選四個題目，對我認為是李濟先生主要貢獻之中的四個方面，就它們的歷史背景稍加評論。這四個方面是：(1)中國古代史研究的一個人類學的途徑；(2)現代科學考古學在中國的建立與初期發展方向；(3)殷墟發掘與中國古史；(4)中國古器物學的新基礎。

關於李濟先生的傳略，編者之一（李光謨）已在《中國現代社會科學家傳略》①裡面向讀者介紹過了。李濟先生的著述目錄有李光周在1979年的編集，現在以此為藍本重新作了一些補充修訂，放在這本選集的後面作為附錄。本書所選的五十篇，限於在各種學術性的或一般性的期刊裡所發表的論文。要窺李濟先生著作的全貌還得看他的單行專書。這些專著限於篇幅的關係不能在這裡收入。它們的出版資料俱見附錄；其中在考古學上比較重要的有下列六種：

（一）《中國民族的形成》（英文，1928年）

（二）《中國文明的開始》（英文，1957年）

（三）《西陰村史前的遺存》（1927年）

（四）《安陽》（英文，1977年）

（五）《殷墟器物甲編：陶器（上輯）》（1956年）

（六）《中國考古報告集新編——古器物研究專刊》：一、《觚》（1964年），二、《爵》（1966年），三、《斝》（1968年），四、《鼎》（1970年），五、《五十三件青銅容器》（1972年）。

其中（一）、（二）、（四）三種是用英文在國外出版的，在國內恐不易見到。（五）、

---

① 《中國現代社會科學家傳略》第3輯（山西人民出版社，1983年），頁153-173。大陸上其他對李濟先生生平的簡介還有王世民所寫的〈李濟先生的生平和學術貢獻〉（《考古》，1982年3期）及宋文薰在日本發表的紀念文章〈我國考古學界的老前輩李濟博士〉（譯文見《百科知識》，1980年6期）。

㈥共六本是臺北出版的（其中之六是與萬家保合著的），在國內其他地方恐也不易見到。希望將來這些書都有翻印本、譯本出現。第㈢本出版已六十年了，在國內一般大的圖書館裡應該還找得到。

一

李濟先生在1907年隨父親到北京讀書，最初就學於江漢學堂，隨即進了五城中學（現在師大附中的前身）。1910年考入清華學堂，1918年官費留學美國，先在麻薩諸塞州羅切斯特城的克拉克大學念了一年心理學，一年社會學，後來在1920年又入同州劍橋城的哈佛大學念人類學，1923年獲得哲學博士學位以後，便回到中國，先在天津南開大學（1923-1925年），後來又到清華學校研究院（1925-1928年）教書。從1928年起一直到他逝世為止，李濟先生一直在中央研究院歷史語言研究所考古組工作。

從這短短的一段有關李先生一生事業紀錄上，我們就可以看出來他在作學問上的一點最重要的特徵，那便是他這一輩子的事業雖然集中在考古學上（甚至集中在殷墟考古上），可是他的學問的基礎與為學的眼光都是非常淵博廣大的。像他那一代生在清末長在民國的知識分子的多數那樣，李濟先生有相當深厚的傳統的舊學基礎。他「在舊學上本來就受過家庭的良好薰陶。五城中學的老師福建林琴南和清華的國文教員嶺南馬季立，湖南饒麓樵等老先生對他國文方面的培養，使他感到終身受益」②。事實上，李先生在國內發表的第一篇文章〈幽蘭〉便是關於中國古代音樂的③。在另外一方面，因為當時的清華學校實際上是留美預備學校，他在清華的八年便打下了英文和「新學」的基礎。在美國的五年間，李濟先生學了三門學科：心理學、社會學和人類學。當時美國的人類學尚在兼容並包的階段，要包括體質人類學（人種學、人體測量學、化石人類學）、語言學、考古學和文化人類學等門。念研究生的學生要把握這些門的基本知識，都得通過嚴格的考試才能進

---

② 《中國現代社會科學家傳略》第3輯，頁154。
③ 《清華學報》，第2卷第2期（1925年），頁573-577。

一步專業化選一個論文題目。而且,即使是專業化的論文題目,也得在選材和觀點上,代表人類學的兼容並包的比較方法和綜合性的理論觀念。李先生的博士論文《中國民族的形成》(1923年發表,1928年正式出版)便兼用了人體測量和古代歷史文獻資料,並且採用了民族學的觀點和方法。在當時還沒有中國史前史的考古資料可用,不然這本論文是一定要把考古資料包括進去的。

正是因為在研究中國民族、中國文明起源上資料的缺乏,正是因為李濟先生早年讀書背景的廣博,他一開始便在中國古代研究上採取了兩條途徑:一是綜合各種學科與兼顧中外的眼光與研究方式,一是鼓吹、推動新資料的尋找與搜集。後面這一點是引導他走向田野考古學這一條道路上去的主要動力,下節再較詳討論。這裡我們要強調的是前面這一點,就是說,李濟先生在考古學的方法論上的主要貢獻,可以說是在於他對考古問題、考古資料的研究觀點,不限於考古學的領域之內,而主動地採用各種有關的學問,同時他作研究的觀點,也不限於中國範圍之內,而要伸展到全世界去。

1922年12月28日,李濟先生在美國人類學會年會上宣讀了他的第一篇專業論文,〈中國的若干人類學問題〉。這篇文章以不全相同的形式在兩處發表,一是巴爾的摩出版的《中國學生月刊》第17卷(1922年),325-329頁;一是《哈佛畢業生雜誌》第31卷,346-351頁,1923年(後者的譯文收入了本書)。在這篇論文裡,他報告了兩年以來在中國民族的形成問題上面所做的研究,說明他在這項研究上使用了五種不同的材料:中國人人體測量資料、史書裡有關建造城邑的資料、姓氏起源資料、人口資料和其他歷史文獻資料。他的結論是說中國民族的起源一共有五個成分。但他所報告的一個更大的結論是說由這項研究可以看出來人類學在中國的前途是遠大的。他說目前的需要是進行四項調查和研究:考古調查、民族誌的調查、人體測量學的調查和中國語言的研究。應當知道的是,在1922年的時候,這四門學科的科學研究在中國幾乎都尚未開始。李濟先生自從他專業生命的一開始,便採取了有關中國古史研究各個學科兼行並進的方式。他回國以後雖然走了考古的路子,可是他一直沒有忽視在有關學科方面的新發展。這本選集的第一部分〈中國人類學〉裡面的幾篇論文,可以代表他朝這方面的努力。

在六十年代初,李濟先生任歷史語言研究所所長期間,他曾想編輯一套

《中國上古史》。在〈再談中國上古史的重建問題〉（1962年）這篇文章裡，他把這部書編輯計畫的一些想法很有系統地寫了下來。這裡面他提到要寫這本書所需用的材料，不但不限於考古材料，而且列舉了七種之多：第一是與「人類原始」有關的材料；第二是「與研究東亞地形有關的科學資料」；第三是史前考古發掘出來的「人類的文化遺跡」，第四是體質人類學；第五是「狹義」的考古發掘出來的，屬於有文字紀錄時期的資料；第六是民族學家所研究的對象；第七是「歷代傳下來的秦朝以前的紀錄」。由李濟先生主持擬訂的〈中國上古史編輯大旨〉（1972年），對所用的資料的界說是：「以可靠的材料爲立論依據，材料必須是經過考證及鑑定的文獻史料，和以科學方法發掘及報導的考古資料。撰稿人須盡量利用一切有關的資料，尤其注意利用最新的資料。」④這裡要加圈、加點的一句話是「一切有關的資料」。這句話所代表的看法與李濟先生五十年之前的說法還是一樣的：學科儘管有學科的界限，我們作中國上古史研究的人一定要廣要博，要使用一切有關資料，同時也自然要照顧到各個學科對這些資料研究的成果。從這種眼光來看，我們中間有研究考古學的，有研究地史學的，有研究民族學的，有研究先秦史的，這不過是在搜集資料、研究資料上有所分工而已。在研究中國上古史的時候，李濟先生便以一個「人類學」者的地位，也就是以一個注重比較兼顧各科的地位，而不是以一個狹隘的考古專家的地位出現了。

「比較」的對象，除了不同學科之間以外，同樣重要的是中國與外國。〈再談中國上古史的重建問題〉（1962年）裡有這麼一段斬釘截鐵的宣示：「中國歷史是人類全部歷史最光榮的一面。只有把它放在全體人類的背景上看，它的光輝才更顯得鮮明。把它關在一間老屋子內孤芳自賞的日子已經過去了。」從這個立場出發，〈中國上古史編輯大旨〉對作者們便直截了當地有這麼一條指示：「中國上古史須作爲世界史的一部分看，不宜夾雜褊狹的地域成見。」

---

④《中國上古史》待定稿，第一本，史前部分（中央研究院歷史語言研究所，1972年）。

　　這個看法，並不是一個人的個人胸襟問題，而代表在上古史資料研究上的一種實事求是的基本態度。在〈再談中國上古史的重建問題〉（1962年）裡，李濟先生綜述他對殷商時代中國文化來源問題的見解如下：

> 殷商時代的中國文化……發展的背景，我們認爲是一種普遍傳播在太平洋沿岸的原始文化。在這種原始文化的底子上，殷商人建築了一種偉大的青銅文化。而青銅文化本身都有它複雜的來源。在這些來源中，有一部分我認爲是與兩河流域——即中央亞細亞有密切的關係。若是我們把歐亞非大陸，在最近一千二百萬年所經過的變遷，及動植物移動的歷史弄清楚了，這一現象可以說是並不奇怪。史學家研究這一階段文化，所面臨的最要緊的問題，一部分是要如何把殷商的考古材料與史前的考古材料比較貫穿；同時要把若干不能解釋的成分，找出它們可能的來源。這些問題，在我看來，都不是憑想像所能解決的。它們的解決，需要更廣闊的田野考古工作，及更深度的比較研究。

　　這一段話把李濟先生在這個很容易牽涉到情緒關係的問題上實事求是的作學問態度表露得十分清楚。他自己便從事了不少這一類的「更深度的比較研究」；不論是在銅器的研究上（如〈殷墟銅器五種及其相關之問題〉，1933年），還是在陶器上（〈小屯殷代與先殷時代陶器的研究〉，1956年），還是在藝術花紋上（《中國文明之開始》，1957年），他都指出過殷商與亞洲中部、西部同時的文明之間的若干類似性。他說「兩千年來的中國史學家，上了秦始皇的一個大當，以爲中國的文化及民族都是長城以南的事情；這是一件大大的錯誤，我們應該覺悟了！我們更老的老家——民族兼文化的——除了中國本土以外，並在滿洲、內蒙古、外蒙古以及西伯利亞一帶；這些都是中華民族的列祖列宗棲息坐臥的地方；到了秦始皇築長城，才把這些地方永遠斷送給『異族』了。因此，現代人讀到『相土烈烈，海外有截』一類的古史，反覺得新鮮，是出乎意料以外的事了」（見〈記小屯出土之青銅器〉中篇，1953年重印時加入的〈後記〉）。這樣在他看來，中國古代文化是「一種自成一個單位，具有本體的文化；它以本身的文化爲立足點，接受了外國的文化，正表現著它優美的彈性」（〈中國上古史之重建工作及其問題〉，1954年）。這種把中國文化放在世界文化裡面來研究的態

度，也是李濟先生在學問研究上留給我們的寶貴遺產的一個重要部分。

李濟先生是中國現代的第一個人類學家。他也是中國的頭一位科學考古工作者；他的考古學的一大特色正是它具有人類學的特點，是廣博的，不是狹隘的、專業化的；是重比較、向外開放的，不是閉關自守的。

二

關於中國近代考古學的興起與五四運動的聯繫，夏鼐先生最近有一篇專文透徹地說明了。五四運動以後的疑古派對史學上起了很大的影響，使得不但是史學家，就連一般的知識分子也常對傳統的古史，從三皇到三代，都發生了疑惑。「他們掃除了建立『科學的中國上古史』的道路上的一切障礙物，同時使人痛感到中國古史上科學的考古資料的極端貧乏」⑤。換句話說，老的歷史既不可靠，便產生了對新材料的需要，因而很多人寄望於考古學，以考古學為「古史問題的唯一解決方法」（1924年）⑥。李濟先生這時雖在國外，亦不例外。在上面提到過的1922年在美國人類學會年會上宣讀的那篇論文的結尾，李先生便宣稱：「一個中國人類學者的當前的任務是去搜集資料。」⑦搜集新的資料的一個方法，顯然是像二十世紀初期許多歐洲學者在舊大陸各地包括中國新疆在內所進行的考古探險方式。在1920年前後，李濟先生用中文寫了一篇短短的自傳。這篇小文現在中國歷史博物館收藏。1980年夏，承夏鼐先生的好意抄給了我一份，其中有這麼幾句話：

〔我〕的志想（向）是想把中國人的腦袋量清楚，來與世界人類的腦袋比較一下，尋出他所屬的人種在天演路上的階級出來。要是有機〔會，我〕還想去新疆、青海、西藏、印度、波斯去刨墳掘墓，斷碑尋古蹟，找些人家不要的骨董來尋繹中國的人原始出來。

⑤夏鼐，〈五四運動和中國近代考古學的興起〉，《考古》，1979年3期。
⑥李玄伯文題，見《現代評論》，1卷3期，1924年（收入《古史辨》第一冊）。
⑦《中國學生月刊》（ *The Chinese Students Monthly*, 1922 ），頁329。

從這裡看，他的志願是要找體質人類學的材料，也要找考古學的材料。1923年回國以後，由於偶然的機會，李濟先生的事業不久之後便朝考古學方向發展了。發展的契機是1926年秋季山西夏縣西陰村的發掘。因為這是國人從事科學考古發掘工作的第一次，所以我們借李濟先生自己的話把這次發掘的情況略為介紹⑧。

> 近幾年來，瑞典人安特生考古的工作已經證明中國北部無疑的經過
> 了一種新石器時代晚期的文化。西自甘肅東至奉天，他發現了很多
> 這一類或類似這一類文化的遺址。……這文化的來源以及它與歷史
> 期間中國文化的關係是我們所最要知道的。……若是要得關於這兩
> 點肯定的答案，我們只有把中國境內史前的遺址完全考察一次。
> ……這次小小的懷抱就是我們挖掘那夏縣西陰村史前遺址的動機。
> 在民國十五年三月二十四日那一天當著我們〔編按：李濟與袁復禮
> 兩位先生〕第一次往山西南部考古的時候，我們發現了這個遺址。

上面所提到的安特生的工作，是指他在1921年在奉天錦西沙鍋屯和河南澠池仰韶村的調查，與1923-1924年在甘肅東部一連串彩陶遺址的調查。這是鋤頭考古在華北的開始；同是地質學家的袁復禮先生也和安特生在一起工作過。李、袁兩位先生，在1925年底，在美國弗利爾藝術館的畢士博的慫恿之下，決定到山西南部的汾河流域作考古調查，「以確定有無進行考古發掘的可能性」⑨，1926年，他們在2月22日到了夏縣，不久便發現了西陰村彩陶遺址。李先生回到北京後，開始籌劃回去發掘。為了籌措經費，

> 即與畢士博商量這件事。他代表弗利爾藝術陳列館同清華學校校長
> 曹慶五先生商量了幾條合作的條件，其中最要緊的是：
> (1)考古團由清華研究院組織；
> (2)考古團的經費大部分由弗利爾藝術陳列館擔任；

---

⑧下面在引號中引述的都引自李濟《西陰村史前的遺存》（清華學校研究院
叢書第三種，北京，1927年）。

⑨李濟，〈山西南部汾河流域考古調查〉（原文英文，出版於1927年），李
光謨譯，《考古》，1983年8期。

(3)報告用中文英文兩份；英文歸弗利爾藝術陳列館出版，中文歸清
　華研究院出版；

(4)所得古物歸中國各處地方博物館或暫存清華學校研究院，俟中國
　國立博物館成立後歸國立博物館永久保存。

從這個合作計畫上，我們可以看到，當時中國的學術界對田野考古還是陌生
的，所以一個國立的學校要出去考古挖掘還得向外國的學術單位求助經費。
但這第一個中外考古合作計畫所採的立場是明確的：學術是天下之公器，中
外合作是可以的，而且在當時條件下還是必需的，但古物是公有的，而且是
國有的。李濟先生的國際地位與國際眼光並沒有使他在愛國、在維護國家權
益上作任何的讓步。這種眼光遠大的愛國精神是李濟先生一生從事學問從事
事業的特色。

　　萬事俱備以後，李、袁兩位先生便回到西陰村去從事發掘。

挖掘時間由十月十五日起直到十二月初；……所挖的地點靠著一條
斜坡路，所以掘出來的土很便於向下移動。這個坑是分八「方」闢
出來的。在這坑的西牆頂定了一個起點；起點的高度等於袁先生所
繪地形圖的零線。最初闢這坑是從零點向西向南，以後兼向西向
北。……就這開挖的計畫，我們發明了一個「三點記載法」。隨各
方開闢的先後，我把它們用數目號起來。故第一「方」動手最先；
第二，其次；依次遞進。……這坑的西東行叫作 x-線；南北行，
叫作 y-線；向下行叫作 z-線。前「方」的 y-值是正數，後「方」
的 y-值是負數。各「方」的交界點都有木樁作記。闢的深度我們
每天至少測量兩次。照這樣的方法進行，我們用兩根米達尺在數秒
鐘內把所找的物件的原位可以確定出來。這個方法。我叫作「三點
記載法」，三點就是 x-y-z 用米達尺表出來的三價值。
但是這種方法不能應用於一切所找的物件。要是不分等級一件件都
如此記載起來，那就不勝其煩了。所以同時我們又用層疊法記載一
切屢見的物件。由地點下行第一公尺叫作 A-層；第二公尺，B-
層；依次遞降，用英文字母大寫字作記。每一層內又分作好些分
層。分層的厚薄，由土色及每次所動的土的容積定。分層按上下次
序用英文字母小寫字作記。大字母小字母中間再夾著那「方」的號

碼就完成一個層疊的記載。假如有一堆物件上邊標的是 B4c，這號
碼的意思是這堆物件是由第四「方」第二層第三分層找出來的。這
個第三分層的深度在記載簿上找出來的是1.17-1.25公尺。

這種發掘方法今天看來雖然簡單，在六十年前卻有開天闢地的意義。這
次發掘的結果，找到了彩陶、非彩陶陶片、石器，一個半割的蠶繭，還有窖
穴的遺跡。數年以後梁思永先生利用這一批陶器的詳細分析與研究寫成了他
交給哈佛大學人類學系的碩士學位論文，可見李先生開始使用的「三點記載
法」和「層疊法」是有很大精確性的科學發掘記載方法。

西陰村是李濟先生親手主持發掘的考古遺址裡面唯一屬於史前時代的。
李先生嗣後一生事業轉向殷墟，但他對史前文化的興趣和賡續研究並未中
斷。從本書所收的關於石器時代史的幾篇文章，可以看出他對從北京人到龍
山文化這一段史前史的造詣。事實上，在龍山文化的發現和其重要性的辨識
上，李濟先生對中國考古學史也做出了一項值得紀錄的重要貢獻。在《城子
崖》（1934年）的序文裡，李先生把城子崖的發現（是吳金鼎先生在1930年
發現的）與歷史語言研究所決定發掘這個遺址的理由都說得很清楚了：「由
這遺址的發掘我們不但替中國文化原始問題的討論找了一個新的端緒，田野
考古工作也因此得了一個可循的軌道。與殷墟的成績相比，城子崖的雖比較
簡單，卻是同等的重要。……有了城子崖的發現，我們不但替殷墟一部分文
化的來源找到一個老家，對於中國黎明期文化的認識我們也得了一個新階
段。」這主要的是因為在城子崖發現了骨卜，而且其下層文化有了陶文。在
城子崖的發掘過程中，考古工作人員又學會了對夯土版築遺跡的辨認。在當
時「彩陶西來說」風氣之下，這顯然是土生土長又有中原文化原始因素的龍
山文化的發現，給了中國考古學者與歷史學者很大的信心。在城子崖發掘的
次年又在安陽殷墟後岡發現了仰韶、龍山與殷商三文化層的先後次序，而華
北史前史年代學的規模於此粗定。中國史前考古學在這短短幾年之內的巨大
成就，是好幾位中國考古學前輩學者共同努力工作的結果，但從歷史的角度
來看，我們不能不說作為當時考古工作領導單位即中央研究院歷史語言研究
所考古組主任的李濟先生，在這方面作出了巨大的貢獻。

三

　　西陰村的發掘把李濟先生引向了考古學的路子，但他一生事業的轉捩點，是在1928年他接受了新成立的中央研究院歷史語言研究所所長傅斯年先生的邀請，擔任考古組的主任並主持安陽殷墟發掘。傅斯年先生在〈歷史語言研究所工作之旨趣〉（1928年）中說：

> 在中國的語言學和歷史學當年之有光榮的歷史，正因爲能開拓的用材料，後來之衰竭，正因爲題目固定了，材料不大擴充了，工具不添新的了。不過在中國境內語言學和歷史學的材料是最多的，歐洲人求之尚難得，我們卻坐看他毀壞亡失。我們著實不滿這個狀態，著實不服氣就是物質的原料以外，即便學問的原料，也被歐洲人搬了去乃至偷了去。我們很想借幾個不改的工具，處治些新獲見的材料，所以才有這歷史語言研究所之設置。……我們最要注意的是求新材料，第一步想沿京漢路，安陽至易州，安陽殷墟以前盜出之物並非徹底發掘，易州邯鄲又是燕趙故都，這一帶又是衛邶故域。……第二步是洛陽一帶，將來一步一步的西去，到中央亞細亞各地，就脫了純中國材料之範圍了。……總而言之，我們不是讀書的人，我們只是上窮碧落下黃泉，動手動腳找東西[10]！

　　歷史語言研究所的旨趣是求新材料，而這也正是李濟先生個人在學術上的意願。兩方面既然是志同道合，他們之間的結合可以說是必然的。傅斯年建立了史語所之後，馬上便派了南陽董作賓先生去調查安陽殷墟甲骨文出土情形，看看還有沒有發掘的價值。董先生調查回來作了一個肯定的報告。當時中央研究院院長蔡元培先生說明決定發掘墟與李濟先生「入夥」的經過如下：

> 董先生到了那裡，試掘了一次，斷其後來大有可爲。爲時雖短，所得頗可珍重，而於後來主持之任，謙讓未遑。其時適李濟先生環遊返國，中央研究院即託其總持此業。以李先生在考古學上之學問與

---

[10]《歷史語言研究所集刊》，第一本第一分（1928年），頁3-10。

經驗，若總持此事，後來的希望無窮。承他不棄，答應了我們，即
於本年（1929年）二月到了安陽，重開工程⑪。

這裡所指李先生在考古學上的經驗，便是指他在1926年在西陰村的發掘
工作。當時他的發掘報告與論文（1927年）均告問世，33歲的李濟先生在那
時的學術界已經有了相當的聲望。據說傅斯年先生在物色考古組主任與安陽
殷墟發掘主持者的時候，最後的兩個候選人是李濟先生與著名的金石學家馬
衡先生。當時48歲的馬衡先生是北京大學國學門考古學研究室主任和故宮博
物院副院長，是中國傳統金石學最優秀的代表。在這兩位候選人中，蔡元培
先生最後選定了代表科學考古的李先生；夏鼐先生說，「後來證明這選擇是
明智的」⑫，這就是因為李濟先生把殷墟發掘領導到一個新的方向上去，也
就是把中國考古學帶到了一個新的方向上去。

中央研究院殷墟發掘自1928年起到1937年蘆溝橋事變前夕結束，共十五
次。殷墟發掘的歷史也幾乎是那一段時間中國田野考古的歷史；殷墟發掘每
進一步，也便是中國田野考古經驗每進一步。最初的幾次，發掘人員遭遇到
各方面的困難，同時也自錯誤中汲取新的經驗。最初掀開土層時還不能確切
辨認夯土的夯痕，對這種「浪形」的遺痕究竟是「建設屋宇修築牆壁」的
「夯土」，還是洹水沖了遺墟以後水波的遺痕，還經過一度辯論⑬。這個問
題經過了1930年山東城子崖的發掘才得到最後的解決，認定了是版築而不是
水淹⑭。1930年城子崖之發掘乃是由於中央與河南省地方之間的矛盾迫使殷
墟發掘暫告中停而致的。1929年年底，河南省政府派遣了「河南圖書館館長
兼民族博物院院長」何日章到安陽去發掘，而迫使中央研究院的發掘隊轉去

⑪《安陽發掘報告》，第一冊（北平，1929年），序。

⑫夏鼐，〈五四運動和中國近代考古學的興起〉，《考古》，1979年3期，頁
　196。

⑬ 張蔚然，〈殷墟地層研究〉，《安陽發掘報告》第二冊（1930年），頁
　260-261。

⑭李濟，〈安陽最近發掘報告及六次工作之總估計〉，見《李濟考古學論文
　選集》。

山東工作。這個問題後來經過接洽交涉解決，於是中央研究院在1931年又回到殷墟，一直工作到1937年。下面將安陽歷次發掘地點、時間與主要工作人員等開列成表（表17-1），由此可以看到這十幾次發掘是中國考古學史上的一件大事⑮。

表17-1

次數	年	季	地點	人　　員
一	1928	秋	小屯	董作賓、趙芝庭、李春昱、王湘(工作)，郭寶鈞、張錫晉(參加)
二	1929	春	小屯	李濟、董作賓、董光忠、王慶昌、王湘(工作)，裴文中(參加)
三	1929	秋	小屯	李濟、董作賓、董光忠、張蔚然、王湘
四	1931	春	小屯	李濟、董作賓、梁思永、吳金鼎、郭寶鈞、李光宇、劉嶼霞、王湘、周英學(工作)，馬元材、谷重輪、關百益、許敬參、馮進賢、石璋如、劉燿(參加)，傅斯年(視察)
			四盤磨	吳金鼎、李光宇
			後岡	梁思永、吳金鼎(工作)，劉燿(參加)
五	1931	秋	小屯	董作賓、郭寶鈞、劉嶼霞、王湘(工作)，馬元材、石璋如、李英伯、郝升霖(參加)
			後岡	梁思永(工作)，劉燿、張善(參加)
六	1932	春	小屯	李濟、董作賓、吳金鼎、劉嶼霞、王湘、周英學、李光宇(工作)，馬元材、石璋如(參加)，張嘉謀、關百益(參觀)
			高井台子	吳金鼎、王湘
			四面碑	吳金鼎
			王裕口、霍家小莊	李濟、吳金鼎
七	1932	秋	小屯	董作賓、石璋如、李光宇(工作)，馬元材(參加)，李濟、傅斯年(視察)，任鴻(參觀)
八	1933-34	秋	小屯	郭寶鈞、李景聃、李光宇、劉燿、石璋如(工作)，馬元材(參加)，李濟(視察)
			四盤磨	李光宇
			後岡	劉燿、李景聃、石璋如、尹煥章(工作)，李濟(視察)

⑮下據石璋如，《考古年表》（歷史語言研究所專刊35，1952年）。

次數	年	季	地點	人　　　　員
九	1934	春	小屯	董作賓、李景聃、石璋如(工作)，馮進賢(參加)，徐炳昶(參觀)
			後岡	劉燿、尹煥章
			侯家莊南地	董作賓、石璋如、劉燿、李景聃、尹煥章、祁延霈(工作)，馮進賢(參加)，李濟、梁思永、郭寶鈞(視察)，方策、蘇孔章、張嘈、顧立雅(參觀)
			南壩台	石璋如
十	1934	秋	侯家莊西北岡	梁思永、石璋如、劉燿、祁延霈、胡福林、尹煥章(工作)，馬元材(參加)，李濟(視察)
			同樂寨	梁思永、石璋如、胡福林
十一	1935	春	侯家莊西北岡	梁思永、石璋如、劉燿、祁延霈、李光宇、王湘、胡福林、尹煥章(工作)，馬元材、夏鼐(參加)，傅斯年、李濟(視察)，董作賓(監察)，徐中舒、伯希和、滕固、黃文弼、河南大學、濟華大學(參觀)
十二	1935	秋	侯家莊西北岡	梁思永、石璋如、劉燿、李景聃、祁延霈、李光宇、高去尋、潘戀、尹煥章、王建勛、董培憲(工作)，李春岩(參加)，黃文弼(監察)，丁維汾、劉守中、王獻唐、富占魁、方策(參觀)
			大司空村	劉燿
			范家莊	祁延霈
十三	1936	春	小屯	郭寶鈞、石璋如、李景聃、王湘、祁延霈、高去尋、尹煥章、潘戀(工作)，孫文青(參加)，李濟、董作賓(視察)，王作賓(監察)
十四	1936	秋	小屯	梁思永、石璋如、王湘、高去尋、尹煥章、王建勛、魏鴻純、李永淦、石偉(工作)，王思睿(參加)，袁同禮(監察)，葛維漢(參觀)
			大司空村	高去尋、石偉
十五	1937	春	小屯	石璋如、王湘、高去尋、尹煥章、潘戀、王建勛、石偉、魏鴻純、李永淦(工作)，張光毅(參加)，梁思永、董作賓(視察)，舒楚石(監察)，葉公超、聞一多、陳夢家(參觀)

　　上面把這十五次的發掘不嫌煩地抄下來，並不是僅僅抄錄了一段歷史文獻，而是具體的揭露一下殷墟發掘規模之大，牽涉人員之多，與在中國考古學史上的意義。這九年十五次的發掘是抗戰以前中國考古學上最大的發掘，在規模上與重要性上只有周口店的研究可以與之相比。但殷墟在中國歷史研究上的重要性是無匹的。從1937年抗戰開始一直到1949年，田野考古工作受

到了很大的限制。因此1949年以後的考古工作，在規模上與在領導人才上，在某種意義上是就著殷墟發掘的基礎而進一步起飛的。這一點從表17-1中主要工作人員的名字就可以看得出來了。李濟先生雖只主持了最初幾次的田野工作，而且後來諸次的工作籌劃與技術方面都由於汲取了舊的經驗與新的成員（尤其是梁思永先生）的參加而日益有所改進。但就整個殷墟發掘歷史來說，李濟先生領導擘劃的功勞是大家都欣然承認的。專就考古人員來說，他對於招攬與培植中國三十年代到四十年代之間的考古主幹人員上，貢獻了歷史性的功績。

除了作為中國考古工作幹部的一種「培訓中心」以外，九年的安陽殷墟發掘在許多其他方面也在中國考古學史上有里程碑的意義。固然李濟先生與安陽殷墟發掘是分不開的，但我們如果詳論殷墟的意義便不能不把話題擴展到遠在李濟先生個人事業之外，也就遠遠出於本題之外了。因此，我們只談談李濟先生特殊建樹的痕跡非常明顯的幾個方面。

小屯發掘頭幾次的田野技術，如今看來已不是十分尖端性的了。在李濟先生的領導下，中央研究院的發掘工作主要是靠探溝探坑來作點線式的探索的。可是自1929年以來作為中國考古學的兩種主要的研究方法，即地層學與器物形態學[16]，其發展的基礎還是李濟先生用鋤頭在小屯最先奠立下來的。

> 我們可以明瞭要是我們挖掘的時候觀察疏忽一點，那掘出的實物的意義就完全失了。除非我們能證明所掘的地層沒翻動過，實物的同層也許是偶然的；「並著」並不能算「同時」的證據。不過地層並不是證實實物的唯一的線索；實物的形象，差不多是一樣的重要。在翻動的地層中，同著的實物自然也有同原的可能；要是從形象上可以定出他們的相似來，那就沒有什麼疑問了[17]。

李濟先生在1929年這一段話不就是把地層學與器物形態學的基本原理明明白白地指出來了麼？這是五十五年以前田野考古在中國早期運用上的指導

---

[16]蘇秉琦、殷瑋璋，〈地層學與器物形態學〉，《文物》，1982年4期。

[17]李濟，〈小屯地面下情形分析初步〉，《安陽發掘報告》第一冊（1929年）。

原則，而這種原則在世界考古學上也一直到了五十年代以後才有了比較基本的增進。殷墟發掘的後期，尤其是侯家莊西北岡的發掘，從點線的揭發進一步進入到面的揭發，但其發掘的主要目標並沒有離開層位關係。從早期到後期，殷墟發掘在技術上經歷了非常顯著、非常重要的量的改進，可是在「質」上還一直是在維持著李濟先生所建立起來的田野考古的原則的。李先生後期有好幾篇文章，如〈由笄形演變所看見的小屯遺址與侯家莊墓葬之時代關係〉（1958年）和〈豫北出土青銅句兵分類圖解〉（1950年）等；更表現了層位學與器物類型學的靈活的高級運用。

本書所選收的論文中，有一大部分是有關殷墟發掘或殷墟器物的，可見殷墟發掘不但在中國考古學的發展上有過支配性的地位，而且在李濟先生一生考古研究的發展上也占有中心的地位。關於這些文章，既然都收錄在這裡，我們便不必多加介紹或評論。但是我們不妨特別指出李濟先生在殷墟研究上的兩個特點。其一是李先生在資料中能夠靈活地抓住關鍵問題，而就這些問題廣泛、多方面討論的展開，在中國考古學上常常是獨開生面的新的研究園地。例如，從端方柉禁器組的研究，李濟先生抓到了殷周文化地方形態的問題；從青銅器與松綠石鑲嵌花紋的分析抓到了狩獵卜辭、動物骨骸與裝飾紋樣之間的關係的問題；從紋飾款式的分析抓住了殷商文化複雜的歷史背景問題；從人像姿勢研究抓到中國古代民族分類與源流的問題。資料的報導本身並不是自放自收輕而易舉的事，因為資料在報導之前須先分類，而分類問題在方法論上有很大的複雜性；這在下節還要談到。但是這類工作方法是可以訓練得出來的。從資料中抓關鍵問題則既需要觀察事物的經驗，又需要對事物彼此之間聯繫關係的敏感，不是完全能夠靠後天培養出來的。李濟先生對殷墟研究的成績，從這個觀點上看，可以說是他留給我們最寶貴的一筆遺產，因為這是最帶有他個性的一筆遺產。

李濟先生對殷墟的研究的另一個特點，可以說是他在這筆資料裡所抓的最大的一個關鍵問題，那便是從殷墟抓整個中國古史中橫來豎去的條條線索。由於甲骨文字的發現，殷墟是中國三千年有文字記載的歷史的開端，而它的考古遺物又是向上追溯古代文化的史前背景的一大串的鑰匙。它不但承先啟後，而且像一條御馬的韁繩一樣控制著史學者從黃河流域的中原向東西南北各方的奔馳探索。這裡面的種種關鍵、種種問題，李濟先生在他的兩本

綜合性的專書裡，即《中國文明的開始》（1957年）與《安陽》（1977
年），在他的許多論文裡面，如〈安陽的發現在爲中國可考歷史寫下新的首
章上的重要性〉（1955年）、〈安陽發掘與中國古史問題〉（1969年），及
〈殷商時代的歷史研究〉（1969年）等等，作了有深度、有見解，而且非常
謹慎的發揮。這些在今天的眼光看來，還是有很大啓發性的。

　　提到李濟先生與殷墟發掘，我們便不能不特別強調提出李先生在對1928-
1937年這一段期間殷墟發掘出土文物的保存與報告上面所付的苦心與所做的
貢獻。在1937-1949這十二年之間，這批發掘物自南京撤往西南，在西南艱
苦的條件下兜了一個大圈子，然後復歸南京，又撤往臺灣。同時，當年主持
發掘的青年考古工作者，有的在抗戰期間投筆從戎而基本上離開了業務，有
的在艱苦生活下磨損了健康甚至病亡，一部分在1949年投入了新的考古洪
流，最後只有極少數的幾位老班底跟在身邊抱殘守缺地把這筆寶貴的材料加
以整理發表。到了李濟先生逝世之前，殷墟發掘出來的大部分資料均已公諸
於世。爲此我們不能不感謝李先生數十年如一日盡守他領導殷墟發掘的職
責。他的責任感之強，可以用殷墟出土人骨的研究爲例。李先生雖自1926年
以來走了考古的路子，卻由於他早年所學而對安陽人骨特別關心。安陽發掘
的人骨一直是由吳定良先生負責報告和研究的。1949年，吳先生留在上海，
李先生便堅持把這一筆重要的材料交給學生物學出身的楊希枚先生整理，並
在三十年的時間裡，對這一工作不斷地表示特別的關心與鼓勵。楊先生測量
的材料與寶貴的研究結果，最近已在考古研究所的支持之下出版了。我們相
信這批材料的出版圓滿地結束了李先生最後的一樁心事。

四

　　李濟先生在殷墟資料裡面所抓的關鍵問題之中最爲重要的可以說是陶器
和銅器的研究。他在這方面的研究，除了在殷商文明本身上的貢獻以外，對
中國考古學有很大的一般性的影響，這是因爲一方面它涉及器物類型學的方
法論，一方面它提供了中國古器物學的新基礎。李先生在這方面的著作除本
書所收的幾篇重要的論文以外，還有他的《殷墟陶器》（1956年）和《古器
物研究專刊》五冊（1964-1972年）。

　　在這上面我們不能不談到中國固有的考古學，即傳統的金石學。朱劍心在《金石學》中說：

> 金石學者何？研究中國歷代金石之名義、形式、制度、沿革；及其
> 所刻文字圖象之體例、作風；上自經史考訂、文章義例，下至藝術
> 鑑賞之學也。其製作之原，與文字同古；自三代秦漢以來，無不重
> 之；而成爲一種專門獨立之學問，則自宋劉敞、歐陽修、呂大臨、
> 王黼、薛尚功、趙明誠、洪適、王象之諸家始。歷元明至清，而斯
> 學大盛。其間金石名家，無慮千數，著作稱是⑱。

　　這一段話說得清楚：中國的金石學是以金石即器物爲研究對象，而尤其注重金石上的文字，以這種文字材料作爲歷史研究的補充。在北宋時期的確「斯學大盛」；如李濟先生在〈中國古器物學的新基礎〉（1950年）這篇文章中所說的，完成於1092年的呂大臨的《考古圖》：

> 用最準確的方法，最簡單的文字，以最客觀的態度，處理一批最容
> 易動人感情的材料。他們開始，並且很成功地，用圖像摹繪代替文
> 字描寫；所測量的，不但是每一器物的高度、寬度、長度，連容量
> 與重量都紀錄下了；注意的範圍，已由器物的本身擴大到它們的流
> 傳經過及原在地位。考訂的方面，除款識外，兼及器物的形制與文
> 飾。

　　《考古圖》的成就，的確是了不起的；把今天出版的青銅器圖錄來比較，除了今天在技術上可以攝影甚至用彩色印刷以外，今天的圖錄所記載下來的項目在九百年前的這本書裡也都包括進去了。但上文所說「歷元明至清而斯學大盛」的說法則是與事實不符的，若說「每下愈況」倒還比較切乎實際。如李濟先生在〈中國古器物學的新基礎〉（1950年）一文中所指出的：

> 假如我們拿光緒三十四年出版的《陶齋吉金錄》，清代的最後一部
> 具規模的金石著作，比《考古圖》晚了八百一十六年；——假如我
> 們拿這本書與《考古圖》比較，我們可以很清楚地看出，端方及他
> 的門客所編纂的這部書，連抄北宋人都沒抄會。呂大臨很小心地注

---

⑱朱劍心，《金石學》（上海商務印書館），1948年，頁3。

意到古器物的出土地；《陶齋》的紀錄，包括這一項目的卻很少；
單就這一點說，我們已經可以辨別他們不同的治學精神了。

固然端方的「治學精神」是解釋金石學沒落的一個原因，我們也得指
出，金石學走到清末民初的時候已是日暮途窮，需要新的方向了：

> 中國古器物學，經過了八百多年的慘淡經營，始終是因仍舊貫，沒
> 有展開一個新的局面，最重要的原因就是：對於原始資料審訂的工
> 作及取得手續，這八百年來的古器物學家沒有充分地注意。（李
> 濟，〈中國古器物學的新基礎〉）

李先生指出，現代的鋤頭考古學在這上面把那八百年來的死結打開了，
因爲考古發掘出來的器物，在眞僞上，在年代上，都有器物本身以外的證
據。所以在「原始資料審訂的工作及取得手續」上說，田野考古取得的資料
比起金石學固有的傳世資料來，是有「質」上的差別的。用這種新的資料作
基礎去研究古器物的「名義、形式、制度、沿革」，所踏的基礎是堅實的，
所得的結論也就比較可靠了。

李濟先生這一代考古學者是中國有史以來用可靠、有信息的資料來研究
古器物的第一代學者。李先生處理資料的方法，馬上顯示出來與傳統金石學
者的不同。商周器物的名稱與分類的研究，可有兩個不同的途徑。金石學者
先用周秦漢的文獻典籍找出其中古物的名稱和它們的系統，再將手上的（傳
世的或發掘）的古物往這系統中放入[19]。以李濟先生爲首的現代考古學者，
則是用器物本身的成分、形狀、技術等等作爲分類和定名的基礎。在這上面
李濟先生留下來最重要的一筆遺產，便是他對陶銅容器的分類。陶器分類的
詳情在他的《殷墟陶器》（1956年）裡說明，但本書所收的幾篇文章裡，尤
其是〈記小屯出土之青銅器〉上篇（1948年），也有撮述。在後面這篇文章
裡，就分類標準之謹嚴性的堅持問題，李濟先生對梅原末治先生在中國古銅
器的分類有所批評的一段話，值得我們特別的注意，因爲這段話很具體把李
濟先生作器物分類的基本信念突出起來：

> 容器這個概念是完全超乎質料的；不論是土製的、石製的、竹製

---

[19] 例如馬衡，《凡將齋金石叢稿》（中華書局，1977年）。

的、木製的、銅製的或其他質料製的，只要是屬於容器一門的器物，我們就可以用同一標準類別它。這個原則要是可以爲古器物學家全部接受，古器物學的研究一定可以達到一個新的境界。近二十年來，中國青銅器的研究雖有長足的進步，但在這一方面，人仍少予以充分的注意。梅原末治教授在1940年出版的《古銅器形態の考古學的研究》，專就題目說，總算極新穎可喜；但看那分類的標準，就令人頗爲失望。他根據形制，把中國古銅器分爲十三類：(1)皿鉢形器：內有「盤」「敦」「盆」「豆」「簋」「簠」等；(2)壺形器：內有「尊」「觶」「觚」等；(3)壺形器：內有「罍」「壷」「壺」「鍾」等；(4)提梁附壺形器：內以「卣」爲主；(5)壺形器，以「罍」爲主；(6)矩形容器：內有「彝」「偏壺」「瓿壺」等；(7)鬲鼎類：內爲「鬲」與「鼎」；(8)有腳器：內有「角」「爵」「斝」「盉」；(9)注口器：內有「兕觥」「匜」；(10)筒形及球形容器；(11)複合形器：內爲「甗」「博山爐」等；(12)異形容器；(13)樂器類。很顯然地，他所說的「古銅器」，仍限於中國金石學家所講的禮器與樂器；並不是古銅器的全體；這一點表面上似乎只是用名詞的不小心，無關宏旨；但分類既是一件邏輯的工作，不邏輯的名詞，可以轉過來把思想弄混亂，自不應該由它隨便滲入，甚至用作標題。這本研究最令人失解的爲那分類的標準；這些標準的選擇雖似完全在器物的形態上著眼，但所採用的，忽爲全身，無在口部，忽在底部，前後甚不一律；把那分類應有的效用，互相消失了。第一分類標準，既無固定性，又乏客觀性，又如此繁多，故他所說的「類」，也就各具不同的含意，沒有一種嚴整的界線。……大體說起來，作者的目標，想根據器物的形態重新爲中國青銅器作一次分類的工作，確是一極值得稱頌的企圖；但他對於器物的形制、名稱及功能，並未分別清楚，又爲那些古老的名稱所誘惑，故有時竟先決定某兩種形制不同的器有若干關係──不論是否形制上的關係──即把它們放在一類；形制演變本身的現象反被忽視了，故所提的計畫充滿了矛盾、重複及不合邏輯的事實。

李先生對梅原的批評是基於他在形制分類上的基本原則的，即分類標準

的一致性。這是把器物分類從標準不一和依照古書提高到以器物本身形制特點為分類標準的突破，是古器物學科學化的第一步。但是李先生雖然認為以據古書而來的「用」為分類依據，不如使用器物本身形制之可靠，他並不是要把器物的用途拋到九霄雲外。他也強調說：「要對古器物求全面的了解。專在形態的演變方面下工夫，無論做得如何徹底，是不夠的。器物都是人類製造的，它們的存在，既靠著人，故它們與人的關係——器物的功能——也必須要研究清楚，然後它們存在的意義，以及形態演變的意義，方能得到明白的解釋。」（〈中國古器物學的新基礎〉，1950年）因此，李濟先生一方面要求器物分類的嚴密化，一方面又極力主張器物研究之多方面的入手方式。在〈如何研究中國青銅器〉（1966年）這篇文章裡，他指出，「我們必須先有全面觀的觀點，然後對這組器物的估計，才可建立一個比較正確的認識」。所謂「全面觀」，李濟先生指的是下列三種看法：

　　1.青銅器的鑄造，這牽涉到採礦、冶金、金相學、製陶、合金等專門知識；

　　2.在藝術上的表現，這又是與社會學、民俗學、宗教有關的問題；

　　3.純粹史學上的若干問題。

　　在鑄造上面，與李濟先生合作研究殷墟出土青銅容器鑄造的萬家保專門從事這方面的實驗，把這組問題作了相當徹底的研究。李先生自己對殷代青銅器研究上主要的貢獻，除了上文已經提到的分類系統以外，是集中在藝術上面的。這裡面包括青銅藝術與非銅器藝術之間的關係；殷商藝術一般的背景，包括先殷的背景與殷代文化與社會的背景；青銅藝術與鑄造技術之間的關係；以及殷墟代表時代之內青銅藝術風格的變化。這些題目中有不少非常重要的論點是在李先生的專著裡面討論的，但本書所收的論文裡也包括了許多代表性的意見。

五

　　李濟先生在中國考古學上的貢獻，他自己的學術著作才是最有力的證人。這個選集雖然只收了他的一部分論文，卻多少代表了他平生著作中的精華。這篇〈編者後記〉中能選出一二要點「點到為止」，並沒有把李先生平

生貢獻作個總結的野心。事實上,從歷史的觀點把李濟先生與中國考古學作一番冷靜客觀的蓋棺論定式的全盤總結,恐怕也不是本書的編者——一個是他的學生,一個是他的長子——所能勝任的。

我們雖對他有所偏愛,卻並不把李濟先生當作一無缺陷的「完人」。專就他的考古著作來說,他作了劃時代的貢獻,但也受了時代的限制。他在中國史學需要新材料的時候,不但大聲疾呼的去找材料,而且堅持著要第一等的材料。另一方面,得到了材料以後,應該如何去整理材料,我們卻在他的著作中找不到有系統性的理論性的指導。李先生在資料裡抓到了許多關鍵性的問題,但他並沒有很明白地指點出來這許多問題之間的有系統、有機的聯繫。很可惜的是,李濟先生沒有給我們留下一本考古理論、方法論的教科書。我們從李先生著作中能看到的可作的評論,就只能說到此為止。

1954年9月22日,李濟先生寫了一封信給我,其中有這樣的一段話:

> 中國學術在世界落後的程度,只有幾個從事學術工作的人,方才真正的知道。我們這一民族,現在是既窮且愚,而又染了一種不可救藥的、破落戶的習慣,成天的在那裡排架子,談文化,向方塊字「拜拜」——這些並沒什麼「要不得」——真正「要不得」的是以為天地之大,只有這些。
>
> 但是,每一個中國人——我常如此想——對於糾正這一風氣,卻有一份責任;所以,每一個中國人,若是批評他所寄託的這一社會,必須連帶地想到他自己的責任。據我個人的看法,中國民族以及中國文化的將來,要看我們能否培植一群努力作現代學術工作的人——真正求知識、求真理的人們,不僅工程師或醫師。中國民族的稟賦,備有這一智慧;適當的發展,即可對現代科學工作做若干貢獻。你們這一代是負有大使命的。我很高興,有這一機緣幫助你走向學術的路徑。

三十年已經過去了,學術工作已取得了很大的發展,與他說這話的時候已不能同日而語了。但是李先生的學術成就,假如能夠通過這本選集的出版,再次地參加對再下一代從事學術工作的人的培植而有所貢獻,李先生一定還是會「很高興」的罷。

張光直　於哈佛大學

1984年12月22日初稿

中國考古學論文集

1995年12月初版　　　　　　　　　　　　　　定價：新臺幣900元
2023年11月二版
有著作權・翻印必究
Printed in Taiwan.

著　　者　張　光　直

出　版　者　聯經出版事業股份有限公司　　　副總編輯　陳　逸　華
地　　　址　新北市汐止區大同路一段369號1樓　總編輯　涂　豐　恩
叢書主編電話　(02)86925588轉5318　　　總經理　陳　芝　宇
台北聯經書房　台北市新生南路三段94號　　社　長　羅　國　俊
電　　　話　(02)23620308　　　　　發行人　林　載　爵
郵政劃撥帳戶第0100559-3號
郵撥電話　(02)23620308
印　刷　者　世和印製企業有限公司
總　經　銷　聯合發行股份有限公司
發　行　所　新北市新店區寶橋路235巷6弄6號2F
電　　　話　(02)29178022

行政院新聞局出版事業登記證局版臺業字第0130號

國家圖書館出版品預行編目資料

中國考古學論文集 / 張光直著 . 二版 . 新北市 .
聯經 . 2023.11 . 344面 . 16.3×23.8公分 .
ISBN　978-957-08-7124-1（精裝）
［2023年11月二版］

1. CST：考古學 2. CST：文集 3. CST：中國

790.79　　　　　　　　　　　　112014696